자본론으로 마르크스를 비판하다

자본론으로 마르크스를 비판하다

발행일	2023년 3월 3일		
지은이	이용호		
펴낸이	손형국		
펴낸곳	(주)북랩		
편집인	선일영	편집	정두철, 배진용, 윤용민, 김부경, 김다빈
디자인	이현수, 김민하, 김영주, 안유경	제작	박기성, 황동현, 구성우, 배상진
마케팅	김회란, 박진관		
출판등록	2004. 12. 1(제2012-000051호)		
주소	서울특별시 금천구 가산디지털 1로 168, 우림라이온스밸리 B동 B113~114호, C동 B101호		
홈페이지	www.book.co.kr		
전화번호	(02)2026-5777	팩스	(02)3159-9637

ISBN   979-11-6836-710-4 03300 (종이책)   979-11-6836-712-8 05300 (전자책)

(주)북랩 성공출판의 파트너

북랩 홈페이지와 패밀리 사이트에서 다양한 출판 솔루션을 만나 보세요!

홈페이지 book.co.kr   •   **블로그** blog.naver.com/essaybook   •   **출판문의** book@book.co.kr

---

작가 연락처 문의 ▶ ask.book.co.kr

작가 연락처는 개인정보이므로 북랩에서 알려드릴 수 없습니다.

노동가치론과 효용가치론은 무엇이 다른가

자본론으로 마르크스를 비판하다

Criticize Marx with the 『Das Kapital』

이용호

사회주의 실패는 자본론에
이미 예견되어 있었다!

북랩

프롤로그

실천은 변변찮았으나 마음으로는 사회주의 이상향을 꿈꾸던 시절이 있었다. 사회주의권이 붕괴되고 번잡한 일상에 매몰되면서 꿈은 사위었지만, 의식의 흐름 저편에 실패한 실험이 남긴 아쉬움과 궁금증이 오랜 세월 남아있었다. '사회주의는 왜 실패하였는가!' 이 의문은 늘 머릿속에, 아니 가슴 속에 있었다.

건강 문제로 회사를 휴직하면서 마침내 이 화두를 풀 시간적, 정신적 여유를 얻었다. 거의 2년 반의 시간이 오로지 이 화두에 던져졌다. 〈자본론〉에 대한 의문은 상대적 잉여가치를 설명하는 장에서 마르크스가 행한 조그만 계산 실수에서 비롯되었다. 작은 실수였지만 이것은 기계도 잉여가치를 생산하는가의 문제로 비화하였다. 하지만 인간의 노동만이 가치를 생산한다고 규정짓는 노동가치론의 세계에서 기계가 가치를 생산하는 일은 원초적으로 불가능하다는 것을 깨닫는 데 오랜 시간이 걸리지 않았다. 진짜 문제는 범접할 수 없는 권위를 가진 이 규정이 사회주의를 파산시킨 근본 원인이란 점에 있었다.

인간 노동만이 가치를 생산한다는 원칙은 생산량과 관계없이 가치는 일정하다는 원칙을 낳고, 이것은 능력과 상관없이 모든 인간 노동이 평등해지는 유토피아에 대한 갈망으로 연결된다. 하지만 평등하지 않은 노동을 평등하게 하려 강제할수록 자유는 구속되고 유토피아는 멀

자본론으로 마르크스를 비판하다

어진다. 사회주의권의 붕괴는 이것을 증명하였다.

과연 모든 노동은 평등한 것인가? 이성은 그것을 배제하지만, 감성은 끌어당긴다. 지극히 이성적이라 생각했던 젊은 시절이 어쩌면 감성이 앞선 시절이었던 것 같다. 결국 젊은 날의 나는 이성과 감성의 회색지대를 배회하였던 건가.

책을 마무리하면서 이제 오랜 의문과 결별하려 한다. 답은 평범하다. 양극단을 경계하라. 의심하고 또 의심하라. 어느 쪽으로든 맹신은 옳지 않으며 완벽을 추구할수록 진리는 멀어진다. 이것이 이 책을 쓰면서 얻게 된 감상이자 지혜이다. 의문은 내려놓았으나 좀 더 좋은 세상에 대한 희망마저 놓은 것은 아니다. 노동가치론과의 논쟁은 끝내지만, 그것은 끝이 아니라 시작이 될 것이다. 세상의 모든 회의주의자들에게 이 책을 바친다.

이 책이 나오는 데 도움을 주신 동국대학교 이상호 교수님께 감사의 인사를 드리고 싶다. 이 교수님의 조언 덕분에 초고의 불완전한 표현을 바로잡고 책 구성을 개선할 수 있었다. 특히 마르크시즘과 윤리의 문제, 인간 본성의 문제에서 교수님이 소개해 준 책과 자료가 없었다면 이 책을 완성하지 못했을 것이다. 노동가치론과 효용가치론의 비교에서도 교수님의 비판적 의견이 실수를 바로 잡고 논지를 가다듬는 데 큰 도움이 되었다. 물론 이 책에 있을 수 있는 오류는 전적으로 필자의 책임임은 두말할 필요가 없을 것이다. 마지막으로 책이 출간되기까지 정성과 노력을 기울여준 ㈜북랩의 김회란 본부장님, 정두철 편집장님, 윤용민 대리님, 김영주 씨께도 감사를 드린다.

차례

1부
기본 개념의 정리

2부

마르크스가 간과한 가치법칙의 비밀

3부
노동가치론과 인간 본성

4부

사회주의 그리고 대안사회주의

부록

서문

〈자본론〉1권이 세상에 나온 지 156년의 세월이 흘렀다. 마르크스가 지인에게 보낸 편지에서 장담한 대로 이 책은 부르주아와 지주에게 던져진 가공스러운 폭탄이 되어 세상을 둘로 쪼개어 놓았다. 역사상 처음으로 노동자 국가의 깃발을 펄럭였던 러시아혁명 이후, 1930년대 소련의 놀라운 경제 성장과 2차 세계대전에서의 승리는 마르크시즘의 타당성이 역사적으로 검증된 것처럼 여겨지게 했다. 노동자, 지식인들은 유토피아가 무지개 너머의 세계가 아니라 실재할 수 있다는 희망으로 들떴고 세계 영토의 절반이 마르크스의 교리를 추종하게 되었다.

그러나 1991년, 오랜 장마에 둑이 터지듯 소련을 위시한 사회주의권이 일거에 무너지면서 변혁운동에 대한 기대는 서서히 사라졌고 마르크시즘도 상아탑 속에서만 의미를 가질 뿐 현실운동 지침서로서의 권위는 희미해졌다. 2008년 금융위기와 같은 자본주의 고질병이 도질 때는 마르크스에 대한 관심이 반짝였으나 그 빛은 오래지 않아 사그라졌다. 이제 사람들은 마르크스를 잊어버린 듯하다. 노동자들은 유토피아를 위해 투쟁하기보다 현실에 안주하였으며 지식인들의 서고에서도 마르크스의 책들은 뒤쪽으로 밀려났고 자본가들은 더 이상 그를 두려워하지 않게 되었다.

이제 마르크시즘의 정수를 담고 있는 〈자본론〉은 맡은 바 소임을 다하고 역사의 뒤안길로 사라진 것일까? 이윤과 지대의 원천이 노동자의 피땀임을 백일하에 드러내어 지배계급의 밤잠을 설치게 했던 옛날의 위용을 잃은 것일까? 그렇지 않다. 구소련식 사회주의는 마르크스주의의 스탈린식 변종일 뿐이며 진정한 사회주의는 지구상에 도래하지 않았다는 대안사회주의자들의 외침은 강고하다. 이른바 '자본주의의 내재적 모순'의 발현인 불황, 공황, 금융위기가 언제 어디서 우리를 다시 위협할지 모르는 상황은 지속되고 있다. 자본주의는 지난 200여 년간 인류 역사상 유례가 없는 생산력 발전을 이루었으나 그에 비례하여 부의 양극화는 심화하고 이를 둘러싼 갈등은 끊이지 않는다. 더구나 성큼 다가온 4차 산업혁명 시대에 로봇이 재화나 용역 대부분을 생산하고 AI의 인지력과 창조성이 인간을 능가하게 된다면, 노동은 불필요한 잉여로 전락하게 될 것이다. 마르크스가 말한 생산력과 생산관계 모순의 폭발이 책을 찢고 나와 현실이 되는 세상을 목도할지도 모른다. 미국의 마르크스주의 철학자인 마셜 버먼의 '자본이 여전히 생존해 있는데 그에 대해 다룬 〈자본론〉이 어떻게 수명을 다할 수 있는가'라는 말처럼 자본주의가 존속하는 한 〈자본론〉은 자본주의 해체의 교본이란 역할을 끝까지 놓지 않을 것이다. 인간의 노동력을 착취하여 생산력을 고도로 발전시킨 자본주의가 바로 그 발전된 생산력으로 인해 생을 마감할 수밖에 없다는 아이러니를 〈자본론〉만큼 생생하게 그려낸 책이 없기 때문에 지금이야말로 쌓인 먼지를 털고 진지하게 〈자본론〉의 책장을 넘길 때이다.

자본주의는 지속될 수 있을까? 이 질문에 대답하기는 어려우나 세상에 영원한 것은 없으므로 자본주의는 어떠한 방식으로든 변화할 것이다. 그러나 마르크스가 〈자본론〉에서 제시한 방식으로는 자본주의 이후 더 풍요롭고 자유로운 세계를 건설하기 어렵다. 이 점을 밝히기 위해 이 책은 지금까지의 마르크시즘에 대한 비판과는 다른 방식으로 접근한다. 〈자본론〉 출간 이후 100년 이상 진가를 둘러싼 논쟁이 진행되었으나 대부분 이론적 허점을 공격하는 것이었다. 마르크스의 이론체계가 논리적 정합성에 어긋나므로 잘못된 것이라는 지금까지의 논쟁과는 달리 이 책은 마르크스의 추론이 멈춘 어느 지점에서 그것을 끝까지 진행하여 얻은 결론으로 마르크스를 비판하려고 한다. 이러한 방식은 〈자본론〉에서 사용된 마르크스의 논리로 마르크스를 비판한다는 점에서 〈자본론〉으로 마르크스를 비판하는 것과 다름없다.

대부분의 사람들은 〈자본론〉이 자본주의 작동방식을 정교하게 분석하여 자본주의 이후 새로운 사회의 전망을 밝힌 책으로 이해한

자본론으로 마르크스를 비판하다

다. 마르크스 전문가들도 예외가 아니다. 그러나 생산된 파이를 어떻게 분배할 것인가라는 인류의 오랜 관심사의 측면에서 〈자본론〉을 읽을 때 우리는 마르크시즘을 좀 더 정확하게 이해할 수 있다. 우리는 노동가치론을 근간으로 하는 마르크스경제학과 효용가치론을 근간으로 하는 주류경제학의 오랜 대결이 실은 분배방식을 둘러싼 대립이었음에 주목할 필요가 있다. 일찍이 데이비드 리카도는 정치경제학의 기본문제는 분배를 규제하는 법칙을 결정하는 것이라고 통찰하였다. 경제학이 가치중립적 학문임을 강조할 목적으로 정치경제학에서 '정치'를 삭제한 오늘날에도 리카도의 통찰은 여전히 유효하다. 생산된 부를 어떻게 분배할 것인가를 둘러싸고 우리는 어제도 싸웠고 오늘도 싸우고 내일도 싸울 것이기 때문이다. 마르크스경제학과 주류경제학의 대결은 생산된 부를 무엇을 기준으로 분배할 것인가를 둘러싼 갈등의 표출이었다.

'정치경제학 비판'이란 부제를 달고 있는 〈자본론〉의 핵심은 리카도가 정확히 지적한 대로 분배를 규제하는 법칙을 다루고 있다. 그것은 생산한 만큼 파이를 나누는 자본주의는 노동한 만큼 파이를 가져가는 사회주의로 대체되고, 사회주의는 생산력을 더욱 발전시켜 각자가 필요한 만큼 분배받는 공산주의로 나아간다는 전망의 제시였다. 그러나 이 전망의 깊숙한 이면에는 생산력이 높은 사람은 생산력이 낮은 사람을 착취한다는 제로섬의 원리가 자리 잡고 있음을 마르크스는 드러내지 않았다. 각자가 노동한 만큼 분배받는 제도하에서는 같은 시간을 노동하고도 더 많이 생산한 사람은 자신이 생산한 만큼 가져가는 것이 원칙적으로 금지된다. 〈자본론〉의 근본이론인 노동가치론은 생산성이 높은 사람이 더 가져가면 생산성이 낮은 사람의 노동을 착취하는 것으로 보기 때문이다. 노동가치론을 분배원리로 채택한 사회에서 생산성이 높은 사람은 억압받을 수밖에 없으며, 이러한 사회가 생산력을 발전시켜 모두가 필요한 만큼 분배받는 풍요로운 사회로 이행한다는 것은 환상에 불과하다. 이것이 마르크스의 추론이 멈춘 지점에서 그가 남긴 자료를 챙겨 한 정거장 더 나아가면 보게 되는 〈자본론〉의 결말이다. 마르크스는 이 종착역에 이르기 전에 노동과 자본의 적대적 모순을 해결하면 모든 문제가 해결된다는 정거장에서 서둘러 하차하였다.

간단한 예를 들어 〈자본론〉의 최종역이 어떤 곳인지 확인해보자. 간단한 예이지만 이 안에 마르크스경제학뿐만 아니라 마르크시즘 전반을 파악할 수 있는 이 책의 핵심 주제가 녹아있다.

갑과 을은 사회주의 혁명이 성공한 어떤 나라의 노동자다. 두 사람이 각각 8시간 노동하여 갑은 20개의 빵을, 을은 10개의 빵을 생산하였다면 이것을 어떻게 나누어야 하는가? 자본주의라면 시장의 교환과 경쟁을 통하여 생산한 만큼 분배되므로 갑은 20개를 을은 10개를 가져갈 것이다. 하지만 이곳은 노동한 만큼 분배받는 사회주의 세상이므로 두 사람은 생산량과 상관없이 노동한 시간만큼 공평하게 분배받는다. 둘 다 같은 시간 노동하였으므로 각각 15개씩 분배받는 것이다. 만약 갑이 생산을 많이 했다는 이유로 빵을 더 가져가면 자신의 노동시간보다 더 많은 노동시간을 가져가는 것이고 결과적으로 을의 노동시간을 뺏는 것이 되므로 생산량 분배는 금지될 수밖에 없다.

이것이 〈자본론〉이 제시하는 분배방식이고 마르크스가 꿈꾸는 사회의 분배제도이다. 이 제도하에서 더 많이 생산하여 더 많이 가져가기 위한 노력은 타인의 노동을 갉아먹는 행위가 된다. 사회주의 체제는 노동한 만큼 분배되지 않도록 하는 시장을 폐지하고 중앙의 계획과 통제로 생산과 소득을 조절하게 된다. 모든 사람의 노동은 능력과 상관없이 평등해지며 개인 욕심은 공동체를 위한 희생정신 뒤에 숨어야 한다. 그러나 이 분배제도의 성공을 위해서는 모든 인간의 능력이 같은 수준이 되든가 아니면 이기심이 사라진 새로운 인간형이 창조되어야 하는, 현실적으로 불가능한 조건이 달성되어야 한다. 구사회주의의 실패는 마르크스의 실패가 아니라 마르크스를 도용한 스탈린식 변종 사회주의의 실패라고 강변하는 사람들이 있지만, 생산력이 높은 사람이 착취자가 되는 원리는 스탈린식 사회주의에서든 그들이 추구하는 새로운 사회주의에서든 변하지 않는다. 그것은 모든 노동이 생산능력과 관계없이 평등해야 한다는 마르크시즘의 근본이념에서 필연적으로 도출되기 때문이다. 중앙의 계획과 통제가 스탈린식 폭압 방식이든 마르크스가 말한 '자유로운 개인들의 연합'에 의한 아래로부터의 자율적인 방식이든 개인적 자유를 침해하기는 마찬가지다. 마르크스의 자유는 개인적 자유와 의미가 완전히 다르다. 마르크스가 보기에 개인적 자유는 더 많이 생산하여 더 많이 가져가는 자유이고, 타인을 착취하는 자유이다. 그것은 더 많이 생산할 능력을 발휘하여 타인과 나눠야 할 자유, 노동 평등의 깃발 아래 모든 인간의 능력이 획일화되도록 강요받는 사회적 자유로 대치되어야 한다. 스탈린주의의 망령은 마르크스와 상관없는 것이 아니라 마르크시즘이 도달하는 결론에서의 한 변종일 따름이다. 이러한 체제에서 생산성을 높이기 위한 노력은 억제될 수밖에 없으며 사회적 생산력의 발전은 요원하다.

마르크스가 꿈꾼 사회를 건설하기 위하여 지구상에 등장한 사회주의 체제가 불과 74년 만에 몰락한 것은 〈자본론〉에 이미 예견되어 있었다. 사회주의 실험은 마르크시즘이 제대로 실행되지 못했기 때문이 아니라 이론 자체의 결함으로 실패했다. 〈자본론〉의 깊숙한 이면에는 남보다 더 많이 생산하여 얻은 성과는 타인을 착취한 결과라는 원리가 자리 잡고 있으며, 이를 기반으로 구축된 사회주의가 자본주의를 능가하는 생산력을 발휘하여 공산주의로 도약하는 것은 불가능하다는 결론이 숨겨져 있다. 자본주의는 내재적 모순의 폭발로 사회주의에 길을 비켜줄 수밖에 없다고 주장하는 〈자본론〉에 사회주의 실패의 필연성이 암시되어 있다는 것은 참으로 역설적이다. 이제 우리는 이 역설을 구체적으로 확인해 나갈 것이다.

지금부터의 서술은 총 4부로 구성된 본문을 요약한 것이다. 마르크스 이론을 접하지 않은 일반 독자들이 본문을 좀 더 수월하게 읽도록 하기 위한 것이나 오히려 처음부터 어려움을 주는 것이 아닌지 염려스럽다. 그러나 요약을 읽으면 책 전체의 윤곽을 그릴 수 있어 본문 이해에 도움이 될 것이라 기대한다.

1부는 이 책의 기본 개념을 정리한 것이다. 1장은 가치와 가격의 개념에 대해 중점적으로 설명한다. 마르크스경제학과 주류경제학에 관한 수많은 책 가운데서 가치와 가격이 무엇인지 명확하게 설명한 책은 별로 없는 듯하다. 분배이론으로서의 노동가치론과 효용가치론의 차이를 파악하고 이 책의 주제를 이해하려면 가치와 가격을 먼저 살펴보는 것이 대단히 중요하다. 이 책에 있을 수 있는 많은 오류에도 불구하고 단언할 수 있는 것은 가치를 명확하게 이해하고 가격과 가치를 구분할 수 있다면 〈자본론〉뿐만 아니라 마르크시즘 전반 그리고 주류경제학의 미시경제 부문을 이해하는 교두보를 확보하게 된다는 점이다.

상품 간의 교환비율이면서 상품을 누릴 수 있는 지분을 결정하는 기준이라는 가치의 정의에서 특히 중요한 것은 가치가 생산된 부에 대한 지분의 성격을 갖는다는 것이다. 주식회사에서 지분이 많은 사람이 주식을 많이 가지듯이 경제생활에서는 가치를 많이 확보한 사람이 많은 부를 차지할 수 있다. 이것은 노동가치론과 효용가치론 모두에 적용되는 기본원리다. 노동가치론은 노동시간이 가치이고 효용가치론은 상품이 주는 만족감인 효용이 가치가 된다는 점만 다르다. 따라서 노동가치론에서는 노동시간을 많이 확보한 사람이 더 많은 부를 차지하고 효용가치론에서는 효용을 많이 생산한 사람이 더 많은 부를 차지한다. 효용을 많이 생산하려면 기본적으로 생산량이 많거나 효용이 높은 상품을 만들어야 하므로, 효용가치론자는 생산량이 많거나 효용이 높은 상품을 생산한 사람이 더 많은 부를 가지는 것이 당연하다고 생각한다. 그러나 노동가치론자는 생산량이나 효용과 상관없이 노동을 많이 한 사람이 더 많은 부를 가지는 것이 과학적 법칙이라고 생각한다.

상품의 가치는 눈에 보이지 않으므로 화폐단위인 가격으로 표현될 필요가 있다. 역사적으로 금, 은 등으로 만들어진 주조 화폐가 가치를 표현하는 수단으로 사용되었는데, 그 이유를 노동가치론은 금과 은도 다른 상품과 마찬가지로 노동으로 생산된다는 점에서 찾는 반면, 효용가치론은 금과 은도 다른 상품과 마찬가지로 효용을 준다는 점에서 찾는다. 이 때문에 노동가치론자는 가격을 화폐단위로 표현된 노동시간이라 보고, 효용가치론자는 화폐단위로 표현된 효용이라고 본다. 어찌 되었든 가치가 가격으로 표현된다는 사정은 어느 쪽이든 다르지 않다. 하지만 가격은 시장의 수요와 공급으로 결정된다는 특성으로 인해 두 이론에서 가치와 가격의 관계가 완전히 달라진다는 점을 놓쳐서는 안 된다. 수요와 공급은 생산량에 따라 변하고 생산량이 변하면 생산되는 효용도 변하기 때문에 효용가치론의 시각에서 보면 수요와 공급의 변화는 가격과 가치를 동시에 변화시킨다. 즉, 효용가치론에서는 가격이 변하면 가치도 변하고, 가치가 변하면 가격도 변하므로 가격이 곧 가치가 된다. 그러나 노동시간을 가치로 보는 노동가치론에서는 노동시간이 변하지 않으면 수요와 공급의 변화로 가격이 달라져도 가치는 변하지 않는다. 노동가치론에서는 수요와 공급의 변화로 인한 가치와 가격의 괴리가 일어나는 것이다.

그런데 노동가치론에서 수요와 공급의 변화에 의한 가치와 가격의 괴리보다 더 중요한 괴리가 있다. 생산성의 격차에 따른 가치와 가격의 괴리가 그것이다. 앞의 예에서 갑과 을은 같은 시간을 노동하였으므로 생산한 가치는 동일하나, 갑이 20개의 빵을, 을이 10개의 빵을 가져가면 갑이 을보다 더 많은 돈을 번다. 두 사람이 생산한 가치는 같으나 획득하는 가격은 다른, 가치와 가격의 괴리가 일어난다. 가치는 생산된 빵을 차지할 수 있는 지분이므로 갑과 을의 가치가 같다면 가져가는 빵의 개수도 같아야 한다. 그런데도 갑이 20개, 을이 10개를 가져가면 갑이 을보다 더 큰 가치를 갖고 을은 그만큼 가치를 손해 보는 결과가 된다. 결국 생산성의 차이에 따른 가치와 가격의 괴리는 갑이 을의 가치를 착취하는 것으로 귀결되므로 이를 막으려면 생산성이 높은 갑이 빵을 더 많이 갖지 못하도록 해야 한다는 결론에 이른다.

2장은 가치법칙에 대한 것이다. 가치법칙은 가치가 결정되는 법칙으로 노동가치론의 가치법칙을 이해하는 것은 〈자본론〉뿐만 아니라 마르크시즘까지 이해할 수 있는 지름길이다. 필자는 〈자본론〉에 산재한 가치법칙을 5개의 법칙으로 정리하였는데 이를 통해 사회주의 분배방식과 자본주의 분배방식이 어떻게 대립하는지, 그리고 마르크시즘의 지향점이 무엇인지를 알 수 있다. 가치법칙의 대원칙은 가치는 오직 인간노동에 의해서 창조되고 그 크기는 노동시간과 노동강도에 비례한다는 것이다. 따라서 더 많은 시간을 노동하고 더 힘들게 노동한 사람만이 생산량과 상관없이 더 많은 가치를 생산하므로 더 많은 부를 차지할 수 있다. 이것이 가치가 생산되고 결정되는 기본원리이다. 그러나 자본주의의 실제는 많이 노동한 사람보다 많이 생산한 사람이 더 많은 가치를 얻도록 하여 이 원리를 왜곡한다. 자본주의에서는 가치법칙의 원리와 실제가 일치하지 않는 것이다. 원리를 왜곡하는 힘은 시장의 경쟁이다. 시장경쟁은 상품의 가치가 실제 노동시간이 아니라 평균의 개념인 사회적 필요노동시간으로 결정되게 하여 평균보다 높은 생산성을 가진 사람이 실제 수행한 노동시간보다 더 많은 가치를 획득하도록 한다. 일반적으로 자본주의는 생산이 기업 단위로 이루어지고 기업은 자본가와 노동자로 구성된다. 따라서 생산성이 높은 기업이 실제 생산한 가치 이상으로 얻는 가치는 대부분 자본가에게 귀속된다. 경쟁에서 승리한 자본가는 노동자의 가치와 뒤처진 자본가의 가치를 빨아들여 그가 차지하는 세상의 부는 점점 증가한다. 하지만 이런 상황은 영원하지 않다. 노동한 시간만큼, 노동강도가 높은 만큼 가치를 가져야 한다는 기본원리가 반격을 가하기 시작한다. 소수의 자본가가 많은 부를 차지하면서 불황, 공황이 빈번해지고 노동자와 자본가 사이의 갈등은 심화되다가 마침내 혁명으로 폭발한다. 사회주의가 도래하여 노동한 사람만이 가치를 가지고 생산된 부는 노동량에 따라 분배되는 원래의 원리가 부활한다.

마르크스는 가치법칙의 작용으로 자본에 의한 노동 착취가 강화되는 것만을 이야기하나 여기에는 마르크스가 간과한 가치법칙의 비밀이 있다. 제2부는 그것을 다룬다. 우선 3장과 4장은 잉여가치의 생산에 관해 설명한다. 노동하지 않는 자본가가 가치를 획득하여 부를 누리는 비밀은 잉여가치의 착취에 있다. 생산수단을 소유하지 않은 노동자는 자본가와 근로계약을 맺고 노동함으로써 생활을 영위한다. 이때 노동자가 자본가에게 판매하는 것은 노동이 아니라 노동력이다. 노동할 수 있는 능력을 뜻하는 노동력은 요술램프처럼 자신의 가치 이상의 가치를 생산한다. 예를 들어 6시간의 가치가 있는 노동력이 12시간의 노동을 수행하면 6시간의 가치가 남는다. 이것이 잉여가치다. 자본가는 노동자 한 명에게 6시간의 가치를 주고

자본론으로 마르크스를 비판하다

노동력을 구매하여 12시간을 뽑아냄으로써 6시간의 잉여가치를 얻는다. 노동자를 많이 고용할수록 자본가가 얻는 잉여가치의 양은 증가하고 그가 차지할 수 있는 세상의 부도 증가한다.

자본가가 잉여가치를 뽑아내는 방법은 크게 두 가지로 나뉜다. 첫째는 노동시간을 연장하거나 노동강도를 강화하여 더 많은 잉여가치를 얻는 방법이다. 하루 12시간의 노동을 13시간, 14시간으로 연장할수록 잉여가치는 7시간, 8시간으로 증가한다. 이것이 절대적 잉여가치다. 두 번째 방법은 생산성을 향상시켜 노동력의 가치를 떨어뜨리는 것이다. 노동력의 가치는 노동자가 노동력을 재생산하는 데 필요한 생활수단의 가치이다. 생산성이 향상되면 생활수단의 가치가 하락하므로 원래 6시간이었던 노동력의 가치는 4시간, 3시간으로 떨어진다. 생산성이 향상되어 더 많은 생활수단이 생산되면 노동자는 6시간보다 적은 시간의 노동으로 생활수단을 구매하여 노동력을 재생산할 수 있기 때문이다. 만약 노동력의 가치가 3시간으로 저하하면 하루 노동시간이 12시간으로 고정되어도 자본가의 잉여가치는 6시간에서 9시간으로 증가한다. 증가한 3시간의 노동을 상대적 잉여가치라 한다.

5장은 마르크스가 간과한 가치법칙의 비밀을 밝힌다. 노동하지 않는 자본가가 생산된 부를 누리는 비결은 노동자로부터 절대적 및 상대적 잉여가치를 착취하기 때문이다. 마르크스의 추론은 정확히 여기서 멈춘다. 하지만 노동가치론의 결론은 이것이 전부가 아니다. 마르크스가 멈춘 곳에서 한 정거장 더 나아가면 생산성이 높은 자가 생산성이 낮은 자를 착취한다는 최종역에 도착하나, 마르크스는 상대적 잉여가치를 설명하는 장에서 가치법칙을 혼동함으로써 이 결론은 은폐된다. 이 때문에 마르크스주의자들 혹은 마르크스를 비판하는 사람들도 노동에 대한 자본의 착취를 밝힌 것이 마르크시즘의 전부인 것처럼 오해하는 결과를 가져왔다. 마르크스의 혼동은 자본가가 상대적 잉여가치를 자신이 고용한 노동자로부터만 착취한 결과로 설명하는 것에서 비롯되었다. 위의 예에서 보듯이 마르크스는 9시간의 잉여가치 중 생산성 향상으로 추가로 획득된 3시간의 상대적 잉여가치를 기업 내부의 노동자에게서 뽑아낸다고 설명한다. 노동력의 가치가 6시간에서 3시간으로 감소하여 노동자가 3시간을 손해 본 만큼 자본가가 3시간을 더 얻으므로 이 기업이 생산한 가치는 12시간으로 변동이 없다는 것이다. 하지만 이 기업이 생산성 향상으로 돈을 더 벌면 그만큼 가치가 증가한다는 사실을 그는 놓치고 있다. 가치는 생산된 부를 차지할 수 있는 지분이므로 이 기업이 돈을 더 벌었다면 생산된 부에 대한 지분이 커진 것이고, 이것은 이 기업이 획득한 가치가 증가했음을 의미한다. 따라서 이 기업의 노동자는 12시간을 노동하였지만, 실제 얻는 가치는 15시간, 16시간과 같이 12시간보다 커진다. 사회 전체 노동시간의 변화가 없는 상태에서 이 기업의 증가한 가치는 기업 외부의 가치를 감소시킬 수밖에 없다. 결론적으로 생산성을 향상시킨 기업의 자본가가 얻는 상대적 잉여가치는 사회로부터 온 가치에 근거를 두고 있다. 이는 생산성을 향상시킨 기업이 누리는 부는 기업 외부, 즉 사회에서 뺏은 가치에 기반을 둔다는 것을 의미한다. 이 추론을 좀 더 발전시키면 같은 시간을 노동하고도 다른 사람보다 더 많이 얻는 부는 나머지 사람의 노동시간을 착취한 결과라는 지점에 도달한다. 여기서 우리는 노동가치론의 세계에는 자본이 노동을 착취할 뿐만 아니라 생산성이 높은 자가 낮은 자를 착취한다는 두 종류의 착취가 존재한다는 사실을 보게 될 것이다.

자본주의를 사회주의로 대체하면 자본에 의한 노동 착취는 사라지나 생산성 격차로 인한 착취 문제는 여전히 남는다. 앞에서 예로 든 사회주의 노동자 갑과 을의 경우가 그것이다. 사회주의는 이 문제를 해결할 수 없었기 때문에 실패했다. 착취를 완전히 없애기 위해서는 생산성의 차이와 상관없이 공평하게 분배해야 하나 인간의 본성이 이러한 분배제도를 거부한 것이다. 마르크스는 생산성 향상으로 얻는 상대적 잉여가치를 자본가가 노동자를 효율적으로 착취하는 방법의 하나로만 설명하고 있으나, 그것은 일부의 진실만을 이야기한 것이다. 더 중요한 진실은 가치법칙이 작용하는 세계에서 생산성을 향상하여 얻는 부는 사회의 나머지 사람들의 가치를 뺏은 결과라는 것이다. 이것은 시간을 가치로 보는 노동가치론으로서는 피할 수 없는 결말이나, 마르크스는 이 사실을 간과하거나 은폐하였다. 노동가치론의 시각으로 보면 획기적인 상품을 개발하거나 생산량을 증가시키는 기술을 개발하여 더 많은 부를 획득하고자 하는 모든 노력은 타인의 가치를 뺏는 행위로 전락하고 만다. 그렇게 되지 않으려면 생산성 향상으로 얻는 부를 모든 사람과 공유해야 한다. 자본주의에서는 같은 시간에 더 많이 생산한 사람이 더 가져가는 것은 정당한 성과로 여겨지나 사회주의에서는 도둑질과 같은 죄가 되므로 이를 막으려면 생산성 향상의 성과를 사회가 공유하지 않을 수 없다. 이것은 노동가치론이 필연적으로 도달하는 결론이다. 여기서 우리는 노동가치론에 기반하여 운영된 사회주의가 실패할 수밖에 없었던 원인이 노동가치론 자체의 논리적 귀결에 있음을 알게 된다.

마르크스는 상대적 잉여가치가 사회에서 온 가치라는 것을 간과하였으나 차액지대에 대한 설명에서 생산성의 우위로 얻는 초과이윤이 사회의 가치를 뺏은 것이라고 실토한다. 6장은 이에 대한 설명이다. 비옥도가 높은 토지는 낮은 토지보다 생산성이 높아 더 많은 수입을 얻고 이것이 차액지대가 된다. 차액지대와 상대적 잉여가치는 둘 다 생산성의 격차에서 얻는 초과이윤으로 발생 원리가 똑같다. 마르크스는 차액지대가 경쟁을 통해 생산된 허위의 사회적 가치이며 사회주의가 되면 소멸한다고 분명히 말한다. 허위의 가치는 실제 생산된 가치가 아니라 생산성 경쟁으로 다른 사람의 가치를 뺏어온 것이므로 시장제도가 폐지된 사회주의에서는 존재할 수 없다는 뜻이다. 상대적 잉여가치와 차액지대는 둘 다 생산성의 격차로 얻는 부라는 점에서 차이가 없으며, 실제 생산된 가치가 아니라 경쟁으로 사회의 가치를 뺏은 허위의 가치라는 점에서도 다르지 않다. 결국 생산성이 높은 자는 사회에서 자신보다 생산성이 낮은 자를 착취한 결과가 된다. 마르크스가 상대적 잉여가치를 설명하면서 빠트린 이 결론이 차액지대를 허위의 가치로 규정하면서 분명하게 드러난 것이다.

7장은 생산노동과 비생산노동의 구분에 관한 것이다. 마르크스는 아담 스미스의 생산노동, 비생산노동의 구분을 받아들여 서비스

와 같이 비물질적인 상품을 생산하는 노동을 비생산노동으로 보았
다. 예외적으로 비물질적 상품을 생산하더라도 자본에 고용된 노동
은 생산노동이 된다고 말한다. 그러나 상업, 금융 분야의 노동은 자
본의 고용여부와 상관없이 비생산노동이라는 관점을 고수한다. 마
르크스의 생산, 비생산노동의 구분은 자의적이고 혼란스러우나 그
가 왜 불필요한 구분을 고수하는지 추측하는 것은 가능하다. 그 이
유는 마르크스의 시장경제에 대한 불신에 있다.

시장은 생산과 소비의 무정부성, 비계획성을 특징으로 한다. 상
품 판매와 자본 융통의 불확실성을 제거하고 생산 효율을 높이려
면 상업과 금융부문은 시장경제에서 꼭 필요한 존재이지만, 마르크
스는 상업과 금융에 투입된 노동과 자본을 생산부문으로 돌리면 더
많은 부를 창출할 수 있기 때문에 상업과 금융부문이 생산부문의
공제요소로 작용한다고 말한다. 따라서 생산이 중앙당국의 계획과
통제로 이루어지는 사회주의에서는 상업, 금융의 역할이 최소화되
므로 시장경제보다 더 높은 생산력을 발휘할 수 있다는 것이 생산,
비생산노동을 구분하는 이유다. 그러나 마르크스도 상업 및 금융부
문이 자본의 회전시간을 단축시켜 더 많은 생산을 가능하게 한다는
것을 인정한다. 결국 생산, 비생산노동을 구분하는 것은 상업 및 금
융이 필요한 시장경제와 그것을 최소화하는 계획경제 중 어느 쪽의
생산력이 높은가라는 문제로 돌아온다. 이것은 생산성 향상 노력을
착취적 행위로 보는가, 생산적 행위로 보는가의 문제로 연결된다.

3부에서는 노동가치론에 기반한 마르크스 사상이 과학적 이론
이라기보다 윤리적 지침서에 가까우며 그 지침은 인간의 본성과 어

울리지 않는다는 것을 밝힌다. 8장은 먼저 가치가 노동시간으로 결정된다는 가치법칙이 5,000 ~ 7,000년 동안 경제활동을 지배한 법칙이었다는 엥겔스의 주장을 반박하면서 시작한다. 엥겔스는 본격적으로 자본주의가 발달하기 이전 사회에서는 사람들이 생산물에 투입된 노동시간을 알고 그것을 의식하면서 교환하였다고 말한다. 하지만 시장이 형성된 이후 사람들은 노동시간보다 사용가치가 주는 효용을 의식하면서 교환하였다. 엥겔스의 말대로 노동시간을 정확히 알고 교환하였다면, 같은 시간을 노동하고도 더 많이 생산한 사람이 시장에서 돈을 더 버는 것을 사람들은 용납하지 않았을 것이다. 엥겔스의 주장은 사람들이 상품에 투입된 노동시간을 의식하기보다 사용가치를 기대하면서 교환한다는 마르크스의 주장과도 어긋난다. 결국 가치는 노동시간으로 결정되며, 따라서 인간 노동만이 가치를 생산한다는 법칙이 논리적으로나 역사적으로 근거가 있다는 엥겔스의 말은 사실이 아니다.

마르크스는 현실에서 상품은 사용가치를 기준으로 교환되는 듯 보이지만 본질은 노동을 기준으로 교환된 것이며, 기계를 도입하여 생산성을 향상시켜도 그것은 노동생산성의 향상 덕분이라고 주장한다. 하지만 이는 노동만이 가치를 생산한다는 인간중심주의 원칙의 반복일 뿐 과학적 근거는 희박하다. 기계는 과거의 인간 노동으로 만든 것이므로 기계가 아무리 생산을 많이 한다 해도 노동만이 가치를 생산한다는 원칙에서 벗어날 수 없다는 마르크스주의자들의 주장도, 사실과 원리를 혼동한 논리적 비약일 뿐 인간중심주의 원칙을 되풀이하는 것에 지나지 않는다.

마르크시즘의 또 하나의 근간인 사적 유물론도 〈자본론〉 논리 전개에 중요한 역할을 한다. 마르크스는 인간에게는 원초적 본능이란 없으며 물질세계의 변모에 따라 이리저리 그려지는 의식된 본능만이 있다고 강변한다. 이윤을 추구하는 자본가는 오로지 자기증식만을 꾀하는 자본이란 물질의 인격화에 불과하다고 본다. 하지만 인간에게는 생존욕망이란 의식되지 않은 본능이 있다. 생존욕망이 있기 때문에 인간은 지금까지 살아남았다. 생존욕망은 물질세계의 변화에 따라 형태만 변화할 뿐 인간 본질이란 원래의 성격은 변하지 않는다. 로마 귀족이 노예를 부리고 봉건 영주가 농노를 예속하고 자본가가 노동자를 착취하고 스탈린과 모택동의 권력욕이 혁명동지를 숙청하는 것은 모두 생존욕망이란 인간 본질이 시대에 따라 양태를 바꾸어 나타난 것이다. 이러한 인간 본질을 변화시켜 새로운 인간형을 탄생시키려는 혁명가들의 시도는 개인의 자유를 구속하고 문화혁명이나 킬링필드의 악몽을 초래하였을 뿐이다.

마르크스와 마르크스주의자들은 마르크시즘이 과학의 토대 위에 구축되었음을 주장하나 노동가치론의 가치법칙은 마르크시즘이 과학보다는 윤리적 성격을 강하게 갖고 있음을 여실히 보여준다. 노동가치론은 인간이 힘든 정도, 수고한 노력에 비례하여 보상받아야 한다는 정의관에서 출발한 것이며, 생산량과 상관없이 같은 시간의 노동은 똑같은 가치를 생산한다는 가치법칙의 원리는 인간 평등을 넘어 인간 노동마저 평등해야 한다는 당위를 갖고 있다. 자신의 이론은 객관적인 물질세계의 법칙을 규명할 뿐 도덕적 이상을 추구하지 않는다는 마르크스의 주장은 노동은 평등한 것이 아니라 평등해야 한다는 당위 앞에서 허언이 된다. 인간 노동은 평등해야 한다는 것은 현실이 아니라 인간의 염원이다. 과학법칙은 인간의 염원과는 상관없이 냉정하게 작동하기에 인간의 염원이 개입된 이론은 과학이라기보다 윤리에 가깝다.

9장은 인간의 본성은 과연 무엇이며 가치법칙의 기본원리는 인간 본성과 어울리는가 하는 문제를 다룬다. 인간은 이기적인 존재인가 아니면 이타적인 존재인가? 인간은 이기심과 이타성을 함께 지닌 복잡한 존재다. 인간이 자신만을 중시하는 이기적인 존재였다면 우리가 사는 세상은 지금보다 훨씬 지옥에 가까웠을 것이고 자신보다 타인을 위하는 이타적인 존재였다면 사회주의는 붕괴하지 않았을 것이다. 실제 생활에서도 인간은 이기적인 행동과 이타적인 행동의 양면을 보인다. 결론은 인간은 이기적이기에 이타적인 존재이다. 인간은 혼자서는 생존할 수 없었기 때문에 공동체를 이루고 타인과 협력하면서 이타심을 갖게 되었다. 이타심을 갖기 이전에 개체로서의 생존욕망이란 이기심이 먼저 있었다. 공동체 생활을 하면서 순수 이타적인 사람이나 이기적인 사람은 자연도태되거나 사회적으로 제거되면서 이기적이기에 이타적인 인간형이 DNA에 고착되었다. 인간사회는 이기적인 인간들이 각자의 이익을 추구하면서 서로 협력하여 더 큰 이익을 만들어나가는 곳이다.

인간의 본성이 이렇다면 생산한 만큼 가져가는 제도와 노동한 만큼 가져가는 제도 중 어느 것이 성공할 가능성이 높을까? 마르크스는 인간의 이기심과 경쟁을 증오했다. 이기심이 노동한 만큼 분배하는 제도를 가로막는 장벽이라는 것을 알기 때문이다. 그래서 사회제도가 바뀌면 이기심도 소멸할 것이라고 기대하였으나 이기심은 그리 쉽게 사라지지 않았다. 사회주의 제도하에서 생산한 만큼 가져가고 싶은 욕구는 사라진 것이 아니라 억눌려 있다가 상황이 바뀌자 다시 원상복구 되었다. 이 욕구가 제도적으로 억눌리면 타인의 노력에 기대려는 무임승차 의식으로 변하여 사회적 생산력 발전을 가로막는 걸림돌로 작용한다. 사회주의 실패의 원인은 여기에 있었다.

4부에서는 인간의 본성과 맞지 않는 분배제도를 채택한 사회주의가 실패하는 과정을 살펴본다. 또한 마르크시즘의 왜곡된 실천인 스탈린식 사회주의를 비판하면서 마르크스의 이념을 제대로 반영한 새로운 사회주의를 추구하는 대안사회주의가 왜 실패할 가능성이 높은지 분석한다. 그전에 10장에서 자본주의가 여러 가지 문제점에도 왜 붕괴하지 않았는지부터 살펴본다. 마르크스는 자본주의가 발전할수록 노동자는 점점 궁핍해지는 것이 절대적 일반법칙이라고 말하였으나 이는 자본가에 비해 노동자가 상대적으로 가난하다는 점을 지적하는 것이었다. 그도 자본주의의 발전과 함께 노동자의 실질임금이 높아지고 생활수준이 개선되는 것을 예상하였지만 문제는 그것을 과소평가한 데 있었다. 자본가의 부에 비해 노동자 삶의 질의 향상은 별것 아니라고 본 것이다.

19세기 산업혁명이 한창 진행될 무렵에 노동자와 자본가가 하루 10개의 빵을 생산하여 5개씩 나누었다면 생산력이 고도로 발전한 20세기에는 100개의 빵을 생산하여 노동자 20개, 자본가 80개로 나누게 되었다. 이를 노동시간 즉 가치로 분배하면 19세기에는 노동자가 가치의 50%를 가져갔으나 20세기에는 20%의 가치를 가지는 셈이다. 마르크스는 노동자의 가치가 감소하는 것에만 주목하였다. 자본가가 절대적 및 상대적 잉여가치를 착취함으로 인해 노동자의 가치는 점점 감소하고 노동자는 더욱 가난해진다는 것이 그의 노동자 궁핍화론이다. 그러나 노동자가 갖는 빵이 5개에서 20개로 증가한 것이 자본주의를 구하는 데 결정적인 역할을 하게 되는 것을 예상하지 못했다. 빵의 양뿐만 아니라 질도 향상되어 20세기 발전된 자본주의 국가의 노동자는 19세기 귀족과 비교해도 삶의 질이 뒤지지 않았다. 물론 실업의 위험과 경쟁이 주는 피로가 삶을 힘들게 하지만 체제를 위협할 정도는 아니다. 가치는 점점 감소하지만 가격은 점점 증가하는, 가치와 가격의 괴리가 자본주의를 구한 것이다.

11장은 역사적 사회주의의 실패과정을 분석한다. 1917년 10월 혁명 이후 74년 만에 사회주의가 무너진 것은 생산력 경쟁에서 사회주의가 자본주의에 패배하였기 때문이다. 사회주의는 노동한 만큼 분배하는 제도이나 생산력을 올리기 위해 생산한 만큼 나눠주는 인센티브 제도를 부분적으로 도입하지 않을 수 없었다. 그러나 노동가치론의 시각에서 볼 때, 생산한 만큼 나누면 같은 시간에 더 많이 생산한 사람이 그렇지 못한 사람의 가치를 착취하게 되는 것을 피할 수 없다. 결국 사회주의 당국은 인센티브 제도로 착취가 만연해지고 자본가가 부활하는 것을 막기 위해 생산과 소득을 철저하게 통제하게 된다. 남보다 더 많이 생산하여도 일부만 개인소득이 되고 나머지는 중앙에서 거둬들여 균등분배하는 방식으로 인센티브 제도가 실시되었다. 자본주의라면 시장에서 자동으로 이루어지는 인센티브의 분배가 중앙당국의 인위적인 분배로 대체되다 보니 기대했던 효과를 얻기 어려웠고 부정행위도 만연하게 되었다. 혁명 초기의 열정은 점차 사라졌다. 다른 사람의 노력에 기대는 무임승차가 만연하고 무기력과 보신주의가 팽배하기 시작했다. 이익이 나지 않는 비생산적 기업도 파산하지 않고 다른 기업의 이익으로 계속 살아남을 수 있었다.

이런 상황에서 혁신적인 제품의 출현과 품질의 향상은 기대하기 어렵다. 대부분 상부에서 내려온 할당량을 적당히 채우면서 근근이 생산을 이어가는 상황이 지속되었다. 소비재는 늘 모자라고 원재료나 인력은 한쪽에서는 남아돌고 사회적으로는 부족한 불균형이 일상화되었다. 이런 과정을 거치면서 역사적 사회주의는 지구상에서 사라졌다. 사회주의의 실패는 마르크시즘의 실패와 다름없다. 그것은 가치법칙이 가진 근본적인 한계에서 비롯되었다. 생산량과 가치는 무관하므로 많이 생산하든 적게 생산하든 동등한 가치를 분배받는 사회를 꿈꾸면서도 부분적으로 생산한 만큼 분배받는 제도를 도입하지 않을 수 없는 모순의 발현이 사회주의를 붕괴시킨 것이다. 시장이 하는 역할을 인간이 대신하려 했던 오만의 대가라고도 할 수 있다.

마지막 장인 12장에서는 대안사회주의의 가능성에 대해 살펴본다. 대안사회주의자들은 구사회주의권의 실패는 마르크스의 실패가 아니라 스탈린식 변종 사회주의의 실패라고 본다. 자유로운 개인들이 연합하여 노동한 만큼 분배받는 마르크스의 구상과는 거리가 먼, 위로부터의 '관리명령경제' 국가였기 때문에 붕괴하였다고 주장한다. 마르크스가 모든 저작에서 일관되게 주장한 것은 '자유로운 개인들의 연합사회'이며, 아래에서의 직접적인 참여로 생산과 분배의 결정이 이루어지는 사회의 건설이므로 위로부터의 명령으로 작동되었던 구사회주의는 마르크스가 꿈꾼 세상과는 다른 변종이라는 것이다. 대안사회주의에서는 모든 개인이 각자의 노동시간이 적힌 증서에 따라 분배받고 노동시간이 거시경제의 조절도구로 사용된다. 슈퍼컴퓨터의 발전으로 모든 재화에 내재된 노동시간을 정확하게 계산할 수 있으므로 각 개인은 수행한 노동량만큼의 노동시간이 내재된 재화를 받는다. 또한 생산물에 내재된 노동시간과 그 재화를 원하는 사람들의 노동시간을 비교하여 생산량을 증가하거나 감소하는 거시경제의 조절도 가능하다. 이런 방식으로 마르크스가 꿈꾸었던 진정한 사회, 즉 '자유로운 개인연합 사회'의 건설이 가능하다는 것이 대안사회주의자들의 주장이다.

그러나 노동시간에 따른 분배제도는 가치법칙이 안고 있는 근본적인 한계 때문에 생산력을 발전시키는 데 실패할 가능성이 크다. 가치법칙의 근본적인 한계는 생산성이 높은 사람이 많이 가져가면 생산량이 낮은 사람을 착취한다는 결론에 이른다는 점에 있다. 노동한 만큼 가져가는 노동량 분배는 이 착취를 막기 위한 것이다. 문제는 노동량 분배제도로는 생산력을 발전시켜 필요한 만큼 분배받는 공산주의 단계로 도약할 수 없을 뿐만 아니라 자본주의가 유산으로 물려준 생산력마저도 탕진할 가능성이 크다는 점에 있다. 대안사회주의자들은 마르크스의 숙련노동 개념을 도입하면 생산력 발전이 가능하다고 생각한다. 마르크스는 숙련노동이 단순노동보

자본론으로 마르크스를 비판하다

다 생산성이 높은 노동으로 과거에 훈련비용과 노력이 들어갔기 때문에 단순노동보다 더 많은 가치를 창출한다고 말한다. 가령 과거에 1시간의 노동을 훈련비용으로 투입한 숙련노동 1시간은 단순노동 1시간보다 2배의 가치를 창출한다. 이 숙련노동자는 1시간을 일하고도 2시간의 증서를 받으므로 단순노동자보다 2배의 소득을 얻을 수 있다. 이처럼 숙련노동을 대우하면 생산성이 높은 사람에 대한 보상이 된다는 것이다. 하지만 사람의 생산능력은 노동시간에 비례하지 않는다는 사실에 노동량 분배제도의 불운이 있다.

단순노동 1시간을 수행하더라도 사람마다 생산량은 다르며 이는 숙련노동 사이에서도 일어나는 사실이다. 때로는 단순노동 1시간이 숙련노동 2시간보다 더 많은 생산량을 기록할 수도 있다. 빌 게이츠나 마크 저크버그는 대학을 중퇴했지만 평범한 대학 졸업자보다 수백, 수천 배 높은 생산성을 가진 사람들이다. 노동한 만큼 분배하는 제도에서 이런 천재들은 대학을 졸업한 보통 사람보다 더 적은 보상을 받을 수밖에 없다. 대학을 중퇴하였으므로 과거에 훈련비용과 훈련시간이 적게 들어간 것으로 평가받기 때문이다. 평범한 사람들 가운데서도 이런 문제는 얼마든지 일어난다. 과거의 노동시간이 더 많이 투입되었다는 이유로 숙련노동을 단순노동보다 더 높게 대우하는 방식으로는 능력에 걸맞게 보상할 수 없다. 오히려 생산성이 높은 사람이 역차별을 받을 가능성이 크며 이는 생산력 발전의 장애로 작용할 것이다. 결국 물질적인 보상보다 문제를 해결하는 즐거움에 만족하라거나, 공동체를 위해 이바지했다는 자부심을 강조하는 교육과 캠페인이 사회를 지배할 것이다. 그렇다고 생산량에서 차이가 나는 노동을 다르게 보상하거나, 노동이 적게 투입되었음에도 생산량이 높은 노동을 노동이 더 많이 투입되었지만 생산량이 낮은 노동보다 우대할 수는 없다. 그것은 노동한 만큼이 아니라 생산한 만큼 분배하는 방식이자 가치의 착취를 용인하는 제도의 부활이기 때문이다. 이 모든 문제의 원인은 생산성이 높은 사람이 더 많이 가져가면 같은 시간 노동한 다른 사람을 착취한다는 결론에 이르는 노동가치론에 있다. 대안사회주의의 문제는 노동가치론의 한계이고 마르크시즘의 한계이다.

부록 1 ~ 3은 〈자본론〉 1, 2, 3권을 간략하게 요약한 것이다. 3,000여 페이지에 총 18편 104장으로 구성된 방대한 책을 요약본으로 이해하기는 어려우나 차후 〈자본론〉을 읽게 될 독자들이 전체 흐름을 파악하는 데 도움이 되지 않을까 한다. 부록 4는 주류경제학의 미시경제 부분에 녹아있는 효용가치론의 기본원리를 분석한 것으로 노동가치론과의 차이에 대한 설명을 보충하고 효용가치론에 대한 이해를 넓히기 위한 것이나 경제학 개론이나 원론에 대한 기본지식을 요구한다. 그러나 부록을 읽지 않아도 본문을 이해하는 데 어려움은 없을 것이다.

마르크스의 저작을 접하지 않은 일반 독자들도 이해할 수 있도록 쓰려고 노력했으나 〈자본론〉 자체의 난해함과 필자의 한계로 의도한 바를 달성하지 못한 듯하다. 이 책은 사회주의가 왜 실패했을까? 라는 질문에 흔히 따라오는, '사회주의는 사유재산을 인정하지 않고 열심히 노력한 성과를 개인에게 돌려주지 않기 때문에 망했다.'라는 평범한 대답을 〈자본론〉에서 확인하려 한 시도에 지나지 않는다.

남보다 더 생산한 성과를 내 것으로 하면 결과적으로 타인을 착취하게 된다는 논리가 〈자본론〉에 숨어있으며 이것을 운영원리로 하는 사회주의는 붕괴할 수밖에 없었고 여기서 벗어나지 못하는 대안 사회주의도 실패할 가능성이 크다는 점을 밝히려 한 것이다. 이러한 시각으로 책을 읽으면 좀 더 쉽게 접근할 수 있을 것이다.

Criticize
Marx
with the
『Das—
Kapital』

1부
기본 개념의 정리

1장 분배를 결정하는 두 가지 방법

◆ 파이를 어떻게 나눌 것인가?

작년 초였던 것 같다. 가입자가 수백만 명이 되는 국내 유명 소셜미디어에서 화재 진압에 나선 소방관이 안타깝게도 희생된 사건을 두고 첨예한 논쟁이 벌어졌었다. 소방관과 같이 목숨을 걸고 위험한 일을 하는 사람의 보수가 소위 재벌들이 버는 돈에 비교할 수 없을 정도로 적은 것은 정당하지 않다는 누군가의 글에 대해 수많은 댓글이 달리면서 논쟁은 뜨거워지기 시작했다. 다양하면서도 날 선의견들이 개진되었으나 큰 줄기는 두 가지로 압축이 되었다. 소방관의 노동이 재벌의 노동보다 제 가치를 제대로 못 받고 있다는 주장과 재벌의 생산에 대한 기여가 소방관보다 훨씬 크기 때문에 보수의 차이는 당연하다는 주장이었다.

열기가 너무 뜨거워서였을까 얼마 뒤 본문과 댓글이 모두 삭제되

자본론으로 마르크스를 비판하다

었지만, 이 논쟁은 필자에게 깊은 여운을 주었다. 현재 우리 사회 아니 전 세계가 겪고 있는 분배 갈등과 불과 수십 년 전까지 지속되었던 혁명, 냉전, 내전의 뿌리가 어디 있는지를 여실히 보여주었기 때문이다. 아담 스미스의 〈국부론〉 이후 마르크스경제학과 주류경제학이 치열하게 대립해온 핵심을 위 논쟁은 정확하게 드러내고 있었다. 그것은 '생산된 부를 무엇을 기준으로 분배할 것인가'라는 문제였다. 노동시간과 노동강도에 비례하여 부를 분배할 것인가 아니면 생산에 기여한 정도에 비례하여 분배할 것인가? 전자를 노동량 기준분배, 후자를 생산량 기준분배라 부른다면, 지구상의 모든 좌우 대립은 이 두 가지 분배 방법 중 어느 것이 옳은 것인가를 다투는 데서 출발하였다 해도 과언이 아니다. 자본주의가 본격적으로 발전하기 시작한 19세기 초반부터 이 싸움은 치열해지기 시작했다. 1867년 카를 마르크스의 〈자본론〉이 출간되고 그즈음에 윌리엄 제번스, 칼 멩거, 레옹 발라의 한계효용이론과 1899년 존 베이츠 클라크의 한계생산력 분배이론이 세상에 나온 이후 노동량 기준분배를 주장하는 측은 마르크스경제학에, 생산량 기준분배를 중시하는 측은 주류경제학에 자리 잡았다.

양측의 대립은 학문 세계에만 머물지 않았다. 마르크스경제학은 러시아혁명을 기폭제로 현실 세계를 바꾸기 위한 폭풍이 되어 전 세계를 뒤흔들었으며 그 여파는 미소 냉전 시대를 거쳐 1991년 소련이 해체될 때까지 지속되었다. 사회주의권의 붕괴 이후에도 두 경제학의 대립은 멈추지 않았다. 소방관 보수논쟁에서 보듯이 일상에서 분배에 대한 갈등을 쉽게 볼 수 있으며, 노사갈등, 진보와 보수의 대립과 같이 더 큰 전장에서도 분배 방법은 싸움의 중요한 이유가 되었다. 아마도 인류가 생존하는 한 생산한 파이를 어떻게 나누어야 하는가를 둘러싼 갈등은 사라지지 않을 것이다.

지금까지 인류는 파이를 분배하는 방법으로 노동량 기준과 생산량 기준 이외의 것을 알지 못한다. 분배에 대한 모든 이론, 분배를 둘러싼 그 어떤 대립과 갈등도 이 범주를 벗어나지 못했다. 아담 스미스가 현대경제학을 태동시킨 이래 인류가 지향해야 할 분배 방법이 어느 것인가를 놓고 경제학자와 혁명가들은 치열하게 대립하였다. 그 과정에서 노동량에 따른 분배를 주장하는 이론은 노동가치론으로, 생산량에 따른 분배를 주장하는 이론은 효용가치론으로 정식화되었고 각각 마르크스경제학과 주류경제학의 근본이론의 지위에 올랐다. 따라서 마르크스경제학과 주류경제학의 이해를 위해, 그리고 파이를 나누는 방법을 둘러싼 대립과 갈등의 이해를 위해서는 노동가치론과 효용가치론이 어떤 이론인가를 먼저 이해하지 않으면 안 된다.

◆ 가치란 무엇인가?

노동가치론과 효용가치론은 과연 무엇이고 어떻게 다른가? 이를 이해하려면 먼저 가치가 무엇인가부터 시작해야 한다. 여기서 가치는 삶의 가치, 존재가치와 같은 윤리적, 철학적 의미와는 다른 경제적 개념이다. 경제적 개념으로 한정하면 **가치는 상품 간의 교환비율을**

자본론으로 마르크스를 비판하다

결정하는 기준이자 상품에 대한 지분을 결정하는 기준이라고 정의할 수 있다.

먼저 가치가 상품 간의 교환비율을 결정하는 기준이란 정의부터 살펴보자. 자본주의는 시장에서의 교환을 근간으로 작동하는 체제이고 시장에서 교환되는 재화나 서비스는 상품이라 불린다. 가치는 상품을 교환하기 위한 기준이므로 교환가치가 가치의 정확한 명칭이다. 후술하는 사용가치와 구분을 위해서도 교환가치로 불러야 하지만 통상적으로 가치라고 하며 이 책에서도 가치는 교환가치를 의미한다.

상품은 시장에서 교환되므로 가치는 시장이 없으면 존재할 수 없다. 이 점은 집에서 끓인 라면과 분식집에서 끓인 라면을 비교하면 쉽게 알 수 있다. 집에서 한 끼 식사를 위해 끓인 라면은 가치라는 개념이 필요 없다. 시장에서 교환을 위한 상품이 아니기 때문이다. 하지만 분식집에서 끓인 라면은 판매를 위한 것이므로 다른 상품과 어떤 비율로 교환되어야 할지 기준을 정하는 것이 필요하다. 예를 들어 분식집의 라면 한 그릇은 중국음식점의 짜장면 몇 그릇과 교환될 수 있을까? 이 교환비율을 결정하는 것이 가치다. 만약 라면 한 그릇이 짜장면 반 그릇과 교환된다면 짜장면 한 그릇의 가치는 라면 한 그릇 가치의 두 배라 할 수 있다. 마찬가지로 휴대폰 1대가 라면 200그릇과 교환된다면 휴대폰 1대의 가치는 라면 한 그릇 가치의 200배라 할 수 있다. 이처럼 가치는 시장에서 상품이 교환되는 비율을 결정하는 기준이다.

가치가 상품의 교환기준이란 정의에서 가치는 생산된 상품에 대한 지분을 결정하는 기준이라는 또 다른 정의가 파생되는데, 이것은 가치론을 이해하는 데에서 교환 기준보다 더 중요한 개념이라할 수 있다. 지금까지 가치에 대한 대부분의 설명은 부에 대한 지분이라는 개념을 놓치면서 가치에 대한 이해를 어렵게 만든다. 이 개념을 이해할 때 노동가치론과 효용가치론의 차이가 명확하게 드러난다. 시장에 라면 두 그릇과 짜장면 한 그릇의 상품만 존재한다고가정해보자. 라면 두 그릇과 짜장면 한 그릇이 교환된다면 라면 두그릇과 짜장면 한 그릇의 가치는 같다. 라면 두 그릇의 가치는 시장에 존재하는 전체 상품가치의 50%이고 라면 한 그릇은 전체 가치의25%를 차지한다. 마찬가지로 짜장면 한 그릇의 가치도 전체 상품가치의 50%이다. 만약 누군가가 전체 상품가치의 25%에 해당하는 가치를 갖고 있다면 그는 라면 한 그릇을 먹을 수 있다. 하지만 짜장면은 반 그릇만 먹을 수 있을 것이다. 또 다른 누군가가 전체 가치의50%의 가치를 갖고 있다면 그는 라면 두 그릇 혹은 짜장면 한 그릇을 먹을 수 있다. 라면과 짜장면의 교환비율이 결정되면 라면과 짜장면이 전체 상품에서 차지하는 비중이 도출되며 사람들은 자신이가진 가치의 크기와 일치하는 양만큼의 라면이나 짜장면을 먹을 수있다.

이것이 가치가 상품에 대한 지분을 결정하는 기준이란 정의가 갖는 의미이다. 라면과 짜장면만이 아니라 이 세상에 존재하는 모든상품으로 시장을 확장하여도 이러한 원리는 변하지 않는다. 상품이교환되기 위해서는 각 상품은 가치를 갖고 있어야 하며 가치의 크기에 따라 교환비율이 결정된다. 전체 상품의 가치는 개별상품이 가진 가치의 합계이므로 사람들이 누리는 부의 양은 각자가 가진 가치의 크기에 따라 결정된다. 즉, 가치는 생산된 상품을 차지할 수 있는 지분을 결정한다. 가치를 많이 가진 사람은 적게 가진 사람보다 지분이 더 크며, 따라서 더 많은 상품을 얻는다.

그렇다면 사람들이 사회에서 생산된 파이를 분배받는 기준은 각자 어느 정도의 가치를 갖고 있는가로 결정될 것이다. 내가 가진 가치의 크기가 당신이 가진 것 보다 두 배나 많다면 나는 당신보다 두 배의 상품을 차지할 수 있다. 가치란 과연 무엇이기에 나는 당신보다 두 배의 가치를 갖고 있느냐는 질문이 자연스럽게 제기된다. 여기서 노동가치론과 효용가치론이 등장한다. 두 가치론은 가치를 바라보는 관점에 대한 이론이다. 노동가치론은 각자가 수행한 노동시간의 크기와 노동강도, 즉 노동량에 따라서 가치를 얻으며, 상품의 가치는 그것을 만들기 위해 투입된 노동량으로 결정된다고 보는 이론이다. 반면 효용가치론은 각자가 생산한 효용의 크기에 따라 가치를 가지며, 상품의 가치는 상품에 대해서 사람들이 느끼는 효용으로 결정된다고 보는 이론이다.

내가 가진 가치가 당신이 가진 가치보다 두 배의 크기를 가진다면, 노동가치론자는 내가 수행한 노동시간 혹은 노동강도의 크기가 당신보다 두 배나 되기 때문이라고 말한다. 짜장면이 라면보다 두 배의 가치를 가진 이유는 짜장면을 만드는 데 투입된 노동시간이나 노동강도가 라면의 그것보다 두 배나 많기 때문이라고 노동가치론자는 말한다. 반면 효용가치론자는 짜장면이 라면보다 두 배의 가치를 가진 것은 사람들이 짜장면을 먹을 때 얻는 효용이 라면을 먹을 때보다 두 배나 많기 때문이고, 내가 당신보다 두 배의 가치를 가진 이유는 내가 당신보다 두 배의 효용을 생산하였기 때문으로 수행한 노동시간 혹은 노동강도와는 상관없다고 말한다. 효용은 어떤 물건이나 서비스를 사용할 때 얻을 수 있는 만족감을 의미한다. 빵 1개보다 2개가 더 큰 만족감을 주듯이 소비량이 증가하면 효용도 증가한다. 하지만 빵을 먹을 때 어느 정도를 넘어서면 불쾌감이 생기는 데서 알 수 있듯이 소비량이 증가할수록 효용이 계속 커지는 것은 아니다. 그러나 일정 정도까지는 소비량이 증가할수록 효용이 증가하는데 소비량이 증가하려면 생산이 전제되어야 한다. 효용이 먼저 생산되어야 소비할 수 있는 것이다. 앞으로 각자 생산한 효용을 기준으로 파이를 분배하는 방법을 생산량 분배방식으로 부르겠지만 엄밀하게는 효용의 생산량 분배방식이 맞다.

소셜미디어에서 일어난 소방관과 재벌의 보수논쟁은 결국 가치의 분배기준을 노동량으로 할 것인가 생산량으로 할 것인가의 문제이다. 소방관과 재벌의 노동시간, 노동강도에 비례하여 보수를 줘야 한다고 주장하는 쪽은 노동가치론의 관점에서 말한 것이고, 생산에 기여한 정도에 따라 보수를 받아야 한다는 측의 주장은 효용가치론의 관점에서 말한 것이다. 물론 그들 중 노동가치론이나 효용가치론이 어떤 이론인지 잘 모르는 사람이 더 많겠지만, 인간은 노력한 정도 혹은 생산한 정도에 따라 분배받기를 원하는 본능이 있다. 노력한 정도를 중시한 사람이나 생산한 정도를 중시한 사람들은 자신도 모르는 사이에 노동가치론자 혹은 효용가치론자의 입장에 서게 된 것이다.

자본론으로 마르크스를 비판하다

◆ 사용가치와 가치

사용가치는 인간의 욕구를 충족시켜주는 유용한 성질을 의미한다. 라면은 라면 특유의 풍미로 배고픔을 해결해주는 유용함을 갖고 있고 짜장면도 고유한 풍미로 배고픔을 해소하는 유용함을 갖고 있는데 이것이 라면과 짜장면의 사용가치다. 서로 다른 사용가치를 지닌 상품 간의 맞바꿈인 교환으로 인간의 온갖 욕구는 충족된다. 물론 인류는 물물교환 시대를 먼 옛날에 지나왔기 때문에 교환은 화폐를 매개로 이루어진다. 사용가치는 생산량이 커질수록 정비례하여 커진다. 빵 2개의 사용가치는 빵 1개의 사용가치보다 정확히 2배가 많다. 따라서 사용가치의 양은 생산량과 같은 의미로 사용된다.

상품의 사용가치와 가치를 구분한 사람은 아담 스미스지만 마르크스는 이를 상품의 이중성이란 개념으로 정식화하였다. 상품이 교환되려면 사용가치와 가치를 동시에 갖지 않으면 안 된다. 둘 중의 하나라도 없으면 상품이 될 수 없다. 사용가치가 없는 무용한 물건은 다른 상품과 교환될 수 없고, 사용가치는 있지만 가치가 없어서 교환의 기준을 정할 수 없는 물건도 상품이 되지 못한다. 가치는 상품만 갖고 있으나 사용가치는 상품이 아닌 것도 갖고 있다. 다시 말해 상품은 사용가치와 교환가치를 모두 갖고 있으나 상품이 아닌 유용한 물건은 사용가치만 가진다. 집에서 끓인 라면은 사용가치만을 갖고 있으나 분식집의 라면은 사용가치와 교환가치를 모두 갖고 있다.

마르크스가 상품의 이중성이라는 개념을 사용한 것은 사용가치와 가치의 명확한 구분을 위해서다. 사용가치와 가치는 재화나 서비스가 상품이 되기 위해 필수적으로 갖춰야 할 속성이지만, 노동가치론은 상품의 가치는 사용가치와 전혀 관계가 없다고 본다. 노동가치론에서 가치는 인간의 노동량으로 결정되는 것으로 생산된 사용가치의 양이나 사용가치가 주는 만족감의 크기와는 관계가 없다고 보기 때문이다. 1시간에 빵을 한 개 생산하든 두 개 생산하든 1시간의 가치는 변함이 없다고 본다. 이것은 노동가치론, 더 나아가 마르크시즘의 전반을 관통하는 중요한 원리로서 마르크스는 이를 하나의 법칙으로 승격시킨다. 이 책의 주요한 주제는 생산된 사용가치의 양, 즉 생산량과 가치가 무관하다는 노동가치론의 원리가 일으키는 파장과 그 결과를 분석하는 것이다.

효용가치론은 노동가치론과 달리 사용가치와 가치가 밀접한 관련이 있다고 본다. 효용가치론에서 가치를 결정하는 기준인 효용이 사용가치와 밀접한 관련이 있기 때문이다. 사용가치가 인간 욕구를 만족시키는 유용한 성질이라는 데서 알 수 있듯이 상품에 사용가치가 있으므로 인간의 마음속에 만족감, 즉 효용이 생긴다. 따라서 사용가치는 효용의 원천이라 할 수 있으나 사용가치와 효용은 다른 개념이다.

사용가치는 객관적인 개념임에 비해 효용은 사용가치가 인간의 마음에 불러일으키는 주관적인 만족감이므로 그 정도가 사람마다 달라진다. 빵을 먹을 때 큰 만족감을 느끼는 사람이 있는가 하면 라면을 먹을 때 빵보다 더 큰 만족감을 얻는 사람도 있다. 사용가치와 효용은 생산량과의 관계에서도 차이가 있다. 생산량이 증가할수록

자본론으로 마르크스를 비판하다

사용가치도 증가하나 효용은 생산량이 일정한 정도에 도달하면 오히려 감소한다. 즉, 생산량의 증가와 사용가치의 증가는 정비례하지만, 생산량의 증가와 효용의 증가는 정비례하지 않는다. 빵을 1개 생산하다가 빵을 3개 생산하면 사용가치의 양도 3배로 증가하나, 빵이 주는 효용은 3배로 증가하지 않는다. 빵을 소비할수록 효용이 감소하기 때문이다. 빵을 처음 먹을 때는 효용이 커지지만 2개째는 첫 번째보다 감소하고 3개째는 두 번째보다 더 감소한다. 빵을 먹을수록 효용이 감소하다가 마침내 일정 한계에 도달하면 효용은 불쾌감으로 변한다.

이처럼 사용가치와 효용은 다른 개념이지만 효용이 사용가치로부터 발생한다는 점은 분명하다. 따라서 효용가치론에서 사용가치와 가치는 일종의 함수관계로 표현할 수 있을 정도로 밀접한 관계가 있다.

사용가치를 가치의 관점에서 어떻게 바라보는가는 노동가치론과 효용가치론을 구별하는 가장 중요한 경계선이며 분배에 대한 모든 불협화음은 여기서 출발한다. 효용가치론에서 사용가치를 많이 생산한 사람은 효용을 많이 생산하였으므로 가치를 많이 생산한 사람이 되나, 노동가치론은 가치를 노동시간으로 보기 때문에 사용가치의 생산량과 가치는 전혀 관계가 없다고 본다. 노동을 많이 한 사람 또는 노동강도가 높은 노동을 한 사람이 더 많은 가치를 생산한 자로 대접을 받는다. 다시 말해 노동가치론에서 생산량과 가치는 무관하며, 마르크스는 〈자본론〉의 곳곳에서 이 원칙을 강조한다.

사용가치가 가치와 관계가 있는가 없는가에 관한 생각의 차이는

250여 년 동안 진행되어 온 좌우 경제사상 투쟁의 발화점이었다. 사용가치는 인간의 노동뿐만 아니라 토지나 기계 같은 자본에 의해서도 창조된다. 즉, 사용가치는 노동과 자본의 합작품이다. 기계를 사용하지 않고 노동만으로 1시간에 빵 1개를 생산하다가 기계를 도입하여 10개를 생산하면 노동과 기계가 협력하여 사용가치를 생산한 것으로 봐야 한다. 쌀, 작물 같은 농산물은 토지의 지력과 노동의 합작품이다.

사용가치를 가치의 원천으로 보면 노동과 마찬가지로 사용가치를 생산하는 기계나 토지도 가치를 생산하는 것이 된다. 그러나 오직 인간의 노동만이 가치를 생산한다고 보는 노동가치론자의 눈에 이는 불경할 뿐만 아니라 과학이 아닌 형이상학적 발상으로 보인다. 기계나 토지가 사용가치를 생산하는 것은 노동가치론자도 부정하지 않는다. 그러나 노동가치론에서 사용가치와 가치는 무관하므로 기계나 토지가 사용가치를 생산한다고 해서 가치를 생산하는 것은 아니다. 기계나 토지가 가치까지 생산한다면 그들의 소유주인 자본가나 지주가 노동하지 않고도 가치를 얻거나, 수행한 노동시간을 훨씬 넘어서는 가치를 얻는 것이 정당화된다. 이 때문에 노동가치론자는 사용가치가 가치의 원천이라는 개념을 용납할 수 없다.

마르크스도 사용가치의 소재적 원천이 노동뿐만 아니라 자본에도 있음을 부정하지 않는다. 그러나 토지와 자본이 사용가치를 생산한다는 사실을 근거로 지주와 자본가가 생산된 부에 대한 지분을 결정하는 가치를 생산한다는 주장은, 가치와 사용가치가 아무런 관런이 없다는 사실을 간과한 부르주아적 발상이라 비판한다.[1] 토지나 기계가 사용가치를 생산하므로 자본가나 지주가 사용가치를 가져가는 것이 당연한 것처럼 보이나 그것은 현상에 불과하며 노동만이 가치를 창조한다는 본질이 현상에 가려져 있기 때문이라는 것이다. 사용가치를 획득할 수 있는 권리인 가치는 오직 노동만이 창조하므로 사용가치에 대한 지분은 오직 노동한 자만이 가져야 한다고 말한다. 마르크스가 보기에 자본가나 지주가 부를 획득할 수 있는 가치를 갖게 된 것은 자본을 이용하여 타인의 노동시간을 착취한 결과이며, 이는 토지나 기계와 같은 생산수단의 사적소유가 가능한 자본주의에서만 가능할 뿐 이것이 금지된 자본주의 이후 사회에서는 불가능한 일이다.

◆ 노동의 이중성

마르크스에 의하면 상품의 이중성은 노동의 이중성에서 비롯된 것이다. 노동가치론에서 상품의 가치는 상품을 만드는 데 투입된 노동량으로 결정되며 노동량은 노동시간과 노동강도로 측정된다.

---

1   마르크스는 노동과 마찬가지로 사용가치를 생산하는 토지와 자본이 가치의 원천이라고 주장하는 장 바티스트 세를 조롱하듯이 비판한다. 세는 노동이 가치의 근원이라는 스미스와 리카도의 사상에서 벗어나 사용가치가 일으키는 효용이 상품가치의 토대라고 주장하였다. 이는 노동, 토지, 자본이 효용의 원천이라 할 수 있는 사용가치의 생산에 기여하므로 모두 가치를 생산한다는 '생산 3요소설'로 정립되었다. 오늘날 주류경제학의 근본원리인 효용가치론의 철학적 기원을 벤담의 공리주의에서 찾는다면, 경제학적 기원은 세로부터 나왔다고 할 수 있다.

짜장면을 만들려면 라면보다 두 배나 많은 노동시간이 필요하기에 짜장면은 라면과 비교해 두 배의 가치를 가진다고 말할 수 있다. 그런데 짜장면과 라면을 만드는 노동은 구체적으로 뜯어보면 작업방식과 형태 등에서 질적으로 다르다. 질적으로 다른 노동을 어떻게 양적으로 비교할 수 있을까?

이 문제를 마르크스는 노동의 이중성이란 개념으로 해결한다. 마르크스는 상품이 사용가치와 가치라는 두 요소를 갖게 된 것은 노동이 구체적 유용 노동과 추상적 인간 노동이라는 두 가지 속성을 가지고 있기 때문으로 본다. 상품의 종류만큼이나 상품을 만드는 노동의 작업방식, 형태, 수단은 각기 다르다. 짜장면을 만드는 작업방식과 라면을 만드는 작업방식이 같을 수 없으며, 휴대폰을 만드는 노동과 빵을 만드는 노동도 마찬가지다. 노동을 구체적이란 관점에서 보면 다양한 상품을 만드는 다양한 노동은 질적으로 서로 다른 노동이다. 질적으로 서로 다른 노동이기 때문에 각기 다른 사용가치를 생산한다. 즉 구체적 유용 노동은 사용가치를 생산하는 노동이다. 짜장면은 짜장면을 만드는 구체적인 노동으로 짜장면다운 유용함이 만들어지고 라면과 휴대폰도 각각의 구체적인 노동으로 서로 구별되는 유용함이 만들어진다. 짜장면, 라면, 휴대폰이라는 사용가치는 양적으로 비교할 수 없다. 짜장면이 라면보다 더 맛있어서 가치가 두 배라든가 휴대폰은 라면보다 더 유용하기에 가치가 200배라는 결론이 나오지 않는다. 사용가치는 상품이 가진 질적인 특성이므로 짜장면, 라면, 휴대폰의 사용가치를 양적으로 서로 비교할 수 없다. 마찬가지로 사용가치를 만드는 구체적인 노동도

자본론으로 마르크스를 비판하다

상품마다 서로 질적으로 다르기에 양적으로 비교하기 어렵다. 짜장면을 만드는 노동자가 라면을 만드는 노동자에게 나의 노동은 라면보다 맛있는 짜장면을 만드는 노동이기에 너의 노동보다 두 배의 가치가 있다고 말할 수 없다.

그런데 어떻게 한 상품에 내재된 노동시간이 다른 상품에 내재된 노동시간의 몇 배이므로 가치도 몇 배라고 할 수 있을까? 이때 마르크스가 다음과 같이 말하면서 문제를 해결한다. "당신들의 노동은 각기 다른 노동이므로 질적인 비교가 불가능하오. 짜장면이 맛있을 수도 있고 라면이 맛날 수도 있소. 그러나 짜장을 만들든 라면을 만들든 당신들의 노동은 똑같이 신체기관의 에너지를 소모한 것이오. 그런 면에서 당신들의 노동은 질적으로 똑같소. 따라서 누구의 가치가 높냐는 것은 당신들의 노동시간으로 결정되오." 인간의 노동은 구체적으로는 서로 다른 여러 종류의 노동이지만 신체기관이 가진 에너지의 지출이란 측면에서는 모든 노동은 질적으로 다르지 않다. 각 노동의 개별적인 특징을 무시하면 이들 모두는 인간 신체기관의 에너지가 지출되었다는 점에서 동등하다. 마치 세단, 리무진, 쿠페의 개별적인 특징들을 무시하면 공통으로 남는 것은 승용차이고 승용차, SUV, 상용차의 개별적인 특징들을 무시하면 공통으로 남는 것은 자동차가 되는 추상화 과정과 유사하다. 짜장면과 라면을 만드는 노동은 질적으로 구별되는 다른 노동이지만 개별적인 차이를 무시하면 인간의 두뇌·근육·신경·손 등의 에너지가 소비된다는 점에서 동등하며 소비된 에너지의 정도는 노동시간과 노동강도로 양적 비교가 가능하다. 마르크스는 노동의 이러한 측면을 추상적 인간 노동이라는 용어로 표현한다. 모든 노동은 구체적으로는 질적으로 다른 노동이지만, 구체적인 차이를 무시하면 신체기관의 생산적 소비라는 점에서 질적으로 동일하므로 상호 양적인 비교가 가능하다는 것이다.

노동은 구체적인 노동과 추상적인 노동이란 이중성을 갖고 있으며, 구체적인 노동은 사용가치를 만들고 추상적인 노동은 가치를 만든다. 노동의 이중성이 상품의 이중성을 만드는 것이다. 추상적 노동으로 인해 모든 노동은 양적인 비교가 가능하다. 짜장면, 라면, 휴대폰 등 세상에 존재하는 상품은 어떤 것이든 그것을 만들기 위해 투입된 노동시간은 추상적 노동시간을 의미하기 때문에 이 상품은 저 상품과 몇 배의 비율로 교환된다고 말할 수 있다. 또한 내가 수행한 10시간의 노동은 1시간의 가치를 가진 라면 10그릇 또는 2시간의 가치를 지닌 짜장면 5그릇을 획득하는 지분이라고 말할 수 있다. 겉보기에는 완전히 다른 교수의 노동과 청소부의 노동 혹은 메이저리그 선수인 류현진의 노동과 일반 노동자의 노동을 양적으로 비교할 수 있는 것도 추상적 노동이란 측면에서는 모든 노동이 동질적이기 때문이다. 투수의 노동과 라면을 만드는 노동은 비교 불가능한 것처럼 보이지만 힘이 들고 에너지가 소모된다는 점에서는 동질의 추상적 노동이므로 양적으로 비교하는 것이 가능하다.

여기서 다시 노동가치론과 효용가치론에 대한 이해를 확장할 수 있다. 노동가치론은 류현진이 라면기업 노동자인 나보다 수백 배의 돈을 버는 것은 그가 뛰어난 투구 실력을 갖추기 위해 나보다 수백 배 더 많은 노동시간을 투입하였거나 강도가 높은 노동을 하였을

자본론으로 마르크스를 비판하다

때 정당하다고 본다. 그러나 류현진이 노동시간이나 노동강도 면에서 나보다 실제로 수백 배의 노동을 한다고 보기는 어렵다. 그런데도 그가 나보다 수백 배 더 많은 돈을 버는 것은 우리가 사는 곳이 노동량이 분배기준이 되는 사회주의 사회가 아니라 생산량을 분배기준으로 삼는 자본주의 사회이기 때문이다. 즉, 류현진이 사람들에게 주는 효용이 일반 노동자인 내가 생산하는 효용보다 수백 배 더 크다고 시장이 인정하기 때문이다. 가치를 결정하는 기준을 수행한 노동시간으로 보는가 아니면 생산한 효용으로 보는가에 따라 생산된 파이를 분배받는 정도가 달라진다는 것을 알 수 있다.

가치가 무엇인가에 대해서는 정리가 되었으므로 가치와 가격이 어떻게 다른가를 분석해보자. 가치와 가격의 차이를 이해하는 것은 대단히 중요하다. 가치를 바라보는 관점에서 노동가치론과 효용가치론이 완전히 다르듯이 가치와 가격의 관계에서도 두 이론은 전혀 다른 길을 선택한다. 먼저 노동가치론에서 가치와 가격의 관계를 살펴본 후 효용가치론에서 가치와 가격의 관계로 나아간다. 가격은 화폐로 표현되므로 노동가치론에서 화폐를 어떻게 바라보는지부터 살펴보자.

◆ 노동가치론의 가치와 화폐

마르크스는 가격은 가치의 독특한 표현에 불과하다고 말한다. 일반적으로 가격은 화폐단위로 표현되는데 가격은 가치를 표현하는 방법 중에서 화폐로 표현하는 하나의 방법이란 의미이다. 가치는 노동시간이므로 상품에 몇 시간의 노동이 투입되었다는 딱지를 붙이지 않는 한 가치를 알 수 없다. 그렇다면 상품은 어떻게 자신의 가치를 표현할까?

분명한 것은 상품 혼자서는 자신의 가치를 알 수 없다는 것이다. 우리가 눈을 크게 뜨든 물구나무를 서든 거울이 없으면 자신의 얼굴을 알 수 없듯이, 상품도 요모조모 살펴보고 부숴보는 것만으로는 가치를 알 수 없다. 가치를 알려면 거울과 같은 역할을 하는 존재가 필요한데 그것은 한 상품과 교환되는 다른 상품이다. 다시 말해 상품은 다른 상품과의 비교, 즉 교환에 의해서만 자신의 가치를 나타낼 수 있다.

휴대폰 1대가 라면 200그릇과 교환될 때 휴대폰 생산자는 "아, 내 휴대폰이 라면 200그릇의 가치를 갖고 있구나."라는 것을 인식하게 된다. 가치가 다른 상품의 사용가치로 나타나는 것이다. 마르크스는 부르주아 '속류경제학'이 가치의 원천이 사용가치인 것처럼 주장하는 이유가 여기에 있다고 본다. 그러나 한 상품의 가치가 다른 상품의 도움을 받아서 사용가치로 표현되는 것은 현상일 뿐 본질은 따로 있다고 주장한다. 휴대폰 1대가 라면 200그릇과 교환되는 것은 휴대폰 1대를 만들기 위해 투입된 노동시간이 라면 200그릇을 만들기 위해 투입된 노동시간과 같기 때문이고 그것이 본질이라는 것이다. 라면이 휴대폰의 가치를 표현하게 된 것은 라면이란 사용가치가 가치와 관련이 있어서가 아니라 휴대폰과 마찬가지로 노동이 투입되었기 때문이며, 겉으로 보이는 현상을 넘어서 숨어있는 본질을

자본론으로 마르크스를 비판하다

파헤치는 것이야말로 과학의 임무라고 그는 말한다.

휴대폰 생산자는 라면만 먹고 살 수는 없다. 짜장면도 먹어야 하고 빵도 먹어야 한다. 그는 휴대폰을 100그릇의 짜장면과 교환한다. 그리고 400개의 빵과도 교환한다. 물론 이렇게 교환할 수 있는 것은 휴대폰 1대에 내재된 노동시간과 짜장면 100그릇 혹은 빵 400개에 내재된 노동시간이 같기 때문이고, 그 노동시간은 구체적으로는 다른 노동이지만, 추상노동이란 점에서 질적으로 동일한 노동이므로 양적 비교가 가능하기 때문이다.

이런 과정으로 휴대폰 생산자는 자기 상품의 가치를 짜장면, 라면이란 사용가치를 통해 알 수 있지만, 라면, 짜장면, 빵 생산자는 어떻게 자기 상품의 가치를 알 수 있을까? 지금까지 자신의 상품은 휴대폰의 가치를 나타내는 도구로써만 사용되었을 뿐 정작 자신의 가치는 드러나지 않았다. 이 문제는 서로의 역할을 바꾸면 해결된다. 휴대폰 1대가 라면 200그릇과 가치가 같다는 것은 휴대폰 생산자의 관점에서 바라본 것이다. 라면 생산자의 관점에서 바라보면, 라면 한 그릇은 휴대폰 1/200대의 가치를 갖는 것으로 나타난다. 마찬가지로 짜장면 한 그릇은 1/100대의 휴대폰으로, 빵 한 개는 1/400대의 휴대폰으로 자신의 가치를 나타낼 수 있다. 라면 생산자는 자신의 상품이 휴대폰 1/200대의 가치를 가진다고 생각하고, 짜장면 생산자는 짜장면 한 그릇이 휴대폰 1/100대의 가치를, 빵 생산자는 빵 한 개가 휴대폰 1/400대의 가치가 있다고 생각한다.

이제 라면, 짜장면, 빵은 휴대폰이란 하나의 상품으로 자신의 가치를 표현하게 되었으므로 서로의 가치를 비교할 수 있다. 짜장면

한 그릇의 가치는 라면 한 그릇 가치의 2배이고 빵 한 개 가치의 4
배이다. 라면 한 그릇은 짜장면 반 그릇 혹은 빵 한 2개의 가치를 갖
고 있다. 이것이 가능하게 된 것은 휴대폰이란 하나의 상품으로 다
른 상품들의 가치를 표현하기 때문이다.

　여기서 휴대폰은 다른 상품의 가치를 표현하고 교환을 중개하는
역할을 부여받아 화폐라는 명칭을 얻는다. 역사적으로 화폐는 부족
간의 물물교환 시대에는 필요가 없었으나 생산력의 발전으로 분업
화가 진전되고 상품의 종류가 많아지면서 자연스럽게 태어났다. 처
음에는 조개껍질, 가축, 모피가 화폐의 역할을 하였으나 점차 금, 은
같은 귀금속이 화폐의 역할을 맡게 된다. 금과 은이 화폐가 된 것은
본래부터 화폐가 될 수 있는 신비한 힘이 있어서가 아니라 다른 상
품과 마찬가지로 인간 노동의 산물로 노동시간이란 가치를 갖고 있
었던 덕분이다. 조개껍질, 가축, 모피, 그리고 위의 예에서 보듯이 휴
대폰도 화폐의 역할을 할 수 있으나, 단위별로 나누기 쉽고, 부패하
지 않고 운반하기 편한 장점이 금, 은과 같은 귀금속을 화폐의 지위
로 올려놓았을 뿐이다. 돈과 상품이 태어나면서부터 부를 창조하는
특권을 가진 것처럼 생각하는 물신숭배 사상은 화폐도 그 내면에
인간 노동이 깃들어 있어 다른 상품과 교환되는 상품의 한 종류일
뿐이라는 사실을 망각한 탓이라고 마르크스는 말한다.[2]

　하나의 상품인 금과 은이 화폐의 역할을 하면서 다른 모든 상품
의 가치가 가격 단위로 표현되는 과정을 좀 더 구체적으로 살펴보

2　이상 화폐의 생성과정에 대해서는 부록 1 참조.

자. 빵 1개를 만드는 데 1시간의 노동이 필요하고 1g의 금을 채굴하는 데도 1시간의 노동이 필요하다면 빵 1개의 가치와 1g의 금은 가치가 같다. 시장에서 빵 1개와 1g의 금은 상품 대 상품으로 교환이 된다. 여기에 국가가 개입하여 금에 가격 단위를 부여하는데 이것이 화폐 단위이다. 만약 국가가 1g의 금을 100원으로 규정하면 노동 1시간의 가치는 100원이란 화폐 단위로 표현되므로, 빵 1개나 금 1g은 100원의 가격을 갖게 된다. 위의 예를 그대로 적용하면 라면 한 그릇의 가치는 200원, 짜장면 한 그릇은 400원, 휴대폰 1대는 4,000원의 가격으로 표현된다.[3] 이제 모든 상품의 가치는 화폐 단위인 가격으로 표현하는 것이 가능해졌다. 노동시간이 화폐로 표현되게 된 것이다.

◆ 노동가치론의 가치와 가격의 괴리

가격은 가치의 화폐적 표현이므로 원칙적으로 가치와 가격은 괴리가 일어날 수 없다. 하지만 노동가치론에서는 시간을 가치로 보

---

3   우리가 사용하는 지폐는 말 그대로 종이 쪼가리일 뿐 가치가 거의 없다. 100원의 지폐에는 금 1g과 같은 노동시간이 내재되어 있지 않기 때문이다. 지폐가 화폐로서 통용되는 것은 국가의 권력과 신용으로 강제 통용력이 주어진 덕분이다. 대공황 이전 금본위제 시대에는 지폐가 국가의 금 보유량에 비례하여 발행되었고 지폐를 제시하면 그에 해당하는 금으로 바꾸어 주는 금태환이 가능하였다. 그러나 1차 세계대전의 전비조달과 1930년 대공황을 극복하는 과정에서 전 세계적으로 금태환은 중지되고 금본위제가 아닌 관리통화제로 전환하게 된다. 관리통화제하에서는 국가가 금의 보유량과 상관없이 정책적으로 지폐의 발행량을 조절할 수 있어 인플레이션, 디플레이션의 문제가 발생한다.

기 때문에 가치와 가격의 불일치가 발생한다. 가치와 가격의 괴리는 가격이 상품에 내재된 노동시간을 정확하게 반영하지 못하는 것을 의미한다. 노동 1시간이 투입된 빵 한 개는 1g의 금과 같은 가치를 가지므로 100원이란 가격으로 판매돼야 하나, 100원보다 높거나 낮은 가격에 판매되면 가치와 가격은 일치하지 않는다. 만약 빵이 120원에 팔리면 1시간이 아니라 1.2시간의 가치로 팔리게 되고, 80원에 팔리면 0.8시간에 팔리게 되어 실제 투입된 노동시간 1시간과 맞지 않는다. 이것이 가치와 가격의 괴리다.

이러한 괴리가 일어나는 원인은 가치를 노동시간으로 보는 노동가치론 자체에 있다. 노동하지 않는 자본가가 사용가치를 누릴 수 있는 가치를 획득하는 것은 자신이 고용한 노동자의 노동시간 중 일부를 착취하기 때문인데 이를 잉여가치라 한다. 당연히 노동자를 많이 고용할수록 잉여가치를 많이 획득할 수 있다. 그런데 기계와 같은 생산수단에 비해 노동자를 많이 고용하는 업종이 있고 적게 고용하는 업종이 있다. 예를 들어 휴대폰, 자동차 산업과 같이 자본집약적인 부문은 생산수단과 비교해 고용한 노동자의 수가 적고, 섬유산업이나 농업처럼 노동집약적인 부문은 생산수단과 비교해 고용 노동자의 수가 많다.[4] 자본집약적인 부문은 투입한 자본에 비해 고용한 노동자의 수가 적어서 잉여가치를 적게 획득하고 노동집약적인 부문은 투입자본보다 고용한 노동자 수가 많아서 잉여가치를 많이 획득하므로 두 부문의 이윤율에 차이가 난다. 자본의 속

---

4   자본집약적인 부문을 마르크스는 자본의 유기적 구성이 높은 부문이라고 표현한다. 이에 대해서는 부록 3 참조.

성은 이윤이 높은 곳으로 흘러가는 것이므로 자본은 이윤율이 낮은 자본집약적인 부문에서 빠져나와 이윤율이 높은 노동집약적인 부문으로 이동한다. 노동집약적인 부문은 새로운 자본의 투입으로 원래의 수요에 비해 공급이 많아지면서 상품가격이 하락하므로 잉여가치가 줄어든다. 반면에 자본이 빠져나간 자본집약적인 부문은 수요보다 공급이 적어지므로 상품가격이 상승하여 잉여가치가 증가한다. 이러한 과정으로 자본집약적인 휴대폰은 실제가치보다 더 높은 가격에 판매되고 노동집약적인 빵은 실제가치보다 더 낮은 가격에 판매되므로 가치와 가격의 괴리가 일어난다.

마르크스는 이렇게 상품의 실제가치보다 더 높거나 낮게 형성되어 판매되는 가격을 생산가격이라 불렀다. 실제가치가 생산가격으로 변하는 것을 가치가 가격으로 '전형'된다고 하는데, 마르크스는 자본주의 이전 소상품생산사회나 자본주의 초기에는 가치와 가격이 일치하였으나, 자본주의가 발전하여 자본 간 이윤 경쟁이 치열해지면서 가치가 생산가격으로 전형된다고 말한다. 마르크스는 가치를 생산가격으로 전형하는 과정에서 실수하는데 이것이 이른바 '전형문제'로서 마르크스경제학의 이론적 정합성을 다투는 100년 논쟁의 출발점이 된다.[5] 마르크스는 시장 전체로 보면 개별상품에서 일어나는 가치와 가격의 괴리가 서로 상쇄되므로 노동시간으로 가치

---

5   전형문제는 마르크스경제학의 대표적인 이론적 결함으로 오늘날도 문제의 해결여부에 대해 의견이 분분하다. 주류경제학의 효용가치론도 자본의 측정 가능성을 놓고 케임브리지 자본논쟁이라는 논란이 일어나는데, 이 문제는 주류경제학의 대표적인 이론적 결함이다. 여기에 대해서는 에필로그 참조.

가 결정되는 법칙에는 아무 문제가 없다고 말하나, 자본집약도가 평균적인 조건에서 생산되는 상품을 제외하고는 상품의 가치가 실제로 팔리는 가격과 일치하지 않는다는 것은 분명하다.

노동가치론에서 가치와 가격이 일치하지 않는 경우는 이뿐만이 아니다. 우리가 익히 알듯이 시장에서 가격은 수요와 공급의 작용으로 형성된다. 빵 한 개의 실제가치가 노동 1시간, 화폐로는 100원이나 빵 업종은 노동집약적인 업종이어서 생산가격은 0.8시간인 80원이라면 여기서 이미 괴리는 일어나 있다. 그런데 어떤 원인으로 빵의 수요가 공급을 넘어서면 가격은 생산가격인 80원보다 높은 곳에서 형성되고, 공급이 수요를 넘어서면 80원보다 낮은 곳에서 형성된다. 수요와 공급의 변화에 따라 생산가격이 아닌 다른 가격이 형성되는 것이다. 이것이 두 번째 괴리다. 마르크스는 이것은 일시적 괴리일 뿐 장기적으로 보면 빵 가격은 생산가격을 중심으로 변동하고, 수요와 공급의 변화에 따라 높거나 낮게 형성되는 가격은 상쇄되므로 괴리는 일어나지 않는다고 말한다. 수요와 공급으로 형성되는 가격은 진정한 가치가 아니고 노동시간으로 결정되는 것이 진정한 가치라는 것이다. 반면 효용가치론에서는 수요와 공급에 따라 형성되는 가격이 상품의 실제가치이므로 가치와 가격의 괴리는 일어나지 않는다. 이에 대해서는 잠시 뒤에 서술한다.

마지막으로 상품 생산성의 변화로 가치와 가격의 괴리가 일어나는데 이것은 이 책의 주제와 밀접한 관련이 있다. 만약 빵을 만드는 기술이 발전하여 1시간에 1개의 빵이 아니라 2개의 빵을 만들면 빵 하나에 내재된 노동시간은 1시간에서 0.5시간으로 줄어들고, 빵 1

자본론으로 마르크스를 비판하다

개의 가치도 1시간에서 0.5시간으로 하락한다. 금의 생산성에 변화가 없다면 금 1g은 여전히 1시간의 가치를 갖고 있으므로 빵 1개는 금 0.5g과 교환된다. 1g은 화폐 100원이므로 빵 1개는 50원으로 가격이 하락한다. 빵의 생산성이 2배로 향상되고 금의 생산성은 변화가 없으므로 빵 1개의 가격이 100원에서 50원으로 감소한 것이다. 빵의 생산성이 4배 향상되면 빵 가격은 25원으로 하락한다. 요컨대 가격은 상품의 생산성 변화와 반비례하는 것이다. 그런데 빵의 생산성이 4배로 향상된 상황에서 금의 생산성이 2배로 향상된다면 어떻게 될까? 이 경우 빵의 가치는 1/4로 줄어들고 금의 가치는 1/2로 줄어든다. 빵 1개에 내재된 가치는 0.25시간이고 금 1g에 내재된 가치는 0.5시간이며 따라서 금 0.5g에 0.25시간의 가치가 내재하게 된다. 이제 빵 1개는 금 0.5g과 같은 가치를 가지므로 50원의 가격으로 판매된다. 빵 생산성이 4배 향상되어 빵 1개의 가치가 1/4로 감소할 때, 금 생산성에 변화가 없다면 빵 가격도 1/4로 감소하지만, 금 생산성이 2배 향상되면 빵 가격은 1/2로 감소한다.

여기서 알 수 있는 것은 상품가격의 변동은 생산성 변화와 반비례하지만, 금과 같은 화폐상품의 생산성의 변화로 인해 상쇄된다는 점이다. 일반상품의 생산성이 2배 향상되고 금의 생산성도 2배 향상되면 가격의 변화는 없고, 일반상품의 생산성이 2배 향상되는데 금의 생산성이 4배 향상되면 가격은 4/2로 상승한다. 일반상품보다 금의 생산성이 상대적으로 높아 일반상품과 교환되는 금의 양이 상대적으로 증가하면 이를 표현하는 화폐단위도 올라가고, 반대면 일반상품과 교환되는 금의 양이 상대적으로 감소하므로 화폐단위도 내려가기 때문이다. 일반화하자면 일반상품의 생산성이 n배 향상되고 금의 생산성이 m배 상승하면 가격은 m/n배로 변화한다.[6]

19세기에 빵 한 개를 생산하려면 1시간의 노동이 필요했는데 현재는 생산력이 10배 발전하여 1시간의 노동으로 빵 10개를 생산한다고 가정하자. 19세기에는 1시간 노동으로 빵 1개를 살 수 있었으나 오늘날은 1시간의 노동으로 빵 10개를 살 수 있다. 19세기에 빵 가격이 금 1g으로 100원이었다면 현재는 얼마일까? 이는 전적으로 금 생산성 향상의 정도에 달려 있다. 일반적으로 금과 같은 귀금속의 생산성은 자원이 한정되어 있어 일반상품의 생산성 향상보다 낮다. 만약 현재 금의 생산성이 19세기에 비해 3배 상승하였다면 빵 가격은 19세기에 비해 3/10배 하락한다. 금 1g의 화폐단위에 변화가 없다면 현재 빵 가격은 30원이 된다. 19세기에 1시간의 가치가 빵 1개 혹은 100원의 가격으로 표현되었다면, 현재는 1시간의 가치가 빵 10개 혹은 300원의 가격으로 표현된다. 1시간 노동의 가치는 노동강도의 변화가 없는 한 19세기나 현재나 변함이 없지만, 1시간의 가치를 표현하는 사용가치는 빵 1개에서 10개로, 가격은 100원에서 300원으로 뛴 것이다.[7] 생산성이 향상되어도 노동시간이 일정하면 가치는 변화가 없지만, 그 가치를 표현하는 사용가치 혹은 가격은 변동이 생긴다. 19세기의 노동 1시간은 100원이었으나 현재의

---

6   두 상품 간 생산성 변동에 의한 교환비율의 변화는 〈자본론 1권(상)〉 p.67 '상대적 가치형태의 양적 규정'을 참조함.

7   노동강도가 높은 노동은 낮은 노동보다 강도강화에 비례하여 더 많은 가치를 생산한다. 이에 대해 뒤에서 살펴볼 예정이다.

노동 1시간은 300원이 되었다. 1시간의 가치가 생산성의 변화에 따라 100원이 되기도 하고 300원이 되기도 하고 또 다른 가격이 되기도 하는, 가치와 가격의 괴리가 일어난 것이다.

생산성의 변화에 따른 가치와 가격의 괴리에 대해 대부분의 학자들은 주목하지 않으나 이는 노동가치론을 이해하는 데서 대단히 중요한 원리다. 위의 예를 역으로 해석하면 19세기의 빵 1개와 화폐 100원이 가진 가치는 1시간이지만 오늘날 빵 1개는 0.1시간, 화폐 100원은 약 0.33시간의 가치를 가진다. 생산성이 향상되면 똑같은 상품 혹은 동일한 가격이 가진 가치는 감소하는 것이다. 19세기에 임금으로 100원을 받는 노동자는 1시간의 가치를 얻었으나 생산력이 발전한 현재의 노동자는 100원으로 0.33시간의 가치를 얻어 동일한 가격으로 얻는 가치가 1/3으로 감소하는 현상이 일어난다. 생산성 향상에 대한 성과급을 받는다고 하더라도 생산성이 향상된 만큼 임금이 올라가지 않는다면 시간 손실은 여전히 일어난다. 20세기의 노동자가 생산성 향상의 성과급을 포함하여 200원의 임금을 받아도 가치로는 0.66시간밖에 되지 않는다. 가격은 증가하여도 가치로는 여전히 손실을 보는 것이다.

이 괴리에 주목해야 하는 이유는 우리가 경제활동을 통해 받는 것은 가치가 아니라 가격이기 때문이다. 하루 임금으로 100원이란 가격을 받는 것이지 1시간이란 가치를 받는 것이 아니다. 동일한 가격을 받아도 그것에 함유된 시간이 감소한다면 시간을 가치로 보는 노동가치론의 관점에서 보면 손해를 보는 것이 된다. 가치는 사용가치에 대한 지분이기 때문에 내가 받는 가치가 감소한다면 세상에 존재하는 부를 누릴 수 있는 나의 권리가 감소한다. 하루 동안 사회 전체의 노동시간이 100시간이고 내가 10시간 노동하였다면 나는 하루 동안 사회에서 생산된 사용가치의 10%를 차지할 수 있는 지분을 갖는다. 하루 동안 생산된 사용가치가 100개면 10개를, 1,000개면 100개를 누릴 수 있는 권리를 가진 것이다. 문제는 10시간 노동한 대가로 받는 임금이 가치가 아니라 가격이란 점에 있다. 만약 10시간의 노동으로 100원의 임금을 받다가 생산성이 10배 향상되어 100원, 200원 혹은 250원을 받더라도 내가 얻는 가치는 오히려 감소한다. 동일한 가격의 임금을 받거나 혹은 그보다 더 많이 받아도 생산성이 10배 향상된 만큼 임금도 10배 상승하지 않으면 사용가치를 향유할 수 있는 나의 가치는 감소하는 일이 발생한다. 손해를 보지 않으려면 생산성 향상과 상관없이 실제 내가 노동한 시간 즉 가치로 임금을 받아야 하나 현실은 그렇지 않다. 사회의 생산성이 계속 향상됨에도 똑같은 가격 또는 생산성 향상에 못 미치는 가격의 임금을 받으면 사회가 생산한 부에 대한 자신의 지분은 점점 줄어든다. 이는 물가가 오르면 화폐가치가 떨어지는 것과 같은 원리이다. 인플레이션이 일어나면 100원으로 살 수 있는 빵의 개수가 어제보다 오늘은 더 줄어들 듯이 사회의 생산성이 향상될수록 내가 가진 화폐의 시간가치는 점점 떨어지며 생산된 사회적 부에 대한 나의 지분은 점점 감소한다. 생산성이 향상될수록 눈 뜨고 코 베이는 일이 벌어지는 것이다.

생산성 변화에 따른 가치와 가격의 괴리는 19세기와 21세기의 생산성을 비교할 때만 일어나지 않는다. 동시대에 특정 기업의 생산성이 향상될 때도 가치와 가격의 괴리가 발생한다. 생산성이 낮은 기업의 1시간은 100원이나, 생산성이 높은 기업의 1시간은 300원 혹은 다른 가격이 될 수도 있다. 1시간의 가치는 같은데도 생산성이 높은 기업은 생산성이 낮은 기업에 비해 더 많은 돈을 버는 것이다. 가치는 생산된 상품에 대한 지분을 결정하는 기준이므로 노동시간이 같다면 동일한 양의 상품을 획득해야 함에도 생산성이 높은 기업은 빵 10개를, 낮은 기업은 빵 1개를 가져간다. 사람들이 가진 보통의 인식으로는 생산성이 높은 기업이 더 많은 돈을 버는 것이 이상하지 않다. 또한 임금이 올라가거나 이전보다 더 많은 사용가치를 누릴 수 있으면 가치도 당연히 증가한다. 하지만 노동가치론의 세계에서는 임금이 올라가거나 더 많은 사용가치를 누려도 자신의 가치는 감소하는 현상이 일어난다. 이는 전적으로 노동가치론이 가치를 생산량과 무관한 노동시간으로 보기 때문이다. 노동가치론의 이러한 원리가 사회주의의 성공을 가로막는 걸림돌로 작용한다는 것을 보여주는 것이 이 책의 주제이다. 그전에 효용가치론의 세계에서 가치와 가격이 어떤 의미를 갖는지 살펴보는 것은 노동가치론의 원리를 이해하는 데 도움이 될 것이다.

◆ 효용가치론의 가치는 생산량과 한계효용의 함수

노동가치론에서의 가치는 노동시간이나 효용가치론에서는 효용이 가치이다. 가치는 생산된 부에 대한 지분을 결정하므로 노동가치론에서 더 많은 부를 누리려면 더 많은 시간을 노동하거나 강도가 더 높은 노동을 해야 하나, 효용가치론에서는 더 많은 효용을 생산해야 한다. 효용의 원천은 사용가치이므로 더 많은 효용을 생산하려면 사용가치를 더 많이 생산하거나 효용이 더 높은 사용가치를 생산해야 한다. 그런데 효용은 생산자가 아니라 소비자가 사용가치를 소비하면서 느끼는 만족감이다. 제과점에서 빵 1개를 생산하였다면 생산한 효용은 제과점이 결정하는 것이 아니라 빵을 먹는 소비자가 결정한다. 빵을 3개 생산하였다 해도 시장에서 2개만 팔린다면 생산한 효용은 빵 2개가 주는 효용으로 결정된다. 따라서 생산된 효용은 생산량이 아닌 소비량이 결정하며 공급보다 수요와 밀접한 관련이 있다.

소비자가 빵의 소비를 1개씩 늘려가는 경우를 생각해보자. 빵을 먹을수록 추가되는 빵 1개가 주는 효용은 점점 감소한다. 처음에는 빵이 아주 맛있게 느껴지나 2개째의 맛은 그보다 덜하며 3개째의 빵은 2번째보다 맛이 더 떨어진다. 추가로 소비되는 빵 1개가 주는 효용을 한계효용이라 하며 한계효용은 소비량이 증가할수록 감소한다. 이를 한계효용체감의 법칙이라고 한다. 빵을 소비할수록 전체 효용인 총효용은 증가하나 한계효용은 감소한다. 빵을 1개보다 2개, 2개보다 3개를 먹을 때 총효용은 증가하나 추가되는 한 단위의 빵이 주는 효용인 한계효용은 감소한다. 이는 빵만이 아니라 모든 사용가치에 일반적으로 적용된다.

효용가치론에서도 가격은 가치의 화폐적 표현이다. 노동가치론에서 가격이 노동시간의 화폐적 표현이라면 효용가치론에서 가격은 효용의 화폐적 표현이다. 시장에서 빵 1개와 금 1g이 교환된다면 노동가치론은 두 상품에 내재된 노동시간이 같기 때문이라고 보나, 효용가치론은 빵 1개가 주는 효용과 금 1g이 주는 효용이 같기 때문이라고 생각한다. 앞에서 본 바와 같이 국가가 금 1g에 100원의 단위를 부여한다면 빵 1개가 주는 효용은 100원의 가격으로 표현된다. 빵 1개의 효용을 100유틸이라고 가정한다면 1유틸의 효용은 1원과 같다.[8] 라면 한 그릇이 두 개의 빵과 교환된다면 시장에서 라면 한 그릇이 주는 효용이 빵 1개가 주는 효용의 두 배로 인정되는 것으로 빵 가격이 100원이면 라면 가격은 200원이 된다.

그럼 빵을 3개 생산했을 때 생산되는 가치와 가격을 어떻게 계산할 수 있을까? 어떤 제과점이 빵을 3개 생산하였고 그것이 시장에서 모두 소비된다고 가정하면 생산된 효용은 소비자가 느끼는 효용의 정도로 측정된다. 소비자 갑이 제과점이 생산한 빵을 먹는데, 그는 빵 1개를 먹을 때 100유틸의 효용을 느끼고 2개째 먹을 때는 90유틸, 3개째는 80유틸의 효용을 얻는다고 가정하자. 빵의 한계효용은 1개째 100유틸, 2개째 90유틸, 3개째는 80유틸이다. 계속 빵을 먹으면 한계효용이 줄어들다가 어느 시점에서 빵을 먹는 것이 고통이 된다. 한계효용이 마이너스가 되는 것으로 이를 역효용 또는 비효용이라 한다. 갑이 빵을 3개 먹을 때 그가 얻는 총효용은 순차적으로 소비하는 빵의 한계효용을 합친 것이므로 100 + 90 + 80 = 270유틸이 된다. 그러면 빵을 3개 생산하여 갑이 3개를 다 소비할 때 생

---

8   유틸은 utility의 약어로 효용의 정도를 표시하는 단위이다.

산되는 가치를 270유틸이라고 할 수 있을까? 빵을 3개 소비할 때 총 효용은 270유틸이나 생산된 가치는 270유틸이 아니라는 점에 효용가치론의 난해함이 있다. 가치는 상품의 교환기준이므로 하나의 상품은 동일한 가치로 교환된다. 같은 품질의 빵이 여러 개의 가치로 판매된다면 교환기준으로서의 역할을 할 수 없다. 따라서 갑이 시장에서 빵 3개를 살 때 자신이 소비하는 순서에 따라 첫 번째 빵은 100, 두 번째 빵은 90, 세 번째 빵은 80유틸의 효용에 해당하는 가격을 주고 사지 않는다. 제과점이 빵을 파는 경우도 마찬가지로 같은 품질의 빵은 동일한 가격에 판매한다. 다시 말하자면 제과점은 갑이 첫 번째 빵에서 100유틸의 효용을 누린다고 해서 100원, 두 번째 빵은 90유틸의 효용을 누리므로 90원, 세 번째 빵은 80유틸의 효용을 누린다고 80원에 판매하지 않는다. 제과점은 갑이 어느 빵을 몇 번째 소비할지 알 수 없으므로 3개의 빵을 똑같은 가격으로 판매할 수밖에 없다.

그렇다면 제과점은 빵을 얼마에 팔 수 있을까? 빵 가격이 100원이라면 갑은 빵을 1개보다 더 많이 사지 않을 것이다. 첫 번째 빵은 100유틸의 효용을 주지만 두 번째 빵은 90유틸, 세 번째 빵은 80유틸의 효용을 주는데 100원을 주고 사면 손해이기 때문이다. 결국 갑이 빵을 3개 사려면 빵 가격은 마지막으로 소비되는 세 번째 빵의 효용인 80원이 되어야 한다. 갑은 각각의 빵에서 얻는 효용을 빵 가격과 비교하여 어느 빵이라도 가격 이상의 효용을 주지 않으면 구매하지 않기 때문이다. 결론적으로 상품의 가격은 시장에서 소비되는 상품의 마지막 단위가 주는 효용인 한계효용의 화폐적 표현이라 할 수 있다. 따라서 빵 3개가 주는 총효용은 270유틸이지만 판매되는 가격은 3 × 80원 = 240원이 된다. 소비자가 실제로 얻는 효용은 270원어치이지만, 지불하는 가격은 240원이므로 30원의 잉여효용을 얻는데 이것을 소비자잉여라고 부른다. 시장에서의 교환은 소비자가 기꺼이 지불하려고 하는 가격보다 더 낮은 가격으로 상품을 구매할 수 있도록 하는데 덕분에 소비자는 상품을 교환하는 기준인 가치보다 더 큰 만족인 소비자잉여를 얻는다.

이와는 반대 개념으로 생산자가 받고자 하는 가격보다 더 높은 가격을 받기 때문에 발생하는 생산자잉여가 있는데 이에 대해서는 부록 4를 참조 바란다.

빵이 3개 생산되었을 때 총효용은 270원어치의 효용이나 시장에서 인정되는 가치는 마지막으로 소비되는 세 번째 빵의 효용에 생산량을 곱한 것이 된다. 즉, 효용가치론에서 생산된 가치는 상품의 생산량에 그 상품의 한계효용을 곱한 것이며 다음과 같은 공식으로 표현할 수 있다.

가치 = 생산량 × 한계효용
= 생산량 × 시장가격

이것은 효용가치론에서 결정적인 중요성이 있는 것으로 부록 4에서 볼 수 있듯이 미시경제학의 핵심개념에는 이 공식이 녹아있다. 이 공식이 의미하는 바는 효용가치론에서 생산된 부를 차지할 수 있는 지분은 노동시간과는 전혀 관계없으며 사용가치의 생산량과 한계효용에 비례하여 결정된다는 것이다. 노동가치론에서 가치를 증가시키려면 노동시간을 늘리거나 노동강도를 높여야 하지만, 효용가치론에서는 생산량을 증가하거나 상품의 한계효용을 높여야 한다. 그래야 더 많은 효용을 창출하고 따라서 더 많은 가치를 생산할 수 있다. 상품의 한계효용은 동일한 상품에 동일하게 적용되는 가격, 즉 시장가격으로 표현되므로 '생산량 × 시장가격'은 총수입 또는 매출을 의미한다. 일반적으로 기업의 매출은 이윤과 생산비용으로 구성되고 생산비용에는 임금과 지대가 포함되므로 기업이 생산한 가치는 노동자, 자본가, 지주가 생산한 가치의 합이라 볼 수 있다.

　현재 주류경제학 소득분배론의 바탕이 되는 신고전파 한계생산성 분배이론은 완전경쟁시장에서 노동과 자본은 각각 자신이 생산한 만큼을 대가로 받으며 생산한 정도는 노동과 자본의 한계생산으로 결정된다고 본다. 한계효용이 마지막으로 추가되는 상품의 효용이듯이 노동과 자본의 한계생산은 마지막으로 추가되는 노동과 자본의 생산량을 의미하는데 이것이 전체 노동과 자본에 적용되는 단위당 생산량이 된다. 기계 2대와 노동자 10명이 일하는 기업을 예로 들면, 10번째 노동자의 생산량인 한계생산이 노동자 각각의 생산량으로 적용되고 2번째 기계의 생산량이 기계 각각의 생산량으로 적용되어 노동자 10명과 기계 2대의 생산량이 도출된다. 여기에 한계효용을 곱하면 노동과 자본이 생산한 가치가 되며 노동과 자본은 각각 생산한 가치만큼 상품을 소비할 권리를 얻는다.

　따라서 신고전파 한계생산성 분배이론에도 가치 = 생산량 × 한계효용의 공식이 작동한다. 1870년대 나온 한계효용이론은 상품의 가치는 설명할 수 있었으나 효용에 근거한 분배법칙을 밝히지는 못했다. 1899년 클라크의 한계생산력 분배이론이 나온 이후에야, 완전경쟁시장에서 생산요소는 각자의 한계생산물의 가치만큼 분배받는다는 한계생산성 분배이론이 정립되었다. 가치 = 생산량 × 한계효용에서 생산량은 한계생산량에 따라 도출되고, 한계효용은 한계효용이론에서 도출되므로 이 공식은 두 이론이 접목된 것이라 할수 있다. 완전경쟁시장이라는 조건이 붙어 있지만, 이 공식이 의미하는 바는 사용가치를 누릴 수 있는 지분인 가치는 각 생산주체의 생산량 및 생산된 상품의 한계효용과 연동하여 결정된다는 것이다.

다시 말해 효용가치론에서의 가치는 노동시간과 전혀 관계가 없다. 가치를 많이 생산하여 더 많은 부를 누리려면 생산량을 증가시키거나 한계효용이 높은 상품을 생산해야 한다. 노동가치론의 분배원리가 노동한 만큼 가져가는 것이라면 효용가치론의 분배원리는 생산한 효용만큼 가져가는 것임을 알 수 있다.

◆ 주관적인 효용의 객관화

그런데 여기에서 드는 의문은 효용은 주관적이므로 개개인이 느끼는 효용의 정도는 각기 다른데, 소비자 갑의 빵에 대한 한계효용의 변화가 어떻게 시장을 대표할 수 있을까 하는 점이다. 빵 시장의 한계효용 변화를 알려면 갑뿐만 아니라 다른 사람들의 빵에 대한 효용이 어떤지 알 필요가 있다. 빵 시장에 갑, 을 두 명의 소비자만 존재한다고 가정하고 갑, 을의 주관적인 효용이 어떻게 시장의 한계효용으로 나타나는지 그리고 시장의 수요곡선이 어떻게 시장의 한계효용곡선에서 도출되는지 알아보자. 갑이 빵 소비에서 느끼는 한계효용을 가격으로 나타내면 첫 번째 100원, 두 번째 90원, 세 번째, 80원, 네 번째 70원이다. 빵값이 100원이라면 갑은 빵 1개를, 90원이라면 빵 2개를, 80원이라면 빵 3개를, 70원이라면 빵 4개를 살 것이다. 갑은 자기가 사는 모든 빵에서 시장가격보다 같거나 더 높은 효용을 원하기 때문이다. 빵 가격이 80원인데 4개의 빵을 산다면 그 중 하나의 빵이 주는 효용은 70원이기 때문에 손해를 보므로 갑은 모든 빵에서 80원 이상의 효용을 얻기 위해 3개 혹은 3개보다 적게 살 것이다. 〈표1-1〉은 갑의 빵 소비량과 시장가격의 관계에서 갑의 개별적인 빵 수요표를 나타낸 것이다.

〈표1-1〉 갑의 개별수요표

빵 가격	100원	90원	80원	70원
갑의 수요량	1개	2개	3개	4개

빵의 순차적인 소비에서 갑이 얻는 한계효용은 빵의 시장가격에 대한 갑의 수요량으로 변환될 수 있다. 이것을 〈그림1-1〉과 같이 그래프로 그리면 우하향하는 개별수요곡선이 된다. 빵에 대한 개별수요곡선이 우하향하는 것은 빵에 대한 갑의 한계효용곡선이 우하향하기 때문인데, 여기서 수요곡선은 한계효용곡선의 화폐적 표현임을 알 수 있다.

자본론으로 마르크스를 비판하다

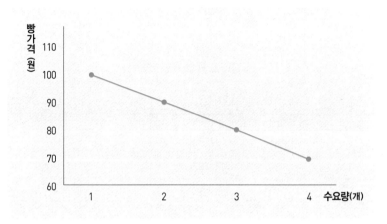

〈그림1-1〉 갑의 개별수요곡선

이번에는 빵에 대해 을이 느끼는 한계효용을 예로 들어보자. 을은 갑보다 빵을 좀 더 좋아하는 사람이어서 첫 번째 먹는 빵에서 110, 두 번째 빵에서 100, 세 번째 빵에서 90, 네 번째 빵에서 80, 다섯 번째 빵에서 70원의 효용을 얻는다고 가정하자. 그러면 을의 개별수요량은 〈표1-2〉와 같이 나타난다.

〈표1-2〉 을의 개별수요표

빵 가격	110원	100원	90원	80원	70원
을의 수요량	1개	2개	3개	4개	5개

을도 갑과 마찬가지로 구매하는 모든 빵에서 시장가격 이상의 효용을 얻으려 하므로 빵 가격이 110원이면 1개, 100원이면 2개의 방

식으로 70원이면 5개까지 구매한다. 그래프로 그리면 〈그림1-2〉와 같은 을의 개별수요곡선을 얻을 수 있다.

〈그림1-2〉 을의 개별수요곡선

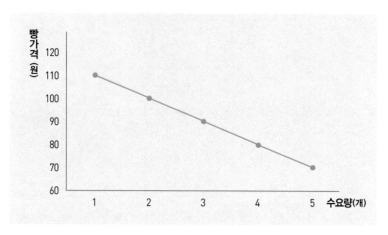

시장에 존재하는 모든 소비자의 개별수요곡선이 구해지면 각 가격대에서 개인들의 수요를 합하여 시장수요곡선을 구할 수 있다. 시장에 갑, 을 두 명의 소비자만 존재한다고 가정하였으므로 110원에서 갑의 수요는 0개, 을의 수요는 1개이므로 시장수요는 1개이고 100원에서 갑의 수요는 1개, 을의 수요는 2개이므로 시장수요는 3개이다. 이런 방식으로 특정 가격대에서 갑, 을의 수요량을 합하면 〈표1-3〉과 같은 시장수요표와 〈그림1-3〉과 같은 시장수요곡선을 구할 수 있다.

자본론으로 마르크스를 비판하다

〈표1-3〉 시장수요표

빵 가격	110원	100원	90원	80원	70원
시장수요량	1개	3개	5개	7개	9개

〈그림1-3〉 빵시장 수요곡선

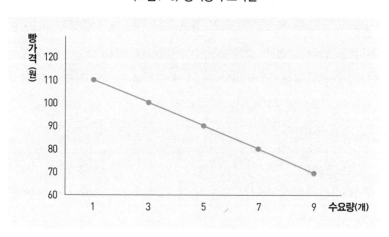

각 개인이 빵의 순차적 소비로 얻는 한계효용의 변화에서 개별 수요곡선이 도출되고, 개별수요곡선에서 시장수요곡선이 만들어졌다. 시장수요곡선은 개별수요곡선의 수요량을 합한 것이므로 시장수요곡선은 개인의 수요량과 한계효용이 총체적으로 표현된 것이라 할 수 있다. 수요곡선이 주어졌으므로 공급곡선이 주어지면 두 곡선이 만나는 지점에서 빵 가격은 결정된다. 만약 빵의 공급량이 7개라면 빵 가격은 80원으로 형성된다. 빵 가격이 80원이면 갑은 3개의 빵을, 갑보다 빵을 더 좋아하는 을은 4개의 빵을 산다. 빵 공급량이 3개로 감소하여 빵 가격이 100원으로 상승하면 갑은 1개, 을은 2개로 빵의 구매량을 줄일 것이다. 이처럼 모든 개인의 한계효용을 반영한 수요곡선에 공급량이 주어지면서 형성되는 시장가격은 각 개인의 소비량을 결정하는 한계효용이다. 모든 개인은 시장가격 이상의 효용을 얻을 수 있도록 소비량을 결정한다. 갑보다 빵 1개에 느끼는 효용의 정도가 큰 을은 시장가격에서 갑보다 더 많은 빵을 사고, 을보다 빵을 덜 좋아하는 갑은 시장가격에서 을보다 적은 양의 빵을 산다. 상품이 주는 효용은 개인마다 다르지만, 시장수요곡선은 개인의 주관적인 효용을 총체적으로 반영하여 객관화한 것이며 각 개인은 자신의 주관적인 효용을 시장가격과 비교하여 각자의 소비량을 결정한다.

이것이 효용가치론에서 개인의 주관적인 효용이 객관화되는 과정이며 갑, 을뿐만 아니라 무수히 많은 소비자가 존재하는 현실 시장에서도 그대로 적용되는 원리이다. 효용은 개인마다 다르므로 노동시간처럼 객관적으로 측정할 수 없다는 노동가치론자들의 비판은 수요곡선의 의미를 제대로 이해하지 못한 탓이다. 오히려 추상적 인간 노동이 주관적인 개념일 수 있다. 동일한 시간을 노동하더라도 신체기관에서 지출되는 노동력의 양은 사람마다 다를 수 있다. 갑은 1시간의 노동으로 을보다 더 많은 노동력을 지출하여 피로도가 더 높을 수 있음에도 갑의 1시간과 을의 1시간이 동일한 가치를 가진다는 것은 추상노동의 주관적인 측면을 무시한 것이다.

여기서 주목할 점은 시장가격은 소득이 허락하는 한 개인의 소비량을 결정하는 한계효용을 의미한다는 것이다. '한계'라는 단어가 마지막에 추가되는 한 단위라는 뜻이 있으므로 시장가격은 시장에

자본론으로 마르크스를 비판하다

서 마지막으로 추가되는 상품 한 단위의 소비가 주는 효용이다. 〈표 1-3〉에서 시장가격 90원일 때 시장의 수요량이 5개라는 것은 소비량이 4개에서 5개로 증가할 때 추가되는 다섯 번째 빵이 주는 효용이 90이란 뜻이고, 각 개인은 여기에 맞추어 자신의 소비량을 결정한다. 만약 소비하는 빵의 한계효용이 시장가격보다 높으면 시장가격과 일치할 때까지 소비를 증가시키고 시장가격보다 낮으면 소비를 감소시켜 한계효용이 시장가격과 일치하도록 한다. 예를 들어 시장가격이 90원일 때 갑이 빵 1개를 먹는다면 100의 효용을 느끼므로 시장가격보다 한계효용이 더 크다. 그는 빵 1개를 더 소비하여 한계효용이 시장가격과 일치하도록 하면 더 큰 만족을 느낄 수 있다. 여기서 빵을 1개 더 소비하면 한계효용이 80으로 감소하여 시장가격 90원 보다 낮아지고 오히려 만족이 감소하므로 갑의 소비는 2개에서 멈춘다. 이렇게 할 때 소비자의 만족은 최대화된다.[9]

결국 시장가격은 시장에 추가로 공급되는 상품 한 단위의 효용이며 효용은 곧 가치이다. 효용가치론에서는 수요와 공급으로 결정되는 시장가격이 곧 가치가 되는 것이다. 주어진 시장수요곡선에 공급량만 주어지면 가치이자 가격이 결정됨을 알 수 있다. 노동가치론에서 가치는 생산량과 무관한 노동시간이므로 수요와 공급으로 결정되는 가격과 괴리가 발생할 수 있으나, 효용가치론에서는 수요와 공급으로 결정되는 가격이 곧 가치이므로 가치와 가격의 괴리는 있을 수 없다. '효용 = 가치'는 '효용 = 가치 = 가격'이란 등식으로 나아간다.

---

9   소비자 효용의 극대화와 시장가격과의 관계에 대해서는 부록 4 '소비자 선택이론과 가치론' 참조.

◆ 두 가치론에서 가치가 지분이라는 정의가 갖는 의미

먼저 노동가치론의 추상노동과 효용가치론의 효용이 상품의 교환비율을 결정하는 과정에서 유사한 역할을 한다는 것을 짚어보자. 상품마다 질적으로 다른 구체적 노동이 비교될 수 있는 것은 노동이 구체적 노동과 함께 양적으로 비교되는 추상적 노동의 측면을 동시에 갖고 있기 때문임은 앞에서 보았다. 효용가치론에서도 상품마다 유용함이란 성질은 질적으로 비교할 수 없는 것은 마찬가지다. 빵의 유용함과 텔레비전의 유용함을 어떻게 비교할 수 있을까? 배고플 때는 텔레비전보다 빵이 더 큰 만족을 주고 심심할 때는 텔레비전이 빵보다 더 유용한 것으로 다가온다. 유용함은 질적으로 다르기에 구체적 노동처럼 비교할 수 없다. 그런데도 빵과 텔레비전이 교환될 수 있는 것은 사용가치가 주는 유용함은 양적으로 비교할 수 없지만, 유용함이 인간의 마음에 일으키는 효용은 양적 비교가 가능하기 때문이다. 배고플 때 빵 한 개가 주는 효용은 심심하지 않을 때 텔레비전이 주는 효용보다 크다는 것은 쉽게 알 수 있다. '가치= 생산량 × 한계효용'의 공식이 담고 있는 의미는 질적으로 다른 유용함을 양적으로 비교 가능한 효용으로 변환시킨다는 것이다. 한계효용은 시장에서의 가격이므로 빵 1개의 가격은 빵 1개가 담고 있는 효용을, 텔레비전 1대의 가격은 텔레비전 1대가 담고 있는 효용이라 말할 수 있다. 빵의 가격이 1만 원, 텔레비전이 30만 원이라면 텔레비전 1대가 주는 효용은 빵 1개가 주는 효용의 30배임을 시

자본론으로 마르크스를 비판하다

장이 인정한다는 의미가 있다.[10] 이처럼 '생산량 × 한계효용'은 질적으로 다른 사용가치를 양적으로 환원하여 동질화하는 과정이다. 어떤 사용가치의 생산량이 담고 있는 유용함이 효용으로 변화하여 양적비교가 가능하게 된 것이다. '생산량 × 한계효용' 혹은 '생산량 × 가격'은 효용의 정도이며 현실에서는 화폐단위인 가격으로 표현된다. 효용가치론에서 가격이 높은 상품은 낮은 상품보다 효용이 더 많은 상품이며 가치가 더 높은 상품이다. 가치를 많이 생산하려면 생산량을 증가시키거나 품질을 향상 시켜 가격이 높은 상품을 만들면 된다.

여기서 우리는 다음과 같은 중요한 사실을 알 수 있다. 노동가치론은 질적으로 다른 유용함을 추상적 인간 노동이라는 양적 비교가 가능한 개념으로 가치를 측정하고, 효용가치론은 효용이라는 양적으로 비교가 가능한 개념으로 가치를 측정한다. 따라서 노동가치론은 사용가치와 전혀 관계없는 노동시간으로, 효용가치론은 사용가치에서 파생된 효용으로 가치를 결정한다. 이 때문에 노동가치론은 생산량과 가치가 무관하게 되고, 효용가치론은 가치와 생산량이 기본적으로 비례관계를 가진다.

가치가 생산된 사용가치에 대한 지분을 결정하는 기준이라는 정의는 노동가치론과 효용가치론에 공통으로 적용된다. 사용가치를

---

10 빵과 텔레비전의 가격은 수많은 개인의 한계효용이 반영된 시장에서 결정되므로 지금 배가 고픈 상황에서 빵의 효용이 텔레비전보다 더 크다고 해서 빵 가격이 더 높지 않다. 배고픈 나한테 빵 한 개가 주는 효용이 30만 원의 효용이 있고 빵 가격이 1만 원이라면 나는 29만 원의 소비자잉여를 누릴 뿐이다.

차지하려면 가치를 확보하고 있어야 하고 차지하는 사용가치의 양은 확보한 가치의 양에 비례한다. 노동가치론의 관점에서 보면 가치가 노동시간이므로 가치를 확보하려면 스스로 노동하거나 타인의 노동시간을 어떤 방법으로든 가져오지 않으면 안 된다. 효용가치론에서 가치를 확보하려면 '가치 = 생산량 × 한계효용'의 공식에서 보듯이 생산을 많이 하거나 한계효용이 높은 상품을 생산하지 않으면 안 된다. 앞에서 본 19세기와 현재의 빵 생산을 비교하여 생산성 향상이 두 이론에서 어떤 의미가 있는지 알아보자. 19세기에는 1시간 노동으로 빵 1개를 생산하였고 가격은 100원이었으나, 생산력의 발전으로 21세기에는 1시간 노동으로 빵 10개를 생산하므로 빵 1개 가격은 30원, 10개 가격은 300원이다. 동일한 양의 노동으로 19세기보다 21세기에 생산량이 10배나 증가하였으나 노동가치론으로 보면 총가격만 증가하였을 뿐 가치는 변화가 없다. 하지만 효용가치론으로 보면 동일한 양의 노동으로 19세기에는 '빵 1개 × 100 = 100원'의 효용을, 21세기에는 '빵 10개 × 30원 = 300원'의 효용을 생산하였으므로 가치와 가격이 똑같이 100원에서 300원으로 증가하였다. 노동가치론의 세계에서는 가치는 사용가치의 생산량과는 아무런 상관이 없는 것으로 노동시간이 변하지 않으면 가치는 항상 일정하다. 하지만 사용가치를 가치의 원천으로 보는 효용가치론의 세계에서는 사용가치의 생산량과 가치는 긴밀한 관계가 있다. 수요곡선에서 보면 생산량이 증가할수록 한계효용, 즉 가격은 감소한다. 이때 생산량 증가율보다 가격 감소율이 낮으면 가치는 증가하고, 생산량 증가율보다 가격 감소율이 높으면 가치는 감소한다.

주류경제학은 이를 수요의 가격탄력성으로 설명한다. 가격이 조금만 변해도 수요량이 큰 폭으로 변해서 가격탄력성이 1보다 큰 상품은 생산량이 증가하면 총수입 즉 가치도 증가하나, 가격 변화율에 비해 수요량 변화율이 낮아 가격탄력성이 1보다 작은 상품은 생산량이 증가하면 가치가 오히려 감소한다. 예를 들어 사치재의 경우 생산량(공급량)이 증가하여 가격이 10% 하락하면 수요량은 20% 증가하여 총수입이 증가하므로 가치도 증가한다. 반면 쌀과 같은 필수품의 경우 생산량이 증가하여 가격이 10% 하락하면 수요량은 5% 증가하므로 오히려 총수입이 감소한다.

하지만 총수입이 감소하여도 개별생산자에게 돌아가는 가치는 오히려 증가하는 경우가 많다. 생산을 많이 할수록 수입이 감소하면 생산자의 수가 수입감소율 이상으로 감소할 수도 있기 때문이다. 예를 들면 쌀 생산자가 10명, 전체 수입 100원인 시장에서 쌀 생산이 증가하여 쌀 생산자가 5명, 시장 전체 수입 70원으로 감소했다면 개별 생산자의 수입은 10원에서 14원으로 증가한다. 이처럼 생산성 향상 또는 생산력 발전은 일반적으로 생산자에게 더 큰 수입 또는 더 큰 가치를 준다. 생산성 향상은 생산량의 증가뿐만 아니라 품질향상도 의미하므로 품질향상으로 인한 가격상승도 생산자에게 귀속되는 가치를 증가시키는 역할을 한다. 효용가치론에서 생산성 향상으로 가치가 증가하는 현상이 노동가치론과 어떤 관련이 있는지는 5장에서 자세히 다룰 것이다.

이상 살펴본 바와 같이 노동가치론에서 가치와 가격은 다른 개념이고 따로 움직일 수 있지만 효용가치론에서 가치와 가격은 같은 개

넘이며 항상 같이 움직인다. 19세기에는 1시간 노동으로 빵 1개를 생산하므로 갑이라는 노동자가 30분 노동하였다면, 그는 빵 반 개를 받을 지분이 있다고 노동가치론자는 말한다. 21세기의 갑이 30분 노동한다면 빵 5개를 받을 지분을 얻는다. 그러나 효용가치론자는 갑의 노동시간보다 갑이 빵을 몇 개 생산하였는지에 주목한다. 효용가치론에서 '가치 = 생산량 × 가격'이기 때문이다. 19세기의 갑이 반 조각의 빵을 생산하였다면 그는 50원의 가치를 생산한 것이고 빵 반 조각을 받을 수 있다. 21세기의 갑이 빵 5개를 생산하였다면 그는 150원의 가치를 생산하였고 빵 5개를 받을 지분을 갖는다. 노동가치론에서 생산량과 관계없이 노동시간이 지분, 즉 생산한 가치를 결정하나, 효용가치론에서는 노동시간과 관계없이 효용을 얼마나 생산하였는가로 가치가 결정되며 이것은 가치가 생산량의 함수라는 것을 의미한다. 노동가치론은 생산량이 얼마이든 사회 전체의 노동시간에서 자신이 노동한 시간 혹은 확보한 노동시간에 따라 사회가 생산한 부를 분배받는 것을 원리로 한다. 갑이 확보한 노동시간이 사회 전체의 노동시간에서 5%의 비중이라면 사회가 생산한 부의 절대적인 양과 관계없이 그는 5%의 지분을 갖는다. 물론 이것은 노동가치론에 따른 분배이다. 효용가치론에 따른 분배는 갑의 노동시간과는 전혀 관계가 없다. 사회의 총생산량에서 갑이 기여한 정도가 어느 정도인가에 따라 지분이 결정된다. 이것이 사회가 생산한 부를 분배하는 두 가치론의 방식이자, 가치는 생산된 부에 대한 지분을 결정하는 기준이란 정의의 의미가 달라지는 지점이다.

서문에서 예로 든 사회주의 노동자 갑, 을을 통해 효용가치론과

자본론으로 마르크스를 비판하다

노동가치론의 차이를 다시 확인해보자. 이번에는 갑, 을이 자본주의에 사는 노동자라고 가정한다. 8시간의 노동으로 갑은 20개의 빵을, 을은 10개의 빵을 생산하였다. 이때 빵 생산기계를 가진 자본가 병이 을을 고용하여 50개의 빵을 생산하게 되었다. 을이 혼자 빵을 생산할 때 10개를 생산하다가 자본가의 기계를 사용해서 50개를 생산하면 40개는 기계가, 10개는 을이 생산한 것이다. 따라서 기계는 빵 40개만큼의 효용을, 을은 10개만큼의 효용을 생산하였다. 기계를 가진 자본가 병은 40개의 빵을 갖고 노동자 을은 10개의 빵을 갖는다. 효용가치론의 원리대로 생산한 만큼 분배된 것이다.

그러나 노동가치론자는 이것이 부당하다고 생각한다. 가치는 효용이 아니라 노동시간이기 때문에 병이 가진 기계에 얼마의 노동시간이 투입되었는지가 중요하다고 생각한다. 병의 기계가 120시간 노동으로 만들어졌고 수명이 10일이라면 하루에 12시간의 가치가 빵으로 이전된다. 50개의 빵을 만드는데 병의 기계는 12시간의 노동을 투입했고 을은 8시간의 노동을 투입하였다. 노동시간이 곧 가치이므로 50개의 빵에 대한 기계의 지분은 '50 × 12/20 = 30개', 을의 지분은 '50 × 8/20 = 20개'이다. 기계 소유주인 병은 30개의 빵을, 노동한 을은 20개의 빵을 갖는다. 병은 기계 값으로 30개의 빵을 기계 생산업자에게 줘야 하므로 이윤을 어디서 얻을까? 그는 을이 분배받아야 하는 20개의 빵 중 일부를, 예를 들어 10개를 이윤으로 가져간다. 가치는 노동시간이자 사용가치에 대한 지분이므로 병이 가져가는 10개의 빵은 을의 8시간 노동 중 4시간을 뺏은 결과이다. 노동하지 않는 자본가가 얻는 이윤은 노동자의 노동시간을 착취한 것임이 드러난다. 이것이 노동가치론이 보는 자본주의 분배방식이다.

이처럼 50개의 빵을 생산하여 자본가와 노동자가 각각 40개와 10개씩 가져가는 동일한 현상에 대해 효용가치론자와 노동가치론자는 전혀 다른 해석을 내린다. 원인은 효용가치론자는 사용가치를 가치의 원천으로 보고 노동가치론자는 노동을 가치의 원천으로 본다는 데 있다. 사용가치를 원천으로 보면 기계는 가치를 생산하는 존재가 되고 노동을 가치의 원천으로 보면 기계는 과거에 투입된 노동시간을 단순히 이전하는 역할에 그치게 된다.[11]

마르크스주의자들도 노동가치론과 효용가치론에서 가치가 갖는 함의를 잘 이해하지 못하는 경우가 있다. 19세기 초반 영국에서는 16시간 노동이 하루의 보편적인 노동시간이었다. 그런데 19세기에 비해 생산량이 10배 이상 증가하였음에도 하루 노동시간은 8시간으로 감소한 21세기에 생산된 가치는 19세기의 절반에 불과하다는 것이 노동가치론의 원초적 결함이 아닌가 하는 주장이 그것이다. 이는 노동가치론이 노동시간을 가치로 여기면서 사용가치는 가치와 무관한 것으로 보는 원리를 이해하지 못한 탓이다. 가치와 가격을 구분하지 못한 오해이고 가치가 교환비율이면서 동시에 사용가치에 대한 지분의 성격이 있다는 점을 간과한 탓이다.

19세기 16시간의 노동은 16개의 빵을 만들었고, 21세기 8시간의 노동은 80개의 빵을 만들었지만 노동가치론으로 보면 생산된 가치는 19세기가 21세기보다 2배나 더 많다. 노동가치론에서는 빵의 생

---

11 기계가 가치를 생산한다 해도 기계는 결국 노동으로 만들어진 것이 아닌가? 라는 주장이 제기될 수 있다. 이에 대해서는 8장 '결국은 노동만이 가치를 창조한다는 말의 반복일 뿐'에서 살펴본다.

산량이 증가한다고 해서 가치가 증가하는 것이 아니다. 가치의 변화는 오직 노동시간의 변동에 달려 있다. 21세기는 19세기보다 빵의 생산량과 가격은 증가하였음에도 가치는 오히려 감소하는, 가치와 가격의 괴리는 노동가치론의 결함이라기보다 생산량과 가치를 무관한 것으로 보는 데서 오는 당연한 결과이다. 뒤에서 보겠지만 노동가치론은 생산량과 가치의 무관함을 주장하며 이는 능력과 상관없이 모든 노동은 평등하다는 마르크시즘의 핵심으로 연결된다. 이를 노동가치론의 결함으로 보면 마르크시즘을 모르거나 부정하는 것이다.

노동가치론의 세계에서는 생산량이 증가하여 경제가 발전함에도 가치는 감소하는 일이 언제든지 발생할 수 있다. 노동시간이란 가치는 단지 가격으로 표현되는 사용가치를 분배하는 기준의 역할을 할 뿐이기 때문이다. 노동가치론에서 가치와 가격 혹은 가치와 생산량은 전혀 다른 개념이라는 점을 항상 유의해야 한다. 그러나 효용가치론의 관점에서 보면 가치를 생산량과 연동된 함수로 보기 때문에 생산량이 증가한 21세기는 19세기보다 가치와 가격이 모두 증가하게 된다.

이처럼 노동가치론에서의 가치는 생산된 사용가치의 분배를 결정하는 기준으로 봐야 하고 경제성장과 연동시켜서는 안 된다. 경제성장은 실물적으로 생산량이 증가하는 것이기에 효용가치론에서는 가치의 증가가 곧 경제성장으로 연결된다. 그러나 노동가치론에서 그렇게 보면 노동시간이 많은 19세기보다 노동시간이 감소한 현재는 경제가 후퇴했다는 결론에 빠질 수밖에 없다. 노동가치론에서 가치는 경제성장과는 상관없는 것으로 분배의 기준일 따름이다. 이러한 일이 발생하는 이유는 단 한 가지다. 효용가치론은 가치가 생산량과 연동되는 것으로 보고, 노동가치론은 생산량과 가치는 무관한 것으로 보기 때문이다. 이제 두 이론의 이러한 차이가 어떤 결과를 가져왔는지 차근차근 살펴보자.

자본론으로 마르크스를 비판하다

2장 가치법칙, 마르크시즘의 진수

◆ 가치법칙과 수요공급법칙

가치법칙은 가치가 결정되는 법칙이란 의미이다. 가치가 상품 간의 교환비율이면서 상품을 향유할 수 있는 지분이라는 정의는 노동가치론과 효용가치론에 모두 적용되지만, 가치를 무엇으로 볼 것인가에 대해서는 두 이론이 완전히 다른 관점을 가진다는 것은 앞에서 살펴보았다. 따라서 가치를 결정하는 가치법칙은 노동가치론과 효용가치론에서 전혀 다른 법칙으로 나타난다. 노동가치론의 가치법칙은 수행한 노동시간으로 가치를 결정하는 법칙이고 효용가치론의 가치법칙은 생산한 효용으로 가치를 결정하는 법칙이다. 우리가 익히 알고 있는 수요공급법칙은 효용가치론의 가치법칙이다. 시장의 수요와 공급의 상호작용으로 가격이 결정되고 그것은 곧 가치이자 효용이기 때문이다. 주류경제학은 가치라는 용어보다 가격을 주로 사용하고 가치법칙이라는 용어보다 수요공급법칙이라 말하기에 마르크스경제학을 접하지 않은 사람에게 가치법칙은 생소한 개념이다.

가치와 가격을 다른 개념으로 보는 노동가치론에서 수요공급법칙은 가치법칙과는 별개의 부수적인 법칙으로 취급된다. 노동시간이 결정하는 가치는 본질이고 가격은 수요와 공급에 따라 가치와 일치하기도 하고 어긋나기도 하지만, 지구가 태양을 중심으로 돌듯이 가격은 항상 가치를 중심으로 변동한다고 본다. 마르크스는 투입된 노동시간으로 가치가 결정되게 하는 가치법칙이 수요와 공급에 의한 가격의 운동을 규제한다고 말한다. 상품의 효용으로 가격이 결정되는 수요공급법칙은 노동시간으로 가치가 결정되는 가치법칙의 규제를 받는다는 뜻이다. 1시간 노동으로 생산된 빵 1개의 가치는 1시간이다. 빵 1개의 가격은 필요로 하는 빵의 수량보다 공급량이 부족하면 일시적으로 1시간 이상으로 상승하기도 하고 반대로 공급량이 넘치면 1시간 이하로 하락하기도 하지만 늘 1시간을 중심으로 움직인다는 것이다.

마르크스가 보기에 가치는 본질이고 가격은 현상이거나, 가치는 실체이고 가격은 껍데기에 불과하다. 반면 효용가치론은 수요에 비교하여 빵의 공급량이 부족하거나 넘쳐서 빵 가격이 상승하거나 하락하는 것은 한계효용이 상승하거나 하락하는 것이므로 가치가 상승하거나 하락한다고 본다. 이러한 사정으로 효용가치론은 가치법칙 대신 수요공급법칙이란 용어를 사용하나 노동가치론은 수요공급법칙은 가치법칙이 아니라 가격법칙에 불과하므로 노동시간으로 가치가 결정되는 것이 진정한 가치법칙이라고 본다. 앞으로 이 책에 나오는 가치법칙은 노동가치론에서 사용하는 가치법칙만을 의미한다.

가치법칙은 시장과 상품의 존재를 전제로 한다. 집에서 먹기 위해 끓인 라면이 가치를 가지는지에 대해서는 의견이 엇갈리지만, 상품 간의 교환비율이란 가치의 정의를 고려하면 상품이 아닌 사용가치는 가치를 갖고 있다고 보기 어렵다. 상품은 교환을 위해 생산된 것이므로 교환비율인 가치가 들어 있으나 상품이 아닌 사용가치는 노동이라기보다 수고가 들어 있다고 봐야 한다.

가치법칙은 시장과 상품의 토대 위에서 작동하는 자본주의 사회에서 인간의 의지와 관계없이 자연법칙처럼 관철되는 시장의 작동원리다. 수요공급법칙도 인간의 의지와 상관없이 맹목적인 하나의 자연법칙처럼 작동하여 가격을 결정한다는 점에서 두 법칙은 공통점이 있다. 러시아혁명 이후 소련에서 사회주의에서도 가치법칙이 존재하는가를 둘러싸고 스탈린도 참여하는 대논쟁이 벌어졌다. 다양한 주장이 있었으나 시장과 상품이 작은 규모나마 남아있고 생산성이 높은 사람에게 인센티브를 주는 자본주의적 분배원리가 실시되는 사회주의는 가치법칙이 변형되어 작동한다는 것으로 결론지어졌다. 시장과 상품이 완전히 소멸되고 생산량에 따른 분배원리도 사라진 공산주의 사회에서는 가치법칙이 소멸한다는 것에 대해서는 마르크스주의자들 사이에 이견이 없다.

가치법칙은 마르크스경제학을 넘어 마르크시즘의 진수요, 핵심이라 할 수 있다. 모든 길은 로마로 통한다는 말처럼 마르크시즘의 모든 핵심은 가치법칙으로 통한다. 난해하기로 소문난 〈자본론〉의 곳곳에 가치법칙이 살아 숨 쉬고 있으며 가치법칙에 대한 이해는 〈자본론〉을 좀 더 쉽게 읽을 수 있도록 한다. 마르크스의 사적유물론, 도덕론에도 가치법칙의 원리가 살아있다.

가치법칙으로 상품가치가 결정되고 교환이 이루어지며, 자본가나 지주가 노동자의 노동시간을 착취하고, 생산성이 높은 사람이 낮은 사람의 가치를 뺏는 것도 가치법칙으로 규명이 된다. 가치법칙은 각자가 수행한 노동량에 따라 분배가 이루어지는 것을 원리로 삼고 있으나, 실제는 생산량에 의한 분배가 이루어지는 내적 모순을 갖고 있으며 이것이 자본주의 생산양식의 내재적 모순으로 발전한다. 생산력과 생산관계의 모순, 노동의 사회적 성격과 사적소유의 모순, 물신숭배사상, 호황과 공황, 자본주의적 생산력의 발전과 한계 등 모든 자본주의적 모순은 가치법칙의 내적 모순이 발현된 결과다.

그러나 가치법칙의 내적 모순이 실제 붕괴시킨 것은 자본주의가 아닌 사회주의였다. 인류 최초로 노동계급 혁명의 성공이란 영광과 그것이 불과 70여 년 만에 몰락하고 마는 좌절의 경험을 역사에 아로새긴 것은 가치법칙이 가진 원리와 실제의 내적 모순이 빚어낸 결과였다. 앞으로 우리는 가치법칙을 〈자본론〉이 한계 지운 곳에서 멈추지 않고 좀 더 깊이 분석하여 하나의 과학법칙으로 추앙받는 가치법칙이야말로 사회주의의 성공을 가로막는 결정적인 장애물이라는 것을 밝혀 나갈 것이다.

일반적으로 가치법칙은 노동시간으로 가치가 결정되는 법칙이고 구체적으로는 상품 생산에 사회적으로 필요한 노동시간으로 가

자본론으로 마르크스를 비판하다

치가 결정되는 것으로 여겨지나 이는 가치법칙의 일부에 불과하다. 이렇게 가치법칙을 좁게 보는 것은 마르크시즘에 대한 체계적 인식을 어렵게 한다. 가치법칙은 한 개의 법칙이 아니라 노동량 분배를 원칙으로 하는 사회주의적 분배기준과 생산량 분배를 원칙으로 하는 자본주의적 분배기준이 원리와 실제로서 변증법적으로 결합한 하나의 체계이다. 이렇게 가치법칙을 바라볼 때 〈자본론〉과 마르크시즘을 종합적으로 일관되게 이해할 수 있다. 〈자본론〉에는 가치법칙이란 용어가 자주 등장하나 마르크스는 가치법칙을 체계적으로 설명하지 않고 있고 〈자본론〉 1권 17장에서 데이비드 리카도가 제시한 가치법칙만을 분석하고 있을 뿐이다. 필자는 이것이 〈자본론〉과 마르크시즘의 핵심을 이해하기 어렵게 만든다고 생각하고 〈자본론〉에 녹아있는 가치법칙을 5개의 법칙으로 정리하였다. 필자가 제1 ~ 5 가치법칙으로 명명한 가치법칙에 대한 이해는 일반 독자들의 접근을 어렵게 만드는 〈자본론〉의 난해함을 낮출 뿐만 아니라 마르크시즘을 전반적으로 이해하는 지름길이 되리라 믿는다.

◆ 제1가치법칙 : 가치는 오직 인간 노동만이 창조하고 가치의
　크기는 노동시간으로 측정된다.

　가치법칙은 상품을 매개로 하여 시장에서 관철된다. 상품의 가치가 그것에 내재된 인간의 추상노동이므로 가치는 오직 인간 노동만이 창조할 수 있다. 가치는 오직 인간만이, 그리고 노동하는 자만

이 창조한다. 아무리 유용한 물건이라 하더라도 인간 노동이 조금도 개입되지 않는다면 사용가치만 있을 뿐 가치는 없다. 인간보다 월등한 생산력을 가진 기계나 동물도 제작에 소요된 노동시간, 키우는 데 투여된 노동시간만큼의 가치만 가질 뿐 새로운 가치를 창조할 수 없다. 가치를 창조할 수 없다는 것은 생산된 사용가치의 배분에 참여할 권리나 지분이 없다는 뜻이다. 따라서 노동하지 않는 인간은 가치를 창조하지 않으므로 생산된 부의 향연에 참여할 권리를 원칙적으로 갖지 못한다.

다이아몬드 원석이 아무리 크고 아름답다 해도 인간 노동이 개입되지 않았다면 가치를 갖고 있지 않다. 그것을 채굴하고 가공하는 과정에서 노동이 투입될 때 비로소 가치를 갖게 되고 그 가치는 투입된 노동량이다. 바다 속에 자연 상태로 존재하는 어류도 가치가 없으나, 그것을 잡아 올리고 운반하고 가공하는 인간 노동이 간여할 때 가치를 갖게 된다. 인간이 개량하지 않은 자연 상태의 토지는 아무리 비옥하다 하여도 가치가 없다. 사람보다 수만 배의 생산력을 지닌 기계도 그것을 만드는 데 투입된 인간 노동 이상의 가치를 가질 수 없다. 100시간의 인간 노동이 투입되어 만들어진 굴삭기가 100시간의 인간 노동으로 판 흙보다 수천 배나 많은 흙을 판다고 하여도 둘의 가치는 동일하다. 황소가 자신이 먹은 곡물보다 더 많은 곡물을 생산하여도 황소로 키우거나 곡물을 만드는 데 투입된 인간 노동 이상의 가치를 가질 수 없다.[12] 기계력, 황소력이 투입된 인간

---

12 황소가 새로운 가치를 생산하는가를 두고 마르크스경제학을 연구하는 학자들 사이에 논쟁이 벌어진 적도 있었다.

노동 이상의 가치를 창조할 수 없는 것은 인간 노동만이 가치를 창조한다는 제1가치법칙에 따르면 당연한 이야기다.

가치는 인간 노동이 창조하므로 가치의 크기는 노동시간으로 측정한다. 노동시간은 일반적으로 하루 노동시간을 의미하는 노동일, 한 주의 노동시간인 노동주, 한 달의 노동시간인 노동월 등으로 표현된다. 19세기의 노동일은 보통 16시간이었으나 오늘날 노동일은 8시간이다. 우리가 시장에서 구매하는 고등어 한 마리의 가치는 그것을 바다에서 잡아 올려 시장의 소비자에게 판매하기까지 투입된 노동의 양을 합한 것이다. 고등어 한 마리를 먹기 위해 투입된 노동의 양이 1시간이라면 그 가치는 1시간이고 만약 노동 1시간이 100원의 화폐로 표현된다면 고등어의 가격은 100원이 된다.

제1가치법칙은 노동가치론의 대전제이자 대원칙으로 리카도가 정식화하였다. 그는 가치창조력은 인간의 노동에만 있으며 모든 재화는 노동이 투하되지 않는다면 결코 아무런 가치를 지닐 수 없다고 했다. 제1가치법칙의 토대 위에서 나머지 제 2 ~ 5가치법칙이 기둥을 세우고 지붕을 올려 가치법칙의 전당이 완성된다. 마르크스는 자신이 속류경제학자로 불렀던, 사용가치를 가치의 원천으로 보는 부르주아 경제학자들과의 싸움에서 제1가치법칙을 '전가의 보도'처럼 휘둘렀다. 기계가 인간 노동보다 아무리 많은 사용가치를 생산하고, 사람들이 상품을 교환할 때 내재된 노동을 의식하기보다 실제로는 사용가치가 주는 효용을 기대하며 교환하더라도, 마르크스가 사용가치를 가치의 원천으로 보는 이론은 과학이 아니라고 단정할 수 있었던 것은 제1가치법칙의 존재 덕분이다. 사람이 수작업으로 하루에 바늘 100개를 생산하다가 기계의 도입으로 1만 개를 생산하는 경우 생산량은 100배 증가하였지만 그것은 사용가치의 증가일 뿐 가치는 기계 제작에 투입된 인간 노동의 양만큼만 증가하는 것은 제1가치법칙이 전제되어 있기 때문이다. '생산량이 100배 증가하였으므로 가치도 그만큼 증가한 것이 아니오?'라는 효용가치론자의 주장에 마르크스는 '그것은 사용가치의 증가일 뿐 가치의 증가는 아니오. 가치는 오직 인간 노동만이 창조하기 때문이오.'라고 반박한다. 〈자본론〉에서 마르크스는 거의 이런 방식으로 '속류경제학자'들을 비판한다. 그러나 가치는 인간 노동만이 생산한다는 법칙은 과학이라기보다 휴머니즘 성격이 강한 윤리에 가깝다. 이에 대해서는 8장에서 살펴볼 것이다.

◆ 제2가치법칙 : 노동강도와 노동시간이 변하지 않으면 가치는 생산량의 증감과 관계없이 일정하다

오로지 노동시간만으로 가치가 측정된다고 한다면 가장 먼저 드는 의문이 생산량은 정말 가치와 관계가 없는가 하는 점이다. 답은 '관계가 없다.'이다. 갑이 1시간에 빵을 5개 만들고 을이 10개를 만들 때 갑과 을의 노동강도가 같다면 두 사람이 생산한 가치는 1시간으로 동일하다. 다만 갑이 생산한 빵 한 개의 가치는 0.2시간이고 을이 생산한 빵 한 개의 가치는 0.1시간으로 생산량에 따라 상품 한 단위, 즉 개별상품의 가치가 달라진다. 을의 노동생산성은 갑의 노동생산

자본론으로 마르크스를 비판하다

성보다 두 배가 높지만 생산한 가치는 똑같다. 여기서 노동생산성 향상의 정의가 나온다. 투입된 노동시간이 같은데도 산출되는 생산량이 더 많아서 개별생산물의 가치가 감소할 때, 투입되는 노동은 생산성이 높은 노동이 된다. 개별 생산물 가치 감소의 여부는 어떤 노동이 생산성이 높은 노동인지를 판단하는 가장 중요한 기준이다.

마르크스는 〈자본론〉 1권 17장에서 제2가치법칙과, 노동강도와 가치의 관계를 다루는 제3가치법칙을 상세하게 설명한다. 그리고 〈자본론〉의 곳곳에서 생산량과 가치는 무관하다는 점을 강조한다. 예를 들자면 다음과 같다.

"따라서 동일한 시간에 수행되는 노동은 생산성의 변동과는 관계 없이 항상 동일한 가치량을 창조한다."[13]

"일정한 가치(즉 노동량)가 대표하는 생산량은 여기에서는 토지의 생산성에 달려 있지만 이 생산량의 크기와는 무관하게 가치는 주어져 있다."[14]

이 법칙은 마르크스가 말하고 있듯이 리카도가 최초로 엄밀하게 만들었으나 마르크스는 노동의 이중성이란 개념을 창안하여 생산량과 가치가 무관한 이유를 밝히고 있다.[15] 즉, 생산성은 구체적 노

---

13 〈자본론 1권(상)〉, p.57.

14 〈자본론 3권(하)〉, p.1036.

15 리카도는 맬더스의 〈지대의 연구〉를 읽고 불과 3주 만에 〈이윤에 대한 소론〉을 출간하였는데 여기에 생산량과 가치는 무관하다는 원리가 '초보적인 교환가치 이론'으로 제시되어 있다.

동에 따라 달라지고 가치는 추상적 노동량에 의해 형성된다고 말한다. 갑의 노동이 을의 노동보다 생산성이 높은 이유는 빵을 만드는 구체적 작업의 방법이나 기술이 우수하기 때문이다. 그러나 수행한 노동시간과 강도는 서로 같으므로 신체 기관의 에너지 소모 정도도 작업 방법과 상관없이 같다. 그러므로 빵의 생산량 차이가 있지만 둘이 생산한 가치는 똑같다는 것이다.

제2가치법칙은 노동시간과 강도만 같다면 생산량과 상관없이 똑같은 가치를 생산하였으므로 생산된 사용가치에 대해 똑같은 지분을 가져야 한다는 의미를 담고 있다. 따라서 사회주의 사회에서 노동량 분배제도를 시행하려면 이 법칙을 적용해야 한다. 그러나 시장과 상품이 소멸된 사회주의 사회에서 '가치'법칙은 원칙적으로 적용할 수 없다. 사회주의에서 노동시간과 강도에 따른 분배의 근거가 되는 이 법칙은 가치법칙이 아니라 노동량에 따른 분배법칙으로 이름을 바꾸어야 할 것이다.

생산된 부는 생산량과 가치가 무관하다는 원리에 따라 분배되어야 하나 실제는 그렇지 않다는 의미에서 '원리와 실제가 머리채를 쥐고 싸운다.'고 마르크스는 표현한다.[16] 실제는 그럼 무엇인가? 그것은 자본주의 시장경쟁이 노동량 분배가 아니라 생산량에 따른 분배를 강제한다는 것이다. 자본주의는 1시간에 빵 10개를 생산한 을과 5개를 생산한 갑이 똑같은 지분을 받는 것이 아니라 실제는 생산량이 많은 을이 더 많이 가져가도록 하는데 이는 전적으로 시장경쟁

---

16 〈칼 맑스, 프리드리히 엥겔스 저작선집 4〉, 박종철출판사, p.376.

　　　　　　　　　　　　　　　자본론으로 마르크스를 비판하다

에 의한 것이라고 마르크스는 말한다. 이러한 실제 상황이 법칙으로 표현된 것이 제4가치법칙인데 그전에 노동강도에 따라 가치의 크기가 달라지는 제3가치법칙을 살펴보도록 하자.

◆ 제3가치법칙 : 일정한 노동시간 동안 노동강도가 증가하면
  생산되는 가치도 비례하여 증가한다

노동강도의 강화는 노동력의 지출이 증가하는 것으로 신체기관에서 소모하는 에너지가 증가하는 것을 의미한다. 이는 지출되는 추상 노동의 양이 증대하는 것이므로 일정한 노동시간 동안 노동강도가 강화되면 생산되는 가치는 강도 강화의 정도에 비례하여 증가한다. 예컨대 강도가 2배 강화된 노동은 강도가 강화되지 않은 노동보다 동일한 시간에 2배의 가치를 생산한다. 이는 노동시간을 2배 연장한 것과 같은 효과를 가져온다. 노동자 갑과 을이 똑같이 1시간 노동하였으나 갑의 노동강도가 을보다 2배나 높다면 갑은 을이 2시간 노동을 한 것과 같은 가치를 생산하며 을보다 사용가치를 2배 더 차지할 수 있는 지분을 얻는다.

여기서 주의할 점은 노동강도 강화로 가치가 증가하는 것은 상대적인 개념이라는 것이다. 모든 산업부문에서 노동강도가 강화되면 이전보다 더 높아진 노동강도가 새로운 사회적 표준이 되므로 이 강도로 노동한다고 해서 가치가 더 많이 창출되지 않는다. 더 높은 가치를 창출하려면 새로운 표준보다 더 높은 강도로 노동하지 않으

면 안 된다. 따라서 노동자 갑이 동일한 노동시간으로 을보다 더 많은 가치를 생산하려면 을의 노동강도가 사회적 표준이어서 갑의 노동강도가 사회적 표준보다 더 높아야 한다는 조건이 필요하다.

이처럼 노동강도의 강화가 더 많은 가치를 생산하는 것은 사회 평균적인 노동강도와 상대적 차이가 날 때이다. 국가 간에도 이러한 원리가 적용된다. 한 나라의 노동강도가 강화되고 세계 나머지 국가의 강도는 변화가 없다고 한다면 세계 평균적인 노동강도와 상대적인 차이가 나므로 동일한 노동시간 동안 그 나라가 생산하는 가치는 나머지 국가와 비교해 더 많을 것이다.

자본주의 사회에서 하루 노동시간인 노동일의 가치는 노동자와 자본가가 나눠 갖는다. 노동하지 않는 자본가가 생산과 부를 누릴 지분을 얻는 방법은 이외에는 없다. 우리는 하루 노동시간 중 노동자가 가져가는 부분을 임금, 자본가가 가져가는 부분을 이윤이라는 이름으로 부른다. 이를 노동가치론의 방식으로 표현하자면 노동자의 임금은 노동력의 가치, 자본가의 이윤은 잉여가치이다. 만약 노동자 갑이 하루 8시간 노동하여 임금으로 4시간에 해당하는 돈을 받고 갑을 고용한 사장이 남은 4시간에 해당하는 돈을 이윤으로 가져간다면, 갑이 받은 임금은 노동력의 가치이고 사장이 가져가는 이윤은 잉여가치이다. 갑의 노동으로 갑과 사장은 각각 4시간의 가치를 획득하였고 이에 합치하는 사용가치를 가질 수 있는 지분을 얻었다.

여기서 갑의 노동강도를 사회적 평균보다 더 강화하면 노동력의 가치와 잉여가치가 동시에 증가한다. 노동강도 강화는 노동력의 지출이 증가한 것으로 두뇌, 신경, 손 등 신체조직의 에너지 소모량이 증가함을 의미한다. 강도강화 전과 비교해 노동이 더 힘들어진다. 예컨대 강도가 증가하기 전에는 지출된 노동력의 보충에 빵 3개가 필요하였다면 강도 증가 후에는 빵 5개가 필요하게 된다. 따라서 강도강화로 소비된 노동력이 증가할수록 노동력을 보충하려면 더 많은 빵이 필요하므로 노동력의 가치도 증가한다. 강도가 강화되면 가치가 증가하므로 잉여가치의 크기도 증가한다. 갑의 노동강도가 사회적 평균보다 1.5배 강화되면 갑의 8시간 노동은 12시간의 가치를 생산하고 갑이 얻는 노동력의 가치와 사장이 얻는 잉여가치는 각각 6시간으로 증가한다. 하지만 현실에서는 강도가 강화된 만큼 노동력의 가치가 증가하지 않는 경우가 더 많다. 강도가 강화된 갑의 4시간 노동은 1.5배 많은 6시간의 가치를 생산하였으므로 이에 해당하는 임금을 받아야 하지만 그보다 적게 받는 경우가 더 많다. 이처럼 노동강도 강화는 노동자를 착취하는 수단으로 활용된다.

노동강도가 강화되면 동일한 시간 동안 생산되는 생산물의 양도 강도 강화에 비례하여 증가한다. 강도 강화 없이 일정한 노동시간 동안 생산량이 증가하면 생산되는 가치는 변동이 없으므로 개별생산물의 가치만 감소하지만, 강도가 강화되면 생산량이 증가한 만큼 생산되는 가치도 증가하기 때문에 개별생산물의 가치는 변화가 없다. 1시간 노동으로 빵 10개를 생산하다가 강도를 2배 강화하면 20개가 생산된다. 2배의 강도강화는 2배의 가치를 생산하므로 빵 1개의 가치는 0.1시간으로 변화가 없다. 이것이 생산성이 향상되는 제2가치법칙과 강도가 강화되는 제3가치법칙의 차이다. 만약 2배의 강도 강화로 빵이 30개 생산되었다면 이는 강도강화와 생산성 향상이 함께 일어난 경우다. 따라서 빵 1개의 가치는 '2/30 = 0.067시간'으로 감소한다.

마르크스는 이처럼 생산성 향상과 강도 강화를 분명하게 구분하여 설명하고 있으나 상대적 잉여가치를 설명하면서 이를 혼동하는데 그것이 어떤 결과로 이어지는지는 제5장에서 살펴볼 것이다.

제2법칙과 마찬가지로 제3법칙도 노동량 분배의 원리를 보여준다. 노동량은 노동시간과 노동강도를 포괄하여 표현하는 용어다. 노동시간과 노동강도가 각각 2배 증가하면 노동량은 4배 증가한다. 추상적 노동의 양이란 신체기관에서 지출된 에너지의 양이다. 2배의 강도강화 노동이 2배 많은 가치를 생산하는 것은 신체기관이 소비한 노동력의 지출, 즉 에너지 소모량이 2배 많기 때문이다. 현실에서 노동량에 따른 분배를 한다면 강도가 높은 노동을 한 사람은 그보다 낮은 강도로 같은 시간 노동한 사람보다 강도가 높은 만큼 더 많은 지분을 가져야 한다. 노동시간이 많을수록, 노동강도가 높을수록 더 많은 보수를 받는 것이 노동량 분배의 원리다.

마르크스는 자본주의가 발전할수록 생산성이 높아짐과 동시에 노동강도도 강화된다고 보았다. 노동자의 저항과 노동생산성 향상으로 노동일이 점차 단축되면서 자본가는 노동일의 감축으로 인한 잉여가치의 감소를 보충하려고 노동강도를 더욱 강화한다고 말한다. 노동일이 19세기 산업혁명 초기 16시간에서 8시간으로 단축된 현재는 하루에 생산되는 가치가 8시간 감소하므로 자본가는 노동강도를 강화하여 이를 보충하려 한다는 것이다.

　　　　　　　　　　　　　　　자본론으로 마르크스를 비판하다

◆ 제4가치법칙 : 상품의 가치는 사회적 필요노동시간으로 정해진다

제2, 3가치법칙은 노동량 분배의 기준이 되므로 가치법칙의 사회주의적 원리라 할 수 있다. 이제 가치법칙의 자본주의적 원리라 할 수 있는 두 법칙을 살펴보자. 이 두 법칙은 생산량 분배의 원리로 작용한다.

마르크스는 가치법칙이 시장과 상품을 전제로 하는 자본주의를 작동하는 법칙이라 보았지만, 사실 가치법칙은 노동량 분배의 원리와 생산량 분배의 실제가 함께 작동하는 법칙이다. 원리가 원리대로 작동하지 못하고 실제로는 왜곡되는 것이 가치법칙의 작동 과정이다. 왜곡은 시장에서의 경쟁 때문에 노동량 분배의 원리가 생산량 분배의 실제로 변화하면서 일어난다. 변화는 어떻게 일어나는가? 여기에 답하려면 우리는 노동시간과 노동강도가 같다면 생산량과 상관없이 동일한 가치를 생산한다는 제2가치법칙에 대한 의문을 해소해야 한다.

어떤 사람은 성실해서, 혹은 어떤 사람은 기술이 뛰어나서 같은 시간을 노동하고도 그렇지 못한 사람에 비해 더 많이 생산하거나 더 좋은 품질의 상품을 생산한다. 삼성전자는 일본의 메모리 반도체 업체인 엘피다(ELPIDA)보다 높은 생산성 덕분에 같은 시간을 노동하고도 더 큰 이익을 얻었고 엘피다는 적자로 허덕이다가 결국 파산하였다. 제2, 3가치법칙이 관철되는 세상이라면 솜씨가 뛰어난 사람이나 그렇지 못한 사람이나 혹은 생산성이 높은 삼성전자나 낮은 엘피다나 같은 시간 노동하였다면 똑같은 가치를 생산하는데 한쪽은 더 발전하고 한쪽은 몰락하는 현상이 왜 벌어질까? 이는 노동량 분배원리와 대립하는 제4, 5가치법칙이 시장에서 작동하기 때문이다. 먼저 제4가치법칙부터 알아보자.

이 사회에 갑과 을 두 사람만 존재하는 상황에서 갑은 게으르거나 기술이 부족하여 1시간에 1개의 빵을 만들고 을은 같은 시간 동안 2개의 빵을 만든다면 빵 1개의 가치는 1시간인가 아니면 0.5시간인가? 이에 대해 마르크스는 한 상품의 가치는 '사회적으로 필요한 노동시간'으로 결정된다고 설명한다. 사회적으로 필요한 노동시간이란 '주어진 사회의 정상적인 생산조건과 그 사회에서 지배적인 평균적 노동숙련도와 노동강도에서 어떤 사용가치를 생산하는 데 드는 노동시간'이라 정의한다. 사회적 필요노동시간으로 결정된 상품의 가치를 시장가치라고도 부르는데, 무수히 많은 개별 생산자의 노동 수준이나 조건이 사회적 평균으로 수렴하는 과정을 거쳐 상품의 가치가 결정된다는 것이다. 사회적으로 필요한 노동시간은 사회적 평균의 개념이지만 단순한 산술평균을 의미하지는 않는다. 그것은 '지배적인 평균'을 의미하는 것으로, 마르크스가 〈자본론〉 3권에서 설명하듯이 산술평균이 아닌 생산량과 결합된 가중평균의 개념이다. 이에 대해서는 5장에서 다룬다.

빵 1개의 가치는 1시간에 1개를 만드는 갑의 노동과 2개를 만드는 을의 노동 중에 어느 것이 사회의 지배적인 노동인가에 따라 결정된다. 1시간에 빵 2개를 생산하는 을의 노동이 사회의 지배적인 노동이라면 빵 1개의 가치는 0.5시간이다. 빵 1개에 투입된 실제 노

자본론으로 마르크스를 비판하다

동시간과 관계없이 이 사회의 모든 빵 1개는 0.5시간의 가치로 교환된다. 갑이 생산한 빵의 실제가치는 1시간이지만 시장에서 0.5시간의 가치로 판매된다. 갑은 빵 1개를 팔 때마다 0.5시간의 가치를 손해 본다. 그는 시장에서 도태되든가 아니면 자신의 생산성을 끌어올려 0.5시간에 빵 1개를 만들려고 노력해야 한다.

시장가치에 변화가 없다는 가정하에 갑의 노력이 성공하여 1시간에 빵 3개를 생산하면 그는 0.33시간의 가치를 가진 빵을 0.5시간의 가치로 판매할 수 있으므로, 이전과 반대로 빵 1개당 0.17시간의 이익을 보면서 팔 수 있다. 이는 상품가치가 사회적으로 결정되기 때문에 누리는 특별한 이익으로, 특별잉여가치 또는 상대적 잉여가치라 불린다. 이렇게 되면 을도 가만히 있을 수 없다. 을은 생산한 실제가치와 시장에서 교환의 기준이 되는 시장가치의 차이를 특별한 이익으로 얻기 위해 노력하게 되고, 결과적으로 사회의 지배적인 생산수준은 1시간에 3개의 빵을 생산하는 데 도달하게 되어 빵 1개의 가치는 0.33시간으로 하락한다. 이 사회가 빵을 만드는 평균 생산수준은 1시간에 빵 2개에서 빵 3개로 높아졌지만, 이제는 갑, 을 모두 생산한 빵의 실제가치가 시장가치 0.33과 같아지므로 어느 누구도 특별한 이익을 누리지 못한다. 누군가 특별한 이익을 다시 얻으려면 다시 생산성을 향상시켜 빵의 실제가치를 사회적 평균보다 낮추려고 노력해야 한다.

결국 제4가치법칙은 사회적 평균보다 더 많이 생산한 자가 더 많이 가져가는 생산량 분배의 법칙이다. 게으르거나 생산성이 낮은 생산자는 시장에서 도태되고 성실하거나 생산성이 높은 생산자는 남보다 더 큰 이익을 누린다. 이런 방식으로 자본주의 생산력은 발전해 왔다. 결국 상품의 가치를 결정하는 사회적 필요노동시간은 시장에서 살아남아 남보다 더 많은 이익을 얻으려는 경쟁의 산물이다. 주의할 점은 사회적 필요노동시간을 강제하는 경쟁은 동일 업종 또는 동일 부문 내에서 일어난다는 것이다. 빵 생산자 간의 경쟁으로 빵 1개의 가치가 결정되는 것이지 빵 생산자와 라면 생산자의 경쟁으로 결정되는 것이 아니다.

상품의 가치는 그것을 생산 또는 재생산하는 데 필요한 사회적 필요노동시간이다. 재생산이란 개념이 필요한 것은 사회적 생산력의 발전으로 기존 상품의 가치가 변하기 때문이다. 어떤 자본가가 100시간의 시장가치를 가진 기계를 들여와서 생산하고 있는 도중에 그 기계의 사회적 생산력이 발전하여 50시간으로 시장가치가 감소하였다면 그의 공장에서 돌아가고 있는 기계의 가치도 50시간이 된다. 예전에 생산된 상품의 시장가치는 현재 재생산될 때 필요한 시장가치를 기준으로 결정된다.

◆ 제5가치법칙 : 상품 간의 교환은 사회적 필요노동시간을
  기준으로 한 등가교환이다.

시장에서의 교환은 동등한 가치를 지닌 상품 간에 이루어지는 등가교환이다. 사기나 협잡이 개입하지 않은 정상적인 교환이라면 시장에서 일어나는 어떤 교환도 등가교환을 기본으로 한다. 이것이

　　　　　　　　　　　　　자본론으로 마르크스를 비판하다

제5가치법칙이다. 여기서 주의할 점은 동등한 가치의 교환에서 가치의 기준은 제4가치법칙에 따른 사회적 필요노동시간을 의미한다는 것이다. 노동의 숙련도, 기술 수준 같은 노동조건에 따라 개별 생산자가 생산한 상품의 가치는 다를 수 있지만, 교환은 개별 생산자의 실제가치가 아니라 그 부문에서 사회적으로 필요한 노동시간을 기준한 등가교환임을 이해하는 것이 중요하다.

이 법칙은 제4가치법칙과 유사한 듯 보이나 하나의 법칙으로 독립되어야 할 이유가 있다. 즉, 시장에서의 교환만으로는 아무런 이익이 발생하지 않는다는 점을 이 법칙은 강조한다. 노동가치론이 정립되기 이전 시대에는 상인이 얻는 이익은 교환을 중개할 때 발생하는 양도이윤이라고 여겨졌다. 상인이 생산자로부터 100원에 넘겨받은 물건을 110원에 팔기 때문에 10원의 이윤을 남긴다는 관념이 있었다. 노동가치론은 모든 이윤은 유통과정이 아니라 생산과정에서 발생한다고 본다. 생산과정에서 100원이 투입된 상품은 100원으로 팔리므로 유통과정에서는 이윤을 얻지 못한다. 이윤은 생산과정에서 노동자의 노동시간을 착취하여 발생한 것이지 상품을 교환하면서 발생한 것이 아니다. 마르크스는 상업자본가가 얻는 이윤은 생산자본가가 생산과정에서 노동자로부터 착취한 이윤을 나눠 준 것이라고 말한다.

교환과정에서 이윤이 발생하려면 소비자가 원래의 가치보다 더 비싸게 사줘야 한다. 100원의 가치로 생산된 물건을 소비자가 110원에 사주지 않으면 교환과정의 이윤인 양도이윤은 생기지 않는다. 그런데 상인은 언제나 판매자로만 존재할 수 없다. 그는 판매자이기도 하고 소비자이기도 하다. 상인이 누군가를 속여 이익을 얻는다면 그도 물건을 살 때는 속을 수밖에 없다. 만약 상인이 100원의 물건을 가치보다 비싼 가격으로, 가령 110원에 판다면 그 상인도 다른 상인의 물건을 살 때는 100원의 물건을 110원에 살 수밖에 없어 실제로 양도이윤은 0이 된다. 따라서 생산자본가의 이윤이든 상인의 이윤이든 그것은 생산과정에서 발생할 수밖에 없고 교환은 이윤이 발생하지 않는 등가교환이란 것이 제5가치법칙이 지니는 의미이다.

X량의 상품 A = Y량의 상품 B

위 식은 두 상품의 교환관계를 나타낸다. 두 상품이 교환될 수 있는 이유는 각각 내재된 사회적 필요노동시간이 동등하기 때문이다. X량의 상품 A에 내재되어 있는 노동시간은 상품 A를 생산하는 부문의 지배적이고 평균적인 노동시간이고 Y량의 상품 B에 포함된 노동시간도 상품 B를 생산하는 부문의 지배적이고 평균적인 노동시간이다. 앞에서 본 바와 같이 두 그릇의 라면과 한 그릇의 짜장면이 교환되는 것은 그 속에 포함된 사회적 필요노동시간이 같기 때문이다. 어떤 라면 생산자가 사회적 평균보다 더 낮은 가치로 생산할 수 있어 얻는 특별한 이익인 특별잉여가치 혹은 상대적 잉여가치는 생산과정에서 얻는 이익이지 유통과정과는 관련이 없다. 여기서 라면과 짜장면이라는 서로 다른 부문의 노동시간이 양적으로 비교되는 것은 구체적 노동과정은 달라도 신체기관의 노동력이 지출

자본론으로 마르크스를 비판하다

된 추상노동에서 동질이기 때문이란 점은 더 이상 강조할 필요가 없을 듯하다.

◆ 가치법칙의 작용은 원리와 실제의 싸움

위에서 말했듯이 마르크스주의자들은 가치법칙을 사회적 필요 노동시간으로 상품가치가 결정되고 교환되는 법칙이라고 생각한 다. 그러나 제4, 5가치법칙은 생산량 분배의 법칙을 나타낸 것으로 가치법칙의 한 측면일 뿐이다. 가치법칙은 5개의 법칙이 변증법적 으로 결합한 하나의 체계로 보아야 한다. 이렇게 할 때 마르크시즘 에 대한 이해가 명료해진다. 마르크스는 〈자본론〉에서 생산성과 가 치가 관계없다는 제2가치법칙과 노동강도에 따라 가치가 변화한다 는 제3가치법칙을 직접적으로 가치법칙이라 부르고 나머지는 의미 를 설명할 뿐 가치법칙이란 용어를 사용하지 않는다. 마르크스가 말했듯이 가치법칙은 노동시간으로 가치가 결정되는 법칙이다. 노 동시간으로 가치가 결정되는 것은 제 1, 2, 3법칙의 원리와 4, 5법칙 의 실제가 함께 작용한 것이지 생산량 분배의 원리인 4, 5가치법칙 만을 의미하지 않는다.

가치법칙은 스미스가 말한 '보이지 않는 손'이 작동하듯이 사람들 이 의식하지 못하는 가운데 부를 생산하고 분배하는 역할을 한다. 보이지 않는 손도 인간 의지에 구속받지 않고 가격결정과 자원배 분이 자율적으로 이루어지도록 한다. 그러나 보이지 않는 손과 가치법칙은 각각의 작용이 초래하는 결과에 정반대의 시각을 보인다. 보이지 않는 손은 개인의 사익추구가 시장의 자율적인 작동으로 조화롭게 조정되어 모두에게 이익을 준다고 보나, 가치법칙은 시장의 작동 과정에서 착취는 필연적으로 일어나며 개인의 사익추구는 조화가 아닌 갈등을 초래한다고 본다. 가치는 생산량과 무관한 것으로 노동시간과 노동강도에 의해 결정되는 것이 원리이나, 시장경쟁은 생산을 더 많이 한 사람이 더 많은 가치를 가져가도록 사람들이 의식하지 못하는 가운데 강제하는 실제라는 것이 마르크스가 〈고타강령초안비판〉에서 '원리와 실제가 머리채를 잡고 싸운다.'고 한 말의 진정한 의미이다.[17]

제1가치법칙은 가치법칙이란 선단을 맨 선두에서 이끄는 플래그 십(flag ship)의 역할을 한다. 가치는 오로지 인간 노동만이 창조한다는 제1가치법칙이 허물어지면 나머지 가치법칙은 존재할 근거가 없어진다. 가치가 상품 간의 교환비율이자 상품에 대한 지배권을 의미할 때 노동만이 가치를 생산한다는 제1가치법칙이 호령하면 노동하지 않는 자는 상품을 차지할 권리를 갖지 못한다. 노동하지 않는 자본가나 지주가 노동자보다 더 많은 상품을 차지하는 것은 노동하는 자가 생산한 가치를 착취하였기 때문이며 그것은 자본주의가 자본을 소유하고 있는 자에게 주는 특권에 불과하다. 시장과 상품이 소멸하는 자본주의 이후 사회에서 노동하지 않는 자가

---

17 1875년 독일의 사회주의 운동 조직이 고타에서 독일사회주의노동당을 결성하면서 채택한 강령이 고타강령이다. 마르크스는 이에 대해 비판적인 문건을 작성하였는데 이것이 〈고타강령초안비판〉이다. 독일사회주의노동당의 후신이 현재 독일의 사회민주노동당이다.

자본론으로 마르크스를 비판하다

사용가치에 대한 지배권을 갖는 것은 원칙적으로 불가하다. 그러한 특권은 자본주의라는 하나의 역사적 단계에서만 허용될 뿐이며 자본주의가 영원히 계속된다는 생각은 몰역사적인 사고이다. 고대노예제 사회가 중세봉건제 사회로 대체되고 중세봉건제 사회는 자본주의 사회로 대체되었듯이 자본주의 사회도 언젠가는 가치법칙의 내재적 모순에서 촉발된 생산력과 생산관계의 모순이 폭발하면서 사회주의, 공산주의 사회로 넘어간다고 마르크스는 보았다.

가치법칙의 내재적 모순은 무엇인가? 그것은 제1가치법칙이 깔아 놓은 링 위에서 제2, 3가치법칙과 제4, 5가치법칙이 으르렁거리며 대결하는 것이다. 제2가치법칙에 의하면 가치는 생산량과 상관없이 투입된 노동시간만큼의 가치를 생산한다. 사회적 평균보다 높은 강도의 노동은 투입시간보다 더 많은 가치를 생산한다는 제3가치법칙도 제2가치법칙의 원리에서 벗어나지 못한다. 강도 높은 노동은 더 많은 노동력이 지출되기 때문에 더 많은 가치를 창출하지만 생산된 가치와 생산량은 무관하기 때문이다. 1시간의 고강도 노동이 1.5시간의 가치를 생산한다면 그로 인해 생산되는 수량과 상관없이 1.5시간의 가치는 불변이다.

그러나 제2, 3가치법칙의 원리는 자본주의 현실에서 제4, 5가치법칙이 작동하면서 왜곡된다. 시장에서 상품의 가치가 사회적 필요노동시간으로 결정되고 그 가치대로 동등하게 상품이 교환된다는 제4, 5가치법칙 앞에서 생산량과 가치가 무관하다는 원리는 더는 통용되지 않는다. 사회적 평균보다 생산성이 높은 노동은 제4가치법칙에 의해 개별생산물의 실제가치가 사회적 평균 가치보다 적어지지만, 시장에서 교환될 때는 사회적 평균인 시장가치를 부여받는다. 따라서 사회적 평균보다 더 많이 생산한 노동은 자신이 실제 생산한 가치보다 더 많은 가치를 가져가는 것이 용인된다.

가치는 사용가치에 대한 지분이므로 생산성이 높은 노동은 생산성이 낮은 노동보다 동일한 시간을 일하고도 더 많은 사용가치를 점유할 권리를 갖는다. 노동량에 따른 사회주의적 분배원리가 생산량에 따른 자본주의적 분배원리로 변한 것이며 생산량과 상관없이 가치는 일정하다는 제2, 3가치법칙은 무너진다. 그러나 2, 3가치법칙이 계속 당하고만 있지는 않다. 제4, 5가치법칙이 작동하면서 생산력은 비약적으로 발전하나 소수가 가치를 더 많이 가져가는 부의 양극화가 생기고 현실적으로 자본가는 점점 부자가 되고 노동자는 점점 가난해지는 현상으로 나타난다. 자본주의 기본 생산관계인 자본가와 노동자의 갈등이 심화하여 폭발하면서 마침내 '자본주의 사적소유의 조종이 울리고 수탈자가 수탈당하는'[18] 세상이 열린다. 자본주의는 역사의 뒤안길로 사라지고 노동량 분배의 원리인 제2, 3가치법칙은 부활한다. 생산력과 생산관계의 모순은 가치법칙의 내재적 모순이 폭발한 결과이다.

자본주의를 대체하고 사회주의란 역사적 명찰을 달고 나타났던 새로운 사회에서의 분배방식은 노동량 기준분배이다. 노동하지 않는 자는 더 이상 가치를 갖지 못하고 일하지 않는 자는 먹지도 입지도 못하며 노동한 만큼 가치를 획득하는 원칙이 사회를 지배하게

---

18 〈자본론 1권(하)〉, p.1046.

되었다. 하지만 역사는 인간의 뜻대로 굴러가지 않는다. 고도로 발달한 자본주의 생산력이 자본가가 사라지고 생산수단을 공유하는 사회주의적 생산관계에서 더욱 발전하여 사회주의는 공산주의로 이행한다는 예상과는 달리 현실 사회주의의 생산력은 시간이 갈수록 힘이 빠지기 시작했다. 자본주의와 생산력 경쟁에서 패배한 사회주의는 결국 스스로 무너졌다. 소멸된 줄 알았던 제4, 5가치법칙이 죽지 않고 인간의 마음속에 살아 있었던 탓이었다. 생산된 부를 노동한 만큼 분배받기보다 생산한 만큼 분배받기를 원하는 마음이 웅크리고 있다가 다시 터져 나왔다. 그것은 사회주의적 시민의식을 고취하기 위한 교육이나 빅브라더의 강압통치로도 사라지지 않았고 심지어 중국에서는 문화대혁명이란 광란을 거치면서도 끈질기게 살아남았다. 가치법칙의 관점으로 바라본 역사는 이처럼 제2, 3가치법칙과 제4, 5가치법칙 간 투쟁의 역사이며 이 싸움은 현재도 계속되고 있고 아마 미래에도 계속될 것이다.

Criticize
Marx
with the
『Das—
Kapital』

2부
마르크스가 간과한
가치법칙의 비밀

3장 잉여가치의 생산

◆ 필요노동과 잉여가치

이제부터 우리는 〈자본론〉의 세계에 본격적으로 들어간다. 이미 살펴본 바와 같이 생산된 부를 향유하려면 먼저 가치를 선점하지 않으면 안 된다. 노동가치론에서는 노동시간이 가치이므로 부를 누리려면 자본가든 노동자든 노동시간을 확보해야 한다. 노동가치론에서 바라본 자본주의 경제활동은 노동시간 쟁탈게임과 다름없다. 자신의 몸 말고는 가진 것이 없는 노동자는 직접 노동을 해서 노동시간을 확보하고 노동하지 않는 자본가, 지주는 어떻게 해서라도 노동자가 생산한 노동시간을 뺏어오지 않으면 생산된 부를 누릴 수 없다. 그들은 생산수단과 같은 자본을 이용하여 노동시간을 착취하는데 이의 이해를 위해 필요노동과 잉여가치란 개념부터 시작해보자.

자본주의에서 모든 생산활동은 이윤획득을 지상의 목표로 한다.

이윤이 확보될 가능성이 없으면 멀쩡한 공장과 기계가 멈추고 경제 활동 자체가 중지되는 일이 벌어진다. 자본주의를 이해하려면 이윤을 이해하여야 하고 그전에 이윤의 근원인 잉여가치를 이해하지 않으면 안 된다. 잉여가치란 무엇인가? 잉여가치를 이해하려면 먼저 필요노동을 이해해야 한다. 마르크스가 언급한 원시인의 예를 들어보자. 원시시대에는 수렵채집 활동으로 거의 하루를 보냈을 것이다. 생존에 필요한 양식을 얻으려면 온종일 사냥이나 야생 열매를 채취해야 했다. 이처럼 생존을 위해 하지 않을 수 없는 노동이 필요노동이다. 돌도끼에서 시작한 도구가 점점 발전하고 여러 명이 협동하면서 생산성이 높아지자, 사냥이나 열매채취와 같은 필요노동을 하고 나서도 시간이 남게 되었다. 약 1만 5천 년 전에 그려진 프랑스의 라스코 벽화는 필요노동시간이 단축되면서 생긴 여유가 만든 작품이다.

수렵채집 생활에서 농경 생활로 이행하면서 필요노동시간은 줄어들고 남는 시간 즉 잉여시간은 더 커졌으나, 인간은 필요노동만으로 만족할 수 없는 존재라서 잉여시간에도 생산도구를 만들거나 타인을 위한 노동을 계속하였다. 잉여가치는 잉여시간 동안 행해지는 노동이 생산하는 가치이고 필요노동과 마찬가지로 수행한 노동시간으로 크기가 측정된다. 필요노동시간을 넘어선 노동의 가치를 의미하는 잉여가치를 고대부터 현재까지 직접 생산자가 차지하는 경우는 드물었다. 노예제사회, 봉건제 사회에서 잉여가치는 신체적 속박 또는 신분적 억압하에 노예주나 봉건영주에게 귀속되었으며, 자본주의에서는 강압적이 아닌 좀 더 은밀한 방법으로 생산수단을 가진 자본가, 지주에게 돌아간다. 노동자가 생산한 노동시간은 필요노동시간과 잉여노동시간으로 구분되며 노동자는 필요노동시간만큼 받은 가치로 생활수단을 구매하여 자신과 가족을 부양하고 다시 노동할 힘을 얻는다. 자본가, 지주는 잉여노동시간을 가져가서 자신과 가족을 부양하고 남는 가치는 다시 생산수단을 사들여 그들의 자본을 점점 더 키워나간다. 다시 말해 자본가나 지주는 노동자가 생산한 가치 중에서 노동자의 생존에 필요한 가치를 제외한 잉여가치를 이윤과 지대라는 명목으로 가져가며 사회주의자들은 이를 착취라고 부른다.

노예제, 봉건제 사회와 달리 자본주의는 신체적, 신분적 예속이 없는 자유로운 세상이다. 노동자들은 자신들이 착취당하는지 모르며 자본가와 지주들도 이윤과 지대가 착취의 산물이 아니라 자본투자에 대한 정당한 대가라고 생각한다. 하지만 이것은 현상에 매몰되어 오도된 인식이며 임금, 이윤, 지대라는 겉껍질을 벗겨내면 노동시간이란 가치를 뺏고 빼앗기는 본질이 드러나는데 과학의 임무는 이것을 밝히는 데 있다고 마르크스는 말한다. 마르크스가 파헤친 본질은 무엇일까?

자본가가 상품을 생산하여 판매하려면 먼저 화폐자본을 갖고 있어야 한다. 화폐자본으로 토지, 기계, 원재료와 같은 생산수단을 구매하고 노동자와 근로계약을 맺음으로써 생산과정이 진행된다. 생산된 상품을 판매하면 다시 화폐의 형태로 자본가에게 돌아오는데 그 크기는 처음 투입된 화폐보다 더 커지지 않으면 생산활동의 의미가 없다. 우리가 이윤이라 부르는 증식된 화폐량의 근원은 잉여가치이고 노동자가 수행한 노동시간의 일부임을 이미 알고 있지만, 이것이 어떻게 발생하는지 구체적으로 분석할 필요가 있다. 우리는 시장에서의 모든 교환은 등가교환이라는 것을 제5가치법칙으로 알고 있다. 자본가가 생산수단을 구매하는 교환과정은 생산된 상품을 판매하는 교환과정과 마찬가지로 등가교환이다. 생산수단을 가치보다 싸게 구매하거나 생산수단을 이용하여 만들어진 상품을 가치보다 비싸게 판매하는 방식으로는 이윤을 남길 수 없다는 것은 등가교환의 법칙상 명확하다. 교환과정에서 이윤이 남지 않는다면 남은 곳은 생산과정이다. 생산과 유통의 두 과정 중 유통에서 이윤이 발생하지 않는다면 이윤은 생산과정에서 발생할 수밖에 없다. 그것은 노동력이란 독특한 상품의 구매를 통하여 이루어진다.

◆ 노동력이라는 특수한 상품

　노동자와 자본가가 근로계약을 체결하는 것도 하나의 교환이다. 노동자는 자본가에게 무언가를 제공하고 자본가는 노동자에게 반대급부로 임금을 제공한다. 노동자가 자본가에게 주는 것은 무엇일까? 마르크스가 과학적 노동가치론을 정립하기 전까지는 이것이 명확하게 파악되지 못했다. 마르크스는 노동자가 자본가에게 제공하는 것은 '노동'이 아니라 '노동력'이란 하나의 상품이라는 점을 명확하게 밝힘으로써 잉여가치가 노동자의 노동시간을 착취한 결과임을 폭로하였다. 노동의 이중성과 함께 노동력이란 개념을 창안한 것은 마르크스의 특별한 공적이다. 노동과 노동력은 분명히 구분되며 스미스, 리카도로 대표되는 고전파 경제학[19]이 이윤의 기원을 논리적으로 밝히지 못한 원인은 노동과 노동력을 구분하지 못한 데 있었다. 노동할 수 있는 능력을 뜻하는 노동력은 자본주의에서 하나의 상품이다. 능력이란 단어에서 짐작할 수 있듯이 노동력은 요술램프처럼 노동이란 가치가 생산되는 신비한 힘을 갖고 있다. 램프를 문지르면 생산된 부를 차지할 수 있는 가치가 쏟아져 나온다. 8시간의 가치를 주고 산 램프에서 10시간의 가치가 쏟아져 나온다면 자본가는 2시간의 잉여가치를 남길 수 있고 이것이 이윤의 원천이 된다. 자본가가 사는 것은 요술램프, 즉 노동력이지 램프가 쏟아내는 노동이 아니란 점에 주목해야 한다.

노예제사회에서 노예는 신체 자체가 노예주의 소유물이다. 노예주는 노예라는 사람 자체의 주인이다. 노예의 노동으로 생산되는 결과물은 모두 노예주의 것이 되고 노예는 신체를 유지할 정도의 양만 얻을 뿐이다. 방아를 돌리는 노새가 노새 주인의 소유물로서 생산물은 전적으로 주인에게 복속되고 노새는 겨우 건초더미만 먹고 살아가는 것과 다를 바 없다. 봉건제 사회에서 농노는 신분적으로 봉건영주나 귀족에게 예속된다. 농노는 봉건영주가 다스리는 영토를 벗어날 수 없으며 일주일 중 며칠은 자신과 가족이 먹을 것을 생산하고 나머지 기간은 봉건영주의 토지로 가서 그를 위한 농작물을 생산한다.

19　고전파 경제학이라는 용어는 마르크스가 처음 사용하였다.

　자본론으로 마르크스를 비판하다

자본주의 사회의 노동자는 노예나 농노와는 달리 신체적으로나 신분적으로나 자유롭다. 또한 생산수단으로부터도 자유로운 '이중의 자유'를 누리는 존재다. 노동자가 생산수단으로부터 자유롭지 않다면, 즉 노동자가 생산수단을 소유하여 생활을 영위할 수 있다면 자신의 노동력을 판매할 이유가 없다. 생산수단으로부터 자유로운 그는 자신의 의지로 자본가와 계약하고 자신이 가진 상품인 노동력을 판매하여 생존할 수밖에 없다. 자본가는 노동력을 구매한 순간부터 노동력이란 요술램프의 소유주이며 노동력을 활용하여 생산되는 상품은 당연히 자본가의 것이 된다. 자본가가 기계를 구매하여 생산한 상품이 자본가의 것이 되는 것과 마찬가지다. 대신에 자본가는 노동력이라는 상품의 구매대금으로 노동력의 가치를 지급하지 않으면 안 된다.

자본가가 구매한 노동력을 사용한 결과는 노동자의 노동으로 나타난다. 노동력이라는 상품의 사용가치는 노동, 즉 가치인 것이다. 상품의 유용성이 사용가치이므로 자본가는 노동력이라는 상품을 소비하여 가치가 생산되는 유용함을 누린다. 다시 말해 노동력은 가치를 생산하는 독특한 상품이다. 자본가가 기계를 가동하여 기계력이란 사용가치를 얻는 것과 다르지 않지만, 기계는 가치가 아닌 기계력을 생산하나 노동력은 노동이란 가치를 생산하는 점이 다르다.

노동력을 사용하면 할수록 노동자의 두뇌, 신경, 근육과 같은 신체기관의 에너지는 소모된다. 따라서 소모된 노동력을 다시 채워주어야 한다. 자본가가 하루 임금을 주고 노동력을 구매하였다면 하루가 지난 뒤에 노동자는 임금을 이용하여 소모된 노동력을 보충하지 않으면 안 된다. 노동력의 보충은 노동자가 생활수단을 구매하여 생활을 영위함으로써 이루어진다. 상품의 가치는 상품을 생산 또는 재생산하는 데 필요한 노동시간이므로, 노동력이라는 상품의 가치는 노동력을 재생산하는 데 필요한 노동시간이다. 노동력은 노동자가 생활수단을 사용함으로써 재생산되므로 노동자가 구매하는 생활수단을 생산하는 데 필요한 노동시간이 노동력의 가치가 된다. 빵 10개를 먹어야 노동자의 원기가 회복되어 다시 노동할 수 있다면 노동력의 가치는 빵 10개의 가치와 같다. 노동자가 생활수단을 구매하기 위하여 받는 임금은 노동의 대가가 아니라 노동력의 대가이며 노동력의 가치이다. 그러나 임금이 노동력의 가치와 항상 같지는 않다. 노동자의 힘이 약할 때 임금이 노동력의 가치를 밑도는 경우는 빈번하게 발생한다. 빵 10개를 먹어야 원기를 회복하고 정상적인 생활이 가능한데도 노동자의 힘이 약한 경우 자본가는 빵을 8개 내지 9개만 사 먹을 수 있는 임금을 주는 경우가 많기 때문이다.

노동력의 가치는 노동자와 자본가 간 세력 관계의 영향을 받을 뿐 아니라 사회문화 및 관습의 영향도 받는다. 노동자가 소비하는 생활수단의 종류와 양은 시대적, 사회적, 관습적인 성격을 갖고 있기 때문이다. 19세기 노동자의 생활수단과 오늘날 노동자에게 필요한 생활수단의 종류와 양은 다르다. 노동자가 육체적인 한계 상황에서 벗어나 겨우 노동을 할 수 있는 수준으로 노동력의 가치가 형성될 때가 있는가 하면, 노동자가 풍부한 문화생활을 누리거나 전인적인 품위를 유지할 수 있는 수준까지 노동력의 가치가 상승할 수도 있다. 이처럼 노동력은 다른 상품과 달리 고정된 가치를 가지지는 않지만 소모된 노동력을 채워주는 생활수단의 가치가 노동력의 가치로 되는 원리는 변함이 없다.

◆ 잉여가치를 창출하는 노동력

노동력은 일반상품과는 다른 특별한 능력을 갖고 있다. 노동력의 사용가치가 노동이란 것이다. 요술램프를 문지를수록 보물이 쏟아지는 것과 같이 자본가가 노동력을 사용하면 할수록 노동의 양은 증가하고 그럴수록 가치가 더 많이 생산된다. 이것이야말로 다른 일반적인 상품과 구별되는 중요한 특성으로 자본가에게 뜻하지 않은 대단한 행운으로 작용한다. 노동력이라는 상품을 다른 상품과 비교하면 그 차이를 쉽게 알 수 있다.

우리는 상품의 가치보다 더 오래 상품을 사용하는 경우가 많다. 컵을 예로 들어보자. 컵의 사용가치는 음료를 담는 것이다. 컵의 가치는 컵 생산에 투입된 노동시간이다. 컵의 가치가 1시간이라 해도 우리는 컵을 1시간만 사용하는 것이 아니다. 주의해서 사용하면 10년 이상도 사용할 수 있다. 그러나 10년 동안 수천 번 컵에 음료를 담아 마신다고 해도 그것이 새로운 가치를 우리에게 주지 않는다. 다만 음료를 담는 유용함을 오랫동안 줄 뿐이다. 기계도 마찬가지다. 제작에 투입된 노동이 100시간인 기계를 5년 동안 사용하면서 수많은 상품을 생산할 수 있다 해도 기계의 가치는 5년이 아닌 100시간이다. 기계, 컵뿐만 아니라 노동력을 제외한 모든 상품이 다 그렇다. 아무리 오래 사용해도 사용가치로서 우리에게 만족을 줄 뿐 새로운 가치를 창조하여 돈을 벌어주지는 않는다. 그런데 노동력이라는 상품은 다르다. 노동력의 사용가치 자체가 노동이므로 사용하면 할수록 가치를 생산한다.

노동력의 가치는 노동력을 보충하는 생활수단의 생산에 투입되는 시간이다. 노동자가 필요로 하는 하루 생활수단의 생산에 필요한 시간이 6시간이라면 하루 동안 노동력의 가치는 6시간이다. 자본가는 6시간의 가치를 주고 구매한 하루의 노동력을 컵과 마찬가지로 6시간 이상 사용할 수 있다. 다만 컵과 달리 노동력의 근원은 인간 신체이므로 육체적 한계를 초과하여 장기간 사용할 수 없다. 하지만 과거 노예들이나 19세기 전반 노동자들이 15, 16시간의 장시간 노동을 견뎌야 했던 것처럼 6시간의 가치를 주고 산 노동력을 하루 15시간 혹은 16시간 사용하는 것은 가능하다.

여기서 우리는 잉여가치의 기원을 발견한다. 6시간의 가치를 지불하고 노동력이라는 상품을 샀는데 그것이 15시간의 가치를 생산한 것이다. 노동력의 가치를 초과하는 9시간이 잉여가치이다. 노동자는 하루 15시간의 노동 중에서 6시간은 자신이 생존하는데 필요한 생활수단을 구매할 수 있는 노동, 즉 필요노동을 하였고 9시간은 자본가를 위한 잉여노동을 하였다.

마르크스가 창안한 노동력이라는 개념은 노동자의 노동이 노동력의 가치를 생산하는 필요노동과 자본가를 위한 잉여노동으로 구성되어 있다는 것을 보여준다. 노동력이란 마법의 램프를 자본가가 구매하여 그 가치 이상의 새로운 가치를 뽑아냄으로써 자본가는 노

자본론으로 마르크스를 비판하다

동하지 않고도 부의 분배에 참여할 수 있는 지분을 갖게 된 것이다. 마르크스는 또한 필요노동과 잉여노동의 구성비율이 생산력의 수준에 달려 있다는 점도 보여주었다. 먼 과거의 원시인들은 온종일 혹은 그 이상 움직여야 자신의 노동력을 보충할 수 있었으나 생산력의 발전은 노동력을 보충하기 위한 필요노동시간을 점점 단축하였다. 19세기 노동자는 하루 8시간은 노동해야 자신의 먹을 것을 챙겼으나 오늘날 노동자는 3 ~ 4시간 혹은 그 이하 시간을 노동해도 먹을 것뿐만 아니라 해외여행을 할 경비도 챙길 수 있게 되었다. 마르크스는 필요노동과 잉여노동의 비율인 '잉여노동 ÷ 필요노동'을 잉여가치율로 명명하고 착취도의 기준으로 삼았다. 하루 16시간의 노동시간이 각각 8시간의 필요노동과 잉여노동으로 구성된다면 잉여가치율은 100퍼센트다. 오늘날 하루 8시간의 노동이 필요노동 2시간과 잉여노동 6시간으로 구성된다면 잉여가치율은 300퍼센트이고 그만큼 착취도는 증가한다. 생산력이 발전할수록 노동자를 착취하는 정도는 비례하여 높아지는 것이다. 이것은 노동자가 사용가치를 더 많이 생산할수록 더 많은 양의 사용가치를 자본가에게 빼앗기는 것으로 나타난다.

노동력은 자신의 가치를 뛰어넘어 새로운 가치를 창조하는 능력을 갖춘 특별한 상품이다. 위에서 본 바와 같이 노동력과 노동은 다른 개념이다. 노동력의 지출 또는 사용가치가 노동이다. 19세기 노동력의 가치가 8시간이라 하여도 노동자는 노동력의 가치를 초과하는 15시간, 16시간의 노동을 하였다. 노동자는 노동의 가치를 받는 것이 아니라 노동력의 가치를 받는다. 노동자가 노동의 가치를 받는다면 8시간이 아니라 15시간, 16시간의 가치를 받아야 하며 이 경우 자본가는 생산된 부를 누릴 지분을 갖지 못할 것이다.

노동력을 휴대폰 배터리 충전에 필요한 전기에너지에 비유하면 좀 더 쉽게 이해할 수 있다. 보통 휴대폰 배터리의 완충에 3시간이 걸리지만 15시간 동안 사용할 수 있다. 휴대폰 주인이 전기세를 낸다면 15시간이 아니라 배터리 충전에 소모된 3시간만큼만 내는 것처럼 자본가는 노동력을 구매하여 15시간 노동시키더라도 지불하는 임금은 노동력의 보충에 필요한 8시간이다. 자본가가 구매하는 것은 노동이 아닌 노동력이기 때문이다.

이때 중요한 전제는 배터리를 충전하는데 필요한 것도 전기이고 배터리를 사용하면서 소모되는 것도 전기라는 점이다. 노동력은 그것을 보충하는 데에도 생활수단에 내재된 노동이 필요하고 그것을 사용할 때도 노동으로 발현된다. 즉, 노동력은 보충과 소모가 노동이라는 점에서 동일하기 때문에 자신의 가치를 뛰어넘어 새로운 가치를 창출할 수 있는 것이다. 기계는 생산될 때는 노동이 투입되나, 기계가 소모되어 생산하는 것은 노동이 아닌 기계력이므로 새로운 가치를 생산하지 못하고 기존의 가치를 이전할 뿐이다.

노동력이 상품으로서 갖는 특수성은 위의 설명만으로 끝나지 않는다. 노동력은 자본가가 구매하여 그의 소유가 되지만 신체적으로 노동자와 분리할 수 없다. 따라서 일반상품과 달리 자본가가 마음대로 사용할 수 없고 노동력의 사용 환경, 강도 등을 둘러싸고 노동자와 대립하게 된다. 일반상품은 직접 노동으로 만들어지지만, 노동력은 노동자가 생활을 영위하는데 필요한 생활수단을 소비함으로써 보충되고 재생산된다는 점에서 간접적인 노동으로 만들어진다. 따라서 노동력의 가치는 일반상품과 달리 생활에 필요한 생활수단의 생산시간으로 결정되기 때문에 고정된 가치가 아니라 시대적, 지리적, 관습적으로 유동적이다. 노동력 가치의 최저한계는 노동력을 제공할 수 있는 최소한도의 육체적인 상태에 필요한 정도이며 최대한계는 인간으로서의 품위를 최대한 발휘할 수 있도록 하는 정도로 볼 수 있다. 사회적으로 어떤 범위가 존재하지만, 노동력의 고정적인 가치는 없다는 사실로 인해 노동자와 자본가의 대립은 상존할 수밖에 없다. 아무튼 마르크스의 말대로 자본가가 노동력이라는 상품을 시장에서 만난 것은 '특별한 행운'이다.

자본가가 노동력으로부터 가치 이상의 새로운 가치를 뽑아내는 것을 불법적인 행위로 봐야 하는가? 자본가는 노동력의 가치를 정당하게 지불하고 노동력을 구매한다. 6시간의 가치를 가진 노동력을 5시간이나 4시간을 주고 구매하여 부당하게 1시간 또는 2시간의 폭리를 얻는 것이 아니다. 물론 현실에서 노동력의 가치가 제값을 받는 경우가 얼마나 많은가 하는 문제는 논외로 해야 하지만, 어쨌든 자본가는 3시간의 가치를 가진 컵을 3시간을 지불하고 구매하듯이 6시간의 가치를 가진 노동력을 6시간을 지불하고 구매하였으므로 제5가치법칙인 등가교환의 원칙에 어긋나는 행위는 하지 않았다. 그리고 컵을 5년 또는 10년을 사용해도 문제가 되지 않듯이 노동력을 10시간 혹은 15시간을 사용하여도 불법은 아니다. 마르크스도 자본가가 "결코 (노동력의) 판매자를 부당하게 대우하는 것은 아니다."[20]라고 말한다. 그러나 겉모습에 휘둘리지 않고 속 내용을 살펴보면 노동력이라는 상품의 특별한 성격을 이용한, 합법을 가장한 은폐된 착취라고 마르크스는 간주한다. 노동력의 가치 즉 필요노동시간은 구매대금을 지급한 지불노동이었지만, 잉여가치는 대가를 지불하지 않는다는 의미를 가진 부불노동이기 때문이다.

자본가가 노동자의 잉여노동을 무상으로 수취할 수 있는 것은 노동력이 상품으로 존재하여 팔고 살 수 있도록 하는 특별한 사회제도 덕분이다. 자본주의에서 자본은 물질적, 소재적인 의미를 뛰어넘어, 노동력의 구매자로서의 자본가와 판매자로서의 노동자가 투사된 사회적 관계라는 점을 마르크스는 강조한다. 자본주의 이전 시대 생산수단을 소유한 소생산자는 필요노동만 하고 나머지 시간은 쉬거나 잉여노동을 하여도 생산물은 자신의 것이 된다. 소생산자의 생산수단은 생활하기 위한 하나의 수단이었다. 그러나 자본가의 생산수단은 노동자를 고용하고 잉여가치를 착취하는 도구로서 기능한다. 중세의 소생산자가 가진 망치와 현재의 자본가가 가진 망치는 물질로서는 다를 바 없으나 타인이 생산한 가치를 뺏는 도구인가 아닌가의 관점에서 본다면 완전히 다른 존재이다.

중세의 망치는 소생산자가 먹을 양식을 생산하는 수단이었으나 자본주의의 망치는 노동자가 생산한 가치를 착취하는 도구이다. 이것이 가능한 것은 자본가는 망치를 가지고 노동자는 노동력이라는 상품만 가지도록 강제하는 자본주의적 생산관계 때문이다. 마르크

---

20 〈자본론 1권(상)〉, p.259.

스는 리카도나 다른 '속류경제학자'들이 자본의 이러한 속성을 몰랐기 때문에 자본주의 이전 중세시대도 자본주의가 발전하는 과정이라고 보는 몰역사적인 견해를 갖고 있다고 비판한다. 자본가는 자본을 이용하여 노동자가 생산한 가치를 착취하고 그것을 지주나 금융자본가와 나눈다. 지주에게는 지대로, 금융자본가에게는 이자로 잉여가치를 나누어 주는 것이다. 이렇게 하여 생산된 부를 누릴 수 있는 가치를 창조하는 노동을 노동하지 않는 자본가나 지주가 획득할 수 있는 비밀은 밝혀졌다.

◆ 불변자본과 가변자본

그렇다면 정말로 기계나 원재료와 같은 생산수단은 새로운 가치를 생산하지 못하는 것인가? 이를 분석하려면 잉여가치가 유통과정이 아닌 생산과정에서 어떻게 생산되는지 자세히 살펴볼 필요가 있다.

자본가가 상품을 생산하려면 생산수단을 구매하고 노동자로부터 노동력을 구매하기 위한 근로계약을 체결해야 한다. 생산수단은 기계, 공장건물 등의 노동수단과 원재료와 같은 노동대상으로 구분된다. 노동자는 노동수단을 활용하여 노동대상의 형태, 성질을 변화시켜 새로운 생산물을 만들어 낸다. 그런데 노동수단과 노동대상은 모두 과거에 만들어진 상품이다. 가치의 관점에서 보면 생산수단에 투입된 과거 노동시간과 노동자의 살아있는 현재 노동시간을 합한 것이 새롭게 만들어진 생산물의 가치가 된다.

예를 들어 기계에 투입된 과거노동 10시간, 원재료에 투입된 과거노동 20시간, 그리고 살아있는 노동 10시간을 투입하여 40시간의 가치를 가진 새로운 상품을 만든다고 해보자. 생산수단에 내재된 과거노동은 구체적 노동과 추상적 노동이란 노동의 이중성을 그대로 담고 있다. 그러나 30시간이라는 가치로 표현된 과거노동은 추상적 노동만을 의미한다. 현재 노동도 가치로 보면 마찬가지로 추상적 노동만을 의미하기에 10시간의 가치로 표현된다. 과거 노동과 현재 노동은 구체적으로는 다른 노동이지만 신체기관의 노동력이 지출된 추상적 노동이란 측면에서는 다를 바 없으므로 가치로 나타나고 합계될 수 있다. 그러므로 과거의 죽은 노동과 살아있는 현재 노동은 각각 투입된 노동시간이 합해져서 생산물의 가치로 전환된다.

앞에서 본 것처럼 살아있는 노동의 가치는 노동력의 가치 이상의 가치를 포함하고 있다. 노동력은 잉여가치라는 새로운 가치를 생산하는 특별한 상품이기 때문이다. 따라서 '생산물의 가치 = 과거 노동의 가치 + 살아있는 노동의 가치 = 생산수단의 가치 + 노동력의 가치(필요노동시간) + 잉여가치(잉여노동시간)'이다. 살아 있는 노동의 가치는 필요노동시간과 잉여가치로 구성된다. 여기서 상품의 가치는 생산에 투입된 노동시간이라는 제1가치법칙이 충실히 실현되고 있다. 기계나 원재료와 같은 과거노동의 가치는 기계를 만들 때 투입된 실제 노동시간이 아니라 사회적 필요노동시간인 시장가치이고 등가교환에 의한 것이므로 제4, 5가치법칙도 적용이 되고 있다. 노동력의 가치는 노동력을 보충하는 데 필요한 생활수단의 가치이고 생활수단은 사회적 필요노동시간으로 가치가 결정되고 교환되므로 여기에도 제4, 5가치법칙이 적용된다.

'생산물의 가치 = 과거 노동의 가치 + 살아 있는 노동의 가치'에서 살아 있는 노동의 가치는 노동력의 가치와 잉여가치의 합이다. 반면 과거 노동은 가치의 변화 없이 그대로 생산물의 가치로 이전될 뿐 새로운 가치를 생산하지 못한다. 살아있는 노동은 생산수단에 내재된 과거노동의 가치를 원래의 가치 그대로 생산물에 이전시킴과 동시에 스스로 새로운 가치를 형성하는 두 종류의 기능을 한다. 가치를 보존하면서 새로운 가치를 첨가하는 이 이중의 기능이 노동력의 자연적 속성이라고 마르크스는 말한다. 살아있는 노동이 새로운 가치를 형성하는 것은 노동력이 잉여가치를 만드는 것을 의미한다. 살아있는 노동 10시간은 기계 10시간, 원재료 20시간이란 과거의 죽은 노동을 새로운 생산물에 그대로 이전하지만, 살아 있는 노동 10시간에는 노동력이란 요술램프가 만들어 낸 잉여가치가 포함되어 있다.

마르크스는 기계, 원재료와 같은 생산수단은 과거에 투입된 가치가 생산물에 그대로 이전될 뿐 새로운 가치를 생산하지 못하므로 불변자본(Constant Capital)이라 불렀다. 노동력은 현재 투입되어 과거의 가치를 이전시킬 뿐만 아니라 잉여가치라는 새로운 가치를 만들어 내기 때문에 가변자본(Variable Capital)이라 이름 지었다. 불변자본 중에서 원재료와 같은 노동대상은 한 번에 자신의 가치를 완전히 이전한다. 빵 공장에서 하루 10kg의 밀가루를 빵으로 만든다면 과거 노동 1시간이 투입된 밀가루 10kg은 오늘 하루에 모두 소진되므로 1시간이 모두 빵에 이전된다. 하지만 기계와 같은 노동수단은 5년, 10년 사용을 하므로 한 번에 가치를 이전하는 것이 아니라 매일 나누어서 자신의 가치를 5년 혹은 10년 동안 이전한다. 365시간의 과거노동이 투입된 빵 만드는 기계가 10년 동안 가동된다면 매일 '365/3,650 = 0.1시간'의 과거노동을 빵으로 이전시킨다.[21] 노동자가 3,650시간 노동을 하면 3,650시간의 가치를 생산하지만, 기계가 3,650시간 가동된다고 해서 가치가 3,650시간으로 증가하지 않는다. 기계의 작동은 기계력이란 사용가치를 낳고 노동력의 작동은 노동이란 사용가치를 낳기 때문이다. 컵을 10년 사용한다고 해서 컵이 10년의 가치를 만들지 않는 이치와 같다. 황소도 마찬가지다. 황소가 10년을 노동하든 20년을 노동하든 그것은 황소력의 발휘일 뿐 인간 노동이 아니다. 황소의 가치는 황소를 키우는 데 투입된 인간 노동의 양으로 측정되지, 황소의 노동시간으로 측정되지 않는다. 기계력, 황소력은 인간 노동력과 다르고 제1가치법칙은 오로지 인간 노동만을 가치로 보기 때문이다. 결국 노동수단과 노동대상인 생산수단은 과거노동이 응고되어 있을 뿐 새로운 가치의 생산과는 무관한 불변자본이다. 과거에 냉동된 인간 노동이 드라큘라처럼 부활하여 새로운 가치를 생산하는 것은 노동가치론에서는 불가능하다.

상품의 가치는 아래와 같이 불변자본의 가치, 가변자본의 가치, 잉여가치(Surplus Value)의 합산으로 표현된다.

---

21   노동수단이 이전하는 과거노동의 가치는 회계학에서의 감가상각비와 유사한 개념이다.

상품의 가치 = 불변자본의 가치 + 가변자본의 가치 + 잉여가치

= c + v + s

그런데 마르크스는 위 식을 다음과 같은 예를 들면서 조금 변형하는 데 이를 이용하면 노동가치론과 효용가치론의 중요한 차이를 알 수 있다. 어느 빵 생산자가 불변자본의 가치로 기계 10시간, 원재료 20시간 그리고 가변자본 5시간을 투입하여 5시간의 잉여가치를 생산하고 빵은 120개가 생산된다고 하자. c는 30시간, v는 5시간, s는 5시간으로 총 40시간의 가치를 투입하여 빵 120개의 사용가치를 생산하였으므로 1시간에 빵 3개가 생산되었다. c는 30시간을 투입하였으므로 90개의 빵을, v는 5시간 투입으로 15개, s는 5시간을 투입하여 15개의 빵이 만들어졌다. 이를 아래와 같이 표현할 수 있다.

40시간 ⇒ 빵 90개(c) + 빵 15개(v) + 빵 15개(s)

---- ①

자본가가 40시간을 투입하여 빵 120개를 생산하면 빵 90개를 팔아 불변자본을 다시 구입하고 15개를 팔아 노동자에게 임금으로 주고 나머지 15개를 팔아 이윤으로 챙긴다는 의미가 담겨 있다. 불황으로 빵이 105개 이하로 팔린다면 그는 이윤을 얻지 못하거나 손실을 볼 것이다. 그런데 효용가치론자는 이 식에서 s의 위치를 아래와 같이 살짝 바꾼다. s가 포함된 빵 15개를 불변자본 c의 옆으로 옮기는 것이다.

40시간 ⇒ 빵 90개(c) + 빵 15개(s) + 빵 15개(v)

---- ②

①은 자본가의 이윤으로 돌아갈 빵 15개는 노동자가 생산한 것이라는 의미를 담고 있고 ②는 노동자가 아니라 불변자본인 기계가 생산한 것이라는 의미를 담고 있다.

생산량의 관점에서 보면 기계의 투입으로 더 많은 빵이 생산된 것은 분명하다. 기계가 사람보다 사용가치를 훨씬 더 많이 생산하는 것은 누구도 부인할 수 없다. 기계가 없을 때 노동자는 빵 15개만 생산하였으나 기계의 도입으로 빵 105개가 생산되었다면 이윤으로 귀속될 15개의 빵은 기계가 만들었다고 봐야 한다. 효용가치론적 관점에서는 사용가치가 효용을 일으키므로 사용가치를 생산하는 기계도 가치를 생산한다는 결론이 나온다. 효용가치론자가 보기에는 이윤이 되는 빵 15개는 기계에 투자한 자본가에게 주는 것이 마땅하다. 따라서 노동자는 빵 15개, 자본가는 기계값과 이윤을 합쳐 105개의 빵을 분배받는다. 노동과 자본은 각자가 생산에 기여한 만큼 분배받으므로 착취는 존재하지 않는다는 한계생산성 분배이론의 근거를 여기서 찾을 수 있다.

노동자와 자본가의 관계를 넘어서 사회로 확대하면, 소방관이 재벌보다 훨씬 높은 강도로 더 많은 시간을 노동하지만 효용의 생산에 기여한 정도는 더 적기 때문에 보수가 낮은 것은 당연하다는 의견의 이론적 근거도 여기서 찾을 수 있다. 기계 덕분에 더 많이 생산되었다면 기계의 소유주인 재벌이 더 많이 가져가는 것은 문제가 없다는 것이다. 여기서 기계는 단순히 물질적인 자본만을 의미하지 않고 경영자의 경영능력까지 포괄하는 개념으로 봐야 한다. 기계를 갖고 있다고 저절로 빵이 생산되거나 돈을 버는 것은 아니기 때문이다. 마르크스는 경영능력을 노동을 착취하는 능력으로 폄하하지만, 경영능력에 따라 동일한 설비를 갖추고도 빵을 120개 혹은 그 이상 생산하는 자본가가 있는가 하면 100개도 생산하지 못해 오히려 손해를 보거나 망하는 자본가도 있다.

아무튼 가치의 근원을 노동시간으로 보는가 아니면 사용가치로 보는가에 따라 '이윤이 어디서 나오는가, 노동자에 대한 착취는 존재하는가'에 대한 생각이 완전히 달라지는 것을 알 수 있다. 이것이 아담 스미스 이후 오랫동안 마르크스경제학과 주류경제학이 치열하게 대립해온 핵심 쟁점이었다.

4장 절대적 및 상대적 잉여가치

◆ 절대적 잉여가치의 생산원리

노동이 곧 가치라면 노동하지 않는 자가 가치를 얻는 방법은 타인의 노동을 가져오는 방법 외에는 없다. 자본주의의 기본 생산관계는 노동자와 자본가의 관계이므로 자본가는 노동자의 노동을 가져와서 자신, 지주, 그리고 상업, 금융과 같은 비생산 업종에 종사하는 자본가 및 노동자와 나눈다. 신체나 신분을 억압하여 노동을 가로챘던 이전 시대와는 달리 자본가가 노동자의 노동을 눈에 보이지 않는 세련된 방식으로 가져올 수 있는 것은 대가로 지급된 가치보다 더 이상의 가치를 생산하는 노동력의 신비한 힘 덕분임은 이미 분석한 바와 같다.

마르크스는 노동력의 가치 이상의 가치를 뽑아내는 방식을 절대적 잉여가치와 상대적 잉여가치라는 두 가지 개념으로 설명한다.

자본론으로 마르크스를 비판하다

절대적 잉여가치와 상대적 잉여가치는 노동자가 받는 노동력의 가치 이상의 가치라는 점에서 공통점을 갖고 있으나 전자는 노동시간의 연장으로, 후자는 생산성의 향상으로 생산된다는 차이가 있다.

하루 몇 시간을 노동하든 노동자의 살아있는 노동은 '노동력의 가치+잉여가치(v+s)'로 구성된다. v는 필요노동으로 생산되고 s는 잉여노동으로 생산된다. 노동자가 하루 10시간 노동하고 잉여가치율이 100%라면 노동력의 가치와 잉여가치는 각각 5시간이다. 여기서 자본가가 잉여가치를 더 많이 얻으려면 우선 노동시간을 연장하는 방법이 있다. 노동력의 가치가 5시간으로 고정된 상태에서 노동시간을 11시간, 12시간으로 연장하면 잉여가치는 6시간, 7시간으로 증가한다. 이것이 절대적 잉여가치다. 잉여가치가 노동시간의 절대적 연장으로 증가한다는 의미가 있다.

잉여가치 획득을 위한 자본가의 노력은 절대적 잉여가치의 추구부터 출발하였다. 자본의 유일한 목적은 끊임없이 자신의 몸집을 불리는 것으로 자본가는 자본의 혼이 이식된 존재다. 그는 기계와 같은 생산수단을 이용하여 노동자에게서 더 많은 가치를 뽑아내기 위해 혈안이 되어 있다. 과거의 죽은 노동인 기계는 마치 흡혈귀가 피를 빨 듯이 살아있는 노동자의 노동을 흡수하고 그럴수록 더욱 활기를 띤다고 마르크스는 말한다. 자본가는 잉여가치를 최대한 많이 얻기 위해 흡혈귀처럼 살아있는 노동을 많이 빨아들이려고 노력한다. 그것은 노동시간의 연장으로 현실화하였다.

산업혁명 이전 매뉴팩처 시대부터 산업혁명 시대에 걸쳐 생산량의 증대는 주로 노동시간의 연장, 강도강화 같은 노동량 증가방식에 의존하였다. 영국에서 노동시간의 연장은 국가에 의해 법제화되었는데 14세기 노동자규제법부터 시작해서 빈민법, 주종법 등 시대별로 변모하였지만, 하루 노동시간은 12시간에서 16시간, 심지어는 18시간 이상까지 연장되기도 했다. 노동시간의 연장은 여성과 아동이라고 예외는 아니었으며 예닐곱 살 아이가 15시간 노동을 하는 경우도 빈번했다. 노동환경이 극도로 열악한 상황에서 장시간 노동은 노동자의 수명을 극도로 단축시켰다. 마르크스가 "맨체스터의 평균수명은 … 상층 중간계급이 38세인데 비해 노동자계급은 17세에 불과하다"[22]고 서술할 정도로 노동자계급의 평균수명은 중상층의 절반도 되지 않았다. 당시의 열악한 의료 환경을 고려하더라도 심각한 수준이 아닐 수 없었다. 운이 좋아 60세 이상 산 노동자도 노동력의 고갈로 인해 실제 20년 이상 노동하는 것이 힘들 만큼, 자본주의 생성 초기인 14세기부터 산업혁명 시기인 19세기 전반까지 노동시간은 오늘날 관점에서 이해하기 어려울 정도로 과도했던 것이 사실이다. 산업혁명이 노동자의 눈물과 피땀 위에서 진행되었다는 주장은 과장이 아니다.

그러나 노동시간의 연장은 무제한 계속될 수 없다. 인간은 온종일 노동할 수 없으며 식사, 수면, 여가생활도 필요한 존재다. 노동력이 만들어질 수 있는 최소한의 휴식이 필요하다. 노동시간 연장에 대한 이러한 '육체적 한계'와 함께 노동자의 '지적·사회적 욕구'가 증대함에 따라 노동시간 단축을 위한 투쟁도 격화되었으며, 표준노동

---

22 《자본론 1권(하)》, p.874.

일을 제정하기 위한 노동자와 자본가 간 투쟁은 근 50년에 이르는 '은폐된 내전'으로 불릴 만큼 치열하게 전개되었다. 마침내 1847년 신공장법이 의회에서 통과됨으로써 영국 노동자들은 표준노동일 10시간이란 성취를 이루었다. 마르크스는 〈자본론〉 1권 10장에서 100페이지 이상을 할애하여 표준노동일 제정을 위한 노동자와 자본가의 대립과정을 상세히 설명하고 있다. 노동시간의 절대적 확장은 자본가로서는 잉여가치를 증가하려면 반드시 확보해야 하는 교두보이고, 노동자로서는 건강을 지키고 인간다운 삶의 영위를 위해서는 돌파되면 안 되는 마지노선이었다.

노동시간의 연장만이 절대적 잉여가치를 증가시키는 유일한 방법은 아니다. 노동강도를 증가시켜 절대적 잉여가치를 증가시키는 방법도 있다. 노동시간의 절대적 연장을 외연적 확장이라 한다면 노동시간을 고정하되 노동강도를 강화하는 방법을 내포적 확장이라 한다. 현실적으로는 내포적, 외연적 확장이란 두 가지 방식이 동시에 진행되는 경우가 많았다. 제3가치법칙의 분석에서 노동강도 강화는 노동일의 길이를 연장하는 것과 같은 가치의 증가를 가져온다는 것을 보았다. 10시간의 노동일에서 노동강도를 20% 강화하면 노동일을 12시간으로 연장하는 것과 같은 효과를 얻는다. 강도가 강화되면 노동력의 소모도 심하므로 이를 보충하기 위해서는 노동력의 가치도 5시간에서 6시간으로 증가해야 하나 현실적으로 그렇지 못한 경우가 많았고 그만큼 자본가는 더 많은 잉여가치를 얻을 수 있었다.

절대적 잉여가치의 생산에서도 가치법칙의 작동을 확인할 수 있다. 절대적 잉여가치는 인간의 노동시간으로 가치가 결정된다는 전제하에 생산되므로 제1가치법칙이 적용된다. 노동시간을 연장하든 강도를 강화하든 생산된 상품은 사회적 평균으로 시장가치가 결정되고 그 가치대로 교환된다는 점에서 제4, 5가치법칙도 작동한다. 노동강도 강화처럼 내포적 확장으로 절대적 잉여가치를 획득하는 것은 제3가치법칙이 작동한 결과이다.

◆ 상대적 잉여가치의 생산원리

살아있는 노동 v + s에서 절대적 잉여가치가 v를 고정하고 s의 크기를 증가시키는 것으로 획득된다면 상대적 잉여가치는 v + s의 크기가 고정된 상태에서 노동력의 가치 v를 줄여 잉여가치 s를 증대하는 방식으로 얻어진다. 살아있는 노동 v + s의 크기는 변화가 없는 상태에서 노동력의 가치가 줄어든 만큼 잉여가치가 상대적으로 증가하므로 마르크스는 상대적 잉여가치라는 명칭을 사용한다.

그럼 어떻게 하면 노동력의 가치를 감소시킬 수 있을까? 우리는 노동가치론에서 생산성 향상으로 가치와 가격의 괴리가 일어나는 것을 1장에서 보았다. 노동력 가치의 하락은 생산성 향상으로 가치와 가격이 괴리되면서 발생한다. 기계, 원재료와 같은 불변자본을 사용하여 하루 10시간 노동으로 빵을 생산하는 기업을 예로 들어보자. 설명의 단순화를 위해 기계, 원재료의 가치는 없다고 가정한다.[23] 또한 잉여가치율은 100%로 살아있는 10시간의 노동을 노동자와 자본가가 각각 5시간씩 나눈다고 가정한다. 이 기업에서 10시간 노동으로 빵 10개를 만들다가 생산성이 향상되어 빵 20개를 만들게 되었다면 빵 1개의 가치는 1시간에서 0.5시간으로 감소한다. 가치는 생산량과 무관하다는 제2가치법칙의 작동으로 노동 1시간에 빵을 10개 생산하든 20개를 생산하든 전체 가치는 1시간으로 변동이 없기 때문이다. 생산성 향상 전에는 빵 10개가 생산되었으므로 노동자와 자본가는 각각 빵 5개에 해당하는 가격을 임금과 이윤으로 받을 것이다. 시장에서 빵 1개의 가격이 100원이라면 각각 500원씩 임금과 이윤을 받는다.

그런데 생산성이 2배로 향상되어 빵 20개가 생산되더라도 시장에서 빵 1개의 가격은 여전히 100원이므로, 이 기업은 10시간 노동으로 2,000원을 벌어 이 중 500원을 노동자에게 임금으로 주고 1,500원은 자본가가 이윤으로 가져간다. 생산성 향상 이전에는 이 기업은 10시간의 노동으로 1,000원의 수입이 있었으나 생산성 향상 이후에는 10시간의 노동으로 2,000원의 수입이 생겼다. 생산성 향상 전에 이 기업이 생산한 1시간의 가치는 100원의 가격이었으나, 생산성 향상 이후에는 200원의 가격이 되었다. 가치는 그대로이나 가격이 변한 것이다. 이것은 이 기업에서 생산성 향상 전후 100원의 가격이 대표하는 가치가 1시간에서 0.5시간으로 감소하였음을 의미한다. 이 기업의 노동자가 생산성 향상과 상관없이 이전과 동일

---

23   기계, 원재료의 가치까지 고려할 경우, 생산성 향상으로 생산량이 증가하면 원재료의 투입량도 증가하므로 계산이 복잡해진다.

한 500원의 임금을 받는다면 획득하는 가치는 5시간에서 2.5시간으로 감소한다. 다시 말해 생산성 향상으로 노동력의 가치가 5시간에서 2.5시간으로 감소하였다. 그만큼 자본가의 잉여가치는 7.5시간으로 증가하는데 증가한 2.5시간이 상대적 잉여가치다.[24] 착취도를 나타내는 잉여가치율은 5시간/5시간 = 100%에서 7.5시간/2.5시간 = 300%로 증가한다.

이처럼 개별기업에서 생산성의 향상은 그 기업 노동자의 노동력의 가치가 감소하고 그 기업 자본가의 잉여가치가 증가하는 결과를 가져온다. 가치가 생산된 부에 대한 지분임을 고려하면 노동자가 사회적 부에 대해 차지하는 지분은 적어지고 자본가의 지분은 그만큼 더 커졌다. 노동자는 예전과 다름없는 임금을 받고 생활수준도 별 차이가 없지만, 자신의 지분을 자본가에게 빼앗기고 자본가는 더 부자가 되었다. 자본가가 생산성 향상을 위해 기를 쓰고 노력하는 것은 상대적 잉여가치라는 달콤한 과실이 주어지기 때문이다.[25]

상대적 잉여가치의 발생 원리를 가치법칙으로 분석하면 그 의미가 명료하게 드러난다. 상대적 잉여가치는 제1 ~ 5가치법칙이 함께

---

24 이 예시에서의 상대적 잉여가치에 대한 설명은 마르크스가 설명하는 방식이다. 그러나 여기에는 큰 논리적 허점이 있으며, 이로 인해 상대적 잉여가치는 자본가가 노동자를 착취한 결과라기보다 생산성이 높은 자가 낮은 자를 착취한 결과라는 사실이 은폐된다. 이는 이 책의 주제와 관련된 것으로 5장에서 상세히 다룬다.

25 이상의 설명에는 두 가지 전제가 있다. 첫째, 생산성 향상에 대한 성과급은 없는 것으로 한다. 둘째, 빵 시장은 완전경쟁시장이어서 이 기업의 생산량 증가가 빵 가격에 영향을 미치지 않는다는 것이다. 노동자가 생산성 향상의 성과급을 받더라도 생산량이 증가한 정도보다 적게 받는다면 상대적 잉여가치는 여전히 생산된다. 또한 빵 시장이 과점 혹은 독점시장이어서 생산량 증가에 따라 빵 가격이 하락한다 해도 생산량의 증가에 정확히 반비례하여 가격이 하락하지 않는다면 여전히 상대적 잉여가치는 창출된다. 가령 위 예시 기업이 독점기업이더라도 생산성이 2배 증가할 때 빵 가격이 50원으로 하락하지 않는 한 상대적 잉여가치는 창출된다.

작동하여 서로 견제하는 과정을 거쳐 생산된다. 먼저 제1가치법칙에 따른다면 노동만이 가치를 생산하고 가치는 노동시간으로 정해지므로 하루의 살아있는 노동시간인 v + s가 고정되면 하루 동안 생산된 가치는 변동의 여지가 없다. 필요노동 5시간, 잉여노동 5시간을 합쳐 10시간의 살아 있는 노동에서 노동시간 연장과 같은 변동이 없는 한 이 가치는 그대로이다. 여기서 위의 예시처럼 빵 기업의 생산성이 향상되어 살아있는 노동 10시간 동안 빵 생산량이 2배로 증가하면 전체 생산물의 가치는 10시간으로 변화가 없지만 빵 1개의 가치는 절반으로 감소한다. 생산성 향상은 개별생산물을 만드는 데 필요한 시간을 단축시키고 그에 따라 개별생산물의 가치는 그만큼 하락하는 것을 의미한다. 이는 전적으로 제2가치법칙이 작동하기 때문이다.

이제 제4, 5가치법칙이 등장할 차례이다. 생산량 증가로 개별생산물의 가치가 감소한 것은 생산성 향상에 성공한 기업에만 한정된다. 이 상품이 시장에서 판매될 때는 상품에 내재된 실제가치와는 상관없이 사회적 평균가치, 즉 시장가치로 팔린다. 생산성을 향상한 기업의 빵 1개에 들어 있는 노동시간은 0.5시간이나 빵 1개를 생산하는데 사회적으로 필요한 노동시간은 여전히 1시간이다.[26] 이는 개별기업 생산물의 실제가치가 아닌 시장가치로 교환이 이루어지는

---

26 사회적 필요노동시간은 가중평균의 개념이므로 한 기업의 생산성 향상으로 개별상품의 가치가 하락하면 사회적 필요노동시간도 감소해야 한다. 그러나 마르크스는 암묵적으로 완전경쟁시장을 가정하고 있는데 완전경쟁시장은 기업의 수가 대단히 많기 때문에 한 기업의 개별상품가치 감소가 사회적 평균에 미치는 영향은 무시할 만한 수준이다.

제4가치법칙이 작동한 결과이다. 상품의 판매는 시장가치를 기준으로 한 등가교환이므로 제5가치법칙도 적용되었다. 그 결과 이 기업은 0.5시간의 가치가 있는 빵을 1시간의 가치로 팔 수 있어 0.5시간의 이익을 얻는데 이것이 특별한 이익인 상대적 잉여가치다. 시장에서 빵 1개는 100원의 가격과 1시간의 가치를 가지므로 이 기업은 빵 1개당 50원의 상대적 잉여가치를 얻고 빵 20개가 다 판매되면 1,000원의 상대적 잉여가치를 얻는다. 결국 상대적 잉여가치는 상품 한 단위당 실제가치와 시장가치와의 차이에서 얻어지는 것임을 알 수 있다.

◆ 개별 자본가의 상대적 잉여가치가 전체 자본가로 확산되다

가치법칙으로 보면 상대적 잉여가치는 사회적 평균 수준보다 더 많은 생산을 한 사람 또는 기업에 시장이 주는 특별한 선물이다. 제2가치법칙에 따르면 생산을 많이 하든 적게 하든 생산한 가치는 변하지 않으나, 시장에서 교환될 때는 제4, 5가치법칙이 작동하므로 생산한 실제가치보다 더 높은 가치를 받을 수 있어 그 차이만큼의 이익이 상대적 잉여가치가 되기 때문이다.

제2, 3가치법칙은 생산량과 가치가 상관없다는 것이므로 가치는 노동량에 좌우되는 노동량 분배의 원리이다. 제4, 5가치법칙은 생산량이 많은 쪽이 상품의 실체가치와 시장가치 차이만큼 수익을 더 얻을 수 있으므로 생산량 분배의 원리이다. 결국 상품을 교환하는 시장이 존재하고 가격이 시장에서 결정되는 자본주의는 생산량 분배가 지배하는 사회이다. 이는 가치법칙의 원리인 노동량 분배가 실제인 생산량 분배와 머리채를 잡고 싸워 패배한 결과이다.

가치법칙에서 생산량 분배원리가 지배하는 한 생산을 많이 한 사람이 더 가져갈 수밖에 없다. 마르크스주의자들이 가치법칙이 소멸된 사회를 꿈꾸는 이유는 여기에 있다. 가치법칙이 소멸된다는 의미는 제4, 5가치법칙에 따른 생산량분배 원리를 폐지하고 제2, 3가치법칙에 따라 노동량 분배 원리를 부활시킨다는 것이다. 가치법칙이 소멸된 사회는 시장과 상품이 존재하지 않기 때문에 상품 교환비율인 가치도 소멸한다. 이 사회에서 노동시간은 가치가 아니라 노동시간 그 자체가 된다. 중앙계획당국은 생산량이 아닌 각자의 노동시간과 노동강도에 따른 분배를 실시한다.

상대적 잉여가치는 과학기술의 발달로 생산성이 급격히 증가하면서 잉여가치 획득의 중요한 수단으로 자리 잡았다. 노동시간을 계속 연장하는 데 따른 노동자의 저항과 사회적 압박은 절대적 잉여가치의 증가에 의한 자본증식에 한계를 가져왔고 자본가로 하여금 잉여가치 증식을 위한 다른 방안을 강구하게 만들었다.

18세기 후반부터 시작된 산업혁명은 새로운 기술, 새로운 기계를 도입하여 상대적 잉여가치를 획득하려는 자본의 본능적인 충동의 발로였다. 숙련된 노동자가 도구를 갖고 작업하던 매뉴팩처 시대에서 산업혁명의 성공으로 기계제 대공업 체제가 들어선 뒤 상대적 잉여가치를 본격적으로 얻기 위한 물적 토대가 마련되었으며, 경쟁자보다 더 많은 잉여가치를 얻으려는 자본의 속성은 끊임없이 더 치열해지는 경쟁의 세계로 자본가들을 끌어들였다.

마르크스는 개별기업이 생산성을 향상하여 획득한 상대적 잉여가치를 특별잉여가치라고 불렀다. 생산성 향상에 성공한 기업만이 얻을 수 있는 특별잉여가치는 영원한 것이 아니다. 다른 기업들의 생산성도 높아져서 차별성이 없어지면 눈 녹듯 사라진다. 특별잉여가치는 상품에 들어 있는 실제가치와 시장이 매기는 시장가치와의 차이이므로 이 차이가 없어지면 사라진다. 생산량이 사회적 평균 이상으로 증가한 기업의 개별생산물에 내재된 실제가치는 생산량 증가에 반비례하여 낮아진다. 그런데 한 기업만이 아니고 다른 기업도 생산량 증가에 성공하고 또 다른 기업도 성공한다면 그 기업들이 생산한 상품의 실제가치도 낮아지고 이런 기업들이 증가할수록 사회적 평균가치인 시장가치도 낮아진다. 실제가치와 시장가치의 차이가 없어지는 것이다.

어떤 빵 기업에서 빵 1개의 가치를 1시간에서 0.5시간으로 낮추어 특별잉여가치를 얻었지만, 다른 기업들도 빵 1개의 가치를 0.5시간으로 낮추게 되고 이런 기업들이 점점 늘어난다고 가정해보자. 그러면 사회적 가치도 1시간에서 0.5시간으로 낮아져 실제가치와 시장가치가 일치하므로 특별잉여가치는 사라지고 모든 기업은 원래 얻던 평균적인 이익만을 얻는다. 다른 자본가보다 더 높은 이익을 얻기 위한 자본가들의 경쟁으로 생산성 수준이 상향평준화되고 특별한 이익은 평균적 이익으로 변한 것이다.

그러나 생산성 수준이 평준화되었지만, 생산성이 낮을 때보다 높은 차원에서 평준화되었기 때문에 자본가들의 평균적 이익도 이전

자본론으로 마르크스를 비판하다

보다 더 높은 수준에서 평준화된다. 다시 말해 자본가들이 누리는 가치는 생산성이 낮은 수준일 때보다 더 많아진다. 이는 사회 전체의 생산성이 향상되면서 상품가치가 하락하기 때문이다. 빵 1개의 가치가 1시간이었지만 빵 산업의 생산성이 향상되어 0.5시간으로 하락하면 노동자들은 1시간을 주고 사 먹던 빵을 0.5시간만 지불하고 살 수 있다. 노동자가 빵 5개를 먹으면 노동력을 재생산할 수 있다고 가정하면, 빵 산업의 생산성 수준이 낮을 때는 노동력의 가치로 5시간을 주어야 했으나 빵 산업 전체의 생산성이 높아지면서 노동력의 가치로 2.5시간만 줘도 충분하게 된 것이다.

한 기업만이 생산성 향상에 성공하면 그 기업만 특별잉여가치를 누렸으나, 산업 전체의 생산성 수준이 향상되면 노동력의 가치가 저하하므로 생산성 향상에 성공한 모든 기업은 상대적 잉여가치를 누리고 그만큼 노동자는 가난해진다[27] 한 기업만이 생산성 향상에 성공하였을 때는 그 기업 노동자만 잉여가치를 더 많이 착취당했으나, 산업 전체의 생산성이 향상되면 그 산업을 넘어서서 사회 전체 노동자가 상대적 잉여가치라는 명목의 잉여가치를 추가로 착취당하는 것이다. 노동력의 가치에 비해 잉여가치가 증가할수록 잉여가치율도 증가한다. 생산력이 발전할수록 착취도가 증가하여 자본가는 점점 더 많은 가치를 가져가고 노동자는 그만큼 가져가는 가치가 감소하는 부의 양극화가 발생한다. 부의 양극화는 마침내 혁명으로

---

27   개별기업이 생산성 향상으로 얻는 특별잉여가치는 상대적 잉여가치이다. 필요노동시간이 감소한 만큼 증가한 잉여가치이기 때문이다. 생산성 향상이 보편화되어 얻는 상대적 잉여가치는 특별잉여가치가 아니다. 특별잉여가치는 개별기업이 얻는 상대적 잉여가치를 의미한다.

폭발하는데 이것이 마르크스가 말하는 생산력과 생산관계의 모순이다. 생산력이 발전할수록 생산관계가 그것을 담보하지 못한다는 것이다.

그런데 착취도가 높아질수록 노동자가 가져가는 생산물의 수량 또한 증가하는 이상한 일이 발생한다. 과거 10시간 노동으로 빵 10개를 생산하여 노동자와 자본가가 5:5로 나눌 때는 착취도가 100% 였으나, 생산력이 10배 높아진 현재 빵 100개를 생산하여 노동자 25개, 자본가 75개로 나누면, 노동자가 누리는 가치는 5시간에서 2.5시간으로, 절반으로 떨어지고 착취도는 300%로 높아졌음에도 노동자는 과거보다 5배나 증가한 빵을 먹을 수 있다. 이것이 마르크스의 예상과 달리 생산관계의 파탄을 막고 자본주의가 존속할 수 있는 비결이 되었는데 이와 관련해서는 10장에서 좀 더 자세히 다룰 예정이다.

사회 전체의 생산성이 향상되면 상품가치는 하락한다. 특히 소비재와 같은 생활수단 부문에서 사회적 생산력이 향상되어 생활수단의 가치가 하락하면, 사회 전 부문의 노동력 가치도 하락하고 반대급부로 사회 전 부문의 상대적 잉여가치는 증가한다. 마르크스는 생활필수품 생산부문의 생산성 증가로 노동력의 가치가 저하하고 상대적 잉여가치가 증가하는 것으로 이야기하고 있으나, 생산수단을 생산하는 부문에서의 생산성 증가도 간접적으로 상대적 잉여가치의 증가에 기여한다. 예를 들어 라면 만드는 기계를 생산하는 생산수단 부문에서 생산성 향상이 일어나면 라면 생산기계의 가치가 저하하는데, 생활수단인 라면을 생산하는 회사인 농심은 라면 생산기계의 가치저하로 라면 값을 낮출 수 있고, 이는 노동력 가치의 감소로 연결된다. 생산수단 부문의 생산성 향상이 생산수단뿐만 아니라 생활수단의 가치까지 저하시키는 파급효과를 가져오는 것이다. 결국 사회 전반의 생산성 향상은 생산수단, 생활수단 전 부문에서 생산품의 가치를 떨어트려 노동력 가치를 저하시키므로 자본가 계급 전체의 잉여가치가 증가하는 결과를 가져온다.

◆ 특별잉여가치에 대한 두 가치론의 시각 차이

노동가치론과 효용가치론이 특별잉여가치의 생성과 소멸을 설명하는 방식의 공통점과 차이점을 살펴보면 두 이론을 좀 더 명료하게 이해하는 데 도움이 된다. 다른 경쟁자에 비해 생산조건의 차별적 우위가 주는 특별잉여가치를 주류경제학에서는 경제적 이윤이라 부른다. 특별잉여가치든 경제적 이윤이든 해당 생산부문의 평균적인 이윤을 넘어서는 초과이윤이란 점에서 차이가 없다. 주류경제학에서는 어떤 생산부문의 평균적인 이윤을 정상이윤이라 한다. 정상이윤조차 얻지 못하는 기업은 기회비용의 손실을 보므로 해당 업종에서 퇴출당하거나 정상이윤을 얻을 수 있는 다른 분야로 떠난다. 정상이윤은 기업이 해당 부문의 생산활동을 지속하게 하는 최소한의 이윤이기 때문이다.

어떤 기업이 정상이윤만을 얻다가 생산시스템을 개선하거나 새로운 기계를 도입하여 개별생산물에 들어 있는 평균비용을 낮춘다면 초과이윤을 얻을 수 있다. 빵 생산기업을 예로 들어보자. 빵 생산기업 A가 1개에 100원의 원가인 빵을 110원에 판매한다면 정상이윤 10원이 남는다. 이 기업이 새로운 기계를 도입하여 생산량을 증가시키고 원가를 100원에서 50원으로 낮출 수 있다면 정상이윤 10원에 초과이윤 50원을 합쳐 60원의 이윤을 얻는다. 생산성을 향상하지 못한 다른 기업은 여전히 빵 1개의 원가가 100원이므로 10원의 정상이윤만을 얻는다. 시간이 흐르면 다른 기업들도 초과이윤을 얻기 위해 생산량을 증가시키거나, 초과이윤을 노린 다른 기업들이 빵 시장에 진입하므로 빵의 공급량이 증가한다. 다른 조건의 변화가 없다면 수요공급 법칙이 작용하여 빵 가격은 내려가기 시작한다. 빵 가격이 내려가면 A가 얻는 초과이윤은 점점 적어지다가 빵 가격이 60원이 되면 A의 초과이윤은 소멸되고 정상이윤 10원만을 얻는다. A를 제외한 다른 기업들도 A와 같이 생산성을 향상하여 빵 1개의 원가를 50원으로 낮추지 못하면 시장에서 퇴출당한다. A는 단기적으로 초과이윤을 누릴 수 있으나 장기로 가면 다른 기업들도 생산성 향상에 성공하거나 새로운 기업이 진입하여 초과이윤은 소멸되고 모든 기업은 정상이윤만을 얻는 것이다. 이것이 주류경제학에서 설명하는 완전경쟁시장의 단기균형과 장기균형이다.

위 과정을 보면 초과이윤이 발생하고 소멸하는 과정이 노동가치론과 효용가치론이 닮은 듯 다르다. 생산성이 향상되어 빵의 원가가 절반으로 하락하는 것은 공통적이다. 그러나 노동가치론에서 생산량 향상은 동일한 노동시간을 투입하여 생산량이 증가하는 것이고 효용가치론은 동일한 비용을 투입하여 생산량이 증가하는 것이다. 1시간에 10개를 생산하다 20개를 생산하면 노동가치론은 개별 상품에 내재된 노동시간이 0.1시간에서 0.05시간으로 감소하므로 가치도 절반이 된다고 본다. 효용가치론은 100원을 투입하여 10개를 생산하다가 20개를 생산하면 개별상품에 내재된 비용이 10원에서 5원으로 감소하는 것으로 본다.

현실에서 노동가치론을 따르든 효용가치론을 따르든 생산량 증가는 개별상품의 원가가 감소하는 것으로 나타나나, 노동가치론은 원가의 감소를 시간의 감소로 보고 효용가치론은 비용의 감소로 본다. 비용은 가격이고 가격은 효용의 화폐적 표현이다. 결국 초과이윤은 시장가격과 개별상품에 내재된 실제 원가와의 차이라는 점에서 두 이론은 공통적이나, 노동가치론은 시간의 차이로, 효용가치론은 효용의 차이로 본다는 것을 알 수 있다. 노동가치론에서 초과이윤은 다른 기업들도 생산량을 증가시키면 사회적 필요노동시간인 시장가치가 감소하여 상품에 내재된 실제 가치와 일치함으로써 소멸된다. 효용가치론은 다른 기업들도 생산량을 증가시키거나 새로운 기업이 진입하여 생산량이 늘어나면 수요공급의 법칙이 작동함으로써 상품가격이 하락하여 소멸된다고 본다. 두 이론은 가치를 시간으로 보는가, 효용으로 보는가의 차이는 있지만, 초과이윤은 동일한 노력을 투입하여 경쟁자보다 더 많은 생산량을 기록할 때 얻는 것이고, 경쟁자도 생산량 증가에 성공할 때 사라진다는 점에서 공통적이다.

그러나 '가치를 무엇으로 보는가'의 관점 차이는 두 이론의 지향점을 완전히 다른 길로 인도한다. 노동가치론은 사회 전체의 생산력이 발전할수록 노동자는 자신이 생산한 가치를 자본가에게 점점 빼앗기는 것으로 결론을 내린다. 이것은 생산력 발전으로 생산량이 증가하여도 노동시간에 변화가 없다면 가치는 일정하다는 제2가치 법칙의 원리가 작용하기 때문이다. 생산량의 증가와 상관없이 가치가 일정하다는 법칙이 성립하려면, 생산성을 향상시킨 자본가가 얻는 추가의 이익인 상대적 잉여가치는 노동자가 생산한 가치의 감소분일 수밖에 없다. 반면에 사용가치를 가치의 원천으로 보는 효용가치론에서는 생산량이 증가하는 만큼 가치가 증가하고 이것이 초과이윤이 되므로 자본의 이익이 노동의 손실로 되지 않는다. 100원의 비용으로 10개를 생산하다가 20개를 생산하면 증가한 10개는 효용의 증가를 가져오므로 가치도 증가한다. 노동가치론과 달리 생산량의 증가가 가치의 증가로 연결되는 것이다. 이 증가한 가치가 비용감소의 원천이면서 초과이윤의 원천이 된다. 따라서 생산량의 증가가 노동의 가치를 뺏어와서 자본의 가치를 증가시킨다고 보는 노동가치론과는 다른 결론에 도달한다. 즉, 생산력의 발전으로 노동과 자본이 모두 혜택을 받는다고 보는 것이다. 이처럼 5:5의 사회에서 25:75의 사회가 되는 동일한 과정을 두고 노동가치론은 상대적 격차가 확대되어 노동자의 삶이 궁핍해진다고 생각하지만, 효용가치론은 부의 절대량이 증가한 것으로 생각한다. 이런 관점에서 보면 제4, 5가치법칙이 작동하는 시장은 생산성을 향상시켜 타인을 착취하기 위한 각축장이 아니라, 생산성을 향상시킨 만큼 과실을 돌려주는 호혜의 장으로 다가온다. 노동가치론은 시장이 소멸된 계획경제를 추구하지만, 효용가치론은 자유로운 시장경제를 추구하는 이유

는 여기에 있다.[28]

생산성을 향상한 기업만이 얻는 특별잉여가치는 생산조건이나 방법에서 다른 기업보다 차별적인 우위를 갖고 있을 때만 얻을 수 있다. 따라서 자본가들은 끊임없이 새로운 생산방법을 개발하려고 노력하지 않으면 안 된다. 마르크스는 노동시간으로 가치를 결정하는 가치법칙은 새로운 생산방법을 채용하는 자본가가 특별잉여가치를 누리도록 하며 이것이 경쟁의 강제법칙으로 작용해서 다른 경쟁자들로 하여금 새로운 생산방법을 도입하지 않을 수 없도록 한다고 말한다. 달리지 않는 자전거는 넘어지듯이 넘어지지 않기 위해, 그리고 남보다 앞서 특별잉여가치란 열매를 따기 위해 자본가들은 페달을 더 힘차게 밟는 방법을 개발해야 한다. 자본주의 생산력 발전의 원동력은 바로 여기에 있다. 남보다 더 많은 이윤, 즉 초과이윤을 얻기 위한 필사의 경쟁으로 생산성은 점점 그리고 급격하게 증가하였다.

그러나 생산성이 향상될수록 노동자에 대한 착취는 더 강화되고 노동자와 자본가의 격차는 점점 확대된다. 생산력 발전이 주는 과실의 대부분을 생산수단의 소유자가 가져가는 것을 용인하는 자본주의 체제는, 생산력이 발전할수록 노동자가 노동하지 않는 자본가에게 자신의 노동시간을 더 많이 빼앗기는 사회이고, 결국 노동자와 자본가의 적대적 관계가 확대될 수밖에 없는 사회다. 그리하여 자본주의는 생산력이 발전하면 할수록 새로운 사회로 대체되지 않

---

28 부록 4 '생산자잉여가 갖는 의미'에서 생산자잉여의 분석을 통해 효용가치론에서 시장이 갖는 의미와 역할을 살펴본다.

으면 안 되는, '스스로의 무덤을 파는' 사회이고 '수탈자가 수탈당하는' 운명으로 전락하는 사회이다. 이것이 상대적 잉여가치의 형성과 추구과정이 함축하고 있는 의미이다.

◆ 상대적 잉여가치의 특수한 생산방식

마르크스는 상대적 잉여가치의 특수한 생산방식들을 자본주의 발전에 따라 협업, 매뉴팩처, 기계제 대공업의 3단계를 제시하고 있다. 이 단계는 생산력의 발전과 함께 자본주의 사회적 관계도 확대되는 과정이었다. 이를 통해 생산력은 폭발적으로 성장하였고 자본이 수취하는 상대적 잉여가치의 크기도 증폭되었다. 그 이면에 실업의 증가, 노동강도와 착취의 강화가 나타났으며, 상대적 잉여가치를 뽑아내는 방식의 발전은 생산과정에서 노동이 자본에 점점 예속되어 가는 과정이기도 했다.

협업은 '하나의 생산과정 또는 상호 연관되는 생산과정에 많은 사람이 계획적으로 함께 협력해 일하는 노동형태'이다. 협업을 하면 동일한 수의 사람들이 개별적으로 일할 때보다 시너지 효과가 발휘되므로 생산성이 높아진다. 마르크스는 협업으로 시너지효과가 창출되는 이유를 다음과 같이 제시한다.

첫째, 협업은 개별노동의 차이가 상쇄되어 평균적 노동을 가능하게 함으로써 개별자본의 생산력이 사회적 평균에 미달하여 파산하는 것을 막도록 한다. 둘째, 협업은 기업건물, 창고, 기구장치와 같은 생산수단이 공동으로 소비되므로 개별노동을 할 때보다 지출이 절약되도록 한다. 예를 들면 노동자 20명을 수용하는 작업장은 2명씩 수용하는 10개의 작업장을 건축하는 것보다 비용이 적게 든다. 셋째, 인간은 사회적 동물이므로 다수의 인간이 함께 작업을 하면 경쟁심이 생긴다. 넷째, 다수의 사람이 작업을 하면 동일한 일을 하더라도 개별적인 작업보다 협동의 힘이 나타난다. 어떤 물건을 옮길 때 각각 옮기는 것보다 줄을 세워 릴레이식으로 옮기면 훨씬 빨리 옮기고 힘도 덜 드는 것과 같은 원리다. 다섯째, 농업, 목축업과 같이 시기적으로 집중해서 일해야 하는 경우 필요한 시기에 대규모의 노동을 투입하는 것이 중요하다. 여섯째, 운하건설, 도로건설, 철도부설과 같이 넓은 공간에서의 작업은 대규모의 협업으로만 가능하다.

협업은 생산수단의 집적과 다수의 노동자를 필요로 하므로 일정 규모 이상의 자본이 필수적이며 노동자에 대한 지휘·감독 기능이 중요하다. 자본주의에서는 생산의 적대적 성격 때문에 지휘·감독 기능도 대립과 억압의 적대적 관계로 나타날 수밖에 없다. 마르크스는 협업으로 인한 생산력 향상은 결합된 노동의 힘에 그 원천이 있으나 자본가는 협업의 시너지 효과를 무상으로 획득하며 노동의 사회적 생산력 증가는 자본의 생산력으로 둔갑한다고 강조한다.

매뉴팩처는 각자의 도구를 가진 다수의 수공업자가 한 자본가의 통제 아래 여러 종류의 공동 작업을 행하는 형태로써 분업에 기반한 협업이라 할 수 있다. 대략 16세기 중엽에서 18세기 말까지 지배적인 작업방식이라고 마르크스는 말한다. 매뉴팩처는 생기는 방식, 성장하는 방식이 두 종류로 분류된다. 한 종류는 마차나 시계처럼 완성품의 부품을 만드는 수공업자가 동일한 자본가의 통제 아래 하나의 작업장에서 각종의 부품을 만들고 조립하는 과정으로 '이질적 매뉴팩처'로 불린다. 다른 하나는 바늘, 종이의 제조와 같이 상호 관련을 맺는 공정들이 순차적인 결합을 통하여 완성되는 과정으로 '유기적 매뉴팩처'로 불린다.

어떤 종류의 매뉴팩처이든 단순협업과 비교하면 생산력이 비약적으로 발전하는데, 그것은 첫째 분산되어 있던 독립 수공업자가 하나의 작업장에서 조직되어 일하게 됨으로써 시간적, 공간적 절약이 가능해졌기 때문이고, 둘째, 다른 종류의 작업이 순차적으로 진행되던 것이 한 공간에서 동시에 진행되어 같은 기간에 더 많은 완성품이 생산되기 때문이며, 셋째, 노동자들이 완성품의 제작 및 공정에 필요한 부분적인 작업에 특화된 도구로 특화된 노동만을 할 수 있어 시간절약 및 생산효율 향상이 일어나기 때문이다.

매뉴팩처는 생산량이 증가하고 사업장 크기도 증가하면서 자본가에게는 더 큰 규모의 자본을 요구하는 한편, 노동자들은 평생 하나의 부분 작업에 종사하게 하여 '정신적·육체적 장애인'으로 전락시켰다. 또한 숙련도에 따라 노동력의 등급제를 발전시켜, 숙련공은 과거 수공업노동자에 비해 노동의 기능이 단순화된다는 이유로, 미숙련공은 수련비가 들지 않는다는 이유로 노동력의 가치를 저하시키고 잉여가치를 증가시키는 결과를 가져왔다.

매뉴팩처는 역사적으로, 그리고 사회·경제적으로는 '하나의 진보'이지만 그것이 자본가를 위한 것일 뿐 노동자는 자본에 더욱 종속되고 '부분 노동자'화 되게 하는, '문명화되고 세련된 착취의 한 방법'이라고 마르크스는 말한다. 그러나 매뉴팩처가 노동과정을 분할하고 노동을 단순화·부분화하였음에도, 특정 도구를 전문적으로 사용할 필요가 있는 생산과정은 여전히 노동자가 자본가에 불복종할 수 있는 여지를 만들었다. 또한 도구를 사용하는 수작업노동이라는 기술적 기초의 미약함은 지속적인 생산성 향상에 제약으로 작용하였다. 결국 매뉴팩처가 촉발한 상품시장의 확장과 더욱 증대된 잉여가치를 획득하려는 자본의 열망으로 매뉴팩처 시대는 역사의 뒤쪽으로 물러가고 산업혁명이 깔아 놓은 도로를 통해 기계제 대공업이 도래하였다.

기계제 대공업과 매뉴팩처의 가장 큰 차이점은 도구를 누가 사용하는가이다. "그러나 그것은 이제 인간의 도구가 아니고 기계 장치의 도구, 즉 기계적 도구다."[29]라는 마르크스의 말처럼 인간이 도구를 사용하면 매뉴팩처이고 기계가 도구를 사용하면 기계제 대공업이다. 기계는 동력기, 전동장치, 작업기로 구성되는데 작업기가 매뉴팩처 시대 수공업 노동자가 사용하던 도구의 역할을 하였다. 기계가 도구를 사용하는 생산은 인간의 육체적인 한계를 뛰어넘어 수백, 수천 배의 생산량 증가를 가져왔다. 인간이 휘두르는 망치와 증기기관이 작동하는 망치의 힘과 속도는 비교가 되지 않았고 100명이 필요했던 망치질이 증기망치의 사용으로 한 명의 노동자만으로 가능하게 되었다.

기계력이라는 거대한 힘의 이용으로 노동은 사람이 도구를 사용

---

29 〈자본론 1권(하)〉, p.506.

할 때보다 훨씬 힘이 덜 들고 단순화되어 아동, 여성 노동자가 공장에 대규모로 투입되었다. 산업혁명 초기에는 6 ~ 7살 아동들도 공장에 투입되었는데 이는 기계제 대공업이 가져온 비극이었다. 특별잉여가치에 대한 자본의 열망은 자본가에게 늘 최신의 기계 도입을 독촉하였고, 더 새로운 기계에 밀려나기 전에 최대한의 이윤을 뽑으려고 노동시간을 최대한 연장했다. 노동시간 연장이 한계에 부딪히자 기계속도를 올리거나 노동자 한 명이 관리하는 기계 대수를 증가시키는 방법으로 노동강도는 더욱 강화되었다. 더 많은 기계가 도입될수록 더 많은 노동자가 산업예비군이라는 실업자군의 대열에 들어설 수밖에 없었고 이는 저임금, 고강도 노동을 강요하는 거대한 압력으로 작용하였다. 매뉴팩처 시대까지는 노동자들이 부분노동자로서나마 자주성을 갖고 일할 수 있었으나 기계의 도입으로 단순노동이 보편화되면서 노동의 리듬이 기계의 속도에 좌우되는 완전한 종속이 실현되었다. 자본은 기계속도를 올리고 내리는 방식으로 노동강도를 조절할 수 있게 되었고 기업규율의 확립으로 노동자를 수월하게 통제하는 것이 가능해졌다.

　매뉴팩처 시대는 노동자가 자신의 기술을 이용하여 '주방장 근성'으로 자본에 어느 정도 저항할 수 있는 '형식적 포섭' 과정이었다면 기계제 시대는 노동자가 기계의 부속물로서 자본에 철저히 예속당하는 '실질적 포섭'이 완성되는 과정이었다. 기계제 대공업의 발전으로 자본주의는 역사상 유례없는 생산력 발전을 이루었으나, 노동자는 가난과 실업의 늪에서 영화 '모던 타임스'의 찰리 채플린처럼 기계의 부속품으로 전락하는 신세가 되고 말았다.

5장 두 종류의 착취

◆ 특별잉여가치의 원천

지금까지 논의해온 가치와 가격의 관계, 상대적 잉여가치의 생산을 가치법칙의 관점에서 둘러보면 직관적으로 다음과 같은 사실이 도출된다. 인간의 노동은 생산량과 상관없이 노동시간이 같으면 동일한 가치를 생산하나, 시장의 경쟁은 생산량이 많은 사람이 특별잉여가치(혹은 상대적 잉여가치)라는 명목으로 더 많은 돈을 벌도록 하는데 그 돈은 사실 다른 누군가의 손실이다. 1시간 노동으로 빵을 1개 생산하여 100원을 버는 것이 사회적 평균일 때, 생산자 갑이 같은 노동시간으로 빵을 2개 생산하여 200원을 번다면 100원은 특별잉여가치이다. 1시간 노동의 가치는 일정한데도 생산성이 높은 갑이 100원을 더 번다면, 돈은 가격이고 가격은 그것이 표현하는 가치가 있으므로 누군가는 100원으로 표현되는 만큼의 가치를 손해 볼 수밖에 없음은 직관적으로 알 수 있다.

마르크스는 손해를 보는 '그 누군가'를 노동자에 국한한다. 그는 생산성 향상에 성공한 자본가가 누리는 특별잉여가치를 자기가 고용한 노동자로부터 뺏은 가치로 설명한다. 하지만 이는 가치법칙에 대한 혼동이 가져온 중대한 논리적 실수이다. 이 때문에 특별잉여가치는 자본가가 고용한 노동자가 아니라 생산성을 향상하지 못한 사회의 나머지 사람들한테서 나온다는 사실이 은폐되고 있다. 또한 자본주의는 자본이 노동을 착취하는 사회일 뿐만 아니라 생산성이 높은 자가 낮은 자의 노동을 착취하는 사회라는 것도 은폐되고 있다.

이번 장에서는 가치법칙에 대한 마르크스의 혼동이 어떤 것인지, 그로 인해 특별잉여가치의 설명에 어떤 문제가 있는지 살펴본다. 가치법칙에 대한 마르크스의 혼동을 바로잡고 그가 넘겨준 자료를 건네받아 한 정거장 더 나아가면 인간 평등을 넘어 노동 평등의 깃발이 펄럭이는 노동가치론의 최종역에 도착할 것이다. 그곳에서 우리는 그 깃발이 어떻게 사회주의를 좌초시켰는지 알 수 있을 것이다.

먼저 A, B 두 개의 기업만 존재하는 가상의 사회가 있다고 생각해보자. 〈그림5-1〉은 두 기업이 각각 10시간 노동으로 가격이 100원인 빵을 10개씩 생산하다가 A기업이 생산성을 향상시켜 10시간에 20개의 빵을 생산하게 된 상황을 보여준다. 두 기업의 노동강도는 동일하다.

그림에는 설명의 편의를 위해 두 개의 기업만 있으나 수많은 기업이 존재하는 완전경쟁시장이라 가정하면 빵의 공급량이 증가하였음에도 빵 가격은 100원으로 변동이 없다. A기업은 10시간에 빵

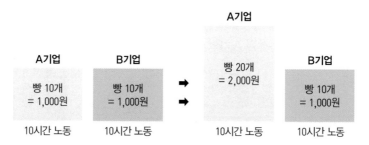

〈그림5-1〉

A기업

빵 10개
= 1,000원

10시간 노동

B기업

빵 10개
= 1,000원

10시간 노동

A기업

빵 20개
= 2,000원

10시간 노동

B기업

빵 10개
= 1,000원

10시간 노동

20개를 생산하여 2,000원의 수입을 얻고 B기업은 10시간에 10개를 생산하고 1,000원의 수입을 얻는다. A는 생산성을 향상시켰으나 그 것과 무관하게 생산한 가치는 10시간으로 변화가 없고 B가 생산한 가치도 여전히 10시간이다. 가치는 생산된 상품에 대한 지분을 결 정하므로 A, B 모두 이 사회가 생산한 빵의 50%를 차지할 지분이 있다. 노동시간으로 가치가 결정되는 제1가치법칙, 생산량과 가치 는 무관하다는 제2가치법칙, 노동강도의 변화가 없으면 동일한 가 치가 생산된다는 제3가치법칙이 작용하기 때문이다. 따라서 20개 의 빵을 3,000원의 가격으로 생산한 이 사회에서 지분이 동일한 A 와 B는 각각 빵 15개씩 또는 1,500원씩 나눠 가져야 한다.

　그러나 여기는 시장이 존재하는 자본주의 사회이고 시장은 제4, 5가치법칙이 작용하는 곳이므로 A기업은 빵 20개 2,000원을, B기업 은 빵 10개 1,000원을 얻는다. 빵 20개가 전체 빵 30개에서 차지하 는 비중은 66.7%이다. A의 지분은 생산성 향상 이전 50%에서 생산 성 향상 이후 66.7%로 높아졌다. 이것을 가치로 환산하면 '66.7% × 20시간 = 13.34시간'이다. 앞에서 본 바와 같이 가치는 사용가치에 대한 지분이므로, 더 많은 사용가치를 가지려면 더 많은 가치를 갖고 있어야 한다. A기업이 사회 전체의 사용가치 중 66.7%의 사용가치를 가진다면 그것은 A기업이 사회 전체 가치에서 66.7%의 지분을 갖고 있다는 말과 같다. 그런데 A기업이 10시간 노동하여 13.34시간의 가치를 얻은 것은 노동한 시간만큼 가치를 창조한다는 제1가치법칙에 비추어 보면 불가능하다. A, B 두 개의 기업이 존재하는 이 사회는 총 20시간 노동하였으므로 A기업의 생산성 향상과 상관없이 총생산가치는 20시간으로 변화가 없다. 이는 A기업이 생산한 가치보다 더 많은 가치를 가져가면 B기업은 손해를 볼 수밖에 없다는 사실을 뜻한다. 결국 A기업은 10시간 노동으로 13.34시간의 가치를 생산한 것이 아니라 B기업에서 3.34시간의 가치를 가져온 것이다. 그래야만 노동시간에 따라 가치가 생산되는 제1가치법칙에 위배되지 않는다. 이 사회에 두 개의 기업이 아니라 더 많은 기업이 존재한다고 하여도 마찬가지다. 만약 기업이 수십 개 존재한다면 기업 전체 수입에서 생산성을 향상한 A기업의 수입이 차지하는 비중이 감소하므로 그로부터 누리는 지분은 두 개의 기업이 있을 때보다 적어질 것이다. 그렇지만 A기업이 얻는 가치가 생산성 향상 이전보다 더 증가하는 것은 변함이 없고 그만큼 다른 기업들이 가져가는 가치는 줄어든다.

여기서 우리는 A기업이 B기업에서 얻는 3.34시간의 추가이익이 바로 특별잉여가치의 원천이란 점을 알 수 있다. 그러나 이것이 특별잉여치의 전부는 아니다. A기업 내부의 노동자로부터 다시 가치를 착취하기 때문이다. 잉여가치율이 100%이고 생산성 향상의 성과급을 주지 않는다면 A기업은 빵 20개를 판매하여 얻은 수입 2,000원 중에서 노동자의 임금으로 500원을 지급한다. 500원은 A기업의 수입 2,000원의 25%이므로 가치로 환산하면 '13.34 × 25% = 3.335시간'이다. 생산성 향상 전에 500원은 5시간의 가치를 가졌으나, 생산성 향상 후에는 3.335시간으로 줄어들었다. 이 기업의 노동자는 가격으로는 손해를 보지 않았으나 가치로는 1.665시간의 손실을 본 것이고, 그만큼 A기업 자본가의 잉여가치가 증가하였다. A기업 자본가가 얻는 잉여가치는 원래 5시간에서 노동자로부터 착취한 1.665시간과 B기업으로부터 획득한 3.34시간을 합쳐 10.005시간으로 증가한다. 생산성 향상 이전의 절대적 잉여가치 5시간에서 생산성 향상으로 얻는 특별잉여가치 5.005시간이 더해진 것이다.

마르크스는 특별잉여가치는 생산성 향상에 성공한 기업이 고용한 노동자의 노동력 가치가 줄어든 만큼 상대적으로 증가한 가치라고 설명하였으나, 실제는 노동력의 가치가 줄어든 부분과 다른 기업으로부터 획득한 부분을 합한 것임을 알 수 있다.

◆ 가치법칙에 대한 마르크스의 혼동

마르크스가 특별잉여가치의 원천을 기업 내부의 노동자에게서만 찾았던 원인은 시장에서의 교환관계를 사상(捨象)하고 상대적 잉여가치를 설명한 데 있었다. A기업의 수입 2,000원은 시장에서의 판매를 통하여 획득한 것이고 그 가치는 13.34시간이다. 따라서 A

기업 자본가와 노동자가 상품판매로 얻은 가치를 나눌 때는 13.34시간을 기준으로 해야 한다. 그러나 마르크스는 10시간을 기준으로 자본가와 노동자가 나누는 것으로 설명한다. 이는 생산된 빵 20개를 시장에서 판매하지 않고 기업 내부에서 노동자와 자본가가 각각 5개, 15개로 분배하여 얻는 것과 같은 결과를 가져온다. 노동시간은 10시간이므로 이를 각각 안분하면 노동자는 '10 × 5/20 = 2.5시간', 자본가는 '10 × 15/20 = 7.5시간'이 된다.

〈자본론〉 1권 12장에서 상대적 잉여가치는 이런 방식으로 계산되어 있다. 하지만 어떤 기업이든 생산한 상품을 판매하지 않고 기업 내부에서 나눌 수는 없다. 상품을 판매하고 그 수익을 자본가와 노동자가 나누어야 하는데, A기업은 시장의 교환과정을 통하여 생산성을 향상하지 못한 기업으로부터 3.34시간의 가치를 더 얻었다. 따라서 10시간이 아니라 13.34시간을 대상으로 노동자와 자본가의 몫을 안분해야 하지만 마르크스는 10시간을 대상으로 안분한 것이다.

이 실수는 어떤 기업의 특별잉여가치는 기업이 고용한 노동자뿐만 아니라 사회에서 이전된 가치라는 것을 숨기는 역할을 한다는 점에서 단순한 실수가 아니다. 마르크스는 왜 이런 실수를 하였을까? 그 원인은 가치법칙에 대한 마르크스의 혼동에서 찾을 수 있다. 2장에서 보았듯이 마르크스는 생산성이 높은 노동은 사용가치를 더 많이 생산하지만 생산되는 가치는 변함이 없고, 강도가 높은 노동은 낮은 노동보다 더 많은 가치를 생산한다고 설명하면서 이를 별개의 두 법칙으로 구분한다. 하지만 그는 상대적 잉여가치를 설명하는 장에서 이 두 법칙을 혼동한다.

"예외적으로 **생산성이 높은 노동은 강화된 노동으로** 작용한다. 다시 말해 동일한 시간 안에 동일한 종류의 사회적 평균노동보다 더 많은 가치를 **창조한다.**"[30]

생산성이 높은 노동은 강화된 노동, 즉 강도가 높은 노동처럼 더 많은 가치를 창조하는데 이것은 가치법칙의 예외적인 적용이라는 뜻이다. 제2가치법칙이 제3가치법칙처럼 작용한다는 뜻이다. 하지만 마르크스의 이 설명은 가치법칙을 혼동한 것이다. 생산성 향상 노동과 강도강화 노동은 완전히 다른 개념이며 다른 결과를 낳기 때문이다. 마르크스의 논리를 따르자면 앞의 A기업의 10시간 노동은 강도가 1.334배 강화된 노동처럼 작용하여 13.34시간의 가치를 생산하였고 3.34시간의 새로운 가치가 창조된 것이다. 그리고 A기업은 10시간 노동으로 창조한 13.34시간의 가치를 노동자와 자본가가 나눠 가져야 한다. 그런데 A기업이 10시간 노동으로 13.34시간의 가치를 창조한다면 이 사회는 20시간의 노동으로 23.34시간의 가치를 생산한 것이 된다. 가치법칙에 따르면 강도가 일정한 경우 노동한 시간 이상의 가치는 생산될 수 없다. 이는 노동가치론의 대전제인 제1가치법칙이 허물어지는 것이기에 여기서 마르크스는

---

30 〈자본론 1권(상)〉, p.435. 강조는 필자의 것. 일부 마르크스주의자들은 생산성이 높은 노동을 강도가 높은 노동과 같다고 오해하는데 그 원인을 여기서 찾을 수 있다. 2장의 가치법칙에서 보았듯이 생산성이 높은 노동은 개별생산물의 가치가 감소하는 노동이고 강도가 높은 노동은 개별생산물의 가치에 변화가 없으므로 전혀 별개의 노동이다. 노력을 적게 투입해서 많이 생산할 때 생산성이 향상되는 것이지 노력을 많이 투입해서 많이 생산하는 강도강화는 생산성 향상이 아니다. 그들의 혼동은 마르크스의 혼동을 그대로 수용한 탓이다.

창조한다는 말과 달리 슬그머니 뒤로 물러난다. 마르크스는 생산성 향상 노동이 강도강화 노동처럼 새로운 가치를 창조한다고 설명한 바로 다음 문장에서 13.34시간이 아닌 10시간을 대상으로 필요노동과 잉여노동을 안분하고 있다. 창조된 가치는 어디로 사라졌는가? 이는 자신의 주장에 대치될 뿐만 아니라 생산성 향상 노동이 가진 이면의 의미를 감추는 결과를 가져왔다.

A기업의 예에서 보듯이 생산성 향상 노동은 새로운 가치를 창조하는 것이 아니라 생산성을 향상하지 못한 나머지 기업들의 가치를 가져온다. 따라서 생산성 향상 노동이 강도강화 노동처럼 작용하여 새로운 가치를 창조한다는 마르크스의 말은 가치법칙을 혼동한 것이다. 마르크스는 다른 기업에서 갖고 온 가치를 제외한 채 원래의 노동시간만을 대상으로 노동자와 자본가가 나누도록 계산하여 '가치가 창조'된다는 자신의 말을 무색하게 만들었다. A기업은 10시간 노동하였지만, 사회적 평균보다 높은 생산성 덕분에 다른 기업으로부터 3.34시간의 가치를 이전받아 13.34시간의 가치를 벌어들였다. 따라서 A기업은 13.34시간을 대상으로 노동자와 자본가의 몫을 안분해야 하나, 마르크스는 10시간을 대상으로 안분한다. 이는 위에서 보았듯이 시장에서의 교환을 생략한 것과 같은 결과를 가져왔을 뿐만 아니라 생산성 향상 노동이 새로운 가치를 창조한다는 자신의 주장과도 맞지 않는다.

마르크스는 생산성이 높은 노동은 그러지 못한 다른 기업의 가치를 가져온다고 말하면서 그 가치를 포함하여 노동자와 자본가의 몫을 안분하는 방식으로 상대적 잉여가치를 설명했어야 했다. 그랬다

자본론으로 마르크스를 비판하다

면 A기업의 생산성 향상으로 생산된 가치가 노동자 2.5시간, 자본가 7.5시간으로 나누어지는 것이 아니라, 노동자 '13.34 × 500/2,000 = 3.335시간', 자본가 '13.3 × 1,500/2,000 = 10.005시간'으로 안분되는 결과를 얻었을 것이다. 어떤 기업이 생산성을 향상하면 그 기업은 시장에서 그렇지 못한 나머지 기업들의 가치를 가져오는 단계와 그 후에 원래의 노동시간과 가져온 가치를 합하여 노동자와 자본가가 나누는 두 단계가 필요하다. A기업은 시장에서 3.34시간의 가치를 얻었으나 이것은 창조된 가치가 아니라 다른 기업으로부터 획득한 가치이므로 마르크스의 '창조'는 가치법칙을 혼동한 개념이며, 노동자와 안분하는 과정에서도 시장에서 다른 기업으로부터 획득한 가치를 빠뜨렸기 때문에 마르크스는 상대적 잉여가치의 설명에서 이중의 실수를 한 셈이다.[31]

마르크스는 국제경제에 대한 설명에서도 이와 동일한 혼동을 보인다. 그는 국제경제 관계에서도 생산성이 높은 국가의 노동은 강도가 더욱 높은 노동으로 여겨진다고 말한다.[32] 국제경제에서 한 나라의 평균 노동강도가 국제적인 평균 강도보다 더 높은 경우 그 나라는 다른 나라에 비해 같은 시간에 더 큰 가치를 생산하는데, 노동생산성이 더 높은 나라도 그렇지 못한 나라에 비해 노동강도가 평균보다 높은 나라처럼 더 많은 가치를 생산한다는 것이다. 마르크

---

31 그 외에도 마르크스는 생산성 향상으로 개별생산물에 이전되는 기계 가치의 감소분을 계산하지 않는 실수를 한다. 이것도 기계가 잉여가치를 생산하는가에 대해서 논의할만한 가치가 있으나 이 책에서는 생략한다.

32 〈자본론 1권(하)〉, p.762.

스는 이것을 국제경제에서 가치법칙이 수정되어 적용된 결과라고 말한다. 그는 제2가치법칙이 제3가치법칙처럼 작용하는 것은 국제경제 관계에서는 가치법칙의 수정으로, 상대적 잉여가치에 대한 설명에서는 가치법칙의 예외적인 적용으로 설명하고 있는 것이다.

하지만 국제 간 교환에서도 특별잉여가치의 생산과 마찬가지로 노동생산성이 높은 국가는 새로운 가치를 창조하는 것이 아니라 노동생산성이 낮은 국가의 노동시간을 가져온다. 생산성이 높은 노동은 동일한 시간에 평균적인 생산수준보다 더 많은 상품을 생산하는 것이지만 가치를 더 많이 생산하지 않는다. 노동생산성이 높은 국가에서 1시간 노동을 투입하여 만든 상품이 국제시장에서 2시간의 가치로 판매된다면, 이 국가는 그 차이인 1시간의 가치를 창조한 것이 아니라 노동생산성이 낮은 국가의 노동 1시간을 가져온 것이다.

가치법칙이 수정되면 노동생산성 향상과 노동강도 강화가 같은 결과를 얻는다는 주장은 가치법칙에 대한 혼동이요, 자기모순이다. 제2가치법칙과 제3가치법칙은 명백히 다른 법칙이다. 생산성이 높은 노동은 새로운 가치를 창조하는 것이 아니라 생산성이 낮은 기업의 가치를 가져오는 것이고, 강도가 높은 노동은 평균 강도의 노동보다 더 많은 가치를 생산하므로 새로운 가치를 창조한다.

마르크스는 특별잉여가치의 생산에서 노동생산성 향상이 새로운 가치를 창조한다고 주장하고서는, 창조된 가치를 추가하지 않고 원래의 노동시간에서 노동자가 손해 본 만큼 자본가는 특별잉여가치를 얻어 전체 가치의 변화가 없도록 하는 기업 내 제로섬 게임으로 결론을 지었다. 가치법칙에 대한 마르크스의 이러한 혼동은 사회주의 붕괴의 결정적인 원인을 숨기게 된다.

◆ 교환에 의한 사회적 전유의 발생과 가치와 가격의 괴리

A기업이 생산성 향상으로 시장에서 다른 기업으로부터 가치를 획득하는 것은 제1가치법칙이 작용한 결과이다. 이 사회의 총노동 시간은 20시간이므로 생산한 가치는 20시간이다. A기업이 10시간 노동으로 13.34시간의 가치를 얻는다면 이 사회의 나머지 구성원인 B기업의 가치가 감소할 수밖에 없다. 즉, B기업은 10시간의 노동을 하였지만 실제 얻는 가치는 6.66시간이 된다. 전체 가치는 고정된 상황에서 구성원 중 누군가가 가치를 더 가져가면 나머지는 손해를 볼 수밖에 없기 때문인데, 미국의 마르크스주의자이자 복잡계 경제학의 개척자인 던컨 폴리는 이를 '가치보존의 원리'라고 부른다.[33]

가치보존의 원리는 제1가치법칙을 다르게 표현한 것에 지나지 않는다. 가치보존의 원리는 노동시간에 의한 가치 총량이 고정된 상태에서 누군가가 생산한 가치 이상을 가져가면 그만큼 다른 누군가의 손실로 귀결되는 제로섬 현상이 일어나는 것을 의미한다. 자신이 생산한 가치 이상의 가치를 타인으로부터 이전받는 것을 '전유(專有, Appropriation)'라고 부른다. 전유는 새로운 가치를 생산하는 것이 아니라 생산된 타인의 가치를 가로채는 것이므로 착취의 일종이

---

33 던컨 폴리, 〈자본의 이해〉, 강경덕 역, 유비온, p.45.

다. 자본가가 노동하지 않고 노동자의 2시간을 가로채는 것이나 노동자가 2시간 노동하고 4시간의 가치를 얻어 타인의 2시간을 가로채는 것은 착취라는 점에서 다르지 않다. 전자가 생산과정에서 얻어진 것이라면 후자는 시장의 교환 혹은 분배과정에서 일어난다는 차이만 있다. A기업 자본가가 자신의 노동자로부터 얻는 상대적 잉여가치 1.665시간도 생산성 향상으로 얻은 이익을 노동자와 나누는 과정에서 발생한 전유이다. A기업의 노동자는 원래 노동력의 가치로 5시간을 받았으나 생산성이 향상되면서 자신도 모르는 사이에 1.665시간의 가치를 자본가에 뺏긴 것이다.

어떤 기업의 자본가가 생산성 향상으로 얻는 특별잉여가치는 그 기업의 노동자로부터의 내부적 전유와 다른 기업으로부터의 외부적 전유로 나눌 수 있다. 이 책에서는 생산성 우위에 의해 기업 외부에서 가치를 전유하는 것을 사회적 전유라 부르기로 한다. A기업의 특별잉여가치 5.005시간 중에서 고용한 노동자에게서 얻은 1.665시간은 내부적 전유이고 기업 외부로부터 얻은 3.34시간이 사회적 전유이다.

생산성을 향상하지 못한 기업의 가치가 생산성을 향상한 기업으로 이전되는 사회적 전유는 시장에서의 불평등한 교환, 즉 부등가교환 때문에 일어난다. 이를 이해하기 위해서는 먼저 시장가치가 가중평균의 개념임을 파악할 필요가 있다. 시장가치는 각 기업 상품의 실제가치를 산술평균한 것이 아니라 실제가치와 생산수량의 가중평균으로 결정된다. 마르크스는 〈자본론〉 3권 10장에서 다음과 같이 시장가치가 가중평균의 개념임을 분명히 하고 있다.

자본론으로 마르크스를 비판하다

"시장가치는 상품 총량의 가치총액(각종의 다른 조건에서 생산되는 상품들의 가치를 합계한 것)과 이 가치총액 중 각각의 상품이 차지하는 비중에 의하여 규정된다."[34]

시장은 다양한 생산조건을 가진 기업들이 혼재한다. 좋은 조건을 가진 기업의 상품은 생산성이 높아 실제가치가 낮고 열악한 조건의 기업에서 생산된 상품은 생산성이 낮아 실제가치가 높다. 시장가치는 어떤 조건에서 생산된 상품의 비중이 높은가에 따라 결정된다. 좋은 조건에서 생산된 상품의 비중이 높으면 시장가치는 내려가고 나쁜 조건에서 생산된 상품의 비중이 높으면 시장가치는 올라간다. A, B 두 기업이 10시간에 빵을 10개 생산할 때 시장가치는 1시간(= 20시간/20개)이었으나, A기업이 생산성 향상에 성공하면 A기업이 생산한 빵 1개의 가치는 0.5시간, B기업 빵 1개의 가치는 여전히 1시간이다. 시장에서 A기업이 생산한 낮은 가치의 빵의 비중이 높아지면서 시장가치는 0.667(= 20시간/30개)시간으로 낮아진다. 정확하게는 (0.5시간 × 20개 + 1시간 × 10개)/30개 = 0.667시간으로 계산된다. A기업은 0.5시간의 실제가치를 가진 빵을 0.667시간의 가치로 팔 수 있어 개당 0.167시간, 총 3.34시간(=20개 × 0.167)의 특별잉여가치를 얻는다. 반면 B기업은 1시간의 실제가치를 가진 빵을 0.667시간으로 팔게 되므로 개당 약 0.334시간, 총 3.34시간(= 10개 × 0.334)의 손실을 본다. A기업의 특별잉여가치는 사회적 평균보다 생산성이

---

34 〈자본론 3권(상)〉, p.227.

떨어지는 B기업의 손실임을 알 수 있다.

B기업의 손실이 어떻게 A기업의 특별잉여가치로 전환되는가? 이 문제는 시장의 부등가교환으로 설명할 수 있다. 즉, A기업의 빵을 사는 소비자는 0.5시간의 가치를 가진 빵을 0.667의 시간을 주고 사므로 개당 0.167시간의 손실을 보고, B기업의 빵을 사는 소비자는 1시간의 가치를 가진 빵을 0.667시간을 주고 사므로 개당 0.334시간의 이익을 본다. 이익을 보는 소비자와 손실을 보는 소비자가 존재하지만, 소비자 전체로는 이익과 손실이 상계되어 가치의 변동은 없다. 결과적으로는 B기업이 생산한 가치가 A기업으로 이전되어 A기업이 얻는 특별잉여가치만큼 B기업은 손실을 보는 사회적 전유가 일어난다.

이러한 원리는 기업의 수가 많은 경우에도 마찬가지로 적용된다. 여기서 일방의 이익이 반드시 다른 쪽의 손실이 되는 노동가치론의 가치보존의 원리 또는 제로섬 게임의 원리는 시장의 부등가교환을 매개하여 성립한다는 것을 알 수 있다. 또한 제5가치법칙은 등가교환의 법칙을 의미하나, 등가교환의 기준이 되는 사회적 필요노동시간과 실제가치 간 차이가 있는 경우, 실제로는 부등가교환이 일어난다는 사실을 알 수 있다.

위의 예에서 한 가지 주의할 점은 빵의 시장가치는 1시간에서 0.667시간으로 하락하지만, 시장가격은 완전경쟁시장을 가정하였으므로 100원으로 변동이 없다는 것이다. 우리는 1장에서 생산성의 향상으로 1시간의 가치가 100원에서 300원으로 증가하는 것을 보았다. 그렇게 되면 100원이 대표하는 시간가치는 하락한다. A기업의 빵 생산량이 증가하여 시장가치는 내려가지만 빵 가격은 여전히 100원이다. 다만 100원의 시간가치가 1시간에서 0.667시간으로 변했을 뿐이다. 생산성이 향상되어 가치와 가격의 괴리가 일어난 경우다.

A기업의 특별잉여가치로 B기업이 입는 손해는 자본가만 부담하는 것이 아니다. 대부분의 마르크스주의자는 특별잉여가치를 경쟁 자본가들 간에 주고받는 이익과 손실로 생각하나 특별잉여가치로 인한 다른 기업의 손해는 그 기업의 자본가와 노동자가 나누어 갖는다. B기업은 원래 10시간의 노동으로 10시간의 가치를 생산하고 있었으나, A기업의 생산성 향상으로 10시간 노동하고 6.66시간의 가치만 얻게 되었다. 잉여가치율이 100%라면 10시간의 가치를 생산할 때 노동자와 자본가가 각각 5시간씩 나누어 가졌으나 A기업의 생산성 향상 이후에는 각각 3.33시간씩 나누어 가지므로 각각 1.67시간의 손실을 본다. 한 기업의 생산성 향상은 생산성을 향상하지 못한 다른 기업의 자본가뿐만 아니라 노동자에게도 손실을 미치는 것이다.

그런데 손실을 보는 기업의 자본가와 노동자는 이 사실을 모르고 있다. B기업은 여전히 1시간에 10개의 빵을 생산하여 1,000원을 벌어서 노동자와 자본가가 500원씩 나누어 가지기 때문이다. 500원의 시간가치가 5시간에서 3.33시간으로 감소한 사실을 그들은 알 수 없다. 다만 A기업이 생산성 향상으로 돈을 더 번다는 사실만 인식할 뿐이므로 자신들도 분발해야 한다는 각오를 다진다. 그러나 노동가치론자의 눈에는 A기업이 생산성을 향상시켜 B기업의 노동자와 자본가의 가치를 무단으로 가져가고 있는 것이 보인다. 마르크스는 A

기업이 생산성 향상으로 자신이 고용한 노동자들만 특별잉여가치라는 명목으로 착취하는 것처럼 지적하였으나, 특별잉여가치의 원천은 경쟁사인 B기업의 노동자와 자본가의 가치였다. 이를 기반으로 A기업 자본가가 자신이 고용한 노동자의 가치마저 착취하고 있음을 마르크스는 간과하였다. 이것이 생산성 향상으로 일어나는 가치와 가격의 괴리가 일으키는 논리적 귀결로서 요약하면, 특별잉여가치의 원천인 사회적 전유는 교환과정을 거쳐 발생하고 생산성을 향상시킨 기업의 자본가를 제외한 모든 사람에게 손실을 입힌다는 것이다.

그런데 사회적 전유는 자본가와 시장교환이 존재하지 않는 사회주의에서도 발생한다는 사실에 노동가치론의 비극이 있다. 사회주의가 도래하여 빵 기업 A, B가 빵 생산노동자 A, B로 대체되어도 생산성에 따라 차등 분배를 하면 A가 B의 가치를 가로채는 사회적 전유는 여전히 발생한다. 시장의 교환으로 자본가가 가져가는 특별잉여가치는 사라지지만 분배과정에서 발생하는 사회적 전유는 사라지지 않는다. 생산성으로 대표되는 개인의 능력을 차별하지 않고 모든 노동을 평등하게 대우할 때만이 사회적 전유는 소멸한다. 같은 시간 노동으로 A가 20개를 생산하고 B가 10개를 생산하였지만 분배는 똑같이 해야 전유라는 착취가 일어나지 않는다. 착취의 완전한 소멸은 능력과 관계없이 모든 노동이 평등해질 때 달성되는 것이다. 노동가치론의 이러한 특성이 역사적 사회주의의 실패를 불렀고 이를 극복하려는 대안사회주의의 미래마저 불투명하게 만든다는 점은 뒤에서 살펴볼 것이다.

자본론으로 마르크스를 비판하다

◆ 마르크스가 간과한 또 하나의 착취

　이상 분석한 바에 따르면 어느 기업의 생산성 향상은 그 기업이 속한 부문 내에서의 사회적 전유로 귀결된다. 빵 기업 A의 특별잉여가치는 시장교환에 의해 경쟁사인 빵 기업 B의 가치가 이전된 것이다. 대부분의 마르크스주의자들도 특별잉여가치를 동일부문 경쟁자본가의 손실로 이해하고 있다. 그러나 특별잉여가치의 원천은 시장교환을 거쳐서 발생하는 사회적 전유이므로 부문 내에서의 제로섬 게임으로 끝나지 않는다. 상품의 교환은 그것을 생산한 부문 내의 사람들 사이에서만 일어나지 않기 때문이다. 빵 생산부문에 종사하는 사람들만 빵을 먹는 것은 아니다. 휴대폰 부문, 라면 부문에 종사하는 사람들도 빵을 먹어야 하고 가수, 운동선수들도 빵을 먹어야 한다. 부문을 넘어서는 교환을 거쳐 사회적 전유는 부문을 넘어 확산한다. 이 과정을 살펴보자.

　〈그림5-2〉처럼 빵, 휴대폰, 노래를 생산하는 가상 사회가 있다.

〈그림5-2〉

빵 생산부문은 1, 2, 3 세 개의 기업이 있고 다른 부문은 각각 2개의 기업이 있다. 각 기업들은 1시간 노동을 하여 1,000원의 상품을 생산한다. 빵1이 생산성을 향상시키면 특별잉여가치를 얻지만, 그만큼 빵2, 빵3의 손실이 발생하므로 빵1의 특별잉여가치는 빵 생산부문 내의 제로섬으로 귀결되어 다른 생산부문에 영향을 미치지 않는다. 여기서 빵2, 빵3도 생산성을 향상시켜 빵 생산부문 전체의 생산량이 같은 정도로 증가하면 어느 기업도 특별잉여가치를 얻지 못한다.

빵 생산부문이 1시간에 10개의 빵을 생산하다가 부문 전체의 생산성이 2배로 증대하여 빵 생산량이 30개에서 60개로 증가한 경우를 생각해보자. 부문 전체의 생산량이 증대하였으므로 수요와 공급법칙이 작용하여 가격은 하락한다. 그런데 1장에서 보았듯이 빵의 수요가 가격탄력적이라면 생산량 증가율 이상으로 가격이 하락하지 않는다. 수요가 가격탄력적인 상품은 가격하락률보다 수요량 증가율이 더 크기 때문이다.[35] 따라서 빵의 생산량이 2배 증가한다고 해서 빵 가격은 1/2인 50원으로 하락하지 않고 그보다 높은 가격에서 형성된다. 〈그림5-2〉에서 빵 1개의 가격이 100원이지만 부문 전체의 생산량이 2배로 증가할 때 빵 가격이 75원으로 하락한다고 가정하면 빵 부문의 총수입은 〈그림5-3〉과 같이 변한다.

---

35 수요의 가격탄력성은 가격변화에 수요가 변하는 정도를 나타내는 것으로 '수요량변화율 ÷ 가격변화율'이다. 가격탄력적인 수요를 가진 상품은 가격하락률보다 수요증가율이 더 크거나 가격상승율보다 수요감소율이 더 크다.

자본론으로 마르크스를 비판하다

빵1	빵2	빵3		휴대폰1	휴대폰2		가수1	가수2
빵 20개 1,500원	빵 20개 1,500원	빵 20개 1,500원		휴대폰 1대 1,000원	휴대폰 1대 1,000원		노래 1곡 1,000원	노래 1곡 1,000원
1시간 노동	1시간 노동	1시간 노동		1시간 노동	1시간 노동		1시간 노동	1시간 노동

빵 부문 전체의 생산성이 향상되면 빵1, 빵2, 빵3 중 어떤 기업도 특별잉여가치를 누리지 못하지만, 이들의 수입은 생산성 증대 이전 3,000원에서 4,500원으로 증가하고 사회 전체의 수입도 7,000원에서 8,500원으로 증가한다. 빵 부문의 수입 4,500원이 사회 전체 수입인 8,500에서 차지하는 비중은 약 53%이다. 빵 부문의 수입 비중이 53%라는 것은 빵 부문의 생산 가치가 사회 전체가 생산한 가치 중에서 차지하는 비중이 53%라는 말과 같다. 노동가치론에서 가치는 시간이므로 이 사회가 생산한 총 7시간 중에서 빵 부문은 '7시간 × 53% = 3.71시간'의 가치를 갖고 있다는 의미다. 빵 부문은 3시간의 노동을 하였으나 생산성을 향상하여 3.71시간의 가치를 획득한 것이다. 가치보존의 원리가 작동하므로 휴대폰, 가수 부문의 노동자와 자본가는 각각 약 0.36시간을 손해 볼 수밖에 없다. 빵 부문은 3시간의 노동을 3.71시간의 노동과 교환하는 부등가교환으로 다른 부문의 가치를 전유한 것이다. 이런 일이 발생한 것은 빵 부문은 생산성을 향상하였으나 다른 부문의 생산성은 그대로이기 때문이다.

만약 빵이 가격비탄력적인 수요를 가진 상품이어서 생산성 증대로 인한 가격하락률이 수요량증가율보다 더 크다면 빵 부문 전체의 수입은 감소할 것이다. 부문 전체의 빵 생산이 2배로 증가하여 빵가격이 40원으로 감소하는 경우를 예로 들 수 있다. 이때는 빵 부문 전체의 수입은 생산성 향상 전의 3,000원에서 생산성 향상 후 '60개 × 40원 = 2,400원'으로 오히려 감소한다. 생산량은 증가하였지만 가치는 감소한 것이다.

이런 상황에서 빵 생산을 지속할 자본가는 많지 않을 것이므로 빵 생산자는 감소한다. 생산자의 감소와 함께 생산량도 감소하면 가격은 다시 상승하여 40원보다 높은 곳에서 시장가격이 형성된다. 만약 빵1이 도태되어 생산량이 50개로 감소하고 가격은 60원으로 상승한다면 살아남은 빵2, 빵3의 수입은 각각 1,500원이 된다.[36] 이 경우에도 빵 생산자는 1시간의 노동으로 1,500원의 수입을 얻게 되므로 같은 노동시간으로 1,000원을 얻는 다른 부문 생산자의 노동시간을 전유할 것이다.

하지만 이러한 상황은 영원하지 않다. 빵 부문보다 다른 부문이 더 높은 수준의 생산성 향상에 성공하면 빵 부문이 그 부문에 가치를 빼앗긴다. 예를 들어 가수1과 가수2가 더 좋은 곡을 발표하여 인기가 올라가는 경우가 있다. 이들이 1시간의 노래로 더 많은 수입을 얻으면 사회 전체 수입에서 차지하는 비중이 높아지고 획득하는 가치도 비례하여 커진다. 가수 부문이 총 2시간 노래하였으나 획득하

---

36 생산자가 감소하면서 생산성은 더 향상된 경우로 미국 농가를 사례로 들 수 있다. 2004년 미국의 농업인구는 1950년에 비해 70% 줄었으나 영농기술의 획기적인 발전으로 곡물과 축산물의 생산량은 2배 이상 늘었다. 그레고리 맨큐, 〈맨큐의 경제학〉, 김경환·김종석 옮김, 교보문고, p.125.

자본론으로 마르크스를 비판하다

는 가치가 2시간보다 커진다면 필연적으로 다른 부문은 가치의 손실을 본다. 서로 다른 부문 간의 생산성 수준을 비교할 수는 없지만, 부문 내부의 경쟁으로 달성하는 생산성 향상의 정도가 높아 더 많은 수입을 얻는 부문은 그렇지 못한 부문의 가치를 전유한다. 빵 부문의 생산성이 2배 향상되어도 휴대폰이나 가수 부문의 생산성이 3배, 4배 상승하면 빵 부문의 생산 가치는 그 부문으로 흘러 들어갈 것이다. 이러한 현상이 일어나는 이유는 가치보존의 원리가 작용하는 가운데 한 부문의 생산량이 증가하면 사회 전체의 가격총액(수입총액)에서 그 부문 혹은 개별 생산자의 수입이 차지하는 비중이 높아지기 때문이다. 다시 말해 가치보존의 원리가 작용하는 한, 어느 부문 혹은 어느 개별 생산자이든 생산성 향상으로 사회 전체 수입에서 차지하는 비중이 커지면 획득하는 노동시간은 실제 수행한 노동시간보다 많아지므로 다른 부문은 그만큼 가치의 손실을 본다.

가치보존의 원리라는 개념이 없는 효용가치론에서는 이런 일이 발생하지 않는다. 빵 부문의 생산성이 높아져서 가격이 올라가면 그 자체가 가치의 증대이고 사회 전체 가치도 올라가므로 다른 부문의 가치는 그대로이다. 노동시간이 변하지 않으면 가치총량의 변동이 없는 노동가치론과 달리 효용가치론은 생산량에 따라 가치가 변하기 때문이다. 생산성 향상은 노동시간의 변화가 없으면서 더 많이 생산하거나 노동시간의 증가율보다 생산량 증가율이 더 큰 것을 의미하므로, 노동가치론은 결국 고정된 가치총량에서 생산성이 높은 자가 더 많이 가져가면 생산성이 낮은 자는 그만큼 손해 보는 제로섬의 세계라는 것을 알 수 있다. 제로섬의 원리는 부문 내로 한계지어지지 않고 다른 부문으로 확산한다. 사회 전체적으로 투입 노동시간은 변동이 없는 상황에서 같은 시간을 노동하고도 다른 편에 비해 수입이 많은 쪽은 투입시간 이상의 가치를 획득하고 그만큼 다른 편은 가치의 손해를 본다.

　상대적 잉여가치의 분석에서 마르크스가 행한 실수는 단순한 실수로 여겨질 수도 있다. 던컨 폴리의 가치보존의 원리에서 보는 것처럼 마르크스경제학자 또는 마르크스주의자들 중에 특별잉여가치가 타인 가치의 전유라는 것을 모르는 사람은 거의 없다. 특별잉여가치는 기업 내부의 노동자와 자본가 간 전유가 아니라 기업 바깥에서 온 사회적 전유라는 사실은 일반적으로 인정된다. 그러나 우리가 마르크스가 실수한 지점 혹은 회피한 지점에서 노동가치론의 원리를 따라 한 발자국 더 나아가면, 노동가치론의 세계에는 자본가에 의한 노동자의 착취뿐만 아니라 생산성이 높은 자가 생산성이 낮은 자를 착취한다는 또 하나의 착취가 있음을 알게 된다. 마르크스와 마르크스주의자들은 이 점을 놓치고 있다. 마르크스는 생산성 향상을 자본가가 노동자를 효율적으로 착취하는 방법의 하나로만 설명하고 있으나, 가치법칙은 생산성 향상의 성과를 한쪽이 독식하면 다른 쪽은 가치의 손실을 입게 되고 이것은 자본주의, 사회주의를 구별하지 않는다는 결론을 보여준다. 결국 사회주의 중앙계획기구는 끊임없이 생산량과 분배를 통제하여 생산성이 높은 기업이나 사람이 그 성과를 독식하지 않도록 해야 하는데, 이것이 사회주의 생산력 발전을 가로막는 장벽으로 작용한다.

◆ 누군가의 이익은 다른 누군가의 손실

자본주의 사회에서 생산성 향상은 다양한 형태로 나타난다. 생산량의 증가뿐만 아니라 상품의 품질이나 서비스가 경쟁사보다 뛰어나 더 많은 매출을 올리는 경우도 생산성 향상의 일환으로 볼 수 있다. 어떤 방법 또는 어떤 형태로든 같은 노동시간으로 사회적 평균보다 더 많은 수입을 얻는 것은 생산성 향상의 결과로 볼 수 있다. 뛰어난 가창력으로 대중의 사랑을 받는 가수, 뛰어난 야구 혹은 축구 실력으로 일반인들은 상상하기 어려운 연봉계약서에 도장을 찍는 메이저리그 선수나, 프리미어리그 선수들도 동일한 노동시간으로 그보다 적은 수입을 얻는 사람들에 비해 생산성이 높은 사람들이라 할 수 있다.[37] 스포츠 선수나 연예인은 TV 중계, 드라마, 영화를 통해 많은 사람에게 즐거움을 준다. 삼성전자 노동자가 1시간에 휴대폰을 10개 생산하면 휴대폰 10개에 해당하는 효용만을 창출하지만, 메시가 1시간 공을 차면 수백만 명의 사람들이 즐기는 효용을 창출한다. 이들의 생산성 향상은 더 많은 사람에게 효용을 주는 것으로 나타난다. 가수나 배우가 가창력이나 연기력을 높이기 위해 노력하고, 야구선수들이 타율을 올리고 홈런을 더 많이 치기 위해 혹은 축구선수들이 개인기와 골 결정력을 높이기 위해 훈련하는 것은 자신을 더 많은 사람이 보도록 하기 위한 생산성 향상 노력의 일

---

37 돈을 많이 버는 사람이 무조건 생산성이 높다는 이야기는 아니다. 시장의 실패로 비생산적인 사람이 더 많은 돈을 벌수도 있고 생산성이 높은 사람이 낮은 사람에게 가치를 빼앗길 수도 있다. 그리고 운동선수나 연예인의 높은 생산성은 선천적인 재능의 영향도 크다.

환이다. 노동자들도 마찬가지다. 솜씨 좋은 노동자가 동일한 시간을 투입하고 남들보다 더 많이 생산하거나 질적으로 우수한 상품을 생산하여 많은 수입을 얻는다면 그는 상대적으로 생산성이 뛰어난 노동자다. 노동자가 새로운 기술을 익히거나 관련 공부를 하는 것은 개인의 생산성을 향상하여 더 많은 수입을 얻기 위함이다.

지금까지의 분석을 종합한 결론은 노동가치론은 다양한 부문에서 다양한 방식으로 생산성이 높은 노동을 한 사람 또는 기업이 더 많은 부를 가져가면 그것은 타인의 부를 착취하는 것이라고 분명히 가르친다는 것이다. 연예인들이 고가의 건물을 사거나, 메이저리그에 진출한 선수가 고액 연봉계약서에 도장을 찍었다는 뉴스를 들으면, 위화감을 넘어서 마치 자신의 부를 빼앗기는 듯한 박탈감을 느끼는 경험을 할 때가 있다. '전유'라는 고상하고 점잖은 용어를 사용하거나, 가치법칙이 중력법칙과 같이 사람들이 느끼지 못하는 사이에 작용한다 해서 이 박탈감은 사라지지 않는다. 노동가치론자가 보기에 이 박탈감은 근거가 없는 것이 아니다.

제2가치법칙은 모든 노동은 추상적 인간 노동이란 측면에서 생산성과 관계없이 평등하다는 가르침을 준다. 동일한 시간의 노동은 생산성과 상관없이 똑같은 가치로 보상받아야 한다. 동일한 시간의 노동이 동등한 대접을 받지 못하면 누군가는 이익을 보고 누군가는 착취당하고 있다.

마르크스가 분업은 분배이며 그것도 생산물의 양적 및 질적으로 불평등한 분배라고 말한 이유는 여기에 있다.[38] 분업은 생산력을 발

---

38 마르크스 · 엥겔스 저, 〈독일 이데올로기〉, 김대웅 역. 두레 펴냄, p.70.

전시키지만, 분업 내부에서는 생산성의 차이를 가져오므로 사회적 전유가 일어나고 불평등한 분배가 일어날 수밖에 없다. 이것은 마르크스에게 분업이 가져온 부당함으로 인식되고 분업을 지양할 때 극복할 수 있는 폐해로 다가온다.

노동가치론의 시각으로 보면 메이저리그 선수나 유명 가수는 평범한 우리들의 가치를 착취하고 있다. 빌 게이츠나 일론 머스크도 마찬가지다. 그들은 자본가로서 노동력 가치 이상의 가치인 절대적 잉여가치를 착취하기도 하지만 천재적인 능력이 발휘하는 뛰어난 생산성으로 평범한 우리의 가치를 착취하고 있다. 같은 시간 노동하고도 대학교수가 대학 정문 경비원보다 더 높은 보수를 받는 것도 노동가치론자의 눈에는 착취가 행해지고 있는 것으로 보인다. 그러기에 그들은 대학교수의 노동, 외과의사의 노동, 청소부의 노동, 경비원의 노동 그리고 세상에 존재하는 모든 추상적 인간 노동이 생산성과 상관없이 동등한 대우를 받는 세상을 꿈꾼다. "그렇소. 우리는 노동 평등의 깃발을 높이 들었소." 라고 당당하게 말하지 않는 사람은 진정한 마르크스주의자가 아니다. 이것을 인정하지 않거나 모르는 마르크스주의자는 얼치기 마르크스주의자다.

생산량 분배가 관철되는 자본주의 사회의 관점에서 보면 생산을 많이 한 자가 더 가져가는 것은 당연한 일이나, 노동시간에 따라 가치를 분배하는 노동량 분배의 관점에서 보면 그것은 타인 가치의 착취가 된다. 조제프 프루동은 무정부주의자로서 마르크스의 비판을 피할 수 없었지만, '재산은 훔친 것이다.'라는 그의 슬로건은 마르크스의 가치법칙으로 부활하였다. 가치법칙으로 보면 노동하지 않고 부를 가져가는 것도 타인의 노동시간을 훔친 것이지만 같은 시간 노동하고도 생산성이 높다는 이유로 더 가져가는 것 또한 타인의 노동시간을 훔치는 것이기 때문이다.

따라서 생산성이 높은 자가 낮은 자보다 많은 수입을 얻는 것은 노동량 분배론자의 입장에서는 용납할 수 없는 일이다. 이들이 보기에 사회주의 혁명이 성공하여 자본가가 사라진다고 하여도 생산성 격차에 따른 차등 분배가 존재한다면 착취는 소멸된 것이 아니다. 당연히 사회주의 당국은 어떤 부문, 기업, 노동자의 생산량이 증가하여도 그 성과를 그들이 독차지하는 것을 허용하지 않는다. 사회주의에서 시장이 아닌 중앙당국의 계획에 의해 생산과 분배가 조절되어야 하는 이유를 가치법칙에서 찾을 수 있다. 시장의 무정부성, 무계획성과 이로 인한 불황, 공황은 시장이 소멸되어야 할 진정한 이유가 아니다. 모든 주체가 자유롭게 경쟁하는 시장이 존재하는 한 노동 평등은 불가능하다. 불황과 공황은 노동 불평등이 초래하는 결과의 하나일 뿐이다. 노동 불평등으로 인한 착취가 소멸되기 위해서 이기심의 각축장인 시장은 사라지지 않으면 안 된다.

마르크스는 사회적 평균보다 생산성이 높은 기업은 특별잉여가치라는 초과이윤을 얻지만, 이것이 밖에서 온 것이 아니라 자기 기업의 노동자를 착취한 것으로 결론지었다. 특별잉여가치를 얻기 위한 자본가들의 경쟁으로 사회의 전반적인 생산력 수준이 발전하면 자본가의 잉여가치가 더욱 증가하고 노동력의 가치는 더욱 감소하므로 생산력 발전은 결국 자본가에 의한 노동자의 착취를 강화한다고 하였다. 그러나 위에서 보았듯이 자기 기업의 노동자를 착취하기 이전에 존재하는, 생산성이 높은 자가 낮은 자의 가치를 전유하는 단계를 마르크스는 생략하였다. 특별잉여가치가 기업 밖에서 온 타인의 가치라는 것을 인식한 후대의 마르크스주의자들도 자본의 노동에 대한 착취만 파고들었을 뿐 생산성 격차에 의한 사회적 전유에는 무관심하였다. 그러나 마르크스가 가치법칙을 혼동하여 특별잉여가치를 기업 내부의 문제로 결론지은 지점에서 좀 더 나아가면 우리는 특별잉여가치는 생산성이 높은 자가 낮은 자의 가치를 전유한 것임을 알 수 있다. 더 나아가 사회 전체로 확대하면 부문 간 생산성 격차로도 사회적 전유가 발생함을 확인하였다. 생산성이 높은 자가 낮은 자를 착취하는 것은 마르크스와 마르크스주의자들이 간과한 또 하나의 착취이다. 노동가치론은 세상의 부를 누릴 수 있는 권리인 가치를 획득하는 수단은 자본을 이용하여 노동자의 노동을 가로채는 방법뿐만 아니라 생산성을 높여 타인의 노동을 가로채는 방법도 있다는 것을 보여준다.

　마르크스주의자들은 사유재산제도를 철폐하고 중앙계획기구가 노동량에 따른 분배를 실천하면 모든 착취가 일소된 새로운 사회를 건설할 수 있을 것으로 기대하였다. 노동량에 따른 분배는 제2, 3가치법칙의 원리를 실천하는 것으로 생산량과 상관없이 동일한 시간의 노동을 동등하게 대우하는 것이다.[39] 그러나 사회주의 생산력을 발전시켜 능력에 따라 일하고 필요에 따라 분배받는 공산주의 사회

39　숙련노동의 개념을 도입하면 생산량에 따른 차등분배가 가능하다는 반론이 있을 수 있으나, 숙련노동은 더 많은 노동이 투입된 노동이므로 숙련노동을 우대하는 것도 노동량분배의 일환이란 점을 12장에서 분석한다.

로 가기 위해서는 생산성이 높은 노동을 우대하지 않을 수 없었다. 그것은 생산량 분배라는 제4, 5가치법칙의 재가동이었고 소멸되었던 자본주의적 분배방식의 부활이었다. 마르크스주의자들은 본능적으로 그것이 옳지 못한 것임을 느끼고 있었다. 생산량이 많은 자가 적은 자보다 더 가져가는 것은 소멸된 줄 알았던 자본주의적 착취의 부활임을 느낀 것이다. 따라서 그들은 생산량이 높은 자에게 주는 인센티브를 중앙계획기구를 이용해서 인위적으로 통제하였고 이는 사유재산의 증식에 대한 끊임없는 제약으로 작용했다. 사회주의적 인센티브 제도만으로는 자본주의 시장에서 자동으로 가동되었던 제4, 5가치법칙에 따른 생산량 분배가 완전하게 실현될 수 없었다.

가치법칙의 소멸을 꿈꾸면서도 가치법칙을 가동하지 않을 수 없었던 이율배반에 그들은 빠졌던 것이고 그것이 사회주의의 붕괴의 결정적인 원인이 되었다. 사회주의는 자본에 의한 노동 착취는 소멸시킬 수 있었으나, 생산성 차이에 따른 차등 분배가 일으키는 또 하나의 착취는 그것의 소멸을 원하면서도 없앨 수 없는 딜레마로 붕괴하였다. 자본주의에서는 너무나 당연한 생산량 분배원칙을 생산성이 뛰어난 자가 낮은 자를 착취한다고 결론 내는 노동가치론으로써는 피하기 어려운 결말이었다.

6장 차액지대와 특별잉여가치

◆ 차액지대의 발생원리

마르크스는 상대적 잉여가치를 분석하는 장에서 종착역 전에 미리 내렸다. 우리는 마르크스가 내린 역에서 그가 만든 논리와 자료를 챙겨서 한 정거장 더 나아갔다. 그리고 타인의 노동을 착취하는 방법은 자본을 이용하여 노동자의 가치를 착취하는 것뿐만 아니라 생산성 격차에 의한 착취도 있다는 것을 알게 되었다. 그것은 사회적 전유를 통해 일어난다. 마르크스는 독점이윤을 설명하면서 부등가교환으로 인한 사회적 전유를 적시하였으나 생산력 격차로 발생하는 부등가교환은 간과하였다.[40] 그런데 그는 지대를 논하는 장에

---

40 〈자본론 3권(하)〉 p.1091에서 마르크스는 독점력에 의해 발생하는 독점이윤은 상품을 실제가치보다 높은 가치로 판매한 결과이므로 이를 구매하는 다른 자본가와 노동자는 손해 본다고 말한다. 이는 독점력에 의한 사회적 전유이다. 독점력에 의한 것이든, 생산성 격차에 의한 것이든 상품의

서 대단히 흥미로운 주장을 한다. 토지의 생산력 격차로 발생하는 차액지대가 타인 가치의 착취라는 사실을 간접적으로나마 밝힌 것이었다. 마르크스가 차액지대를 어떻게 보았는가를 분석하면 생산력 격차로 발생하는 사회적 전유의 성질이 명확하게 드러난다.

지대는 보통 두 가지 의미로 사용되고 있다. 첫째는 토지의 사용 대가로서 받는 임대료의 개념이다. 둘째는 '공짜점심'과 같이 노력 없이 얻는 이익을 의미한다. 둘째 개념은 첫째에서 파생된 것으로 이번 장에서 다루는 지대는 본래 의미의 개념인 임대료로서의 지대이다. 자본주의가 본격적으로 성장하기 시작한 19세기 초엽, 영국에서는 지주와 자본가 사이에 지대를 둘러싼 30여 년간의 대립이 벌어졌었고 여기서 패배한 지주는 자본가에게 최상위 포식자의 지위를 내어주었다.

1815년에 제정되어 1846년에 폐지된 곡물법을 둘러싼 갈등이 그것인데, 당시 의회의 다수파를 차지한 지주계급은 곡물 가격을 올려 더 많은 지대를 확보하려는 목적으로 해외에서의 곡물 수입을 일정한 조건에서 금지하는 곡물법을 제정하였다. 곡물 가격의 상승은 노동자의 임금을 올리고 자본가의 이윤을 감소시키는 결과를 가져왔다. 자본가 계급은 각고의 노력 끝에 곡물법을 폐지하기 위한 30여 년의 전쟁에서 승리하여 지주의 계급적 지위를 강등시킨다. 당시 지주계급의 이익을 이론적으로 대변했던 맬더스는 상품 과잉 생산의 원인이 되는 유효수요 감소를 해결하려면 지주가 더 많은

실제가치와 시장가치가 같지 않으면 가치의 전유가 일어난다는 것을 독점이윤에 관한 마르크스의 설명에서도 확인할 수 있다.

　　　　　　　　　　　　자본론으로 마르크스를 비판하다

돈을 써야 하므로 경제발전을 위해 지대의 증가가 필요하다는 논리를 폈다. 이에 대해 리카도는 지주의 이익이 증가할수록 자본가의 이윤과 노동자의 임금은 감소할 수밖에 없으므로, 자본주의 경제의 발전을 위해서는 곡물법의 철폐가 시급하다는 주장으로 맬더스와 대립했다. 리카도는 이 주장을 이론적으로 뒷받침하려고 토지 비옥도에 따라 발생하는 생산량의 차이가 지대로 전환된다는 차액지대론을 제시했는데, 이는 마르크스 지대론의 출발점이 된다.

특별잉여가치는 생산성이 사회적 평균보다 높은 기업에 주어지는 초과이윤으로 동종업계의 평균적인 이윤을 넘어서는 특별한 이익이다. 기업이 초과이윤을 얻는 이유는 경쟁자와 동일한 노동시간을 투입하지만 경쟁자보다 더 많은 양을 생산하는 데 있다. 즉, 경쟁자와 비교하여 어떤 요인으로든 생산성 우위를 확보할 때 얻는 것이 초과이윤이다. 일반적으로 산업부문에서 얻는 초과이윤인 특별잉여가치의 획득을 위해서는 동일한 자본과 노동의 투입이라는 전제하에 경쟁자보다 생산량이 많거나, 더 좋은 품질의 제품을 만들거나, 소비자가 혹할만한 새로운 상품을 시장에 내놓는 등 경쟁자와 비교해 무엇인가 차별적인 우위를 갖고 있어야 한다. 마찬가지로 차액지대도 이름에서 알 수 있듯이 생산력의 차이로 주어지는 것으로 비옥도 혹은 토지의 위치에서 다른 토지보다 차별적인 우위에 있는 토지가 더 많은 농산물을 생산함으로써 얻는 초과이윤이다.

이때의 전제조건은 각 토지에 투입되는 자본, 노동은 물론 토지면적까지 동등해야 한다는 것이다. 생산성의 우위라는 것은 투입되는 노력이 동등한데도 더 많은 생산물을 얻을 때 발생하기 때문이다. 빵 기업 A, B가 동일한 노동시간을 투입하여 A가 20개, B가 10개 생산하였을 때, B가 사회적 평균생산성을 가진 기업이고 생산량 증가에 따른 원재료의 증가는 무시한다는 가정이 있다면 A가 B보다 더 많이 생산한 10개는 특별잉여가치로 돌아온다. 동일한 면적의 토지 A, B에 똑같은 노동시간을 투입하였는데 A가 쌀 2가마, B가 1가마를 생산하였다면, A가 1가마를 더 생산할 수 있는 원인은 토지의 비옥도가 더 높거나 B보다 더 적합한 위치에 있는 것처럼 토지 자체가 생산력에서 우위를 갖고 있기 때문이다. 토지를 사적으로 소유하는 제도가 허용된 사회에서 토지소유주는 토지의 생산력이 우수하여 더 많이 생산된 농산물은 자신의 것이라고 주장할 것이다. 이처럼 토지의 생산력 차이로 주어지는 초과 생산량이 차액지대다.

◆ 차액지대와 특별잉여가치의 차이

특별잉여가치와 지대는 초과이윤이란 하나의 범주에 속해 있고 생산력의 격차로 주어진다는 점에서 발생 원리가 동일하므로 이란성 쌍둥이에 비유할 수 있다. 일란성이 아니라 이란성인 이유는 특별잉여가치는 사회적 평균생산성 수준을 기준으로 초과 생산량이 정해지지만 차액지대는 최열등지를 기준으로 정해진다는 데 있다. 빵 기업 A, B, C가 있을 때 A가 사회적 평균보다 높은 생산성을 갖고 있고, B는 사회적 평균수준의 생산성을, C는 사회적 평균수준보

자본론으로 마르크스를 비판하다

다 낮은 생산성을 갖고 있다면 A는 특별잉여가치를 얻고 그것은 C에서 전유된다는 것을 앞부분에서 살펴보았다.

토지의 경우는 좀 다르다. 비옥도가 높은 순으로 동일한 면적의 토지 A, B, C가 있다고 할 때, 지대가 되는 초과생산량은 사회적으로 평균수준의 생산성을 가진 B가 아니라 최열등지인 C를 기준으로 정해진다. 동일한 노동시간을 투입하여 A가 쌀 3가마, B 2가마, C가 1가마를 생산한다면 A는 2가마, B는 1가마의 지대를 얻고 최열등지인 C의 지주는 아무런 지대도 챙기지 못한다.[41] 최열등지의 생산량이 초과생산량 결정의 기준이 되는 이유는 상품의 시장가치가 사회적 필요노동시간으로 결정되는 법칙은 생산수단이 자유롭게 재생산되는 산업 분야에 한정되기 때문이다. 농업 분야와 같이 생산수단인 토지의 재생산이 불가능한 경우에는 시장가치가 평균적인 조건이 아니라 가장 열등한 조건에 의해 결정된다. 이는 생산수단이 한정되어 있으므로 농산물의 수요를 만족시키기 위해서는 최열등지가 요구하는 가격을 시장가치로 인정하지 않을 수 없기 때문이다. 쌀에 대한 사회적 수요가 6가마일 때 최열등지 C가 요구하는 가격, 예를 들어 60원을 시장가치로 인정하지 않으면 C는 쌀을 생산하지 않을 것이고 수요량 6가마를 충족할 수가 없다. 쌀 가격은 C가 요구하는 60원까지 상승할 것이고 그때 C는 쌀을 생산한다. 만약 인구가 증가하여 쌀의 수요량이 7가마로 증가하면 C보다 더 열등한 토지라도 찾아서 쌀을 생산해야 한다. D, E가 각각 0.5가마의

---

41 마르크스는 최열등지는 지대가 발생하지 않는다는 리카도의 지대론을 비판하고 최열등지에도 지대가 발생함을 주장하면서 이를 절대지대로 불렀다. 이에 대해서는 부록 3을 참조.

쌀을 생산하는 토지라면 7가마의 쌀 생산을 위해서는 D, E가 요구하는 가격이 시장가치가 되어야 한다. 따라서 쌀 가격은 2배인 120원으로 급등하고 이것이 시장가치가 된다.[42]

그러나 빵 부문에서는 A, B, C가 차례대로 3개, 2개, 1개의 빵을 생산할 때 빵의 수요가 6개에서 7개로 증가한다고 해서 가장 열등한 조건에서 생산하는 C의 요구가격을 들어줄 필요는 없다. A, B가 생산수단을 충원하여 더 많이 생산하면 되기 때문이다.[43] A, B만의 생산으로도 시장의 수요를 감당할 수 없을 때 사회적 평균보다 낮은 조건에서 생산하는 C의 빵으로 수요를 충당해야 하므로 가격이 올라가지만, 이는 공급에 비해 수요가 증가한 탓으로 발생하는, 시장가치와 시장가격의 일시적 괴리라고 마르크스는 설명한다. 시장가치는 사회적 평균 가치이나 수요와 공급의 작용으로 사회적 평균보다 높은 가치가 시장가격으로 형성되었다는 것이다. 산업 분야에서 사회적 평균보다 열등한 조건에서 생산된 가치가 시장가격이 되는 것은 수요와 공급에 의한 일시적 현상일 뿐 생산수단이 재생산되어 빵의 공급량이 증가하는 과정에서 시장가격은 사회적 평균가치인 시장가치로 회귀한다. 예를 들자면 코로나 사태로 마스크의 가격이 급등하였지만 마스크 생산기계와 인력을 보충하자 가격급

---

42 C는 1가마를 60원에 생산하므로 같은 노력으로 0.5가마를 생산하는 D, E 토지의 생산물은 120원이 된다.

43 토지도 빵 부문처럼 토지 A, B가 토지개량과 같은 인위적인 방법으로 생산량을 증가할 수 있는데 이로 인해 발생하는 지대를 차액지대 II라 한다. 차액지대 II의 결정기준은 최열등지가 아니라 최열등 조건에서 생산되는 쌀 생산량이 된다. 즉, 최열등 조건에서의 생산량을 초과하는 생산량이 지대가 된다. 이에 대해서도 부록 3을 참조.

등세는 진정되었다. 만약 마스크가 밭에서 나는 물건이었다면 가격은 쉽게 떨어지지 않았을 것이다.

지대와 특별잉여가치 사이에는 또 하나의 차이가 있다. 특별잉여가치는 자본가의 경쟁으로 소멸하면서 상품의 가치를 전반적으로 하락시키고, 이것은 다시 노동력의 가치를 감소시켜 사회 모든 자본가가 상대적 잉여가치를 누릴 수 있게 하나, 지대의 영역에서는 그러한 일은 일어나지 않는다. 덜 비옥한 토지를 개량하여 생산성을 일부 향상할 수는 있으나, 토지 비옥도 차이를 완전히 상쇄시킬 수는 없기 때문이다. 초과이윤의 전제인 각 생산주체들의 생산성 차이가 경쟁으로 소멸하고 다시 생겨나는, 끊임없는 경쟁이 산업 분야에서는 하나의 일상으로 자리 잡았지만, 농업 분야에서는 생산성의 차이는 자연력에서 비롯된 것이므로 영속성을 가질 수밖에 없다. 따라서 토지들 사이에 생산력의 불균등성이 존재하는 한, 그리고 무엇보다 자본주의라는 역사적으로 독특한 사회관계가 지속하는 한 지대는 소멸하지 않는다.

◆ 지대도 사회적 전유의 결과

지대가 특별잉여가치와 마찬가지로 가치를 생산한 것이 아니라 생산력 격차에 의한 타인 가치의 전유라는 것을 분석하기 위하여 〈자본론〉에서 마르크스가 사용한 예를 가져와 보자.

<표6-1>

토지 종류	생산물		자본투하액 (원)	이윤(지대포함)		지대	
	가마	원		가마	원	가마	원
A	1	60	50	0.17	10	–	–
B	2	120	50	1.17	70	1	60
C	3	180	50	2.17	130	2	120
D	4	240	50	3.17	190	3	180
합계	10	600				6	360

산업혁명기 영국에서 전형적인 농산물의 생산은 자본가가 지주의 토지를 임차하고 농업노동자를 고용하는 방식으로 이루어졌다. 위 〈표6-1〉은 A, B, C, D의 순으로 토지의 비옥도가 점점 높아지는 동일한 면적의 토지에 임차자본가가 50원의 자본을 투하하여 밀을 생산하는 경우를 보여준다. 논의의 단순화를 위하여 50원은 전적으로 노동자의 임금으로 사용되고 노동자는 1시간의 노동으로 A 1가마, B 2가마, C 3가마, D 4가마의 밀을 생산한다고 가정한다. 네 토지에서 생산되는 총 10가마의 밀이 사회적 수요를 충당하면 최열등지인 A토지에서 생산되는 밀의 가치가 시장가치이자 시장가격이 될 것이다. A토지의 임차자본가는 50원의 투자자본에 10원의 이윤을 얹어 밀 1가마를 60원에 판매한다. 물론 10원의 이윤은 임차자본가가 마음대로 결정하는 것이 아니고 다른 산업부문과의 경쟁에 의한 시장의 평균이윤율로 결정된다.[44]

---

44 부록 3에서 평균이윤율이 결정되는 원리를 참조.

자본론으로 마르크스를 비판하다

이제 이 사회에서 밀 1가마는 60원의 가격으로 판매된다. 각 토지에서 발생하는 수입은 A 60원, B 120원, C 180원, D 240원이 된다. A토지의 임차자본가는 60원 중에서 50원은 임금으로 주고 10원은 이윤으로 챙긴다. B, C, D토지의 임차자본가는 임금 50원을 제외한 70원, 130원, 190원의 차익이 생기나 이를 모두 이윤으로 가져갈 수 없다. 지주가 시장가치의 기준이 되는 A토지보다 더 많이 생산한 밀을 지대로 요구하기 때문이다. 물론 A토지보다 더 많이 생산한 양이 처음부터 지대가 되는 것은 아니다. A토지보다 초과로 생산한 양이 지대가 되는 것은 순전히 임차자본가 사이의 경쟁 때문이다. B, C, D 토지의 임차자본가는 지대로 조금만 주고 나머지는 이윤으로 가져가려 하지만, 자신보다 더 많은 지대를 주겠다는 임차자본가가 나타나기 때문에 지대를 올릴 수밖에 없다.

이러한 경쟁은 임차자본가의 이윤이 투하자본 50원에 대한 평균이윤인 10원으로 하락할 때까지 계속되므로 네 토지의 임차자본가가 얻는 이윤은 결국 10원으로 균등해진다. 자본가는 원래 투하자본의 이윤율이 다른 자본가와 동등해지면 자본투자를 지속할 최소한의 동기는 얻기 때문이다. 네 토지의 임차자본가가 모두 60원의 수입으로 임금과 이윤을 얻는 것으로 되면 나머지 수입은 지대가 된다. A의 지주는 차액지대를 챙길 수 없지만 B, C, D의 지주는 A토지보다 더 많이 생산한 양을 판매한 60원, 120원, 180원을 지대로 가져간다. 지주나 임차자본가는 지대가 순전히 토지가 가진 생산력 덕분에 획득한 수입이므로 토지소유주가 가져가는 것이 불합리한 일은 아니라고 생각한다.

그러나 노동가치론의 시각에서 보면 겉보기에는 온당한 듯이 보이는 수입의 분배에 큰 문제가 있다. 밀 1가마의 시장가치는 최열등지 A의 생산물로 결정되므로 시장에서 밀 1가마는 1시간의 가치, 즉 60원의 가격에 판매된다. B는 1시간의 노동으로 2가마의 밀을 생산하였으므로 B가 생산한 밀 1가마에 내재된 가치는 0.5시간이고 화폐로는 30원이다. B토지의 임차자본가는 0.5시간 혹은 30원의 가치가 있는 밀 1가마를 실제가치보다 더 높은 1시간 혹은 60원에 판매한다. B토지의 생산력이 A토지보다 높기 때문에 실제가치보다 시장가치가 더 높은 부등가교환이 일어나는 것이다. C, D도 마찬가지다. C토지는 1시간에 3가마를 생산하므로 밀 한 가마는 0.33시간, 20원의 실제가치를 갖고 D토지는 1시간에 4가마를 생산하므로 생산한 밀 한 가마는 0.25시간, 15원의 실제가치를 갖지만 모두 시장에서 1시간, 60원에 판매되므로 그 차익이 지대로 전환된다.

B, C, D의 지대는 모두 실제가치보다 시장가치가 더 높게 형성되는 부등가교환의 결과로 발생하고 그 손실은 밀을 소비하는 소비자에게 전가된다. 이것은 모두 B, C, D가 시장가치를 결정하는 기준이 되는 최열등지보다 생산성이 더 높기 때문에 발생한다. 특별잉여가치가 사회적 평균생산성에 뒤처지는 경쟁자의 가치를 가져오는 사회적 전유의 결과라는 점에서 특별잉여가치와 지대의 발생원리는 조금도 다르지 않다. 지대도 결국 생산성의 격차로 발생하는 사회적 전유인 것이다. 이것을 마르크스가 상대적 잉여가치에 대해 설명한 방식으로 말하면 '예외적으로 생산성이 높은 B, C, D 토지의 노동은 강화된 노동으로 작용하여 동일한 시간 안에 동일한 종류인

자본론으로 마르크스를 비판하다

A 토지의 노동보다 더 많은 가치를 창조한다.'가 된다. 하지만 아래에서 보듯이 마르크스는 지대가 창조된 가치가 아닌 허위의 가치임을 스스로 밝힌다.

◆ 사회적 전유의 다른 표현, 허위의 사회적 가치

마르크스는 지대를 가치 창조가 아닌 '허위의 사회적 가치'라고 부르면서 그것이 가진 착취적 성격을 명확하게 표현한다. 마르크스가 만든 〈표6-2〉를 보자.

〈표6-2〉

토지 종류	생산량 (가마)	가마당 시장 가치 (원)	가마당 생산 가격 (원)	시장가치 합계 (원)	총지대 (원)
A	1	60	60	60	–
B	2	60	30	120	60
C	3	60	20	180	120
D	4	60	15	240	180
합계	10	240	24(평균)	600	360

A, B, C, D 네 토지는 각각 1시간 노동을 투입하여 총 4시간의 노동으로 10가마의 밀을 생산하였으므로 밀 한 가마에 포함된 평균적인 가치는 0.4시간, 화폐로는 60원 × 0.4 = 24원이다. 10가마의 밀은 4시간, 240원의 가치를 가진다. 그런데 실제 시장에서는 10시간,

600원의 가치로 판매되므로 실제보다 6시간 혹은 360원의 가치가 더 생산된 것처럼 보이지만 사실은 실제보다 부풀려진 가치이고 다른 누군가가 부담해야 한다. 마르크스는 부풀려진 360원이 '허위의 사회적 가치'이며 이는 경쟁 때문에 발생한다고 말한다.

> "이것은 자본주의적 생산양식의 토대 위에서 경쟁을 통해 실현되는 시장가치에 의한 규정이다. 하나의 **허위의 사회적 가치**를 생산하는 것은 경쟁이다."[45]

이는 제2가치법칙에 의해 생산량과 가치는 무관함에도 자본주의 시장경쟁은 제4, 5가치법칙을 발동시켜 실제보다 더 높은 가치로 시장가치가 결정된다는 가치법칙의 작동을 설명한 것이다. 인간이 인식하지 못하는 가운데 자연법칙과 같이 맹목적으로 작용하는 가치법칙에 의해, 진정한 가치인 240원에 360원이라는 허위의 가치가 붙어서 600원의 가치를 생산한 것처럼 보인다는 뜻이다. 5장에서 빵 기업 A가 빵을 실제가치보다 더 높은 시장가치로 부풀려 판매하여 그 차이를 특별잉여가치로 얻는 것과 다를 바 없다.

지주계급이 누리는 사치와 향락은 이 허위의 가치에서 나온 것이며, 누릴 권리가 없는 자들이 누리는 만큼 그것은 다른 사람들의 권리를 침해할 수밖에 없다. 누군가 허위의 가치를 가지면 누군가는 자신의 가치를 빼앗길 수밖에 없다. 사회적 전유가 일어나며 가치

---

45 〈자본론 3권(하)〉, p.846. 강조는 필자.

자본론으로 마르크스를 비판하다

의 제로섬 게임이 벌어지는 것이다. 우리는 이 점을 특별잉여가치가 타인 가치를 전유한 결과란 점에서 확인하였는데, 지대도 결국 타인 가치의 전유란 점이 분명해졌다. 동일부문 내의 특별잉여가치 혹은 부문 간 생산성 격차로 인해 획득하는 더 많은 가치는 생산성을 향상시킨 기업의 자본가가 다른 사람들로부터 전유한 가치이듯이, 지대는 토지 사이의 생산력 격차에서 발생한 것으로 생산력이 높은 토지의 소유주가 사회의 다른 사람들로부터 전유한 가치이다.

실제가치와 시장가치의 차이로 발생하는 지대가 허위의 사회적 가치라면 똑같은 원리로 발생하는 특별잉여가치나 부문 간 이전되는 가치도 허위의 사회적 가치다. 따라서 '초과이윤 = 허위의 사회적 가치 = 사회적 전유의 결과물 = 타인 가치의 착취'라고 나타낼 수 있다. 마르크스는 시장경쟁이 사라지고 '사회가 계획에 따라 일하는 의식적인 연합으로 조직된' 사회가 오면 허위의 사회적 가치는 소멸되므로 위 표의 밀은 600원이 아니라 240원이란 진정한 가치를 대변할 것이라 말한다. 이것이 함축하는 의미는, 토지 A ~ D는 생산량과 상관없이 동등한 대접을 받아야 한다는 뜻이다. 토지 B, C, D가 더 많이 생산한다는 이유로 더 많은 생산량을 가져가면 더 많은 가치를 얻는 것이고, 그것은 허위의 가치로서 자신을 제외한 나머지 사람들을 착취한 덕분이라는 의미이다.

자본주의를 대체한 새로운 세상에서는 네 토지에 각각 1시간의 동일한 노동시간이 투입되었다면, 각 토지의 생산량과 상관없이 사회적 총생산량인 10가마는 각자의 노동량에 따라 분배되어야 한다는 것이 허위의 사회적 가치가 갖는 진정한 함의다. 마르크스가 지대의 성격을 이렇게 규정하였기 때문에 생산성의 격차로 발생하는 모든 사회적 전유에 대해서도 이러한 논리를 적용하지 않는다면 부당한 일이 된다. 더 좋은 기계를 도입하든, 더 좋은 방법을 사용하든 사회적 평균보다 높은 생산성을 갖는 노동이 더 많은 보수를 받는 것은 사회주의에서는 용납되어서는 안 된다. 마르크스가 말하는 허위의 사회적 가치는 이 점을 분명하게 웅변하고 있다.

일부 마르크스주의 경제학자는 특별잉여가치는 지대와는 달리 진정한 사회적 가치를 가진다고 말하나 이는 허위의 사회적 가치에 대한 오해에서 비롯된 것이다. 특별잉여가치는 자본가들의 경쟁 노력으로 상품가치를 하락시키는 진보적 역할을 하므로 진정한 가치이지만, 자연력의 독점적 소유로 얻는 지대는 그런 역할과 관계가 없으므로 허위의 가치라는 것이다.[46] 그러나 마르크스가 말한 허위의 사회적 가치는 상품가치를 하락시키기 위해 생산성 증대 노력을 하였는가 하는 점과는 전혀 관계가 없는 개념이다. 마르크스는 지대가 불로소득이라서 허위의 가치라고 말한 것이 아니다. 허위의 가치는 실제가치와 시장가치와의 차이에서 발생하는 것으로 이를 얻기 위한 노력이 있었는가와는 상관이 없다. 물론 자본가는 경쟁을 통해 상품의 생산량을 증대하고 상품 가치를 하락시키므로 지주보다 진보적인 역할을 한다. 특별잉여가치는 과학기술 연구, 혁신제품 개발 등과 같은 생산적인 노력이 필요하지만, 지대는 불로소득의 측면이 강하므로 사회가 발전하려면 지대보다 특별잉여가치를 추

---

46 강남훈, 〈정보혁명의 정치경제학〉, 문화과학사, p.105.

구하려는 노력이 우대받을 필요도 분명히 있다.

그러나 마르크스는 생산량과 가치는 무관하기 때문에 생산량이 많다는 이유로 더 많은 가치를 가져가는 것은 자본주의 시장경쟁에 의한 허위의 가치라는 점을 주장하고 있을 뿐이며 이 점에서 특별잉여가치와 지대는 조금도 다르지 않다. 5장에서 빵 생산기업이 특별잉여가치를 얻는 것 또는 빵 생산부문이 다른 부문에서 가치를 전유한 것도 '자본주의적 생산양식의 토대 위에서 경쟁을 통해 실현되는' 허위의 가치임은 지대와 조금도 다르지 않다. 예를 들어 최열등지에서 생산된 밀 1가마의 가치가 100원이고 그보다 비옥한 토지에서 생산된 밀 1가마의 가치가 80원이라면, 이 토지의 밀은 실제가치가 80원지만 100원에 팔 수 있다. 따라서 20원의 허위의 가치가 생기고 다른 누군가는 그만큼 손실을 본다. 마찬가지로 사회적 평균가치가 100원인 빵 1개를 80원에 생산할 수 있는 자본가는 실제가치가 80원인 빵을 100원에 팔 수 있으므로 20원만큼 허위의 가치를 얻고 그만큼 누군가는 손실을 볼 수밖에 없다.

지대나 특별잉여가치나 노동에 기반하지 않은 허위의 가치란 본질은 다르지 않다. 마르크스가 말하고자 하는 진정한 의도는 생산량과 관계없이 동일한 시간의 노동은 동일한 가치를 창출하므로 다른 대접을 받아서는 안 되며, 자본주의에서 생산량에 비례하여 획득하는 가치가 증가하는 이유는 시장경쟁에 의한 타인 가치의 전유 때문이라는 것이다. 시장경쟁이 소멸하는 새로운 세계가 열리면 이런 공짜점심은 사라진다는 의미이다.

특별잉여가치가 진정한 가치라는 논리를 받아들이면 허위의 가치인 지대는 사회주의, 공산주의 시대가 오면 사라지지만, 진정한 가치인 특별잉여가치는 보장되어야 한다는 결론이 나온다. 또한 토지의 자연적인 힘의 우위가 아닌, 인위적인 노력인 토지개량으로 주어지는 차액지대 Ⅱ도 허위의 가치라 할 수 없으므로 존속될 수밖에 없다. 토지개량으로 곡물 생산량이 증가하고 곡물 가격이 하락하는 것은 산업 분야에서 생산성 향상 노력으로 상품가치가 하락하는 것과 다를 바 없으므로 차액지대 Ⅱ는 특별잉여가치와 같이 진정한 가치가 되어야 한다. 이것은 지대를 허위의 가치로 보는 마르크스로서는 인정할 수 없는 일이다.

초과이윤은 그것이 특별잉여가치이든 지대이든 간에 타인가치의 전유이다. 사회주의, 공산주의가 되어도 산업 분야에서 생산성이 뛰어난 노동과 인위적인 노력으로 차액지대 Ⅱ를 발생시키는 노동이 타인 가치를 전유하는 특별한 이익을 계속 누린다는 결론은 마르크스의 주장에 정면으로 반하는 것이다. 사회주의에서 생산성이 높은 노동이 각종 인센티브제도를 통해서 보상을 받는다고 해서 이러한 사정이 바뀌지 않는다. 그것은 사회주의 단계에서 생산력의 발전을 위하여 생산성이 높은 노동이 타인 노동의 가치를 전유하는 제도를 도입하지 않을 수 없는 고육지책이며, 가치법칙이 폐절되는 저 높은 공산주의 세상이 도래하면 허위의 가치는 어떤 형태든 사라지고 모든 노동은 동등한 대우를 받을 것이기 때문이다.

지대와 특별잉여가치를 분석하면 효용가치론과 노동가치론 사이의 중요한 분기점을 찾을 수 있다. 산업 분야에서 생산성 증대는 기계로 대표되는 자본에 의한 것이고, 농업 분야에서 생산성 증대는 토지의 비옥도에 의한 것이다. 자본주의는 생산성 향상의 원인을 제공한 자가 그 성과를 가져가는 것을 당연하게 여긴다. 따라서 산업 분야에서는 특별잉여가치라는 이름으로 자본가가, 농업 분야에서는 지대라는 이름으로 지주가 그 성과를 독식한다.

그러나 마르크스에게 이것은 자본주의가 빚어낸 허상에 불과하다. 자본이 "물건이 아니라 물건들을 매개로 형성된 사람들 사이의 사회적 관계"[47] 이듯이 자본 소유로 얻게 된 지대와 특별잉여가치도 하나의 사회적 관계의 산물이다. 노동가치론은 기계나 토지가 사용가치는 생산하지만 가치를 생산하지 않는다고 본다. 기계에는 과거 노동만이 응고되어 있고 토지는 인간 노동 자체가 들어 있지 않은 자연의 선물이다. 기계의 소유주가 기계에 응고된 과거 노동 이상의 가치를 획득하거나 토지소유주가 가치를 조금이라도 가져가는 것은 타인의 노동시간을 뺏은 것일 수밖에 없다. 산업 분야에서 생산수단을 독점한 자본가가 증대된 생산물을 독식하고 농업 분야에서 지주가 최열등지에 비해 초과 생산된 농산물을 독점하는 것은 생산수단의 사적소유를 인정하는 자본주의적 소유관계 덕분이다. 그러나 효용가치론의 시각에서 보면 기계나 토지는 분명히 가치를 생산한다. 기계 혹은 토지가 사용가치량 증대의 원천임은 분명한 사실이기 때문이다. 이전보다 효율적인 기계를 도입하거나 더 비옥한 토지를 경작할 때 생산량은 증가한다. 효용가치론은 사용가치가 효용의 원천이라 보기에 생산량 증대는 새로운 효용의 창출이요 새로운 가

---

47 〈자본론 1권(하)〉, p.1050.

치의 창조이다. 따라서 자본가나 지주가 특별잉여가치나 지대를 챙기는 것은 자신의 자본이 생산한 가치를 가져가는 것이므로 부당한 일이 아니라고 본다. 사용가치를 가치의 원천으로 보는가 보지 않는가, 이것이 효용가치론과 노동가치론을 가르는 경계선이다.

◆ 〈고타강령초안비판〉과 생산성에 따른 차등 분배

마르크스는 특별잉여가치는 생산성을 향상하여 자본가가 노동자를 효율적으로 착취하는 것으로 그리고 지대는 토지 간의 생산성 격차에서 발생하는 허위의 가치로 말하고 있으나 둘 다 생산성 격차에서 오는 허위의 가치이고 타인 가치의 전유임이 밝혀졌다. 또한 자본가나 지주가 사라진다고 하여도 생산성 격차에 따른 차등 분배가 존재하는 한 착취는 소멸되지 않는다는 것이 확인되었다.

가치법칙의 이러한 결론을 마르크스도 분명히 인지하고 있었음을 〈고타강령초안비판〉에서 알 수 있다. 마르크스는 일생 동안 자본주의를 분석하고 비판하는 수많은 저작을 썼으나 사회주의 혹은 공산주의의 미래상을 구체적으로 밝힌 적은 없었다. 그나마 사회주의, 공산주의 사회의 분배가 어떤 방식으로 이루어지는지 짐작할 수 있는 자료는 〈고타강령초안비판〉이 거의 유일한데 우리는 여기서 지금까지 분석하여 내린 결론의 요약본을 발견할 수 있다.

1875년 라살레파와 아이제나파로 갈라졌던 독일 사회주의 노동조직은 고타에서 합동대회를 열고 독일사회주의 노동당을 결성한

자본론으로 마르크스를 비판하다

다. 이 대회에서 당의 기본활동 방침을 정하려고 채택한 '고타강령'에 대해 마르크스가 작성한 비판적인 평주가 〈고타강령초안비판〉이다. 여기에 사회주의 및 공산주의의 분배에 대한 마르크스의 기본 구상이 제시되어 있는데 그 부분만 간추리면 다음과 같다.

'자본주의 제도가 폐지되고 공산주의 첫 번째 단계인 사회주의 사회가 되면 사람들은 각자의 노동시간을 기준으로 사회가 생산한 부를 분배받는다. 개인은 자신이 몇 시간 노동했다는 증서를 들고 사회적 저장창고로 가서 동일한 양의 노동시간이 내재된 상품들을 되돌려 받는다. 자신이 행한 노동량과 상품에 내재된 노동량의 교환은 자본주의 시장에서 상품 교환이 동일한 노동량 간에 이루어지는 것처럼 등가교환의 원리가 작용한다. 즉, 상품에 포함된 실제노동시간이 아니라 사회적 필요노동시간이라는 평균의 원리가 적용된 노동시간 사이의 교환이다. 그러므로 노동량 분배는 평등한 것처럼 보이지만 여전히 불평등한 부르주아적 교환이다. 이처럼 새로운 사회가 도래하여 '원리와 실제가 더 이상 머리채를 쥐고 싸우지 않는데도' 불평등이 발생하는 이유는 사회주의 사회는 이제 막 자본주의 사회에서 탄생하여 낡은 사회의 모반이 경제적, 윤리적, 정신적으로 들러붙어 있기 때문이다.

사람들의 능력은 정신적, 육체적인 면에서 다르다. 따라서 **동일한 시간을 노동하고도 생산되는 양이 다른 경우**가 발생하는데 이때 **평균의 원리가 작동**하면서 **차별적인 분배**가 일어날 수밖에 없지만 이것은 **사회의 승인을 받는다**. 물론 자본가가 사라진 사회이므로 이러한 차등 분배가 계급적인 차이로 발전하지는 않으나, 이와 같은 **폐단**은 자본주의 사회에서 막 생겨난 공산주의 사회의 첫 번째 단계에서는 불가피하다. 이 폐단은 생산력이 더욱 발전한 공산주의 두 번째 단계, 즉 노동이 생활수단일 뿐만 아니라 개인의 발전을 위한 욕구가 되고 사회적 부가 분천이 흘러넘칠 정도로 풍부해지는 사회가 되면 완전히 극복되고, 모든 개인은 각자의 능력에 따라 일하고 필요에 따라 분배받게 된다.[48]

위의 짧은 글에 제1가치법칙부터 제5가치법칙이 모두 적용되고 있다. 사회주의가 오면 노동량에 따른 분배가 실현된다는 것은 노동만이 가치를 생산한다는 제1가치법칙에 따른 것이다. 제2, 3가치법칙에 의해 생산성과 관계없이 노동시간만 동일하면 모든 노동이 동등한 대우를 받아야 하나, 아직 부르주아 사회의 모반이 남아있는 사회주의 단계에서는 자본주의 상품 교환과 같은 평균의 원리가 적용되는 불평등한 교환이 불가피하다. 즉, 제4, 5가치법칙에 의해 자본주의 상품 교환과 마찬가지로 사회적 평균생산성에 의해 필요한 물품의 가치가 결정되고 이를 기준으로 분배가 이루어지므로 생산성에 따른 차별이 발생할 수밖에 없다. 이것은 하나의 폐단이지만 사회주의는 자본주의에서 생겨났기 때문에 사람들의 마음속에는 여전히 생산한 만큼 가져가는 부르주아 분배방식이 남아있어서 발생하는 불가피한 폐단이다.

사회주의 당국은 능력에 따라 노동하고 능력에 따라 분배받는 생산량 분배방식을 승인할 수밖에 없으며, 이러한 폐단은 생산력이 더욱 발전하여 노동이 고통이 아니라 욕구가 되고, 부가 차고 넘치

---

48 〈칼 맑스, 프리드리히 엥겔스 저작선집 4〉, pp.375 ~ 377을 요약함. 강조는 필자의 것.

자본론으로 마르크스를 비판하다

는 공산주의 단계에 이르러서야 완전히 극복된다. 한 가지 주의할 점은 사회주의 단계에서 능력에 따른 분배가 생산량 분배방식의 일종이기는 하지만 자본주의 시장경제에서와 같은 생산량 분배방식이 아니라는 점이다. 자본주의 시장에서의 생산량 분배는 투입노동량과 상관없이 많이 생산한 사람이 더 가져가는 것이지만, 마르크스가 말하는 사회주의 단계에서의 능력에 따른 분배는 투입노동량이 많은 숙련노동을 투입노동량이 적은 단순노동보다 더 높게 대우하는 것을 의미한다. 마르크스에게 있어 숙련노동은 생산량이 단순노동에 비해 더 많다는 의미보다 숙련노동이 되기 위해 과거에 양성비용이 더 많이 투입된 노동, 즉 과거에 노동시간이 더 많이 투입된 노동을 의미한다. 과거에 훈련비용과 훈련시간이 많이 투입된 노동이기에 더 많이 생산한다는 의식이 마르크스에게 있는 것이다. 따라서 사회주의 단계에서 능력에 따른 분배는 생산량에 따라 분배한다는 것이라기보다는 노동량에 따른 분배를 의미한다. 이 부분에 대해서는 12장에서 자세하게 논의할 것이다.

사회주의 단계에서 능력에 따라 일하고 능력에 따라 분배받는 제도에 대해 마르크스가 '폐단'이라고 말한 이유를 유추해보자. 마르크스는 상품 교환과 같이 등가물의 교환은 부르주아적 권리의 교환이라고 말한다. 생산성이 높은 노동과 낮은 노동이 교환될 때 생산성이 높은 노동이 낮은 노동의 가치를 전유하기 때문이다. 이것은 자본주의에서는 특별잉여가치, 지대 그리고 생산력이 발전한 부문이 발전하지 못한 부문의 가치를 전유하는 방식으로 나타난다. 사회주의에서 특별잉여가치, 지대는 자본가 및 지주의 소멸과 함께 사라지지만, 생산력의 격차로 인한 차등 분배는 승인할 수밖에 없으므로 여전히 전유는 존재한다는 것을 마르크스는 폐단이라고 표현한 것이다. 이 폐단은 동종기업과 기업 간에, 서로 다른 생산부문 간에 그리고 노동자와 노동자 간에도 일어난다. 보통 사람보다 수십 배 뛰어난 생산성을 가진 스타하노프 같은 노동자가 성과급을 더 받아 가면 그는 평범한 노동자의 가치를 착취하는 것이 된다.[49] 마르크스는 이러한 폐단을 사회주의 단계에서는 어쩔 수 없이 승인하지만 더 높은 공산주의 단계에서는 소멸되어야 한다고 말하고 있는 것이다. 노동한 만큼이 아니라 생산한 만큼 가져가면 어떤 형태로든 착취는 발생할 수밖에 없으며 모든 노동이 평등한 대우를 받는 공산주의 사회에 도달할 때 모든 착취가 소멸된다는 가치법칙의 결론을 〈고타강령초안비판〉은 정확하게 보여준다.

◆ 가치법칙으로 본 자본주의, 사회주의, 공산주의

여기서 '노동만이 가치를 생산한다.' 혹은 '생산량과 가치는 무관하다.'는 법칙의 의미를 한 번 더 살펴보자. 가치는 다양한 사용가치 사이의 교환비율이자, 사용가치에 대한 지분의 역할을 한다. 노동만이 가치를 생산한다는 대원칙은 노동한 자만이 사용가치를 누릴 수

---

49 1935년에 소련의 탄광 노동자인 스타하노프는 새로운 기술을 이용하여 다른 노동자보다 생산량을 14배 이상 증가시켰다. 이후 스타하노프를 따라 배우자는 운동이 벌어졌으며 생산성이 높을수록 임금이 높아지는 성과급 체계가 자리잡았다.

있는 권리를 준다. 이 권리는 법률적 권리가 아니라 노동으로 사용가치를 생산하면 주어지는 자연권이다.

그런데 자본주의라는 특정한 생산관계는 생산수단을 소유하고 있다는 이유만으로 노동하지 않아도 사용가치에 대한 타인의 권리를 가로챌 수 있는 권리를 준다. 이 권리는 자본주의적 소유관계에 의해 형성되는 법적 권리다. 자본주의적 소유관계는 노동한 자만에게 주어지는 자연권을 빼앗을 수 있는 권리를 합법화하는 것이다. 따라서 생산수단을 가진 자본가는 노동하지 않아도 타인의 노동시간을 획득할 수 있는 합법적 권리를 얻는다. 이것이 절대적 잉여가치다. 또한 경쟁자보다 더 많이 생산할수록, 자본가는 자신이 고용한 노동자뿐만 아니라 기업 외부에 있는 타인의 노동시간까지 획득하게 된다. 이것이 특별잉여가치 혹은 상대적 잉여가치다. 그가 획득한 타인의 노동시간은 생산된 사용가치, 즉 상품에 대한 지배권이다. 노동한 자들만이 향유하는, 생산된 부에 대한 자연발생적인 지배권을 노동하지 않는 자가 합법적으로 가지게 된 것이다.

이제 생산된 부에 대한 권리는 노동자와 자본가의 권리로 양분된다. 권리가 지배하는 상품의 양은 권리를 대표하는 노동시간의 양에 비례한다. 결국 자본주의는 노동시간을 더 많이 차지하기 위한 게임과 같으나 자본을 소유한 자에게 일방적으로 유리한 게임이다. 자본가들은 노동시간을 더 많이 획득하려 노동시간을 연장하고, 노동강도를 강화하고, 생산량을 증가시킨다. 그들의 최종 목적은 타인의 노동시간을 더 많이 획득하는 것이지 생산량의 증가가 아니다. 마르크스가 자본가의 목적은 사용가치의 획득이 아니라 교환가치의 획득이라고 말하는 이유다.

　일정한 수의 노동자가 일정한 시간, 예를 들어 일 년간 노동하는 시간은 일정하다. 그러나 생산되는 사용가치의 양은 한정된 시간과 관계없이 생산성의 향상으로 증대시킬 수 있다. 작년의 사회적 총노동시간이 1,000시간이고 올해도 인구, 노동조건에 변화가 없다면 여전히 사회적 총노동시간은 1,000시간이다. 그러나 과학기술의 발전으로 생산되는 사용가치의 양은 작년보다 몇 배 더 많을 수 있다. 여기서 사용가치에 대한 권리는 지분으로 전환한다. 사회의 총노동시간 중에서 획득한 노동시간이 차지하는 비중이 사용가치를 누리는 지분이 된다. 총자본가가 총노동시간의 50%의 비중을 갖고 있다면 그들은 사회가 생산한 전체 사용가치의 50%를 지배할 지분을 갖는다.

　주식회사에서 지분이 투자금액으로 결정되어 회사에 대한 지배권의 크기를 결정하듯이, 노동가치론이 보여주는 세상은 노동시간으로 결정되는 가치가 사용가치에 대한 지분의 크기를 결정하는 곳이다. 지분이 일정하거나 감소하는 경우에도 생산력이 발전할수록 누릴 수 있는 사용가치의 크기는 확대된다. 지분도 커지고 생산되는 사용가치의 양도 커진다면 누리는 사용가치의 양은 배증될 것이다.

　자본주의, 사회주의, 공산주의는 노동시간이 사용가치에 대한 지분을 결정한다는 점에서 동일한 원리가 지배하지만 지분의 획득 방법은 다르다. 자본주의에서 개인은 자신의 의지로는 어찌할 수 없는 가치법칙의 작동하에 노동자는 노동으로, 자본가와 지주는 타인의 노동을 가로채는 방식으로 사용가치에 대한 권리인 노동시간을

　　　　　　　　자본론으로 마르크스를 비판하다

확보하기 위한 투쟁에 몰두한다. 사용가치에 대한 각자의 지분은 100% 이상이 될 수 없으므로 누군가의 증식된 지분은 다른 누군가의 감소된 지분이다. 각 개인은 이기적 욕망을 달성하기 위하여 분열하고 적대적으로 대립함으로써 과거와 비교할 수 없이 발전된 물질세계를 창조하나, 자신의 창조물에 의해 지배당하고 소외당한다. 사용가치에 대한 권리는 점점 소수에게 집중되고, 인간 의지와 독립되어 움직이는 물질세계는 인간이 만들었으나 인간을 공격하는 프랑켄슈타인의 괴물처럼 실업, 불황, 공황이란 이름의 폭력을 인간에게 돌려준다.

사회주의는 자본주의 문제를 해결할 뿐만 아니라 자본주의보다 생산력을 더 발전시킬 수 있다는 믿음으로 출발하였다. 분절되고 고립된 개인으로서는 인간과 독립하여 운동하는 물질세계를 이길 수 없다는 자각하에 사회적 존재로서의 개인을 회복하고, 단결된 사회공동체의 토대 위에 모든 노동이 평등해지는 세상을 만드는 것이 목표였다. 자본주의에서 남보다 더 많이 생산하고 더 많이 가져가는 것은 자유의 영역이나 가치법칙의 눈으로 보면 그것은 타인을 착취하는 자유일 뿐이다. 따라서 개인적 자유는 단결된 개인의 사회적 자유로 대치되었으며 이는 억압과 구속의 다른 이름이었다. 그러나 사회주의는 생산력 발전을 위해 마르크스가 말했듯이 상품 교환에서와 같은 평균의 원리를 적용하지 않을 수 없었다. 그것은 생산성이 높은 노동에 더 많은 지분을 주는 방식이었다. 이는 생산성과 관계없이 모든 노동이 평등해지는 세상으로 가기 위한 일시적 폐단으로 여겨졌으나 사실은 생산한 만큼 가져가고 싶은 인간의 본성에 양보할 수밖에 없었기 때문이다. 자본가에 의한 노동자의 착취, 생산성이 높은 노동에 의한 생산성이 낮은 노동의 착취가 소멸되는 새로운 세상을 열었으나, 두 번째 착취를 용인하지 않고서는 생산력 발전을 도모할 수 없는 상황에 봉착한 것이다. 제4, 5가치법칙의 원리가 실시되었지만, 그것은 시장에서 자유로이 작동하는 것이 아니라 중앙당국에 의해 통제되는 변형된 작동이었다. 남보다 노력해서 더 많이 생산한 부는 개인적 부가 아닌 사회적 부로 여겨지기 때문에 개인에게 온전히 귀속될 수 없었다. 통제된 생산량 분배의 원리는 한계가 있을 수밖에 없었고 이는 생산력 발전의 한계로 나타났다. 사회주의에서 개인적 자유의 제한, 생산력 발전의 한계는 결국 가치법칙의 한계였다. 사회주의 붕괴는 가치법칙의 굴레를 벗어나지 못한 결과였다.

인류가 경험하지 못한 공산주의 세계는 마르크스가 간간이 언급한 비전으로 파악할 수밖에 없다. 사회주의 단계를 거쳐 생산력이 고도로 발달한 이 사회에서, 개인들은 각자의 생산물을 교환하지 않고 공동체의 일원으로서 사회적 생산물에 대한 지분을 획득한다. 그러기 위해 지분을 결정하는 노동조직이 필요하며, 각 생산물에 필요한 노동시간이 조사되어야 한다. 또한 개인의 노동생산성을 동일하게 하는(노동수단의 배분이 균등하게 이루어지는) 조건이 만들어져야 한다.[50]

---

50   비탈리 비고츠키, 〈마르크스의 '자본' 탄생의 역사〉, 강신준 역, 도서출판 길, pp.127 ~ 128. 노동조건이 균등화된다고 해서 개인의 노동생산성이 균등화되기는 어렵다. 개인 간 능력 차이마저 균등화하는 것은 불가능에 가깝다. 오히려 노동조건의 균등화는 생산조건의 하향평준화로 귀결

마르크스가 말한 대로 '능력에 따라 일하고 필요에 따라 분배한다.'라는 깃발을 높이 세운 공산주의 사회는 노동만이 가치를 생산한다는 믿음을 철칙으로 갖고 있기에 특별한 이유 없이 노동하지 않는 자는 지분을 가질 수 없다. 이 깃발의 의미는 생산수단을 공유하고 노동조건을 균등하게 한 조건에서, 각자의 선천적인 능력에 따른 노동의 질적 차이는 지분획득에 아무런 차별성을 주지 않는다는 것이다. 평균의 원리는 철폐되며 모든 사람은 능력과 관계없이 사용가치에 대한 지분을 필요한 만큼 획득한다. 각자 능력이 닿는 만큼 일하면 생산량과 노동시간에 상관없이 필요한 만큼 사용가치를 가져갈 수 있으므로, 생산성 격차로 인한 차별뿐만 아니라 노동시간에 의한 차별마저 사라지는 진정한 노동 평등이 달성된다. 노동한 만큼 분배받는 사회를 뛰어넘어 '노동만 하면' 동등한 대우를 받는 유토피아가 실현되는 것이다.

공산주의는 사회적 생산력이 고도로 발전한 사회이므로 필요노동시간은 최대한 축소되고 나머지 시간에 문명인으로서의 욕구를 충족시킬 모든 활동이 가능하다. 사람들은 "아침에는 사냥을, 오후에는 낚시를, 저녁에는 목축을, 밤에는 비평을 할 수 있게 된다."[51]

될 가능성이 크다. 모두가 삼성전자와 같은 생산조건을 갖추는 것보다 더 낮은 생산조건으로의 균등화가 쉽기 때문이다.

51 〈독일 이데올로기〉, p.71.

7장 생산노동과 비생산노동

◆ 이마트 노동자는 가치를 생산하지 못한다?

　가치는 인간 노동으로만 생산되지만 마르크스는 모든 인간 노동이 가치를 생산하는 것은 아니라고 말한다. 그는 가치를 생산하는 노동을 생산노동, 생산하지 못하는 노동을 비생산노동으로 구분한다. 마르크스의 생산, 비생산노동의 구분이 중요한 이유는 이를 분석하면 노동가치론이 가지고 있는 제로섬의 성격을 다시 한 번 확인할 수 있고 상업, 금융, 서비스업 그리고 현대의 디지털경제가 노동가치론의 시각에서 볼 때 어떤 의미가 있는지 알 수 있기 때문이다. 또한 사회주의 계획경제와 자본주의 시장경제의 효율성에 대한 노동가치론과 효용가치론의 상반된 시각도 이해할 수 있다.

　마르크스는 생산노동과 비생산노동을 구분하는 기준을 우선 사용가치의 생산 여부에 두었다. 사용가치를 생산하는 노동을 생산노동, 사용가치를 생산하지 않는 노동을 비생산노동으로 본 것이다. 비생산노동은 사용가치를 생산하지 않지만, 사용가치가 원활하게 생산되거나 혹은 더 큰 규모로 생산될 수 있도록 보조하는 역할을 한다. 비생산노동의 대표적인 예로 상업과 금융노동을 들 수 있다. 마르크스는 상업노동은 생산된 사용가치를 좀 더 빠르게 유통하여 사용가치가 더 많이 생산되도록 도움을 주지만, 사용가치의 형태를 상품에서 화폐로 전환할 뿐 사용가치를 직접 생산하지 않는다고 보았다. 사용가치의 생산은 물질을 변형, 증가, 보존, 이동하는 행위이고 형태의 전환은 생산이 아니라는 것이다. 따라서 그는 유통을 보관, 운송, 순수유통의 세 영역으로 나누고 보관, 운송까지는 생산영역이고 소비자에게 판매하는 순수유통 영역은 비생산영역이라고 본다. 사용가치를 창고에 저장하는 행위는 사용가치의 마멸을 막고, 운송하는 행위는 장소를 이동시켜 소비를 가능하게 하므로 생산적인 역할을 한다고 보았다. 마르크스의 주장에 따르면 빵 생산 노동자 갑이 빵을 만들어 창고에 저장하고 대리점까지 운송하는 것은 생산노동이고, 빵을 소비자에게 파는 대리점의 을의 노동은 빵을 화폐로 교환하여 형태를 바꿀 뿐 사용가치를 생산하지 않는 비생산노동이다. 금융노동의 경우도 화폐를 자본가에게 빌려주어 자본가가 사용가치를 생산하도록 도움을 주는 것일 뿐 사용가치를 직접 생산하는 것은 아니므로 생산적인 노동이 아니다.

사용가치의 생산 여부를 생산노동과 비생산노동을 구분하는 기준으로 보는 것은 애매할 뿐 아니라 자의적이다. 마르크스 스스로 '한 물건의 유용성이 그 물건의 사용가치가 된다.'라고 한 만큼, 유용성이 있다면 사용가치의 범주에 포함하는 것이 자연스럽다. 빵을 창고에 보관하고 소비지로 운송하는 업무가 빵의 마모를 막고 소비지로 이동시키는 유용함을 준다면, 대리점에서 빵을 소비자에게 판매하는 행위도 빵의 가치를 실현하는 유용함을 준다고 봐야 한다. 빵을 기업에서 대리점으로 이동하는 행위가 생산노동이라면, 대리점에 도착한 빵을 매대로 이동하여 정리하는 행위는 이동하는 행위가 아닌가? 운송노동자가 이마트까지 상품을 운송하는 것은 생산적이고 이마트 노동자가 운송된 상품을 각 층에 진열하려 이동하고 판매하는 행위는 비생산적이라고 보는 것은 이해하기 어렵다.

또한 사용가치를 변형하고 증가시키고 보존하는 행위가 생산노동이므로 사용가치의 형태를 상품에서 화폐로 전환하는 판매행위는 생산노동이 아니라고 본다면, 사용가치의 장소만 이동하는 운송행위도 마찬가지로 비생산노동으로 봐야 한다. 단순히 사용가치를 옮기는 행위가 사용가치를 변형, 증가, 보존하는 것과 같다고 보기 어렵기 때문이다.

사용가치의 범주를 원래의 의미인 '유용함'의 기준으로 본다면 상업노동도 상업서비스라는 사용가치를 생산하는 생산노동이 된다. 금융노동도 자본을 원활하게 융통시키는 유용함을 갖고 있으므로 금융서비스라는 사용가치를 생산하는 생산노동이 된다. 상업서비스나 금융서비스는 하나의 상품으로 거래가 된다는 점과, 상품이 되기 위해서는 사용가치와 가치를 함께 가져야 한다는 마르크스의 기준을 상기하면 상업서비스나 금융서비스가 사용가치가 아니라는 주장은 힘을 잃는다. 따라서 사용가치의 생산이 아니라는 이유로 상업노동과 금융노동을 비생산노동으로 구분하는 것은 자의적인 측면이 강하다.

생산노동과 비생산노동을 구분하는 두 번째 기준은 자본에 의한 고용 여부이다. 마르크스는 자본가를 위해 잉여가치를 생산하는 고용 노동자만이 생산적이며, 학교교사, 배우, 음악가, 무용교사, 요리사, 매춘부, 가사도우미는 모두 자본가에게 고용되어 잉여가치를 창출할 때만이 생산적 노동자가 된다고 말한다.

하지만 이 기준은 사용가치의 생산 여부로 판단하는 첫 번째 기준과 모순된다. 첫 번째 기준으로 보면 빵과 같이 사용가치의 범주에 드는 상품을 만드는 노동자는 모두 생산노동자이나, 두 번째 기준에 의하면 사용가치를 생산한다 해도 자영업일 경우는 비생산노동자, 자본가에게 고용된 경우는 생산노동자가 된다. 이 모순을 해결하려고 사용가치의 범주에 들 뿐만 아니라 자본에 고용도 되는 경우, 즉 두 기준을 모두 충족할 때 생산노동이 된다고 보는 견해가 후대의 학자들에 의해 제기되었다. 이 견해에 의하면 빵은 사용가치의 범주에 포함되나 빵을 생산하는 자영업자처럼 고용되지 않는 노동은 비생산노동으로 간주된다. 학교교사, 배우 등이 생산하는 서비스도 비물질적인 상품이지만 사용가치의 범주에 들기 때문에 이들이 자본에 고용되어 잉여가치를 생산한다면 생산노동자가 된다.[52] 혼자 활동하는 배우의 노동은 비생산노동이나 기획사에 들어

---

52 그러나 소련을 비롯한 구사회주의권은 서비스 산업의 노동은 사용가치의 생산에 간접적으로 도움을 주지만 사용가치의 범주에는 포함되지 않는다고 판단하여 비생산노동으로 분류하고 서비스 산업을 GDP 산정에서 제외하였다. 서비스 노동은 국민소득을 증가시키는 생산노동이 아니므로

가서 활동하면 생산노동이 된다.

그런데 서비스 노동을 사용가치의 범주에 든다고 보는 견해도 상업 및 금융 서비스만큼은 비생산노동으로 규정한다. 상업 및 금융노동은 자본에 고용되더라도 생산노동이 아니라는 것이다. 상업, 금융노동은 자본의 고용 여부를 떠나 비생산적이라는 견해는 마르크스의 생산·비생산 노동 분류를 그대로 받아들인 것이다. 마르크스는 상업, 금융노동은 자본에 고용될 때도 잉여가치를 생산하지 못한다고 말한다. 그 이유는 상업 및 금융 노동이 생산하는 서비스는 사용가치가 아니라고 보기 때문이다. 하지만 학교교사, 배우, 무용가, 음악가의 노동이 나름의 유용한 서비스를 생산하는 사용가치라고 보면서 상업 및 금융노동을 사용가치로서의 유용함이 없다고 판단하는 것은 비논리적이다. 학교교사, 배우의 서비스나 상업 및 금융노동의 서비스가 비물질적인 생산이라는 점에서는 다를 바 없는데도 전자는 사용가치이고 후자는 사용가치가 아니라고 보는 것은 마르크스의 사용가치 판단기준이 모호하기 때문이다.

정리하면 마르크스는 물질적인 상품을 생산하는 노동, 상업 및 금융 서비스를 제외한 서비스 상품을 생산하는 노동이 자본에 고용되어 잉여가치를 생산할 때만 생산적이라고 본다. 상업 및 금융노동은 자본에 고용되든 안 되든 비생산 노동이다. 따라서 상업 및 금융노동은 이마트나 은행에 고용되어 8시간을 일하고 노동력의 가치로 4시간만 받아도 잉여가치를 생산하지 못하는 비생산노동자가

GDP에 포함되면 중복계산되는 오류가 발생한다고 보는 것이다. 이처럼 비물질적인 성격인 서비스가 사용가치인지에 대해서는 마르크스주의자들도 의견이 엇갈린다.

자본론으로 마르크스를 비판하다

된다. 마르크스가 상업 및 금융노동을 비생산노동으로 분류하는 이유가 무엇인지 살펴보자.

◆ 사회주의에서는 모든 노동이 생산노동이 된다

생산노동과 비생산노동을 구분하는 마르크스의 기준은 대단히 혼란스럽다. 이를 둘러싼 논쟁은 〈자본론〉에 대한 논쟁만큼 오랜 세월 진행되어왔다. 원래 생산노동과 비생산노동은 아담 스미스가 〈국부론〉에서 제시한 개념이었다. 그는 농업만 생산적이고 제조업은 비생산적이라는 중농학파의 주장을 반박하기 위해, 자본을 축적하여 경제적 진보에 도움이 되는 노동은 생산적이라 주장하였다. 자본을 축적하기 위한 이윤을 남기는 노동과 서비스가 아닌 물질적인 상품을 생산하는 노동을 생산적이라고 보았다. 소련을 포함한 구사회주의권에서 서비스 부문 전체를 비생산노동으로 구분하고 국민소득계정에서 제외한 것은 비물질적인 서비스는 사용가치가 아니라고 보았기 때문이다. 그러나 눈에 보이는 물질적인 생산품을 만드는 노동만 생산노동이라고 보는 것은 사용가치에 대한 스미스의 오류를 이어받은 것이다. 서비스가 주는 유용함이 있으면 비물질적이라는 이유로 사용가치에서 제외할 이유는 없다.

사람은 빵만 먹고 살 수 없다. 인간다운 삶을 위해서는 빵과 같은 물질적인 생산 외에도 교육, 의료, 스포츠와 예능과 같은 비물질적인 생산도 필요하다. 이런 분야의 서비스 증가는 사용가치의 양과 질이 풍부해지는 것을 의미한다. 생산력이 열악한 시대라면 서비스 부문보다 빵을 생산하는데 자본과 노동을 더 투입해야 하지만, 이는 생산해야 할 사용가치의 우선순위를 조정하는 문제일 따름이다. 생산력이 향상될수록 사용가치의 종류는 다양해지며 과거에는 생각하지도 못했던 사용가치가 등장하면서 삶은 더욱 풍요로워진다.

마르크스도 스미스의 기준을 토대로 생산노동과 비생산노동을 구별하였지만, 위에서 본 바와 같이 상업 및 금융을 제외한 서비스 노동이 자본을 위해 봉사할 때는 생산적 노동이 된다는 점을 추가하였다. 하지만 마르크스는 상업과 금융노동은 일관되게 비생산적 노동이라는 입장을 고수한다. 그는 상업 및 금융부문은 다른 생산부문의 생산력을 갉아먹는 공제 요소로 작용한다고 말한다. 이 '공제 요소'라는 용어에는 자본주의는 시장의 무정부적 성격으로 상업과 금융이 필요할 수밖에 없지만, 모든 생산이 계획적으로 이루어지는 사회주의에서는 상업과 금융의 역할이 거의 사라지므로, 여기에 투입된 생산수단과 노동을 다른 생산적인 영역에 투입하면 더 많은 사용가치를 생산할 수 있다는 의미가 함축되어 있다. 요컨대 상업 및 금융 부문의 필요성은 시장의 무정부적 성격에 기인한다고 보는 것이다.

상업노동은 빵의 생산자와 소비자를 연결하고 금융노동은 빵 생산자에게 자본을 대출한다. 하지만 이러한 상황은 자본주의에서만 그렇다. 사회주의에서는 생산과 소비를 중앙당국이 계획하기 때문에 생산자와 소비자를 연결할 필요가 거의 사라지고 자금을 융통하려고 노력할 필요도 없어진다. 소비재와 자금은 계획에 따라 필요

자본론으로 마르크스를 비판하다

한 곳에 배급된다. 자본주의에서 상업과 금융에 투입되었던 노동과 자금이 사회주의가 되면 빵과 서비스 부문에 새롭게 배치될 것이므로 자본주의보다 더 많은 사용가치가 생산될 수 있어 상업과 금융 부문은 더 이상 생산부문을 갉아 먹는 공제요소로 작용하지 않는다. 사회주의에서는 비생산노동이 사라지고 거의 모든 노동이 생산노동이 되어 생산력은 더욱 발전한다. 이것이 마르크스가 노동을 생산노동과 비생산노동으로 구분하고 상업 및 금융노동을 일관되게 비생산노동으로 분류하는 이유로 추정된다.

하지만 마르크스도 설명하듯이 자본주의 사회에서도 상업, 금융과 같은 비생산노동이 생산규모의 확대나 잉여가치 생산에 간접적으로 공헌한다. 상업, 금융부문은 다른 생산부문의 생산력 발전을 가로막는 존재가 아니라 오히려 증진하는 역할을 한다. 어떤 상품이든 자본가가 화폐를 투자하고 생산된 상품의 판매를 거쳐 증식된 화폐로 다시 돌아오기까지 시간이 필요하다. 마르크스는 이를 자본의 회전시간으로 부르고 생산시간과 유통시간의 합이라고 본다. 자본이 1회전 하여 투자한 화폐를 다시 손에 쥐기까지 자본가는 원재료의 구매와 임금 지급을 위한 화폐를 준비금으로 보유하고 있어야 한다. 이때 유통시간을 줄여 1회전 시간이 단축된다면 필요한 화폐 준비금의 액수는 감소할 것이다.

가령 빵을 생산하는 자본의 회전시간이 3개월이고 그동안 자본가가 원재료나 임금비용으로 1,000원을 갖고 있어야 할 경우, 상업자본이 유통시간을 축소하여 1회전 기간을 1.5개월로 단축한다면 빵 생산자본가의 화폐 준비금은 500원으로 줄어든다. 자본가는 남는 500원을 다시 투입하여 빵의 생산량을 증가하거나 다른 분야에 투자하는 것이 가능해진다. 상업 부문의 활약으로 빵을 더 많이 생산할 수 있게 된 것이다. 만약에 금융이 개입하여 500원을 빌려준다면 그는 1,000원을 새로운 투자자금으로 사용할 수 있다.

이처럼 상업과 금융은 유통시간을 단축하여 회전율을 올리거나 자본을 대부하는 방식으로 자본주의 생산규모를 확대하고 잉여가치를 증대하는 데 지대한 공헌을 한다고 마르크스는 설명한다. 일부 마르크스주의자들은 상업과 금융을 거래비용[53]과 유사한 개념으로 보아 시장의 정상적 기능을 저해하는 불필요한 부문으로 보기도 한다. 그러나 상업과 금융은 거래비용을 증가시킨다기보다 오히려 낮추는 역할을 한다. 이것은 온라인 쇼핑을 생각해보면 쉽게 이해된다. 요즘은 포털사이트 검색으로 원하는 물건을 쉽게 고르고 클릭 몇 번으로 결제가 이루어진다. 시장에 가서 물건을 고르거나 원하는 물건을 찾는 데 한참 시간이 걸린다는 점을 고려하면 쇼핑에 드는 거래비용이 그만큼 절약된다. 온라인 쇼핑몰에 물건을 공급하는 업체는 자본 회전율이 그만큼 빨라져 매출과 이익이 증가한다. 오프라인에서 쇼핑할 때도 시장이나 상점이 없다면 생산자와 소비자를 연결하기 위한 거래비용은 증가할 것이다. 이처럼 온라인이든, 재래시장이나 이마트와 같이 현대화된 시장이든 유통의 존재는 원하는 상품을 빨리 찾고 살 수 있도록 해서 거래비용을 줄여주고 유

---

53 거래비용은 상품의 거래, 기업 간 거래에서 발생하는 비용으로 거래 전에 정보수집이나 협상에 소모되는 비용, 계약 준수에 대한 감시 비용 등을 말한다. 거래비용이 커질수록 교환이 위축되고 시장의 기능이 제대로 발휘되지 못한다.

자본론으로 마르크스를 비판하다

통기간을 단축하여 생산이 더욱 원활하게 진행되도록 한다.

소련을 비롯한 구사회주의권은 서비스 부문을 국민소득 계정에서 제외하면서 자본주의 국민소득계정은 서비스 부문이 포함되므로 이중계정의 문제가 있다고 비판하였다. 그러나 이러한 통계 처리방식은 양과 질의 양 측면에서 사용가치의 생산 증대에 도움이 되지 않았다. 오히려 서비스 부문을 비생산영역으로 보아 국민소득 계정에서 제외함으로써 국내 총생산을 상향왜곡시키는 결과를 가져왔다. 예를 들어 생산부문이 6% 성장하고 서비스와 같은 비생산 부문이 2% 성장하였다면, 자본주의는 이들을 가중평균하여 성장률이 감소하지만, 사회주의는 비생산부문을 제외하기 때문에 성장률이 6%로 유지된다.[54] 사회주의는 소비재나 서비스 생산보다 중공업 생산을 중시하기 때문에 서비스 부문의 성장률이 다른 부문의 성장률보다 낮게 나오는 경향이 강하다는 사실은 이러한 왜곡을 가중하는 결과를 가져왔다. 결국 노동을 생산노동과 비생산노동으로 분류하는 것은 큰 의미도 없을 뿐만 아니라 사회주의 국가의 생산성 향상에도 도움이 되지 않았다. 오히려 사용가치의 범주를 축소해 인민의 삶의 질만 저하하는 결과를 초래했다.

상업과 금융을 생산적으로 보는가 아니면 비생산적으로 보는가는 결국 상업과 금융이 필요한 자본주의 시장경제와 필요 없는 사회주의 계획경제 중 어느 쪽의 생산력이 더 발전할 수 있는가의 문제로 환원된다. 이는 시장의 '보이지 않는 손'과 중앙계획기구의 '보

---

54 야노쉬 코르나이, 〈사회주의 체제의 정치경제학 1〉, 차문석 외 역, 나남, p.349.

이는 손' 중 어느 것이 생산력을 발전시키는 데 유용한가의 문제이다. 이것은 다시 가치법칙을 토대로 하는 노동가치론의 원리가 생산력을 발전시키는 데 과연 도움이 되는가의 문제로 돌아온다.

◆ 비생산노동이 사용가치를 분배받는 방법

가치는 사용가치를 분배받을 수 있는 지분이자 권리이다. 생산노동은 사용가치를 생산하기 때문에 그것을 누릴 수 있는 권리인 가치가 반대급부로 주어진다. 사용가치를 생산하지 않는 비생산노동은 사용가치를 생산하지 않기 때문에 가치를 부여받지 못한다. 온종일 열심히 땅을 판다고 해서 빵을 살 수 있는 가치는 주어지지 않는다. 어떤 종류이든 인간에게 유용한 무언가를 생산해야 생산적 노동으로 인정되고 사회가 생산한 사용가치를 누릴 권리를 얻는다. 그러므로 사용가치를 생산하지 못하는 비생산노동은 사용가치를 향유할 권리를 받지 못한다.

그렇다면 비생산노동은 사용가치를 어떻게 분배받을 수 있는가? 이에 대해 마르크스는 상업노동과 같은 비생산노동은 생산노동자가 생산한 잉여가치의 일부를 나눠 받아 사용가치를 소비할 수 있다고 말한다. 만약 빵 생산노동자 갑이 100시간을 일하고 빵 대리점 노동자 을이 20시간을 노동한다면 사회적으로 120시간의 노동을 하였지만 생산된 가치는 100시간이다. 상업노동자인 을의 노동은 비생산노동이기 때문이다. 100시간 노동으로 빵이 100개 생산되었다면 1시간의 가치로 1개의 빵을 분배받는다. 빵 생산자본가와 갑이 잉여가치와 노동력의 대가로 각각 50시간씩 나눠 가지면, 빵 생산자본가는 50시간의 가치를 다 가지는 것이 아니라, 예를 들어 20시간을 빵 대리점 사장에게 주고 자신은 30시간의 가치만 갖는다. 빵 대리점 사장은 이전받은 20시간의 가치를 자신의 노동자인 을과 각각 10시간씩 나눠 갖는다. 이런 경로를 통해 가치를 생산하지 않는 빵 대리점 사장과 노동자 을은 빵을 각각 10개씩 분배받을 권리를 갖는 것이다.[55] 빵 생산자본가가 빵 대리점 사장에게 잉여가치 일부를 주는 이유는 대리점이 없으면 자신이 빵을 판매해야 하고 비용이 소모되므로 전문 대리점에 판매를 맡기는 편이 낫다고 생각하기 때문이다. 대리점 노동자 을은 자본가처럼 공짜로 가치를 얻는 것은 아니지만 어쨌든 그는 사용가치를 소비할 수 있는 가치를 생산하는 것이 아니라 갑이 생산한 가치 중 일부를 이전받는다고 마르크스는 본다. 갑이 100시간을 노동하고 50시간을 잉여가치로 자본가에 주는 것처럼, 을은 갑이 넘겨준 20시간의 가치에서 빵 대리점 사장에게 10시간을 줘야 한다. 물론 현실에서는 빵 대리점 사장이 20시간을 받아 을에게 임금 10시간을 주는 것으로 나타나지만 본질은 그렇다. 만약 빵 대리점 사장이 을에게 10시간 노동을 시켜놓고 8시간의 가치를 주면 2시간의 가치를 더 얻지만, 이는 대가를 지불하지 않은 노동이란 의미의 부불노동일 뿐 을이 생산한 잉여가치는 아니다. 잉여가치는 빵 생산노동자 갑만 생산하므로 빵 대리

---

55 생산노동과 비생산노동이 가치를 나눠 갖는 자세한 내용은 부록 3 '상업자본과 상업이윤의 형성과정' 참조.

점 사장이 더 가져가는 가치는 갑의 노동에서 온 것이기 때문이다.

마르크스의 관점에서 보면 을의 노동은 가치로 인정받지 못하기 때문에 을이 생산한 상업서비스는 사용가치가 아니다. 다만 빵 대리점 사장은 을이 생산한 상업서비스를 빵 생산자본가에게 제공하고 반대급부로 20시간의 가치를 받아 을과 나눠 가졌다. 그리고 그것으로 빵을 분배받는다. 사용가치가 아닌 상업서비스와 사용가치인 빵이 교환된 것이다. 교환은 상품 간에 일어나는 것을 생각하면 이것은 넌센스다. 사용가치가 아닌 것과 사용가치와의 교환이기 때문이다. 여기서도 생산노동과 비생산노동의 구분은 비논리적임을 알 수 있다. 만약 관점을 바꿔 상업노동인 을의 노동을 생산노동으로 본다면 어떻게 될까? 상업노동을 비생산노동으로 볼 때는 100시간의 생산노동과 20시간의 비생산노동으로 100개의 빵을 사용가치로 생산하였지만, 생산노동으로 본다면 120시간의 생산노동으로 100개의 빵과 20시간의 상업서비스라는 사용가치를 생산한 것이 된다. 상업노동이 생산노동이 됨으로써 상업서비스도 사용가치의 범주에 들어 온 것이다. 이제 빵 대리점 노동자 을은 갑이 생산한 가치를 이전받는 것이 아니라 자신이 생산한 가치를 갖고 당당히 사용가치의 분배대열에 줄을 설 수 있다. 빵과 상업서비스는 상품 대 상품으로 교환되는 것이다. 이렇게 보는 것이 현실과 부합한다.

마르크스는 비생산노동은 생산노동의 공비(控費)로 작용한다고 말한다. 빵 생산에 100시간을 투입하였지만 20시간을 공제하여 비생산노동에게 나눠주기 때문이다. 사회주의 사회라면 빵을 배급하면 되므로 빵을 판매하는 대리점이 필요 없다. 따라서 사회는 100시

자본론으로 마르크스를 비판하다

간이 아닌 120시간을 빵 생산에 투입하게 되어 그만큼 빵을 더 많이 생산할 수 있다. 그러나 위에서 본 것처럼 빵 대리점은 빵의 판매를 촉진하여 자금회수 속도를 높인다. 대리점이 없다면 빵 생산자본가는 더 많은 화폐 준비금을 준비해야 하나 대리점이 유통시간을 줄여주기 때문에 빵 판매자금이 빨리 회수되어 그중 일부를 빵을 생산하는 데 투입할 수 있다. 따라서 대리점과 같은 상업노동의 존재는 빵 생산 증가에 걸림돌이 아니라 생산을 증대하는 역할을 한다.

이 또한 마르크스가 설명한 것이다. 그러나 마르크스는 내심 대리점을 없애고 그 노동력을 빵 생산으로 돌리는 것이 더 낫다고 생각한다. 어느 쪽이 빵 생산에 더 유리한지는 이미 역사가 보여주었지만, 가치법칙의 관점에서 이것을 분석해보자.

◆ 네이버가 버는 돈은 지대인가?

생산노동과 비생산노동이 가치를 나눠 갖는 과정을 보면 '가치는 인간 노동만이 창조한다.'가 아니라 '가치는 인간의 생산노동만이 창조한다.'로 바꾸어야 할지도 모른다. 가치는 인간의 생산노동만이 창조하므로 비생산노동은 생산노동의 가치를 이전받아 써야 하는 제로섬의 원리가 작용한다. 다시 말해 가치보존의 원리가 작동한다. 생산노동자의 가치가 줄어든 만큼 비생산노동자는 가치를 얻는 것이다. 상업 및 금융은 비생산적이라는 마르크스의 관점은 여전히 현대 마르크스주의자들의 머릿속에 가치보존의 원리로 들어 있다.

그들은 네이버와 같은 포털사이트나 전자상거래업체로 대표되는 디지털경제 부문의 이익은 다른 산업의 손실이라고 본다. 디지털경제가 누리는 이익은 다른 사람의 노동으로 일군 가치를 이전받는 것이므로 공짜점심(불로소득)인 지대와 같다는 것이다. 또한 디지털경제의 노동은 전형적인 비생산노동일뿐만 아니라 투입된 노동보다 훨씬 큰 이익을 챙기기 때문에 경제발전에 도움이 되지 않는다고 주장한다. 인간의 노동만이 가치를 창조한다는 제1가치법칙과 가치는 생산량과 상관없이 일정하다는 제2가치법칙의 시각으로 보면 이러한 주장은 당연하다. 노동가치론은 가치보존의 원리가 작동하므로 노동하지 않고 이익을 얻거나 투입된 노동보다 더 큰 이익을 얻으면 누군가는 손해를 보는 제로섬 게임은 반드시 일어난다. 던컨 폴리가 디지털경제는 기술에 대한 혁신이라기보다 세계적 수준에서 노동을 이전받는 지대추구 방법의 혁신이라고 주장하는 것[56]은 노동가치론의 제로섬 원리를 잘 말해준다.

빵 생산업체가 100시간의 노동으로 생산된 빵의 판매를 위해 네이버에 20시간의 가치를 주고 광고를 한다고 가정해보자. 네이버는 자신의 사이트에 빵 업체의 광고를 올리기만 하면 되므로 많은 시간의 노동을 투입할 필요가 없다. 만약 네이버가 5시간의 노동만 투입하고 20시간의 광고수입을 받는다면 15시간의 특별잉여가치를 얻는 것과 다름없다. 특별잉여가치는 실제 투입한 가치 이상으로 획득하는 가치를 의미하기 때문이다. 결국 네이버가 얻는 특별잉여

---

56 한지원, 〈자본주의는 왜 멈추는가〉, 한빛비즈, p.59 재인용.

가치는 빵 생산업체의 손실로 귀결될 수밖에 없다. 만약 네이버가 아닌 전통적인 광고회사였다면 20시간의 노동을 투입해야 빵을 광고할 수 있었겠지만, 네이버와 같은 디지털경제는 일단 시스템이 구축되면 그 이후로는 투입노동이 절약된다. 네이버가 5시간을 투입하고 20시간의 수입을 얻는 것은 이러한 디지털경제의 특징 덕분으로 제조업체가 생산성을 향상하여 실제 투입가치보다 더 많은 특별잉여가치를 얻는 것과 본질에서 다를 바 없다.

이처럼 가치법칙의 시각으로 보면 토지를 소유하고 있다는 이유로 지대를 얻는 것이나, 생산성을 향상하여 남보다 더 많은 이익을 얻는 것이나, 디지털경제로 다른 산업의 가치를 이전받는 것이나 본질에서 동일하다. 이 모두는 노동하지 않고 가치를 얻는 것 혹은 투입한 노동량보다 더 큰 가치를 얻는 행위이며 타인 가치의 착취 혹은 전유라는 점에서 다를 바 없다. 따라서 마르크스주의자들이 디지털경제의 지대 추구행위를 비판하려면 생산성 향상으로 특별잉여가치를 추구하는 것도 함께 비판해야 마땅하다. 네이버만 비난할 것이 아니라 삼성전자가 생산성을 향상하여 엘피다를 침몰시킨 것도 비난해야 한다. 네이버나 삼성전자가 투입노동보다 더 많은 가치를 가져가는 근본 이유는 제 4, 5가치법칙이 시장에서 작동하기 때문이다. 개별적인 노동시간으로 가치가 정해지지 않고 사회적 평균으로 시장가치가 형성되거나, 농산물의 경우 최열등지 생산물의 가격으로 시장가치가 형성되는 자본주의 경쟁 법칙의 작동 때문이다. 따라서 마르크스주의자들은 시장을 폐지하고 생산의 공제요소일 뿐인 상업과 금융산업이 존재하지 않는 사회를 꿈꾼다. 그곳에서는 생산량과 상관없이 각자의 노동시간에 따라 분배가 이루어지므로 생산량이 많다는 이유로 더 가져가는 것은 원칙적으로 금지된다. 디지털경제에 대한 마르크스주의자들의 비판은 가치법칙의 관점에서 볼 때 명료하게 이해된다.

디지털경제에서 얻는 이익을 효용가치론의 관점으로 보면 타인 가치의 전유가 아니라 새로운 가치의 창출이 된다. 효용가치론은 생산된 효용을 가치로 보기 때문이다. 사람들은 네이버에서 검색도 하고 뉴스도 본다. 유튜브에서는 여러 가지 영상을 즐길 수 있다. 이 모든 것이 거의 무상으로 제공된다.[57] 이처럼 디지털경제가 주는 무상의 이익은 소비자 잉여처럼 가격으로 책정할 수 없는 효용을 창출한다. 이를 가격으로 측정하려는 연구도 진행되고 있으나 그것을 떠나서 이것이 효용의 생산이란 점은 분명하다.

네이버나 구글 같은 포털업체나 소셜미디어 회사들은 네트워크 효과로 종종 독점의 폐해를 일으키나 이는 일반상품의 독점이 일으키는 폐해와 다를 바 없으며 똑같이 독점에 대한 규제의 문제로 접근해야 한다. 독점의 문제만 적절히 규제할 수 있다면 네이버나 구글이 다른 산업부문의 생산활동에 부정적 영향을 미친다고 보기 어렵다. 상업과 금융이 다른 산업부문의 생산력 발전에 도움이 되듯이 디지털경제도 같은 역할을 한다. 빵 판매업체는 네이버에 올린 광고로 더 많은 빵을 판매할 수 있고 전자상거래는 생산자와 소비

---

57 물론 정보의 바다가 주는 효용을 누리기 위해서는 자신의 개인정보를 제공해야 하므로 원칙적으로 완전 무상은 아니다. 포털 사용자가 정보검색의 효용을 누리는 것은 개인정보를 제공한 반대급부라는 점에서 하나의 교환과정이다.

자가 효율적으로 연결되도록 하여 빵이 더 많이 생산되도록 한다. 물론 온라인 쇼핑이 활성화되면서 오프라인 유통 부문이 피해를 볼 수도 있지만, 이는 자동차의 등장으로 마부가 타격을 입고 스마트폰의 등장으로 필름업체가 도태되는 것과 같은 창조적 파괴의 일환으로 보아야 한다.

이처럼 효용가치론의 시각으로 보면 디지털경제와 전통 산업은 한쪽의 이익이 다른 쪽의 손해가 되는 제로섬의 관계가 아니라 디지털 기업이 창조한 가치와 전통 산업이 창조한 가치를 교환하는 상생의 관계가 된다. 하지만 노동가치론자의 시각에서 보면 디지털경제가 얻는 막대한 수입은 수행한 노동 이상의 가치를 가져가는 불로소득일 뿐이다. 두 분배이론의 시각차는 디지털경제와 전통산업의 관계에만 머무는 것이 아니다. 노동가치론의 시각으로 보면 시장에서의 생산량 증대 경쟁은 타인의 가치를 뺏기 위한 네거티브 경쟁이 된다. 반면 효용가치론의 시각으로 보면 시장의 경쟁은 타인보다 더 많이 생산한 자가 더 많이 가져가는 포지티브 경쟁이 된다.

마르크스는 효용가치론이 보는 세계는 껍데기에 불과하고 노동가치론으로 볼 때 세계의 본질을 파악할 수 있다고 하였으나, 중요한 것은 말이 아니라 어느 시각이 실질적으로 생산력 발전에 도움이 되는가이다. 이제 그 문제를 다루어 보자.

Criticize
Marx
with the
『Das—
Kapital』

3부
노동가치론과
인간 본성

8장 마르크시즘은 과학인가 윤리인가

◆ 노동만이 가치를 생산한다는 법칙은 과연 본질인가

노동가치론은 수요와 공급의 작용으로 결정되는 가격이 아니라 노동시간을 가치로 보기 때문에, 차지하는 부가 증가하는데도 가치는 적어지거나 상품의 실제가치와 시장가치가 일치하지 않는 부등가교환과 같은 현상이 일어난다. 노동가치론의 이러한 특징이 이끄는 곳은 모든 인간 노동이 동등한 대우를 받는 절대 평등의 세계이며 생산성이 뛰어나다는 이유로 더 많이 가져가는 것은 금단으로 여겨지는 세상이다. 그곳은 모든 인간은 평등하다는 이념을 넘어 모든 인간 노동도 평등하다는 깃발이 펄럭이는 유토피아로 기대되었으나, 오히려 인간의 자유로운 정신이 깃발에 속박당하는 디스토피아였음을 역사는 보여주었다. 왜 평등의 모토가 자유를 구속하게 되었을까? 이 질문에 답하려면 마르크시즘이 윤리의 토대 위에 과

자본론으로 마르크스를 비판하다

학적 분석이란 기둥을 세운 부조화의 전당임을 먼저 밝혀낼 필요가 있다. 마르크스 스스로 하나의 과학이라 자부한 그의 사상체계가 실은 인간 본성에 대한 오해와 함께 노동은 평등한 것이 아니라 평등해야 한다는 당위로 구축된 비과학이기 때문에 사회주의 건설과정에서 자유가 구속당하고, 목적만 옳다면 수단은 어떠해도 좋다는 가치전도가 일으키는 비극을 피할 수 없었다. 이 과정에서 우리는 현실 사회주의가 왜 실패했는지 그리고 그 실패를 딛고 유토피아를 재건하려는 대안사회주의 운동의 전망이 왜 밝지 못한지도 이해하게 될 것이다.

먼저 노동만이 가치를 생산한다는 제 1가치법칙의 역사적 근거에 대한 엥겔스의 주장을 들어보고 그 허점을 지적하는 것으로 시작해보자. 마르크스 사후 10년 동안 엥겔스는 그가 남긴 방대한 원고를 정리하여 자본론 3권을 출간하지만, 1장에서 소개한 바와 같이 발전된 자본주의에서는 가치와 생산가격의 괴리가 일어난다는 마르크스의 설명은 커다란 비판에 직면한다. 상품의 가치가 내재된 노동에 비례하여 결정된다고 주장해놓고서 실제 판매될 때는 가치와 괴리가 있는 생산가격으로 변형된다는 주장은 모순이란 것이다.[58] 여러 비판 중에서 상품의 가치가 노동으로 결정되는 것은 '경험적 사실이 아니라 관념적 또는 논리적 사실이거나 과학적 가설'이라는 비판에 대해 엥겔스는 〈자본론〉에 대한 보충설명의 형식으로

---

58   가치의 생산가격으로의 전환에 대해서는 부록 3을 참조.

비교적 상세하게 답변한다.[59] 여기서 엥겔스는 자본주의 초기 단순 상품생산 시대에는 가치가 투입된 노동량으로 결정되었으나 자본주의가 발달하면서 생산가격으로 전환되는 이유와 과정을 설명하면서 가치가 노동으로 결정되는 법칙 즉 가치법칙은 분명한 역사적 근거가 있다고 말한다. 엥겔스의 설명을 요약하면 다음과 같다.

'과거 원시공동체적 사회에서부터 다른 종족공동체와 교환이 일어났으며, 이들은 오직 자신의 노동만을 투입하여 만든 잉여생산물을 외부인과 교환했다. 중세에도 이런 사정은 명백하였는데, 중세시대 농민들은 자신이 교환에서 얻는 물품의 제조에 필요한 노동시간을 정확히 알고 있었고, 이를 자신이 생산한 물품에 지출된 노동시간과 비교하여 교환물의 양적 크기를 결정하였다. 그 이외의 교환척도는 없었다. 농민과 도시수공업자의 생산물 교환도 마찬가지였다. 농민과 수공업자는 10시간 노동한 생산물을 1시간 노동한 생산물과 교환할 정도로 어리석지 않으며, 따라서 노동시간이 교환의 양적비율을 결정하는 가장 적합한 척도였다. 생산물에 지출된 노동량이 교환의 척도로 기능하면서 노동시간에 의한 가치결정법칙인 가치법칙이 전개되며 '노동만이 가치 형성적인 조건들이' 만들어진다. 따라서 마르크스의 가치법칙은 생산물이 상품으로 전환되는 기원전 4,000년 또는 6,000년 전부터 15세기에 이르는 기간까지 5,000 ~ 7,000년 동안 경제적 타당성을 가진 상품 교환의 원리로 기능했었다.'

---

59 〈자본론 3권(하)〉, pp.1130~1138.

자본론으로 마르크스를 비판하다

그러나 위 설명에서 엥겔스는 제 4, 5가치법칙이 시장에서 작동하고 있음을 놓치고 있다. 원시공동체 사회이든 고대노예제 사회이든 중세시대든 상품 교환이 발전하면서 시장이 형성된다. 시장에는 생산성이 뛰어난 사람과 그렇지 못한 사람이 함께 참여하고 자연스럽게 경쟁이 발생한다. 상품의 가치는 실제 투입된 노동시간이 아니라 사회적 필요노동시간으로 결정되어 교환이 이루어지는 것이다. 그 결과 1시간에 20개의 호미를 생산하는 대장장이 갑은 같은 시간 동안 10개를 생산하는 대장장이 을보다 더 많은 수입을 얻는데, 그들은 이것이 당연하다고 생각한다. 엥겔스는 농민, 대장장이 혹은 수공업자가 노동량이 다른 생산물을 동등하게 교환할 만큼 어리석지 않다고 했지만, 현실에서 생산성이 뛰어난 갑은 0.5시간의 노동이 투입된 호미를 1시간의 노동과 교환하고 있었다. 그 결과는 생산량이 많은 갑이 적은 을보다 더 많은 수입을 얻는 것으로 나타난다.

엥겔스의 말처럼 갑과 을이 투입한 노동시간을 정확히 알고 그 시간대로 교환했었다면 동일한 시간의 노동으로 갑이 더 많은 수입을 얻는 것을 부당하게 여겼을 것이다. 고대 노예제사회든 중세사회든 시장이 형성된 곳에서는 노동량 분배보다 생산량 분배의 원리가 작동하였고 사람들은 자신이 투입한 노동량보다 생산량을 기준으로 교환하고 분배하는 데 더 익숙했다. 실제 도시수공업자와 농민 간의 교환은 부등가교환이 더 많았으며 이는 도시와 농촌의 생산력 격차 때문이었다. 사람들이 엥겔스의 말대로 투입된 노동량을 기준으로 교환한다고 생각했다면 똑같은 시간을 노동하고도 수입이 차이 나는 현실을 받아들이지 않았을 것이다. 시장에서의 등가교환이 사실은 생산성 차이에 의한 부등가교환임을 엥겔스는 간과한 것이다.

　시장에서 사람들이 노동시간을 의식하고 교환한다는 엥겔스의 주장은 마르크스의 주장과도 반대된다. 일반적으로 사람들은 상품에 투입된 비용을 고려하여 교환한다. 그러나 상품비용도 결국 시장의 수요와 공급이 작용하여 결정된 가격으로 여길 뿐 노동시간이라고 생각하지 않는다. 가격은 시장의 수요와 공급 작용으로 결정되며 주어진 공급량에서 느끼는 소비자의 한계효용이다. 짜장면이 라면 가격의 2배라면 짜장면의 한계효용이 라면의 2배임을 뜻한다. 짜장면 소유자는 라면 두 그릇이 주는 만족감이 자신이 내놓는 짜장면 한 그릇과 같은 정도의 만족감을 줄 거라고 기대하면서 교환하는 것이지 두 상품에 내재된 노동량을 의식하면서 교환하지 않는다. 마르크스도 이 점을 분명하게 인정한다. 그는 '한 상품의 가치는 다른 상품의 사용가치로 표현된다.'[60] 라든가, '생산자들은 상품의 노동시간을 의식하는 것이 아니라 오히려 정반대로 서로의 상이한 생산물(사용가치를 의미함)이 동등하다고 여기기 때문에 교환하지만, 그들이 의식하지 못하는 사이에 노동시간을 가치로 교환한다.'[61]고 말한다.

　이처럼 오랫동안 사람들이 투입된 노동량을 의식하고 이를 비교하여 교환하였다는 엥겔스의 주장을 마르크스는 완전히 부정하고 있다. 마르크스도 인정하듯 사람들은 상품의 노동량이 아닌 효용을

60　〈자본론 1권(상)〉, p.65.

61　위의 책, p.96.

기준으로 교환한다. 우리가 분식집에서 라면을 먹는 경우를 생각해 보면 이 점은 명확해진다. 대부분 라면이 주는 만족감과 지출되는 돈으로 인한 만족감의 감소를 비교하지, 투입된 노동시간을 의식하는 사람은 거의 없을 것이다. 결국 상품의 가치는 노동시간으로 결정되므로 노동만이 가치를 생산한다는 대원칙이 역사적 사실이라는 엥겔스의 주장은 사실이 아니다.

마르크스는 사람들이 사용가치를 기준으로 상품을 교환한다고 하였지만, 그것은 껍데기에 불과할 뿐 본질은 노동을 기준으로 교환한다고 말한다. 가치가 상품의 교환기준이자 상품에 대한 지분이라는 정의를 상기하면 노동시간으로 상품의 가치가 결정된다는 주장은 상품을 향유하는 권리인 가치는 노동만이 생산한다는 주장과 같다는 것을 알 수 있다. 생산량이 적을 때는 적은 대로, 많을 때는 많은 대로 노동한 자만이 사용가치의 분배에 참여한다는 원칙은 여기서 나온다. 생산량이 증대한다면 어떤 경우에도 그것은 노동 덕분이라는 점을 마르크스가 강조하는 것도 노동이 상품의 교환기준이자 상품에 대한 지분이기 때문이다. 따라서 그는 기계력에 의한 생산량 증가로 발생하는 특별잉여가치는 노동생산성의 향상이 가져다준 것으로 표현하고, 다른 토지에 비해 비옥도가 높은 토지가 더 많은 생산량을 발휘하는 것도 "자연력의 이용과 결부된, 노동의 더 큰 자연발생적 생산성에서 생긴다."[62]라는 말로 생산량 증가의 원천을 노동으로 돌린다.

62　〈자본론 3권(하)〉, p.827.

그러나 거창한 이론 없이 상식의 눈으로 보아도 생산량의 증가는 기계나 토지의 생산력에 의한 것이 분명하다. 빵 기업에서 1시간 노동으로 10개를 생산하다가 새로운 기계를 들여와 20개를 생산하거나, 1시간 노동으로 쌀 1가마를 생산하는 논에서 더 좋은 논으로 옮겨 2가마를 생산하면 그것은 기계나 논의 생산력으로 인한 것이지 노동생산성이 향상된 결과는 아니다. "더 좋은 기계나 더 비옥한 토지가 투입되어 생산량이 증가한 것이 아닌가?"라는 물음에 마르크스는 생산량의 증가는 노동생산성이 향상된 덕분이라는 대답만 반복한다. 이것은 인간 노동만이 가치를 생산한다는 가치법칙의 대원칙을 반복하는 것에 지나지 않는다. 또한 기계나 토지가 생산량을 증가시킨다 해도 그것은 사용가치의 생산이지 가치의 생산이 아니라는 제2가치법칙의 반복이기도 하다.

마르크스가 '속류경제학'이라 부르는 효용가치론은 사용가치를 가치의 원천으로 본다. 효용가치론자가 보기에 증대된 생산량은 기계나 토지가 노동과 함께 생산요소로서 작용한 데 기인한다. 따라서 기계를 제공한 자본가는 이윤을, 토지를 제공한 지주는 지대를, 노동을 제공한 노동자는 임금을 갖는 것이 당연하다고 생각한다. 이것이 자본-이윤, 토지-지대, 노동-임금으로 표현되는 삼위일체의 공식으로 마르크스는 이 공식을 맹비난한다. 기계로 대표되는 자본이나 토지를 하나의 물질적 소재로 본다면 빵이나 쌀을 생산하는 생산요소이지만, 자본주의라는 생산관계를 함께 고려한다면 그것들은 노동자의 가치를 착취하는 도구의 역할을 한다는 것을 속류경제학은 보지 못한다는 것이다.

기계나 토지는 빵이나 쌀이라는 사용가치를 생산할 때 하나의 생산요소로 작용하지만, 빵과 쌀의 가치는 그것들의 생산작용과는 아무런 관련이 없다. 사용가치의 가치는 그것에 내재된 사회적 노동량이기 때문에 현실에서는 사람들이 사용가치를 기준으로 교환한다고 하더라도 가치는 사용가치가 주는 효용과는 아무런 관련이 없다고 마르크스는 말한다. 생산량은 토지나 기계의 생산력에 달린 것이 맞지만 이 생산량의 크기와 무관하게 가치는 주어져 있고 그것은 생산된 상품에 투입된 노동량이라는 것이다. 그리고 주어진 노동시간에 얼마만큼의 사용가치가 생산되는가는 노동생산성에 달려 있고, 노동생산성은 노동이 행해지는 생산조건이 풍부한가, 빈약한가에 달려 있다고 말한다.

여기서 모든 가치는 인간 노동만이 창조한다는 제1가치법칙과, 생산량이 많고 적고는 가치와 무관하다는 제2가치법칙외에 어떤 논리를 찾을 수 있는가. 사용가치를 의식하면서 교환하는 실제의 현실을 현상으로 치부하고 그 이면에 존재하는 가치법칙이야말로 본질이라고 주장하는 것은 모든 성과를 인간에게 돌리는 인간중심주의로서의 의미는 있으나 논리적, 역사적 근거를 지니고 있다고 보기 어렵다.

◆ 결국은 노동만이 가치를 창조한다는 말의 반복일 뿐

그러나 생산성 향상의 공로를 노동으로 돌리는 마르크스의 주장을 마르크스주의자들은 그대로 반복한다. 토지나 기계가 생산한 것이 사용가치이고, 사용가치는 가치의 원천이므로 토지나 기계가 증대시킨 생산량은 자본가나 지주에게 귀속되어야 한다는 '속류경제학자'들의 주장에 대해 마르크스주의자들은 토지는 인간 노동과 전혀 관계가 없는 '지구의 껍데기'일 뿐이고, 기계는 결국 노동의 산물에 불과하다고 대답한다. 인간 노동이 조금도 관여하지 않은 자연상태의 토지가 노동을 매개하지 않고 사용가치를 생산하는 것은 불가능하며, 기계가 사용가치를 더 많이 생산한다고 하여도 기계 자체가 인간 노동의 창조물이므로 토지와 기계가 가치를 생산한다는 주장은 결국 노동가치론의 범주를 벗어나지 못한다는 것이다.[63]

위 주장에 대해 먼저 토지부터 이야기해 보자. 농산물은 토지의 물리적, 화학적 특성과 인간의 노동이 결합된 산물이다. 미국의 저명한 경제사상가이자 노동가치론자인 E.K.헌트는 인간의 노동이 없다면 '본래 사용할 수 없는 모습으로 오래전부터 존재하고 있었던 지구의 껍데기가 어떻게 농산물을 생산할 수 있는가'라고 말한다. 하지만 토지의 지력이 없었다면 인간의 노동만으로 어떻게 농산물이 생산될 수 있는가? 동일한 양과 질의 노동을 투입하였음에도 어떤 토지가 다른 토지보다 농산물을 더 생산한다면 이것은 과연 토지의 지력과 노동 중 어느 쪽의 공헌인가?

이에 대해 노동가치론은 토지가 생산한 것은 사용가치이지 가치가 아니라고 반박한다. 인간 노동이 토지라는 자연물로 하여금 사

---

63   〈E.K.헌트의 경제사상사〉, p.1047.

용가치를 생산할 수 있도록 하였으므로 생산된 사용가치를 지배할 권리는 노동에 주어져야 한다는 것이다. "왜 토지가 생산한 사용가치는 가치가 될 수 없는가? 가치의 원천이 노동이라는 가치법칙은 어디서 왔는가? 그것은 노동가치론자들이 일방적으로 세운 전제가 아닌가?"라는 물음에 헌트는 그러한 질문은 '공리주의(功利主義) 이데올로기가 토지와 자본도 노동과 같이 상품을 생산하므로 지주와 자본가도 상품을 가져갈 자격이 있다고 생각하도록 우리를 훈련시켰기 때문'이라며 간단하게 일축한다.[64] 그러나 현실에서 소비자들은 공리주의를 배우지 않더라도 마르크스의 말처럼 노동시간이 아닌 사용가치가 주는 효용을 의식하면서 교환하고 소비한다. 헌트의 말은 오로지 가치는 인간만이 창조한다는 공리(公理)의 반복에 지나지 않는다.

기계와 같은 생산수단이 생산과정에 기여할 뿐만 아니라 노동과 마찬가지로 가치를 생산한다 해도 기계는 결국 과거 인간 노동의 산물에 불과하다는 주장은, 그 자체로 이미 노동가치론의 파탄을 인정한 것이다. 불변자본인 기계가 가치를 생산하는 것을 인정하는 순간 노동가치론은 더 이상 노동가치론이 아니기 때문이다.

그리고 기계나 도구가 노동의 산물이란 것은 사실이지만 그렇다고 해서 모든 가치는 노동이 생산한다는 논리가 저절로 도출되지는 않는다. 노동가치론자들의 주장은 기계가 인간 노동으로 만들어진다는 사실에서 인간 노동만이 가치를 생산한다는 당위로 비약한 것

---

64 앞의 책, p.1047.

이다. 나폴레옹이 이룬 모든 업적은 그를 낳은 어머니에게 돌아가야 한다는 것과 같은 논리다. 나폴레옹의 어머니가 그를 낳은 것은 사실이나 그렇다고 나폴레옹의 업적마저 어머니의 것이 되지 않는다. 마르크스는 노동운동가이자 의사였던 루드비히 쿠겔만에게 보내는 편지에서 '1년은 고사하고 몇 주 동안이라도 노동을 중단하면 어떤 민족도 사멸한다는 사실은 삼척동자도 알고 있다.'라고 말했다. 인간이 노동 없이 단 몇 주도 살 수 없다면 공기 없이는 단 몇 분도 버티지 못하므로 세상의 중심은 공기가 되어야 하는가. 이것은 지구가 태양을 돌고 태양이 없으면 생물이 존재할 수 없다는 사실에서 태양이 세상의 중심이라는 법칙을 도출하는 것과 같다.

이러한 비약 때문에 노동가치론의 세계에서는 동일한 시간의 노동이 투입된 것이라면 원시인의 맨손노동과 기계를 사용한 현대의 노동은 생산력의 격차에도 불구하고 동등한 가치를 부여받는다. 맨손으로 100시간 노동한 것과 70시간의 노동이 투입된 기계를 사용해서 30시간 노동한 것은 엄청난 생산량의 차이에도 같은 가치를 부여받는 이상한 일이 벌어지는 것이다. 이것은 기계를 과거의 노동으로 만들었다는 사실과 인간 노동만이 가치를 생산한다는 공리를 무리하게 연결한 결과이며 결국은 인간 노동만이 가치를 생산한다는 말의 반복일 뿐이다. 이 비약이 이르는 결론은 같은 시간의 노동으로 더 많이 생산한 자가 더 가져가면 덜 생산한 자의 가치를 뺏는 것으로 될 수밖에 없다.

효용가치론은 사용가치를 가치의 뿌리로 보는 이론이다. 이 이론의 세계에서는 토지나 기계와 같은 사물이 만드는 사용가치는 가치

자본론으로 마르크스를 비판하다

의 형성 근원으로 작용한다. 따라서 토지나 기계도 가치를 생산한다는 논리가 성립될 수 있으며 이것은 현대 주류경제학의 근본원리이다. 효용가치론은 토지가 가치를 생산한다고 해서 토지신에게 생산된 사용가치를 제물로 바치자는 토템사상이 아니라, 토지가 생산한 가치만큼은 토지소유주에게 귀속되는 것이 합당하다는 주장의 근거로 기능한다. 여기서 효용가치론이 쉽게 해결할 수 없는 문제는 가치의 원천을 밝히는 것이 아니라, 노동과 다를 바 없이 가치를 생산하는 기계나 토지가 왜 소수에게 독점되어 있는가에 대한 정당성을 찾는 것이다. "노동하지 않아도 요술램프처럼 뚝딱 가치를 만들어 내는 지구의 껍데기를 왜 소수만 가지는가"라는 문제 제기야말로 효용가치론자들의 대답을 궁색하게 만들 수 있고, 노동가치론보다 효율적으로 불평등을 비판하는 수단이 될 수도 있다. 이 질문에 대한 효용가치론자들의 대답은 〈인구론〉의 저자이자 '냉혹한 목사'였던 맬더스처럼 '노동자가 생산수단을 갖지 못한 것은 인생이란 로또에서 꽝을 맞았기 때문'이라거나 발라처럼 개인은 '최초에 부여받은 사물의 양이 다른 상태에서 출발'한다는 궁색한 변명뿐이다.[65] 발라에게 왜 최초에 부여받은 사물의 양이 다르냐고 묻는다면 그것은 신의 섭리 또는 자연적인 현상이라고 답할지 모른다.

---

65   물론 생산수단만 소유한다고 해서 부가 저절로 창출되지는 않는다. 경영이란 자본가적 노력이 필요하다. 하지만 자본가적 노력을 할 기회가 왜 소수에게만 허용되는가 하는 문제는 여전히 남는다.

◆ 의식된 본능과 의식되지 않은 본능

〈고타강령초안비판〉에서 마르크스는 사회주의는 자본주의의 모반이 경제적, 윤리적, 정신적으로 들러붙어 있어서 노동량 분배가 실현된다고 하여도 생산성 격차에 따른 불평등한 분배는 하나의 폐단으로 남는다고 했다. 이 폐단은 생산력이 더욱 고도로 발달한 공산주의 사회에 이르러서야 없어지고 능력과 관계없이 필요한 만큼 분배받는 풍요의 세상이 열린다고 하였다. 〈고타강령초안비판〉은 5개의 가치법칙을 온전히 드러낼 뿐 아니라, 사적(史的) 유물론의 핵심을 보여준다. 사회주의가 되어도 자본주의적 분배방식에 익숙한 사람들의 의식은 쉽게 바뀌지 않지만, 생산력이 더욱 발전하면 가족 관계에서나 실현되는 분배를 받아들일 정도의 정신적인 혁명이 일어난다는 것이다.[66] 의식이 존재를 결정하는 것이 아니라 존재가 의식을 결정하는 유물론의 세계에서 정신에 '들러붙어' 있는 자본주의적 잔존물은 생산력이 발전하면 떨어져 나갈 일회용 반창고 같은 것이 된다. 이전 자본주의가 그린 그림은 지워지고 사회주의가 그리는 새 그림으로 채워지는 백지 같은 것이 인간의 의식이라고 유물론은 본다. 본능, 이성, 의식은 원초적으로 존재하는 독립된 존재가 아니라 물질적인 제도가 어떤 것이냐에 따라 형성되는 피동적인 대상이므로 생산력의 발전 단계에 따라 제도와 사람들의 의식은 변한다는 것을 〈고타강령초안비판〉은 잘 보여준다.

---

66   능력껏 일하고 필요한 만큼 받는 제도가 현재에도 존재하는데 가족 간 분배가 그렇다.

마르크스의 유물사관이 체계적으로 정리된 대표적인 저작은 〈독일 이데올로기〉이다. 이 책에서 그는 인간의 이성, 관념, 의식이 인간의 실존에 우선한다는 독일의 관념 철학을 비판한다. 모든 인간의 역사는 개인의 실존이 제 1의 전제이고 인간의 표상, 사유, 정신적 교류는 물질적인 행동의 직접적인 발현으로써 나타나기 때문에 의식이 삶을 규정하는 것이 아니라 삶이 의식을 규정한다고 주장한다. 독일의 관념 철학은 하늘에서 땅으로 내려오지만, 자신의 철학은 정반대로 땅에서 하늘로 올라간다는 것이다.

마르크스는 의식은 물질에 의해 규정될 뿐 의식 이전에 인간에게 내재하는 본능 같은 것은 존재하지 않는다고 생각했다. 물론 그도 인간에게 동물적인 본능이 있음을 부정하지 않는다. 그러나 인간의 본능이란 단순한 무리의식에 지나지 않는 것으로 의식된 본능에 불과하거나 의식이 본능을 대신한다고 말한다.[67] 즉, 인간의 본능은 동물의 무리의식과 같은 수준이며 인간에게는 의식의 경지로 끌어 올려진 본능이 있을 뿐이라는 것이다. 의식은 물질에 의해 규정되므로 결국 본능이란 것이 있다고 해도 물질이 이 본능을 규정하게 된다. 이렇게 보면, 사람들에게 자본주의적 생산량 분배에 대한 갈망이 있다고 하여도 이는 자본주의 제도가 만들어 낸 의식된 본능에 불과하므로 사회주의 제도하에서 노동량 분배를 바라는 의식으로 대체되는 것은 자연스러운 일이 된다. 자본주의가 남긴 부르주아적 의식들은 사회주의가 발전하면서 떨어져 나갈, 자본주의 시대에나

---

67 〈독일 이데올로기〉, p.68.

통하는 낡은 부스럼 정도로 여겨진다.

하지만 마르크스는 의식된 본능 이전에 의식되지 않은 본능이 있음을 간과했다. 그것은 마르크스의 주장처럼 의식이 대신할 수 있는 것이 아니라 오히려 의식을 규정하는 물질 이전에 존재한다. 마르크스가 말하듯이 인간은 사회를 이루고 물질생활을 영위하면서 그것이 반영된 의식이 생겨나고 역으로 의식도 물질생활에 영향을 미친다. 그러나 인간이 물질생활을 하는 이유는 생존욕망이라는, 물질생활 이전에 존재하는 추상이 있기 때문이다. 개개인은 하나의 개체로서 생존욕망을 갖고 있으므로 무리를 짓고 사회를 이루며 경제활동을 한다. 물질생활이 생존욕망에 영향을 주어 의식과 제도를 만드는 것은 사실이나 물질생활이 생존욕망을 규정하는 것은 아니다. 생존욕망이 물질생활이란 프리즘을 거쳐 의식이나 제도로 발현되는 것이다. 생산력이 발전하면서 고대노예제 사회에서 중세봉건제 사회로, 중세봉건제 사회에서 자본주의 사회로 프리즘이 바뀔 때마다 의식이나 제도도 그에 따라 변화하지만 생존욕망은 원시공동체 시대나 중세시대나 지금이나 여전히 인간에게 하나의 추상으로 변함없이 존재한다.

중세시대에 생산력이 발전하면서 봉건적 생산관계로는 그것을 더 이상 담보하지 못하면서 봉건적 생산관계는 해체되기 시작한다. 농노는 농촌을 탈출하여 도시로 몰려들고 도시에는 수공업자의 조합인 길드가 형성된다. 생산력이 더욱 발전하면서 길드가 해체되고 매뉴팩처가 생기고 그것은 다시 기계제 대공업에 자리를 내주면서 자본주의 생산관계가 확고히 자리를 잡는다. 이 모든 현상은 인간의 의식과 계획으로는 어찌할 수 없는 물질생활의 변화과정이나, 그 이면에 인간이 하나의 개체로서 살고자 하는 욕망이 존재하지 않았다면 일어나지 않았을 일이다.

농노가 농촌을 탈출하는 것, 수공업자들이 길드를 형성하는 것, 농민들이 엔클로저 운동으로 삶의 기반인 농경지에서 쫓겨나고 도시로 몰려들어 노동자가 되는 것, 그리고 자본가가 노동자를 착취하는 것, 이 모든 일이 인간에게 생존욕망이 없다면 일어날 수 있었을까? 생존욕망이 있기 때문에 고대에는 비록 노예의 신분이지만 결혼하여 노예가 될 수밖에 없는 자식을 낳으면서 비루한 삶이라도 영위하는 것이고, 봉건시대에는 농노로 살다가 세상이 변하면서 도시로 생존을 위한 탈출을 감행하였다. 자본주의 작동법칙인 가치법칙도 인간이 의식적으로 관여하지 못하는 물질세계의 법칙이지만, 개별 인간들의 생존욕망이란 추동력이 없다면 작동하지 않는 법칙이다. 생존욕망은 의식된 본능이 아니라 의식 이전에 DNA가 설계해놓은 의식되지 않은 본능이다. 이것이 동물에게는 없는 인간의 인지능력과 결합하여 생산력을 발전시키고 그에 걸맞은 의식과 제도로 발현된다고 봐야 하지 않을까?

◆ 유물론이 만든 환상

마르크스의 유물사관은 그의 저작 곳곳에서 발견된다. 〈자본론〉에서 자본가와 노동자에 대한 마르크스의 규정은 세상을 움직이는 주체는 인간이 아니라 물질세계라는 그의 인식을 여실히 보여준다.

> "자본가는 오직 인격화한 자본에 지나지 않는다. 그의 혼은 자본의 혼이다."[68]

> "자본가와 임금노동자는 오직 자본과 임금노동의 육체화, 인격화에 불과하며…"[69]

> "자본가가 자본의 인격화로서 직접적 생산과정에서 얻는 권위, 또는 그가 생산의 관리자, 지배자로서 수행하는 사회적 기능은…"[70]

위의 문장에서 보듯이 유물론의 세계에서 자본가나 노동자는 인간본질인 생존욕망에 의해 움직이는 주체가 아니라, 자본과 임금노동이란 물질세계의 반영에 불과한 피동적인 존재가 된다.

'(인간에게는) 미리 정해진 본질, 불변의 본질 같은 것은 없으며, 외부세계에 의해 그때마다 결정되는 그런 본질만 있을 뿐'[71]이라고 유물론자들은 말한다. 마르크스의 다음 문장들은 이 점을 명확하게 보여준다.

> "흑인은 흑인이다. 일정한 여러 관계하에서 그는 비로소 노예가

---

68 〈자본론 1권(상)〉, p.310.

69 〈자본론 3권(하)〉, p.1114.

70 〈자본론 3권(하)〉, p.1116.

71 이진경, 〈미-래의 맑스주의〉, 그린비, p.43

된다. 무명 방적기계는 무명 방적을 위한 기계이다. 일정한 여러 관계에서만 그것은 자본이 된다. 이들 관계로부터 분리되면 그것이 자본이 아니라는 것은, 금이 그 자체로서 화폐가 아니고, 또 설탕이 설탕 값이 아닌 것과 같다."[72]

"인간의 본질은 어떤 개개인에 내재하는 추상이 아니다. 그것은 현실적으로 사회적 관계들의 총체이다."[73]

그러나 인간 본질은 생존욕망이라는, 개체 속에 내재하는 추상이 사회적 관계들의 집합과 관계없이 존재하는 것이다. 개체로서의 생존욕망은 이기심으로 발현되기 때문에 개인의 능력에 따라 차별분배를 원하는 마음은 자본주의에서 사회주의로 물적 토대가 변하여도 쉽게 사라지지 않는다. 자본주의 모태에서 갓 태어난 사회주의라서 이기심이 사람들 마음에 들러붙어 있는 것이 아니다. 그것은 태초부터 개체의 생존욕망으로 존재해왔다. 사회주의가 되어도 생산력을 발전시키기 위해서 궁여지책으로 이기심을 이용하지 않을 수 없는 이유가 여기에 있다. 개인적 욕심만 채우려 하는 것보다 전체의 발전을 위하여 자신을 불사르는 공동체형 인간은 자본주의에서 사회주의로 하부구조가 변하여도 쉽게 나타나지 않았다.

이기심으로 표출되는 생존욕망은 인간 본질을 구성하는 중요한 요소이다. 외부환경이 변해도 이 본질은 환경에 따라 적응할 뿐 본

---

72   마르크스, '임금노동과 자본', 〈경제학 · 철학초고/자본론/공산당선언/철학의 빈곤〉, 김문현 역, 동서문화사, p.531.

73   〈독일 이데올로기〉, p.37.

성이 달라지거나 사라지지 않는다. 흑인은 흑인이고 백인은 백인이지만, '일정한 관계 속에서 비로소' 흑인은 노예가 되고 백인은 노예주가 되는 것이 아니다. 인간의 본성에는 타인을 지배하고자 하는, 또는 강압적인 환경에서는 타인에게 지배당하는 본성이 있기 때문에 일정한 관계 속에서 노예가 되고 노예주가 될 뿐이다. 인간 본성에 사자와 같은 근성이 있었다면 노예주가 대포를 들이대도 노예가 되지 않았을 것이다. 인간의 본성에 타인을 지배하여 돈을 벌고자 하는 욕망이 없었다면 목화밭이 아무리 넓어도 백인이 노예주가 되는 일은 없었고 흑인은 노예로 전락하지 않았을 것이다. 사자나 호랑이나 늑대가 인간에게 길들여지지 않는 것은 그들의 DNA에 그러한 본성이 없기 때문이다. 소나무 씨앗을 심고 대나무가 잘 자랄 수 있는 환경을 조성한다 해도 대나무가 되지 않는 것도 소나무의 본질은 소나무이기 때문이다.

　인간이란 존재는 인간이 되게 하는 특유의 본질이 DNA에 심겨 있으며 이기심으로 표출되는 생존욕망은 그중에 하나다. 이 본질이 외부환경의 변화를 만나면 본성이 변화하는 것이 아니라 환경의 변화에 따라 적절한 양태로 변신할 뿐이다. 인간의 이기심이 봉건적 사회관계에서는 봉건영주의 모습으로, 자본주의적 사회관계를 만나면 자본가의 모습으로, 사회주의적 사회관계에서는 독재자의 모습으로 나타나는 것이다. 사회주의에서 인간의 이기심이 약해지기는커녕 자본가의 욕심보다 더 잔인하고 집요한 권력욕으로 변신하여 노선투쟁이란 미명하에 어제까지의 혁명동지들을 숙청하고 또 숙청하는 것을 우리는 보지 않았던가. 이는 소련에서도, 중국에서

　　　　　　　　자본론으로 마르크스를 비판하다

도 그리고 북한에서도 목격한 일이며, 자본가적 욕망이 사라진 대부분의 사회주의에서 이를 대신한 권력 욕망이 횡행하였다. 요컨대 인간의 본질은 사회적 관계들의 총체가 아니라 사회적 관계들과 만나서 변태된다.

자본가는 자본이 인격화된 존재가 아니다. 인간의 욕망이 자본주의 사회관계라는 프리즘을 통해 자본이란 사물로 굴절된 것이다. 중세시대 실을 잣는 물레는 소생산자가 먹고 살려는 욕망의 수단이었고 자본가의 무명 방적기계는 이윤을 추구하려는 욕망의 수단이다. 무명 방적기계가 자본이 된 것은 자본주의 생산관계 때문이지만, 그 이전에 돈을 벌려는 욕망이 먼저 작동하고 있음을 잊어서는 안 된다. 물레에 노예를 앉힌 파라오의 욕망과 무명 방적기계에 노동자를 앉힌 자본가의 욕망은 각 개체에 내재하는 추상물인 생존욕망의 발현이란 점에서 조금도 다르지 않다. 태곳적부터 존재해 온 인간의 욕망이 노예제사회가 아닌 자본주의를 만나 무명 방적기계에 노예가 아닌 노동자를 앉혔을 뿐이다.

자본가는 '자본의 담지자'가 아니라 자본이 인간 욕망의 담지물이라고 봐야 한다. 시대를 달리하여 변신하는 이 인간 본질은 유인원이 사피엔스가 되는 오랜 진화의 과정을 거쳐도 변하지 않았다. 인간의 욕구는 수십 년의 고독한 수행으로도 소멸시키기 어려울 뿐만 아니라 크기가 무한하다는 속성도 갖고 있다. 100억이 있으면 1,000억을 갖고 싶고 그것을 달성하면 조 단위의 재산을 원하는 것이 욕망의 무한성이다. 공중전화부스를 퇴장시킨 휴대폰의 등장에 사람들은 열광하였으나 곧 시들해지고 스마트폰이 욕망의 빈자리를 채

웠다. 하지만 스마트폰도 언젠가는 가상현실, 증강현실을 구현하는 기기에게 밀려날 것이다. TV가 없는 집을 찾기 어려워졌지만, 인간의 욕망은 LCD에서 OLED로 관심을 옮겼으며 원하는 크기도 60, 70인치 이상으로 점점 커지고 있다. 이 욕망이 자본주의적 형태를 띠고 있다고 해서 인간에 '내재하지 않는 추상'이 자본에 의해 형성되었다는 주장을 인정하기는 어렵다. 봉건시대에도 말을 타면 하인을 부리고 싶은 욕망이 존재했으며 이것은 인간에 '내재하는 추상'으로서의 자본주의적 욕망과 조금도 다를 바 없다. 로마의 귀족은 창칼로 노예를 착취했고 런던의 자본가는 자본으로 노동자를 착취하지만, 타인의 희생으로 자신의 욕망을 채우려는 의식되지 않는 본능이 내면에 자리 잡고 있다는 점에서 둘은 다르지 않다. 과거에는 존재하지 않던 욕망이 자본주의 시대가 되어서 폭발한 것이 아니다. 인간의 욕망은 하부구조에 따라 형태를 달리할 뿐 하나의 추상으로 변함없이 존재해왔다. 인간의 생존욕망이 물질관계라는 프리즘으로 굴절되어 때로는 권력으로, 때로는 자본으로 발현되는 것이다.

사회주의 시대가 도래하고 오랜 세월이 흘러도 타인보다 더 많이 생산하고도 동등한 분배를 당연하게 여기는 공동체형 인간이 저절로 생겨나지 않는다. 오히려 역사는 유물론의 주장과는 반대의 측면을 보여주었다. 러시아혁명 초기 불굴의 혁명정신과 이타심으로 무장한 노동자와 혁명가들은 북극으로의 유배와 처형도 두려워하지 않고 로마노프 왕조를 뒤엎는 투쟁에 나섰으며, 백군과의 내전 시기에는 앞장서서 전선으로 달려갔다. 니콜라이 오스트롭스키가 쓴 〈강철은 어떻게 단련되었는가〉의 주인공 파벨 코르차긴과 같은 공동체형 인간들이 곳곳에 존재하였다. 혁명의 성공 이후에도 자발적인 토요노동, 무급노동의 대열에 동참하여 자신의 능력을 공동체 발전을 위하여 봉사하려는 열정이 넘쳤다. 하지만 상황이 안정되고 혁명의 성공이 확실해지자 코르차긴은 어디론가 사라졌다. 영국의 사회주의 활동가인 존 몰리뉴는 적백내전에서 혁명적 인간들이 너무나 많이 희생된 탓이라고 말하지만[74], '사회주의 혁명이 안정되고 공고해질수록 이를 반영한 인간 본질이 왜 나타나지 않는가?'라는 질문의 답으로서는 부족하다. 일반 대중들은 가치법칙에 물든 본성을 버리고 생산량과 관계없이 노동의 가치를 동등하게 나누는 데 익숙해지지 않았고, 권력자들은 함께 어깨동무하며 인터내셔널가를 벅차게 불렀던 혁명동지들을 사지로 몰았다. 트로츠키, 지노비에프, 카메네프, 부하린을 필두로 1930년대에는 연간 수십만 명이 처형되기까지 이르는 공포의 시대가 시작되었다. '스탈린의 대숙청'으로 역사책에 기록된 이 광기는 혁명의 성공을 위한 필연으로 포장되었으나, 자본의 욕망이 권력에 대한 욕망으로 변형된 일탈이며, 이기심을 소멸시킨다는 명분의 이기심이 작동한 결과였다.

결국 생존욕망이라는 인간 본질은 세월이 흐르고 체제가 변해도 쉽게 바뀌지 않으며 어떤 형태로든 발현된다는 것을 역사적 사회주의는 충분히 보여주었다.

마르크스주의자 혹은 마르크시즘에 우호적인 사람들도 인간의 본성이 쉽게 변하지 않는다는 사실을 잘 알고 있다. 레닌은 〈A

---

74 존 몰리뉴, 〈레닌과 21세기〉, 이수현 역, 책갈피, p.383.

Great Beginning〉에서 "오로지 (자본주의적 이기주의에 대한) 이러한 승리가 공고화될 때만 새로운 사회적 규율, 사회주의적 규율은 창조될 수 있으며, 그리하여 자본주의로의 회귀는 불가능하게 될 것이며, 코뮨주의가 진정 굴복하지 않을 수 있을 것이다."[75] 라고 말하며, 자본주의에서 자본에 의해 형성된 이기주의와 수동적인 습속에 대한 투쟁이 필요하고 여기서 승리할 때 '사회주의적인 새로운 규율'이 창조될 수 있다고 주장한다. 사회주의에서는 자본주의적 이기심을 버리기 위한 의식적인 투쟁과 교육이 필요하다는 이야기다.

〈맑스주의와 근대성〉의 저자 이진경 교수는 러시아혁명이 진정한 코뮨주의로 발전하지 못한 이유가 소련이 스타하노프 운동과 같은 성과급 방식에 의존함으로써, 자본주의 분배법칙인 가치법칙의 굴레를 벗어던지지 못했던 데 있다고 말한다. 그로 인해 공동체를 위해 이기심을 버리는 코뮨적 인격체를 형성하지 못한 것이 사회주의 실패의 원인이라고 진단한다. "가치법칙에서 벗어난 새로운 방식의 활동과 조직을 형성"[76]해야 하며 "정말로 광범위한 인간변혁"[77] 과정을 거쳐 "새로운 주체를 생산"[78]해야 한다고 역설한다.

그러나 수십만 년간 인간 DNA에 '들러붙어' 시대의 변천에 따라 변형될 뿐인 욕망을 떨쳐내는 것이 과연 가능한지, 그리고 어떤 과정을 거쳐야 '정말로 광범위한 인간 변혁을 통한 새로운 주체'가 탄

---

75 이진경, 〈맑스주의와 근대성〉, 그린비, p.342에서 재인용.

76 위의 책, p.347.

77 위의 책, p.339.

78 위의 책, p.338.

생할지 의문스럽다. 여기서 킬링필드의 악몽이 떠오른다면 지나친 우려인가? 〈자본주의는 왜 멈추는가〉의 저자 한지원씨는 '사적소유에 대한 유인이 없어도 생산력을 충분히 발전시키는 방법을 구하는 문제의 답을 아직 찾지 못했으며 당분간 풀지 못할 어려운 문제'라는 것을 인정한다. 또한 '봉건적 태도가 바뀌는데 수백 년의 시간이 걸렸듯이 시민 모두가 오랜 기간에 걸쳐 새로운 관습을 만들어야' 가능하다고 말한다.[79] 그러나 수백 년의 시간이 흘러서 바뀐 것은 봉건적 태도나 관습이었지 이기심으로 표출되는 욕망은 그대로였다. 영주나 귀족에게 머리를 조아리지 않고 양반에게 굽신거리지 않게 되었지만, 부와 권력과 영예를 추구하는 인간의 욕망은 봉건시대나 지금이나 조금도 변하지 않았다.

사회주의를 실시하는 데 필요한 것은 태도나 관습의 변화가 아니라 인간의 이기심을 송두리째 뽑아내거나 이기적인 욕망을 이타적인 욕망으로 바꾸는 '인간 변혁'이다. 이는 새로운 유형의 인간을 창조하는 것으로 태도, 관습의 변화와 다른 훨씬 어려운 문제다. 인간의 본능에 반하는 의식적인 교육과 활동을 조직하고 끊임없이 새로운 사상을 머리에 주입하는 과정이 필요하다. 구사회주의권이 스타하노프운동, 천리마운동, 심지어 문화대혁명이란 천하대란까지 동원해야 했던 이유가 여기에 있다. 사회주의 사회에서 개인적 자유가 설 공간이 부족한 지점이기도 하다. 그러나 우리는 지난 역사적 경험으로 개인적 욕구를 공산주의적 욕구로 전환하려는 과정에서

---

79 〈자본주의는 왜 멈추는가〉, pp.314, 333.

희생하고 내놓아야 하는 비용이 만만치 않을 것이란 점을 알고 있다. 문제는 그러한 희생과 비용에도 과연 성공할 수 있을지 장담할 수 없다는 데 있다. 수십만 년 동안 형성되고 지속된 '인간의 내재적 추상'이 수백 년의 노력으로 소멸될 수 있다는 생각은 유물론이 빚어낸 환상에 지나지 않는다.

◆ 노동가치론은 과학인가 윤리인가

마르크시즘이 과학인가 윤리·도덕인가에 대해서는 오랜 논쟁이 있었다. 독일 사회민주당과 제2인터내셔널의 지도자이자 이론가였던 카를 카우츠키는 폭력혁명을 진정한 마르크스주의로부터의 일탈이라고 주장하면서 레닌과 트로츠키의 혁명방식을 도덕적인 재앙이라 불렀다. 반면 레닌을 비롯한 정통 마르크스주의자들은 마르크시즘의 도덕적 측면을 강조하는 윤리적 사회주의자들과 격렬하게 싸웠다. 그들은 마르크스주의는 과학적 사회주의로서 물질세계의 운동법칙을 규명하는 것이며, 사회주의는 자본주의 생산양식에 내재하는 고유한 모순에서 필연적으로 나타나는 것이지, 자본주의의 도덕적 부당성 때문에 사회주의가 실현되어야만 하는 당위의 문제는 아니라고 말한다. 사회주의가 도덕적으로 정당하다면 그것은 물질세계의 필연적인 법칙에 따라 도래한 사회가 결과적으로 정당한 것이지 정당함을 추구한 결과가 아니라는 것이다. 그런데도 마르크스주의가 과학인가 윤리인가를 놓고 의견이 대립하는 것은 수

자본론으로 마르크스를 비판하다

많은 마르크스·엥겔스의 저작과 레닌의 저작이 자본주의의 참상을 비판하는 도덕적 고발로 가득 차 있는 데다, 혁명을 실천하는 과정에서 피할 수 없는 폭력을 정당화하는 문제와 관련되어 있기 때문이다.[80]

물론 마르크스와 엥겔스는 자신들의 사상이 윤리적 토대 위에서 구축되었다는 주장을 단호히 배격한다. 엥겔스는 마르크스의 유물론적 역사관의 완성과 잉여가치론의 창출이란 두 개의 위대한 발견으로 과학적 공산주의 이론이 만들어질 수 있었다고 말한다. 레닌은 〈독일 이데올로기〉에서 체계적으로 제시된 사적유물론의 가설을 〈자본론〉이 입증함으로써 마르크시즘은 과학적 공산주의가 되었다고 했다. 무엇보다도 다음과 같은 마르크스의 말은 마르크시즘이 도덕적 이상을 추구하는 이념이 아니라는 주장을 명백하게 드러낸다.

> "우리에게 공산주의는 조성되어야 할 하나의 상태 또는 현실이 따라야 할 하나의 이상이 아니다. 우리는 오늘날의 상태를 지양하는 현실적인 운동을 공산주의라고 일컫는다. 이 운동의 조건들은 현존하는 전제들로부터 생겨난다."[81]

이 멋지고 박력 있는 문장은 그 이상의 섬뜩함을 내포하고 있다.

---

80 특히 〈자본론〉 1권은 거의 100페이지의 분량을 할애하여 19세기 당시 영국 노동자들의 비참했던 상태를 고발하고 있다.

81 〈독일 이데올로기〉, p.75.

공산주의 운동은 도덕적 당위나 이상을 추구하는 것이 아니라 있는 그대로의 현실을 타파하는 것이라는 의미와 함께, 자본주의가 물질세계 법칙의 작용으로 무너지는 과정에서 겪는 폭력과 비도덕을 용인하는 의미를 담고 있기 때문이다. 역사의 수레바퀴가 굴러가면서 깔려 죽는 희생자가 나오는 것은 필요악이란 인식과 현실을 지양하는 운동의 목적을 위해서라면 수단의 도덕성은 중요하지 않다는 함의를 이 문장에서 찾을 수 있다. 또한 역사의 수레바퀴는 도덕의 힘으로서가 아니라 수레바퀴 자체의 내적법칙으로 굴러가고 공산주의 운동은 그것을 파악하여 조응하는 과학적 운동이란 의미가 내포되어 있다. 마르크스에게 도덕은 물질세계가 파생시킨 2차적 존재에 불과하므로 도덕적 당위를 추구하는 운동은 그의 유물사관과 정면으로 대치될 수밖에 없다.

그러나 마르크시즘이 사적유물론과 노동가치론을 잘 버무린 뛰어난 이론체계라는 점은 분명하나 '과학적'이라 인정하기에는 무언가 수긍하기 어려운 부분이 있다. '과학'은 인간의 의지 혹은 희망과는 관계없는 보편적인 진리나 법칙으로 구성된 체계적인 지식이다. 〈자본론〉 추론 전개의 토대를 이루는 가치법칙을 살펴보면, 인간의 의지와 관계없는 보편적인 진리라기보다 휴머니즘에 바탕을 둔 윤리의 측면이 더 강하다는 생각을 지울 수 없다. 사회주의는 있어야 할 당위가 아니라 자본주의라는 물질세계의 내적 운동이 결과하는, 있는 그대로의 현실이라는 마르크스·엥겔스의 주장과는 달리 노동가치론에는 분명히 인간의 염원이 반영된 당위가 있으며 그 정점에 가치법칙이 있다.

노동가치론의 기원은 아리스토텔레스까지 거슬러 가지만 가치를 인간 노동과 연관 지어 체계화한 사람은 토마스 아퀴나스다. 그는 〈신학대전〉에서 상품의 가치는 생산에 필요한 비용과 노력에 비례해야 한다는 '공정가격'의 원칙을 제시하였다. 생산에 투입된 노동, 원료구입비, 수송비 등이 제대로 보상될 때 정의로운 가격 즉 공정가격에 의한 교환이 가능하다고 보았다. 고리대금 이자나 수송에 따른 위험이 수반되지 않는 상업적 이윤은 비난받아 마땅한 불공정 또는 비도덕적인 행위의 결과로 인식되었다. 상품의 가치를 정의와 공정의 관점에서 본다는 사실은 노동가치론의 출발선이 윤리적 개념으로 색칠되어 있다는 것을 의미한다. 생산과정에서 힘이 든 만큼 가치가 매겨져야 공정하다는 것은 있는 그대로의 현실이라기보다 그래야만 마땅하다는 당위가 전제되어 있다.

마르크스는 여기에 평등이란 또 하나의 윤리적 당위를 덧칠한다. 그는 아리스토텔레스가 상품이 교환되기 위해서는 상품 간에 본질상의 동일성이 있어야 한다고는 생각했으나, 그것의 실체가 무엇인지 파악하는 데는 실패한 원인을 고대 그리스 사회가 노예노동에 의거한 사회였다는 점에서 찾는다.

> "**모든 노동은** 인간 노동 일반이기 때문에, 그리고 그런 경우에만, **동등하며 동일하다는** 가치표현의 비밀은, **인간들이 서로 동등하다는** 개념이 대중의 **선입관**으로 확립되었을 때 비로소 해명할 수 있는 것이다."[82]

---

82 〈자본론 1권(상)〉, p.76. 강조는 필자.

상품 생산에 투입된 추상적인 인간 노동은 상품 교환을 가능하게 하는 본질적인 동일성이지만, 당시 그리스 사회는 신분 차별이 존재하는 사회였으므로 인간 노동이 동등하다는 생각을 할 수 없는 시대적 한계가 있었다는 것이다. 따라서 인간은 서로 동등하다는 개념이 대중의 '선입관'으로 확립된 자본주의 사회에서야 비로소 상품은 그것에 내재된 추상적 인간 노동량을 기준으로 교환된다는 점이 밝혀진다. 여기서 마르크스는 논리적 비약을 하는데 인간이 서로 평등하다는 점과 인간의 노동이 서로 평등하다는 점을 동일하게 여기는 것이 그것이다. 인간은 평등하다는 명제에서 인간의 노동이 평등하다는 명제가 연역적으로 도출되지 않는다. 마르크스는 인간이 평등하다는 사고가 일반화되기 시작해서야 인간의 노동이 평등하다는 가치표현의 비밀이 해명된다고 말하지만, 인간이 평등하다고 해서 생산량과 가치는 무관하다는 원리, 즉 인간 노동마저 평등하다는 개념이 저절로 나오지는 않는다.

◆ 모든 노동은 평등한가, 평등해야 하는가

모든 인간이 평등하다는 주장은 과학적 사실일까, 윤리적 가치일까? 인류가 수천 년 동안 지속된 신분 차별 사회를 극복하고 인간은 평등하다는 선입관을 확립하게 된 것은 과학 발전에 의한 사실의 발견일까 아니면 역사의 진전이 가져다준 윤리적 세계관의 확립일까? 인간 평등은 그리스 시대에는 몰랐던 과학적 사실의 발견이 아니라 인류가 수천 년간 수많은 희생을 치르고서 확립한 윤리적 세계관이라고 봐야 하지 않을까? 지금도 피부 색깔로 혹은 경제적 불평등의 이유로, 인간은 태어나면서부터 평등하다는 프랑스혁명의 축복을 받지 못하는 사람들이 많은 것은 과학적 지식이 부족해서가 아니다. 인간 평등은 마르크스가 선입관이라고 말한 것처럼 하나의 세계관이며 하나의 사상이다.

마르크스는 여기서 한발 더 나아가 인간의 노동까지 평등하다는 또 하나의 윤리적 세계관을 구축하고 있다. 마르크스는 모든 인간은 능력과 관계없이 동등한 대우를 받을 때 인간 평등이 궁극적으로 달성된다는 것으로 그의 윤리적 세계관을 확장하고 있다. 인간은 마땅히 평등해야 하며 그렇기에 인간의 노동까지 마땅히 평등해야 한다는 당위가 마르크스의 사상에 전제되어 있으며, 이것을 물질세계의 과학적 법칙이라고 보기는 어렵다.

마르크시즘은 다음과 같이 거칠게 요약할 수 있다. 상품은 그것의 생산을 위해 인간이 힘들게 노력한 만큼 가치가 형성될 때 세상은 공정하고 정의롭다는 당위에서 마르크스는 출발한다. 인간은 평등한 존재이므로 개개인의 힘든 정도는 어떤 이유로도 차별받아서는 안 된다. 이 당위는 생산량과 관계없이 노력한 정도에 따라 보상받아야 한다는 노동 평등의 당위로 연결된다. 인간의 수고와 노력은 신분에 따라 차별받아서도 안 되고 능력에 따라 차별받아서도 안 된다.

그러나 이기심과 경쟁으로 작동하는 시장은 능력과 상관없이 평등하게 대우받아야 한다는 당위의 실천을 허용하지 않는다. 경쟁으로 형성된 시장가치는 '힘든 만큼'이 아니라 '생산한 만큼' 보상받는 것을 분배의 기본원리로 만들었다. 시장에서 노동은 평등하지 않으며 생산한 양에 따라 차별받는 존재가 된다. 다시 말해 많이 생산한 사람이 더 가져가는 것이 당연하게 여겨진다. 하지만 본질을 파헤치면 생산량에 따른 차별 보상은 다른 사람의 수고와 노력을 훔쳐가는 것을 용인하는 제도이다.

이것이 마르크스가 말하는 '오늘날의 상태'이며 이를 지양하는 현실적인 운동이 공산주의다. 이 운동이 지향하는 목적지는 모든 인간 노동이 평등한 세상이며 생산한 만큼이 아니라 힘든 만큼 보상받는 사회이고 궁극적으로는 각자가 필요한 만큼 가져가는 사회이다.

가치법칙에는 마르크시즘의 이러한 원리가 모두 압축되어 있다. 인간 노동만이 가치를 생산한다는 제1가치법칙은 생산에 투입된 수고와 노력의 정도에 따라 상품가치가 결정된다는 원리다. 내가 비버 1마리를 사냥하면서 힘들었던 정도는, 당신이 사슴 2마리를 사냥하면서 힘들었던 정도와 동등하니, 비버 1마리와 사슴 2마리는 서로 교환될 수 있다는 생각이 교환 당사자의 의식에 잠재되어 있다. 마르크스는 이 '힘듦'의 정도를 추상적 인간 노동이라는 개념으로 정식화하였다. 노동의 성격과 종류가 다름에도 모든 노동은 인간의 두뇌, 근육, 신경 등의 소비라는 점에서는 동등하므로 양적으로 비교될 수 있다는 것이다.

제2, 3가치법칙은 제1가치법칙을 좀 더 분명하게 규정하며 강조한다. 제2가치법칙은 강도와 시간이 동일한 노동은 생산량의 대소와 상관없이 동일한 가치를 갖는다. 노동강도와 시간이 같으면 에너지의 지출로 인한 수고와 노력 즉 '힘듦'의 양이 동일하니 생산량과 상관없이 가치는 동일하다는 것이다. 가치는 사용가치를 향유하는 권리이므로 동등한 정도의 '힘듦'이 들었다면 생산량과 무관하게 부에 대한 동등한 양의 향유권이 주어져야 한다.

제3가치법칙은 노동강도가 증가하면 에너지 소모량이 더 많아지고 이에 따라 '힘듦'이 증가하므로 가치도 증가하는 것을 보여준다. 노동시간이 많으면 더 많은 '힘듦'이 투입되는 것처럼 노동강도가 높으면 더 많은 힘듦이 투입된다. 이처럼 더 크고 더 많은 '힘듦'을 지출한 사람에게 더 많은 사용가치를 지배할 수 있는 권리를 줘야 한다는 것이 제2, 3가치법칙이다. 여기서 생산량이 많고 적음은 사용가치에 대한 권리의 크기와 아무런 관계가 없다.

그러나 원리가 이러함에도 실제는 그렇지 않다. 사회적 평균 필요 노동량으로 상품가치가 결정되도록 하는 시장의 법칙은 평균보다 더 효율적인 생산자가 더 많은 가치를 갖도록 한다. 가치보존의 원리에 의해 평균보다 비효율적인 생산자는 그만큼 가치를 손해 보게 된다. 동등한 양의 '힘듦'이 투입되었다면 생산량과 상관없이 동등한 대우를 받아야 하지만, 누군가 생산량이 많다는 이유로 더 가져가면 다른 누군가는 그만큼 가치의 손실을 본다. 현실이 이러한 원인은 사회적 평균 노동량으로 시장가치가 결정되고 모든 교환은 시장가치를 기준으로 한 등가교환이라는 제4, 5가치법칙이 제2, 3가치법칙을 왜곡하기 때문이다. 왜곡시키는 힘은 인간의 이기심과 이에 기반한 시장의 경쟁이다.

가치법칙은 마르크스가 말한 것처럼 원리와 실제의 싸움이다. 원리는 인간과 인간의 노동이 평등하므로 생산량에 따라 차별받지 말아야 한다는 당위이고 실제는 생산량에 따라 차별받는, 있는 그대로의 현실이다. 원리와 실제의 싸움은 당위와 현실의 싸움이다. 마르크스는 공산주의는 이루어져야 할 당위나 도덕적 이상이 아니라 물질세계 운동의 결과라고 말하지만, 가치법칙에는 인간뿐만 아니라 인간 노동이 차별받아서는 안 된다는 당위가 들어 있다. 마르크스는 노동자들은 실현할 아무런 이상을 가지지 않은 채 단지 무너져 가는 낡은 부르주아 사회가 잉태하고 있는 새로운 사회의 요소들을 해방하기만 하면 된다고 말하지만,[83] 그들이 추구하는 노동량 분배 사회는 인간과 인간 노동이 평등해야 한다는 하나의 당위를 목표로 한다. 그것은 조성되어야 할 상태이고 실현해야 하는 이상이다. 마르크시즘은 물질세계의 운동법칙을 밝힌 과학이 아니라 지극히 인간 중심적인 사고에서 출발한 윤리적 세계관을 토대로 하고 있다.

제4, 5가치법칙에 의해 훼손된 제2, 3가치법칙의 당위성은 필연적으로 오는 사회주의, 공산주의 사회에서 복구된다는 비전의 제시가 마르크시즘의 요체이다. 결국 마르크시즘은 윤리의 기반 위에 과학을 얹은 부조화의 체계라 할 수 있다. 뉴턴의 'F = ma'도 증명되지 않은 공리이지만 이 식에는 어떤 윤리적 요소도 없다. 과속하는 차가 앞차와 충돌할 위기의 순간에 앞 차에 어린이가 타고 있다 해서 F가 약해져야 하는 당위는 성립하지 않는다. 상품의 가치가 한계효용으로 결정된다는 효용가치론도 증명되지 않은 공리이지만 그

---

83   스티븐 룩스, 〈마르크스주의와 도덕〉, 황경식·강대진 역, 서광사, p.214.

것은 있는 그대로의 현실이지 그래야만 되는 당위는 아니다. 마르크스도 말했듯이 사람들은 사용가치를 보고 교환하지, 그 속에 들어 있는 노동을 의식하며 교환하지 않는 것이 현실이기 때문이다.

노동가치론은 인간의 가치와 인간 노동의 가치를 혼동한다. 인간의 가치는 신분, 경제적 능력, 학벌 등과 상관없이 모든 사람이 평등하다는 것이다. 동물의 세계에서 사자와 사슴은 평등하지 않지만, 사람의 세계에서 모든 인간은 평등하고 또 평등해야만 한다. 우리는 동물이 아닌 사람이므로 인간 중심의 윤리를 가져야 하기 때문이다. 하지만 인간 노동마저 능력과 상관없이 평등해야 한다는 주장은 사람의 세계를 뛰어넘은 천상에서만 실현이 가능한 것으로 인간 평등과는 또 다른 윤리적 가치의 추구이다.

결국 노동가치론은 천상의 세계를 지상에 구축하려는 이론과 다름없다. 지극한 선의에서 비롯된 이론이지만, '지옥으로 가는 길은 선의로 포장되어 있다.'는 칼 포퍼의 말처럼 원래 의도와는 다른 결과를 낳았다.[84] 공산주의 운동이 도덕적 이상을 추구하는 것이 아니라 물질세계의 운동법칙에 따른 필연적인 결과에 조응한다는 마르크스의 말은 혁명을 실천하는 과정에서 일어나는 폭력과 희생을 정당화하는 논리로 사용되었다. 혁명가들은 역사의 발전을 위한 대중의 희생은 불가피한 것으로 보았다. 겉보기에는 평화롭고 호혜적인 교환이 이루어지는 것처럼 보이지만, 실제로는 인간에 대한 착취가

---

84 원래 이 말은 유럽속담으로 마르크스와 레닌도 사용했던 말이다. "지옥으로 가는 길이 여러 가지 선량한 의도로 포장되어 있듯이 … " 〈자본론 1권 (상)〉, p.255. "지옥은 좋은 의도로 포장되어 있다." 레닌, 〈무엇을 할 것인가〉, 최호정 역, 박종철출판사, p.111.

자행되는 자본주의를 뒤엎고 인간해방이 실현되는 낙원을 건설하려는 혁명가들에게 비폭력, 평화, 인간애와 같은 윤리적 개념은 한낱 거추장스러운 장식에 지나지 않았다. 그들에게 역사의 수레바퀴가 굴러가면서 흘리는 피는 물질세계가 운동하는 과정에서 발생하는 필요악이었다.

그러나 인간과 인간 노동의 평등은 물질세계의 법칙이 아니라 모든 윤리 위에 위치하는 대윤리이며 그 실현을 추구하는 마르크시즘에서 개인의 행복, 생명의 존귀함은 하위윤리로 전락한다. 노동 평등이란 대윤리 앞에서 혁명이 요구하는 피의 양이 많고 적음은 부차적인 문제일 뿐이다. 수단이 목적에 종속되고, 목적 실현에 도움이 된다면 어떤 수단이든 정당화된다. 눈에 보이지 않는다고 착취를 방치하는 것은 더 큰 악이며 보이는 폭력으로 착취자를 잡는 것은 정당하다는 논리는 여기서 나온다. 소련의 농촌 집단화, 중국의 대약진 운동과 문화대혁명이 초래한 수많은 희생을 미래의 선을 위한 역사적 실험의 불가피한 결과로 치부하는 논리도 여기서 찾을 수 있다.

인간중심주의 또는 휴머니즘 위에 인과 논리의 기둥을 세우고 '과학적 사회주의'라는 팻말을 붙인 것이 마르크시즘이다. 마르크시즘이 휴머니즘과 과학의 결합이라는 정운영 교수의 주장은 이를 잘 보여준다. 그는 노동가치론이 대학교수와 대학 경비직원의 1시간 노동이 동일한 가치를 창조한다는 것을 인정하는 이론이며, 이는 "마르크스의 노동가치이론이 간직한 가장 과학적 요소의 하나"라고 말한다.[85] 또한 모든 노동을 평등한 것으로 인정하기 때문에 노동가치론은 "철저한 휴머니즘 위에 구축되었다고 단언"[86] 한다. 그러나 모든 사람의 노동이 평등하다는 원리는 과학적 요소가 아닌 윤리적 개념이며, 철저한 휴머니즘 위에 구축된 과학은 진정한 과학이라 할 수 없다. 모든 사람의 노동이 동등해야 한다는, 지극히 인간적인 선험론에 기반한 당위의 개념이 인간의 염원이나 희망과는 무관하게 작동하는 과학 법칙이 될 수는 없다. 가장 휴머니즘적이면서 과학적이란 말은 언어유희에 불과하다. 우리의 휴머니즘적 염원과 달리 비는 홍수 난 곳에 또 내리게 마련이고 번개는 한 번 맞았다고 피해 가지 않는다.

---

85 정운영, 〈노동가치이론 연구〉, 까치, p.125.

86 위의 책 p.183.

9장 가치법칙과 인간 본성

◆ 인간은 이기적인가, 이타적인가

존재가 의식을 규정한다고 하더라도 존재 이전에 의식되지 않은 본능인 생존욕망이 인간에게 원초적으로 존재한다. 피라미드를 세우기 위해 노예노동을 착취한 파라오, 방패와 창으로 영토를 넓히고 노예노동으로 신전을 세웠던 로마 황제, 지칠 줄 모르고 이윤을 추구하는 오늘날 자본가의 의식이 같을 수 없지만, 그들의 의식 이면에 생존욕망이라는 근본적인 동력이 공통으로 존재한다는 점은 부인하기 어렵다. 생존욕망은 기본적으로 개체를 단위로 존재하기 때문에 종종 이기심으로 표출된다. 인간이 이기적인 존재라는 말은 상식으로 통한다.

그러나 인간은 이기적인 존재라고 규정짓기에는 뭔가 찝찝한 구석이 남아 있다. 이기적인 행위를 자신에게는 이익이 되지만 타인

자본론으로 마르크스를 비판하다

에게는 손해가 되는 행위라고 정의할 때, 인간이 항상 이기적인 행동을 하지 않는다는 것도 상식이기 때문이다. 낯선 곳을 여행하다 만나는 갖가지 호의들, 헌혈, 기부와 같은 것들은 살아가면서 대부분 한 번씩은 경험하는 비이기적인 행위다. 일상의 행위를 넘어 국가나 사회가 존망의 갈림길에 빠지면 자신이나 가족의 안위를 돌보지 않고 공동체를 구하려 불길에 뛰어드는 영웅들도 쉽게 찾을 수 있다.

이처럼 인간의 생존욕망이 이기심으로만 표출된다고 말하기는 어렵지만, 그렇다고 인간을 이타적인 존재라고 규정하는 것도 무리다. 이타적인 행위를 자신에게는 손해가 되지만 타인에게는 이익이 되는 행위라고 정의한다면, 이타적 행위는 이기적 행위보다 더욱 일시적인 혹은 특별한 것이다. 타인을 위한 희생정신이 일반적이라면 병자와 가난한 사람을 위해 일생을 헌신한 테레사 수녀를 성녀로 추앙하지 않을 것이다. 또한 구멍 난 제방에 손을 집어넣어 붕괴를 막은 네덜란드의 한 소년이나 자신의 몸으로 수류탄을 덮어 병사들을 구한 강재구 소령을 기리는 동상을 세울 리 없을 것이다. 인간의 본성은 이기적 혹은 이타적이라고 단정 지을 수 없는 복잡계 같은 것이며, 사람의 마음속에서 이기심과 이타심은 항상 수없는 갈등을 일으킨다.

인간은 이기적인 존재라고 규정한 고전으로 1651년 영국의 철학자 토마스 홉스가 쓴 〈리바이어던〉이 있다. 홉스는 인간의 본성에는 경쟁, 불신, 공명심과 같이 분쟁을 일으키는 요인이 있다고 말한다. 이 때문에 인간 세계에는 항상 불신이 존재하고 '만인에 대한 만인의 전쟁'이 발생한다. 따라서 구약성경에 나오는 바닷속 괴물인 리바이어던과 같은 강력한 국가권력이 필요하다고 홉스는 주장한다. 홉스의 인간관은 아담 스미스, 맬더스, 다윈에게 영향을 미쳤으며 마르크스도 엥겔스에게 보낸 편지에서 자본주의는 생존을 위해 만인의 만인에 대한 투쟁이 일어나는 곳이라고 말했다.

반면에 프랑스혁명의 사상적 토대를 제공했던 장 자크 루소는 〈에밀〉에서 인간은 선한 본성을 지닌 존재이며 이를 회복하려면 자연주의 교육이 필요하다고 주장하였다. 현대에 와서도 인간 본성이 이기적인지 이타적인지는 진화심리학과 게임이론에서 주요한 주제였으며 다양한 이론과 가설이 나왔다.

이기심으로 가득 찬 인간이 합리적으로 행동할 때 어떤 결과가 나오는가에 관한 연구는 '죄수의 딜레마' 게임이 유명하다. 징역 5년형을 받을 수 있는 범죄를 부인하기로 약속한 두 명의 공범이 서로 분리되어 검사의 추궁을 받는 상황에 빠져 있다. 두 죄수가 서로를 믿고 범죄를 끝까지 숨기면 다른 조그만 잘못만 인정되어 각각 1년의 징역만 살면 된다. 한 명이 배반하여 자백하면 그는 석방되나 의리를 지킨 자는 괘씸죄가 추가되어 10년의 징역형을 받는다. 둘 다 서로를 배반하고 범죄를 자백할 때는 각각 5년의 징역을 살게 된다. 가장 좋은 방안은 둘 다 약속을 지켜 자백하지 않고 1년의 징역형을 받는 것이지만, 상대가 배반할 경우 자신만 10년의 징역형을 받는 것이 두려워 두 죄수는 각각 자백하는 것을 택하게 된다. 자신이 자백할 때 상대가 자백하지 않는다면 석방될 수도 있고 설사 상대가 자백하더라도 5년의 징역형만 살면 되므로 자신만 10년의 징역형을 받는 최악의 상황을 면하기 때문이다. 죄수의 딜레마 게임이 보여주는 요지는 인간은 서로를 믿지 못하고 자신만 살기 위해 배신 전략을 택하는 이기적인 존재라는 것이다. 이상의 상황을 간단히 정리하면 아래 표와 같다.

〈표9-1〉 죄수의 딜레마 게임

협력-협력	협력-배신	배신-배신
둘 다 징역 1년	배신자:석방 협력자: 징역 10년	둘 다 징역 5년

죄수의 딜레마는 인간은 서로 믿지 못하고 개인의 이익만을 추구하는 이기적인 존재이므로 우리 사회는 '배신-배신'으로 가득 찬, 홉스가 말하는 만인의 만인에 대한 투쟁이 만연하는 곳이 된다는 점을 논리적으로 보여준다.

사회에서 '배신-배신'의 상황이 벌어지는 대표적인 상황으로는 '공유지의 비극'이나 '어장관리의 비극'이 있다. 목초가 풍부한 공유지에 농부들이 자유롭게 소를 풀어 풀을 뜯어 먹게 할 수 있다고 가정해보자. 농부들이 자신의 소만 살찌울 생각으로 무한정 소를 풀면 공유지는 금방 황폐해질 것이다. 이를 방지하려면 소가 풀을 뜯어 먹는 시간을 정하거나 순번을 정해 풀이 다시 자랄 수 있는 시간을 벌어주어야 한다. 그러나 농부 중에 한 사람이 목초지의 황폐화를 막기 위하여 자신의 소를 하루에 일정 시간 동안만 풀더라도 다른 농부들이 소를 계속 방목하는 것을 보면, 자신만 손해 볼 수 없어 다시 자신의 소를 무제한 방목하게 된다. 혹은 대다수 농부가 소의 방목을 자제한다고 하여도 몰래 자신의 소를 방목하여 혼자만 살 찌우려는 얌체족이 나타난다. 결국 서로를 믿지 못하고 자신만 손해 보는 상황을 피하려고 모두가 소를 무제한 방목하게 된다는 것이 공유지의 비극이다. 공유지의 비극은 이기적인 인간은 서로 믿지 못하고 자신의 이익만 챙기려 하므로 '협조-협조 전략'을 채택하지 못하고 '배신-배신 전략'을 선택하여 모두가 피해를 받는 길로 간다는 것을 보여준다.

어장관리의 비극도 마찬가지다. 일정한 규모의 어장을 두고 여러 명의 어부가 각자의 어획량만 늘리려고 하면 어장의 물고기는 금방 사라질 것이다. 각자의 어획량을 정해두고 물고기가 다시 증식할 시간을 주면 모두가 만족할 만큼 물고기를 잡을 수 있지만, 서로가 믿지 못하는 상황에서 물고기를 남획하는 '배신-배신'의 상황에 빠지게 되고 결국 어장은 황폐해진다.

죄수의 딜레마가 보여주는 사회는 암울할 뿐만 아니라 발전할 수 없는 사회다. 신뢰 관계가 상실되고 각자의 이익만 추구하는 만인의 투쟁 사회이다. 하지만 인류의 역사는 배신-배신으로 정체되거나 후퇴하지 않고 '협력-협력'으로 발전해왔다. 인간은 원시시대부터 서로 협력하여 열매를 따거나 맘모스를 사냥하였다. 특히 맘모스 사냥은 잘못하면 다치거나 목숨을 잃을 수 있는 위험한 일이었다. 죄수의 딜레마가 결론 내린 것처럼 인간이 이기적인 존재였다면 자신은 뒤로 물러나면서 다른 사람을 앞세우려 하게 되고(협력-배신) 결국 모두가 사냥에 소극적으로 참여하는 상황(배신-배신)에

자본론으로 마르크스를 비판하다

빠졌을 것이다. 하지만 인간은 서로 협력하여 맘모스를 사냥하였고 때로는 자신을 희생하면서까지 가족을 먹이고 부족을 살렸다. 인류는 태곳적부터 '배신-배신'의 상황에 빠지지 않고 상호부조와 협동의 정신으로 살아남아 문명을 탄생시키고 발전시켜 왔다. 이는 죄수의 딜레마가 제시하는 결론과는 완전히 다른 길이다. 인간은 자신만을 중시하는 이기적 존재가 아니라 서로 협력하고 때로는 자신을 희생할 줄 아는 이타적 성향도 가진 존재였다. 인간은 어떻게 하여 이타적 성향을 지니게 되었을까? 이를 연구한 다양한 이론과 가설이 있다.

◆ 인간 본성에 대한 다양한 가설

리차드 도킨슨은 〈이기적 유전자〉에서 친족관계 사이에 볼 수 있는 인간의 이타적 성향은 자신을 복제하여 영원히 살아남으려는 유전자의 이기적 속성에서 비롯되었다고 주장한다. 인간을 비롯한 모든 생물은 자기복제를 지상의 목표로 삼는 유전자에 의해 조종되는 '생존기계'나 '껍데기'에 불과하다는 것이다. 부모가 자식을 헌신적으로 돌보는 것이나 꿀벌이나 개미 세계에서 발견하는 헌신성은 모두 이기적인 유전자가 자신을 복제할 목적으로 설계한 이타적 행위라는 것이다. 자신과 혈연관계에 있는 개체들이 많이 생존할수록 유전자는 널리 퍼지고 영원히 살아남기 때문에 자식이나 친지를 위한 헌신은 순수한 이타심이 아니라 자기복제만을 목표로 하는 유전자의 이기적 동기에서 비롯된 것이라고 도킨슨은 말한다. 그러나 다양한 생물들이나 인간 세계에서 발견되는 이타적 행위는 혈연관계에 있는 사람들만을 대상으로 한 것은 아니다. 우리는 보통 부모, 자식, 친지에게 헌신하지만, 혈연관계가 아닌 사람들을 위해서도 자신의 이익을 포기할 줄 안다. 인류가 탄생한 시초에는 혈연관계를 위주로 집단을 구성하였으나 점차 부족, 국가로 집단의 규모가 커지면서 이타적 행위도 대상을 넓혀가기 시작한다. 이는 유전자의 이기적 동기를 넘어서는 것이다.

혈연관계가 아닌 사회구성원을 대상으로 한 이타적 행위를 설명하는 유명한 이론이 있다. 미국의 정치학자인 로버트 액셀로드는 1984년 죄수의 딜레마 게임을 수백 번 반복하는 시뮬레이션 게임을 주최하였는데, 여기서 우승한 전략이 '맞대응 전략(Tit for Tat)'이었다. Tit for Tat은 '상대가 가볍게 치면 나도 가볍게 친다.'라는 뜻으로 상대의 행동에 맞추어 나도 행동한다는 것이다. 상대가 협력하면 협력하고 배신하면 배신하는 '눈에는 눈, 이에는 이' 전략이다. 맞대응 전략은 게임이 반복될수록 위력을 발휘한다. 나는 협력하였는데 배신한 상대방을 다음에 만나면 배신으로 응징하기 때문이다. 이 때문에 배신자는 처음에는 득을 보는 것 같지만 갈수록 점수를 잃어 게임이 반복될수록 맞대응 전략이 우세를 점하게 된다. 맞대응 전략은 가상의 컴퓨터 게임을 복잡한 사회생활에 적용한다는 비판을 받았지만, 유전자의 이기심을 넘어서는 범위에서 일어나는 이타적 행동을 효과적으로 설명하는 이론으로 평가받는다.

그런데 맞대응 전략이 성공하려면 자주 만날 수 있는 좁은 범위의 인간관계가 전제되어야 하나 만남이 반복되지 않는 넓은 범위의 인간관계에서도 사람들은 서로 호의를 베푸는 경우가 많다. 우리는 처음 보는 사람 혹은 앞으로도 전혀 만날 가능성이 없는 사람들 사이에서도 도움을 주고받는 것을 자주 보는데 헌혈이나 기부가 대표적이다. 그뿐만 아니라 사람들은 공평 혹은 공정하지 못한 행위를 보면 자신이 손해를 보더라도 이를 응징하고자 하는 모습을 보인다. 이러한 성향을 지닌 사람을 '상호적 인간'이라 부른다.[87] 친족 혹은 좁은 범위에서 자주 만나는 사람의 범위를 넘어서서 사회 전체적으로 인간은 서로를 강하게 의식하면서 살아간다는 뜻이다. 인간의 상호성을 잘 보여주는 이론으로 '최후통첩 게임'이나 '독재자 게임'을 들 수 있다.

최후통첩 게임은 갑과 을이 일정한 금액의 돈을 나누는데 갑이 얼마를 줄지 제안하면 을은 이를 수락하거나 거부할 수 있는 상황을 가정한다. 을이 거부하면 두 사람 모두 돈을 받지 못한다. 이때 갑이 절반씩 나누는 공평한 제안을 하면 을은 수락하지만 20% 이하를 제시하면 대부분 거부하는 결과가 나왔다. 합리적으로 생각하면 20% 이하를 받더라도 이익이 되므로 무조건 받아야 하지만 을은 이를 공정하지 못하다고 생각하여 거부한다. 을이 거부하면 갑, 을 둘다 돈을 받지 못하므로 갑은 대략 40 ~ 50% 수준의 금액을 제시하고 을은 이를 받아들인다.

독재자 게임은 을의 반응과 상관없이 갑이 일방적으로 을에게 돈

---

87 최정규, 〈이타적 인간의 출현〉, 뿌리와 이파리, p.162.

을 나누어 주는 게임이다. 을이 거부를 하면 갑이 돈을 모두 가진다. 갑은 한 푼도 주지 않는 것이 제일 좋지만 대부분 25% 수준의 금액을 을에게 주는 것으로 나타났다.

최후통첩 게임과 독재자 게임의 의미는 인간은 자신이 손해를 보더라도 불공정한 행위에 대해서는 응징 혹은 저항하거나, 무조건 자신의 이익만을 중시하지 않고 타인의 이익도 고려한다는 상호성을 가진다는 것이다. 인간이 사회를 구성하고 함께 살아가는 데서 상호성은 큰 역할을 한다. 인간이 이기심만 가진 존재라면 우리 사회는 항상 '배신-배신 전략'이 판을 치는 세상이 되었겠지만, 인간의 상호적 성향은 사회를 '협력-협력'이라는 공생의 길로 나아가게 한다. 자신의 이익만 챙기면 그만이라고 생각하지 않고, 상대의 이익도 고려하고 서로 협동하여 더 큰 이익을 추구한다. 상호성은 서로가 자제하거나 규칙을 지켜 공유지나 어장의 황폐화를 막도록 하고 상대의 선의를 이용하려는 무임승차 행위를 배제하도록 한다.

◆ 이기적이기에 이타적인 인간

다른 동물에게서 찾아보기 힘든 인간의 협동성과 상호성이 DNA에 내재된 인간 본성인지 아니면 문명과 제도가 만든 후천적인 속성인지 추측하게 하는 연구가 있다. 생후 12 ~ 24개월 정도의 유아들이 다른 사람을 돕는지 관찰한 연구에서 대다수 아이는 물건을 잔뜩 든 어른들을 위해 캐비닛을 열어주는 이타적 행동을 보여주었다.[88] 교육과 같은 후천적 영향을 거의 받지 않은 발달 초기의 아이들을 대상으로 한 이 연구는 인간이 다른 사람을 도우려는 성향을 선천적으로 지니고 태어난다는 점을 보여준다. 침팬지나 유인원과 같이 인간과 가까운 동물들도 남을 도우려는 성향을 보이기는 하나 인간처럼 전면적이지 않다. 그들은 먹을거리 나누기와 같은 분야에서는 유아들이 보여주는 이타적 성향을 전혀 보여주지 않았다.

타인의 불편을 돕고 먹을거리를 나눠주는 이타성은 인간이란 종에서만 발견되는 고유한 특성이다. 유아 연구에서 보듯이 인간의 독보적인 이타적 성향은 유전자에 장착되어 태어나면서부터 발휘된다고 볼 수 있다. 인간은 보통 3세 무렵부터 타인을 의식하고 판단하는데 이때 다른 사람을 도우면 반대로 도움을 받을 수도 있다는 상호성을 깨닫게 된다. 남을 도우면 자신도 도움을 받고 남에게 손해를 끼치면 자신의 손해로 되돌아온다는 맞대응의 전략을 익힌다는 것이다. 그것은 다른 친구와 놀면서 혹은 유치원이나 학교에서 사회규범을 배우는 과정을 거치면서 강화된다.

인간의 상호성, 협동성은 유전적이기도 하고 문화와 제도의 산물이기도 하다. 인간은 혼자서는 살 수 없다는 것을 깨달은 때부터 이타성의 필요를 느꼈을 것이다. 동굴에서 수렵채집 생활을 할 때 인간은 낮은 생산성 때문에 평등을 하나의 방편으로 활용할 수밖에 없었다. 혼자서는 맘모스를 사냥할 수도 없었고 포식자의 위협에서 벗어날 수도 없었다. 혼자 큰 동물의 사냥에 성공했다 하더라도 먹

---

88   마이클 토마셀로, 〈이기적 원숭이와 이타적 인간〉, 허준석 역, 이음, p.19.

고 남은 것을 저장할 수도 없었고 사냥에 실패할 때는 도움을 받을 수도 없었다. 따라서 함께 사냥하고, 협력하여 방어하고, 먹을거리는 공평하게 나눌 줄 아는 자가 살아남는 '자연선택의 압박'을 받았다. 사냥할 때 적극적으로 앞서지 않거나 부족한 먹을거리를 독차지하려는 이기적인 인간은 추방당하거나 살해되었다. 무리를 이루고 살면서 '나'뿐만 아니라 '우리'라는 의식이 각인되고 무언가를 '함께' 하고 있다는 감각이 형성되었다.

〈사피엔스〉에서 유발 하라리가 역설한 것처럼 인간의 인지능력은 신화, 종교, 화폐, 주식회사, 국가와 같은 허구를 만들어 집단의 크기를 수십 명의 무리에서 수천, 수백만, 수천만으로 확대해 나가도록 한다. 집단의 규모가 커지면서 상호성과 협동성은 주술의 차원에서 벗어나 문화와 제도의 형식을 갖추게 된다. 이러한 과정은 살인이나 사기처럼 '협력-배신 전략'을 선택하는 자는 처벌을 받고, 서로를 믿지 못하고 자신의 이익만 챙겨 '배신-배신 전략'을 선택하는 사람들은 교육과 문화와 같은 덜 강압적인 방식을 통해 '협력-협력'의 길로 나아가게 만들었다. 이타적이고 상호적인 인간형이 많아지도록 사회적 규범과 제도가 정착된 집단은 그러지 못한 집단보다 경쟁에서 우위에 서고 이는 다시 사회에 상호적인 인간이 우위를 점하도록 작용한다.

이렇게 오랜 세월이 흐르면서 상호적인 특성은 DNA에 각인되고 인간은 이기성과 이타성을 동전의 양면처럼 갖고 태어난다. 도킨슨의 주장대로 인간이 혈연밖에 모르는 이기적인 존재였다면 인류는 '배신-배신'이나 '배신-협력'의 늪에서 헤어 나오지 못했을 것이다.

자본론으로 마르크스를 비판하다

마르크스는 인간의 본성은 공동체적 본성이라고 말하나 이는 일면만 타당하다. 공동체적 본성이 인간 본성의 전부는 아니다. 인간은 이기적인 본성이 있기에 공동체적 본성을 키워왔다고 봐야 한다. 우리는 원래 공동체적 본성이 있어서 집단을 구성하는 것이 아니라 이기적이기 때문에 집단을 구성하고 공동체적 본성을 갖추게 되었다. 애초에 이기적 유전자로 출발하였으나 집단을 이루고 살아가면서 상호형 유전자로 변모한 것이다. 상호형 인간은 자연선택과 인간이 만든 문명과 제도의 합작품이라 할 수 있다.

그러나 인간이 이기심과 이타심의 양 측면을 가진 상호형 인간이라 하더라도 이기심과 이타심이 본성에서 차지하는 무게는 다르다. 이기적 유전자에 의해 조종 받는 인간이 이타적 성향을 보이는 이유는 그의 이기심을 더 잘 실현하려는 방편일 가능성이 크다. 자식을 위하는 부모의 헌신성도 자신의 유전자를 후대에 남기려는 이기심의 발동이고, 협조자에게는 협조하고 배신자는 배신으로 응징하는 맞대응 전략도 궁극적으로 자신의 이익을 증대시키려는 이기적 동기의 발로이다. 헌혈이나 기부와 같이 혈연이나 이웃의 범위를 벗어난 이타적 행위도 자신 또는 자신의 후손이 같은 도움을 받는 것을 기대하는 무의식적 타산에서 비롯된 것일 수도 있다. 또는 불쌍한 사람이나 동물을 돕지 않으면 불편한 감정을 느끼기 때문일 수도 있다. 독재자 게임에서 돈을 주는 역할을 하는 사람의 익명성을 보장하자 한 푼도 주지 않는 사람이 대부분이었다는 것은 인간의 이타적 성향이 상대를 의식하지 않을 수 없는 환경의 산물이란 주장에 힘을 실어준다.

테레사 수녀와 같은 순수한 이타주의자는 드물다. 〈이타적 유전자〉를 저술한 영국의 과학 전문기자 매트 리들리는 "인간의 정신은 이기적 유전자에 의해 만들어졌다. 그런데도 인간의 정신은 사회성과 협동성과 신뢰성을 지향한다."[89]고 말한다. 리들리는 인간이 이타적이어서가 아니라 이기적이기에 협동한다고 말하는 것이다. 도킨슨은 〈이기적 유전자〉의 후속편이 있다면 〈이타적 유전자〉가 될 것이라면서 리들리의 주장을 응원한다. 이기적 유전자와 이타적 유전자는 동전의 양면과 같은 것이나 이 동전은 이기적 유전자에 무게가 편향된 동전이다.

이상의 논의를 종합하면 인간은 자기중심적 이타주의자라 할 수도 있고 이기적이기 때문에 이타주의자가 된다고 할 수도 있다. 의식되지 않은 본능은 인간의 이러한 성향을 의미한다. 인간사회는 이기심으로 충만한 개체들이 각자의 이익을 도모하는 과정에서 상부상조하여 더 큰 이익을 만들어나가는 곳이다. 그리하여 이기적인 개체가 빠질 수밖에 없는 '배신-배신'의 늪에서 헤어나 '협력-협력'이란 상생의 장으로 나아가는 것이 아닐까?

◆ 어떤 관점으로 세상을 볼 것인가

만일 마르크스 생전에 죄수의 딜레마 이론이 발표되었다면 그

---

89   매트 리들리, 〈이타적 유전자〉, 신좌섭 역, 사이언스 북스, p.343.

는 이보다 더 적확하게 자본주의의 현실을 표현하기 어렵다고 생각했을지 모른다. 자본주의는 인간의 이기심이 가장 치열하게 맞붙는 곳이고 죄수의 딜레마는 사람이 자신의 이익만을 중시할 때 어떤 결말을 가져오는지 보여주기 때문이다. 마르크스가 보기에는 상품을 교환하거나 자본가가 노동자와 근로계약을 체결하는 것은 자신과 타인의 이익을 함께 실현하는 호혜 행위가 아니라 이기심이 일으키는 착취행위이다. 남의 것을 폭력이나 사기로 뺏지 않고 정당한 교환을 통해 획득하면 문제가 없다고 보는 것이 자본주의 윤리이다. 그러나 마르크스는 시장에서의 교환은 겉보기만 평등할 뿐 본질은 자본을 가진 자와 갖지 못한 자, 생산성이 뛰어난 자와 그렇지 못한 자 사이에 착취가 일어나는 부당한 거래로 생각했다. 가치법칙으로 보면 사적인 이익을 위해 제품의 품질을 향상하고 남들이 생각하지 못한 신상품을 개발하여 경쟁자보다 더 높은 생산성을 확보하려는 노력은 타인의 가치를 뺏기 위한 획책에 지나지 않는다. 남보다 앞서기 위한 모든 노력은 이기심이 '배신-배신'의 늪으로 우리를 몰아간 탓으로 보인다.

따라서 마르크스는 이기심과 경쟁에 대해 극도의 증오심을 가졌다. 이기심은 "사람의 감정 중에서 가장 맹렬하고 가장 저열하며 가장 추악한 감정인 사리사욕"[90]이고, "경쟁의 관점에서 보면 모든 것이 이처럼 사실과 다르게 나타나며 거꾸로 나타난다."[91]고 경쟁을 폄

---

90 '서문', 〈자본론 1권 (상)〉, p.7.
91 〈자본론 3권 (하)〉, p.882.

훼하였다. 그에게 이기심과 경쟁은 혼자만 살기 위해 전체의 공생을 방해하고 집단을 파멸시키는 암세포와 같은 것이었다. 시간이 흐르면 사멸하는 일반 세포와 달리 계속 분열하면서 혼자 영원히 살아남으려는 세포의 이기심이 만든 것이 암이다. 그것은 결국 세포 공동체인 인간을 죽인다. 살인, 강도, 도둑질, 사기 등도 자신만 살려고 남을 해치는 암적 행위지만, 마르크스는 이기심과 경쟁으로 작동하는 생산량 분배는 살인, 강도보다 더 나쁜 역사적 범죄라고 생각했다.

가치법칙이라는 색안경을 쓰고 세상을 바라보면 마르크스처럼 생각하는 것이 이상하지 않다. 모든 노동은 평등하므로 세상의 부는 각자의 생산량과 상관없이 노동한 만큼 분배돼야 하지만, 이기심과 경쟁으로 작동하는 자본주의 체제에서는 생산을 많이 한 사람이 더 많이 가져가므로 다른 사람이 생산한 가치를 빼앗는 결과를 가져오기 때문이다. 따라서 타인이 생산한 가치를 착취하도록 용인하는 생산량 분배제도는 그 굴레의 무게로 역사의 준엄한 심판을 받는다는 것은 가치법칙의 관점에서는 당연한 귀결이다.

생산량 분배는 개인의 상충하는 이기심이 충돌하면서 작동한다. 경쟁자보다 더 많이 생산한 사람에게 시장이 주는 초과이윤이라는 선물을 얻기 위해 모두가 열심히 노력하지만, 가치법칙의 색안경을 쓰면 이 모든 노력은 기를 쓰고 타인의 가치를 착취하려는 포커판의 책략으로 보인다.

그러나 생산량 분배가 사리사욕에 기반한 제도임은 분명하지만 마르크스가 생각하듯 타인을 갉아먹는 자기중심적 이기심이 작동하는 제도는 아니다. 상품을 거래하고 계약을 체결하는 기본적인 교환행위는 상대의 손실을 나의 이익으로 취하는 제로섬 게임이 아니라, 상대도 이익을 얻고 나도 이익을 얻는 플러스섬 게임이다. 생산을 많이 하면 더 가져가도록 상을 주는 것은 암을 키우는 제도가 아니라 인체에 침입한 병균을 찾으면 상을 받는 T면역세포를 두는 것과 같은 제도이다. 가치법칙이라는 색안경을 통해 세상을 바라보면 사회는 이기심에 가득 찬 인간이 서로를 착취하려고 노력하는 '배신-배신'의 늪이지만, 색안경을 벗으면 상호성의 인간들이 자신의 이익을 추구하려 서로 도우면서 더 큰 이익을 만들어가는 '협력-협력'의 공간으로 변한다.

세상은 어떤 관점을 가지는가에 따라 다르게 보인다. 물이 반 정도 들어 있는 병을 보고 '물이 반이나 남았네.'라고 생각하는 낙관론자와 '물이 반밖에 안 남았네.'라고 생각하는 비관론자는 관점의 차이에 따라 동일한 실체를 다르게 바라본다. 가치법칙의 색안경을 쓴 사람에게는 생산량에 따라 차별적으로 보상받는 것이 착취를 용인하는 제도로 보이나 색안경을 쓰지 않은 사람에게는 각자가 생산한 만큼 가져가는 정당한 현실로 보인다.

유물론자는 노동량에 따라 가치가 결정되는 법칙이 현실을 과학적으로 반영한 이론이라고 보나, 사실은 과학이라기보다 윤리적 선입관에 더 가깝다. 지구가 태양을 수십억 년 동안 돌고 있었으나 종교라는 선입관으로 바라보면 태양이 지구를 도는 것으로 보였던 것처럼 가치법칙도 실제를 규명하는 과학이 아니라 많이 생산한 자가 많이 가져가는 것을 타인에 대한 착취로 보이게 하는 하나의 관점일 뿐이다. 물은 여전히 반병이지만 어떤 관점을 가지는가에 따라 긍정적인 사람은 열심히 살고 부정적인 사람은 세상을 비관한다. 마찬가지로 노동량 분배라는 관점을 갖는가, 생산량 분배라는 관점을 갖는가에 따라 세상은 다르게 보이고 행동도 달라진다. 삶이 관점에 영향을 미치는 것을 부정할 수 없는 것처럼 관점이 삶에 주는 영향도 무시할 수 없다.

◆ 노동량 분배인가 생산량 분배인가

유물론자는 삶이 '의식된 본능'을 결정하고 관점도 결정한다고 본다. 자본주의에 살고 있기에 이윤에 집착하고 생산량에 따른 분배를 당연한 것처럼 생각한다고 본다. 자본주의를 대체하는 새로운 세상에서는 이윤에 대한 집착도 사라지고 노동량 분배를 당연시하는 새로운 관점이 생길 것으로 기대한다.

그러나 인간에게는 의식된 본능 이전에 의식되지 않은 본능이 있으며 이것은 물적 구조의 변동과 무관하게 수십만 년 동안 인간 내면에 존재해 왔다. 레닌은 공산주의 사회에서 공동선을 위해 노동하는 것이 습관으로 되는 데 고작 수십 년이면 충분하다고 말했지만, 수십만 년에 걸쳐 형성된 의식되지 않은 본능이 그리 쉽게 바뀌지 않는다는 것은 사회주의권의 붕괴로 증명되었다. 새로운 체제에서 인간의 의식에 들러붙은 구시대적 낡은 모반을 떼어내기 위한 다양한 노력이 행해졌지만 오랜 세월 동안 형성되어 DNA에 고착된

자본론으로 마르크스를 비판하다

상호적 인간형은 노동량 분배라는 관점의 수용을 거부했다. 이기적이기에 이타적인 인간은 노동량 분배보다 생산량 분배를 선호한 것이다.

인간은 자기중심적 이기주의자가 아닌 상호성을 가진 이기주의자다. 혹은 자기중심적인 이타주의자라 할 수도 있다. 상호성은 호의에는 호의로 적대에는 적대로 대응하는 것을 의미한다. 무조건적 이타주의가 아니라 궁극적으로 개체의 이익 증대를 위해 타인을 의식하고 협동하는 것을 의미한다. 그래서 인간은 경쟁하면서 동시에 협력한다. 그러나 협력이 주는 이득은 일차적이고 이타성은 부차적이다. 다시 말하면 인간은 이익이 주어질 것으로 기대하기 때문에 협동하는 것이지 원래부터 이타적인 존재라서 협동하지 않는다. 우리가 인간의 이러한 특성을 인정한다면, 가치법칙에 바탕을 둔 노동량 분배제도는 성공하기 어렵다는 것을 알 수 있다. 생산을 더 많이 한 사람의 더 가져가고 싶은 욕구를 억제시킬 수 있을까? 생산을 더 한 사람에게 더 많은 부를 주는 것이 타인의 가치를 뺏는 부당한 제도라고 사람들을 납득시킬 수 있을까? 그러기에는 인간이 가진 본질적인 이기심은 넘기 어려운 장벽으로 다가온다.

마르크스는 이기심을 없애지 못한다면 노동량 분배는 불가능하다고 생각했을 것이다. 그가 이기심을 그토록 증오한 이유를 여기서 찾을 수 있다. 노동량 분배도 자신이 '힘든 만큼' 가져가자는 제도이므로 이기적 측면이 없는 것은 아니지만 타인보다 더 많이 생산한 부를 타인과 나누어야 하는 이타적 측면, 공동체적 성격이 강하다. 이기심이 전제된 이타성을 가진 인간은 이러한 분배를 수용하기 어려운 종특성을 갖고 있다고 봐야 한다.

인간에게 공평을 추구하는 상호적 본능도 있지만, 공평이 노동의 절대적 평등을 의미하는 것은 아니다. 오히려 '생산한 만큼' 가져가지 못할 때 불공평 또는 불공정하다고 생각할 가능성이 크다. 같은 시간에 10개를 생산한 노동과 20개를 생산한 노동은 가치가 동일하므로 평등하게 분배받아야 한다는 주장을 공평한 것으로 받아들이기는 어렵다. 일론 머스크의 1시간 노동과 일반 노동자의 1시간 노동은 동등하므로 둘 다 같은 보수를 받아야 한다는 주장은 공평이 아니라 절대적 평등을 추구하는 것이다. 모든 노동은 평등하다는 깃발 아래 노동의 성과를 생산량과 상관없이 균등하게 분배하는 것이야말로 공평의 위배이다. 상호적 존재인 인간은 절대적 평등이 주는 불공평을 받아들이기 어렵다.

서로 주고받는 시장의 교환이야말로 상호성의 기제가 강하게 작동한다. 가치법칙의 작용에서 알 수 있듯이 시장에서의 교환은 필연적으로 생산량 분배로 귀결된다. 사람들은 절대적 평등이 아니라 자신의 이익 극대화를 위해 시장에 공정과 공평이 필요하다고 생각한다. 공정과 공평을 중시하는 상호성이 강할수록 노동량 분배보다 생산량 분배를 선호하게 된다.

인간에게 내재하는 추상물인 의식되지 않은 본능을 무시하고 노동량 분배를 강제한다면 이기심이란 본질적 특성이 꿈틀거리며 반항하기 시작한다. 그것은 무임승차라는 형태로 나타난다. 죄수의 딜레마에서 한 죄수가 다른 죄수를 배신하고 자신의 이익을 최대한 챙기려는 것이 무임승차다. 한 명이 무임승차를 택하면 다른 사람

자본론으로 마르크스를 비판하다

도 무임승차를 택하게 되고 결국 '배반-배반'의 늪으로 간다. 공유지의 비극, 어장관리의 비극도 마찬가지다. 자신은 방목을 자제하지 않으면서 타인의 자제를 기대하지만 결국 모두가 자제하지 않게 되어 삶의 터전은 황폐해진다. 빵 20개를 생산한 사람에게 10개를 생산한 사람과 균등하게 나눌 것을 강제하면 빵은 30개가 아니라 20개나 그 이하로 생산되는 결과를 가져온다. 일론 머스크나 스티브 잡스에게 부를 세상과 나눌 것을 강제하면 세상을 바꾸는 혁신가는 더 이상 나오기 어려울 것이다. 더 많이 생산하였지만 적게 생산한 다른 사람과 나누어야 한다면 타인이 더 열심히 노동하는 것을 기대하면서 자신은 열심히 노동하지 않는 무임승차가 팽배해질 수밖에 없다. 사회주의 정신, 당과 국가에 대한 충성을 강조하는 캠페인으로 무임승차를 막기 어렵다. 그러한 캠페인과 교육은 의식된 본능은 변화시킬 수 있겠지만 의식되지 않은 본능을 바꾸기는 어렵다. 그것은 고작 수십 년의 시간으로 수십만 년의 세월을 이기려는 무모한 시도이다.

무임승차를 막는 비결은 무임승차하지 않을 때 더 큰 이득이 돌아간다는 확신을 주는 것이다. 공유지 문제를 해결한 방법은 내가 먼저 무분별한 방목을 자제하면 타인도 자제할 것이라는 이타심의 발휘가 아니라 내가 자제할 때 나에게 더 큰 이득이 돌아온다는 확신을 주는 것이었다. 그것은 공유지를 쪼개어 개인적인 영역을 주고 그곳에서 나오는 이익을 각자 가질 수 있게 하면서 가능해졌다. 각 개인은 자신의 영역에 있는 풀이 고갈되지 않도록 소의 방목을 조절하였으며, 결과적으로 풀이 고갈되지 않으면서 소의 수가 더 증가하여 이전보다 더 큰 이익을 얻게 되었다. 개인의 이기심을 존중하면서 타인 영역도 존중한다는 상호적 방식은 자신의 이익을 위하여 타인과 협동할 줄 아는 상호적 인간에 어울리는 것이었다.

소련을 중심으로 한 사회주의권은 스탈린식 강압통치로 붕괴한 것이 아니다. 사회주의권이 붕괴한 근본적인 이유는 간단하다. 그들이 시행한 노동량 분배제도가 이기적이기에 이타적인 인간의 본성과 부합하지 않았기 때문이다. 생산성 격차에 따른 차등 보상이 당연하게 여겨지는 이유는 우리가 자본주의에서 살고 있어서가 아니라 그것이 인간의 본성에 부합하기 때문이다.

마르크스는 생산량 분배제도가 인간의 추악한 이기심에서 발동된 '편협한 부르주아적 권리'의 실현이며 타인의 가치를 전유하는 자본주의 법칙이기 때문에 언젠가는 폐기될 수밖에 없다고 보았다. 그러면서도 그는 자본주의 사회에서 탄생한 지 얼마 안 되는 사회주의 단계에서는 상품 교환 법칙인 평균의 원리가 작용하므로 모든 사람의 노동이 평등해질 수 없다고 말한다. 평균의 원리는 시장가치가 사회적 평균노동량으로 결정되는 것이므로 평균보다 높은 생산성을 가진 사람은 이익을 보고 평균보다 낮은 생산성을 가진 사람은 손해를 본다. 생산성에 따른 차별보상을 용인하는 것이다.

이에 따라 구사회주의권은 노동자의 생산성에 따라 보수를 달리하는 인센티브 제도를 도입하였다. 마르크스는 이것이 낡은 자본주의적 이기심이 사람들의 의식에 들러붙은 탓이라고 했지만, 생산성에 따른 차별보상을 바라는 마음은 인간의 본성 그 자체였지 언젠가는 떨어진다는 의미가 내포된 '들러붙은' 것이 아니었다.

자본론으로 마르크스를 비판하다

러시아혁명이 성공한 지 불과 70여 년 만에 사회주의가 막을 내린 사실은 인간의 본성과 노동량 분배의 결합이 쉬운 일이 아님을 입증하였다. 이제 그 실패의 과정을 구체적으로 알아보자

Criticize
Marx
with the
『Das—
Kapital』

4부
사회주의 그리고
대안사회주의

10장 자본주의는 왜 무너지지 않았나

◆ 노동자 궁핍화 이론의 문제

사회주의의 붕괴를 말하기 전에 자본주의가 마르크스의 예상과 달리 왜 지속되고 있는지, 우리는 계속 자본주의 체제에서 살 수 있을지 질문할 필요가 있다. 마르크스의 '노동계급 궁핍화 이론'은 이에 대한 실마리를 제공한다. 〈자본론〉 25장 '자본주의적 축적의 일반법칙'은 자본 축적이 진행될수록 노동자의 궁핍화가 심화하는 이론적 근거를 설명하고, 당시 영국, 아일랜드 노동자들의 비참한 상황을 상세하게 기술하여 이를 뒷받침하고 있다.

초과이윤을 획득하기 위한 자본가 사이의 경쟁은 자본의 유기적 구성의 고도화로 나아간다. 유기적 구성의 고도화는 증가하는 생산수단의 양 및 가치와 비교해 노동자의 수와 임금이 상대적으로 저하하는 현상을 가져온다. 노동자의 절대적인 수는 증가하지만, 생산

자본론으로 마르크스를 비판하다

수단 증가와 비교하면 상대적으로 감소하는 상황은 상대적 과잉인구, 즉 산업예비군이라는 실업자군을 만들어 낸다. 호황·활황·침체·공황이 주기적으로 되풀이되는 자본주의 경기순환에 따라 산업예비군도 증가와 감소를 반복하나, 늘 일정한 산업예비군의 존재는 피할 수 없다. 상시로 존재하는 산업예비군은 자본가에 대한 노동자의 종속을 더욱 심화시키고 노동자들이 저임금, 고강도 노동과 실업의 굴레에서 벗어나지 못하도록 한다. 그리하여 "노동자계급의 극빈층과 산업예비군이 크면 클수록, 공식적인 구호 빈민은 그만큼 더 많아져서", 이것이 "자본주의적 축적의 절대적 일반법칙"[92]으로 성립하게 된다. 노동자계급의 궁핍화는 자본주의 방식으로 축적이 진행되는 곳이라면 어디든지 반드시 일어나는 법칙이 된 것이다.

마르크스가 자본주의적 축적으로 인한 노동자의 궁핍화를 증명하는 실례로 든 영국과 아일랜드 노동자들의 생활 수준은 영양상태, 주거환경 등에서 오늘날의 기준으로 보면 상상하기 어려울 정도로 열악했다. 그들은 일반적으로 권장되는 영양공급의 30% ~ 50% 정도만을 섭취했으며, 방 하나에 정원의 2 ~ 3배인 6 ~ 17명 정도가 거주하였다. 노동자들의 평균수명은 중산층의 절반 정도에 불과했고 런던에서조차 굶어 죽는 사람들이 '소름이 끼치게' 증가하였으며, 유랑 노동자들이 각종 전염병을 안고 전국의 일할 곳을 찾아 헤매었다. 농업 노동자들은 상황이 더 안 좋았는데 〈자본론〉의 집필 시기에서 근 백 년 전인 1770 ~ 1780년의 생활 수준을 정점으로 오히려

---

92 〈자본론 1권(하)〉 p.878.

하락하고 있었다.[93]

그런데 산업혁명 초·중기 열악했던 노동자 생활 수준은 자본주의적 축적이 진행되면서 점차 개선되기 시작했으며, 20세기 들어와서는 마르크스 시대와는 비교할 수 없을 정도의 수준까지 올라왔다. 마르크스에 비판적인 사람들은 '궁핍화 이론'이야말로 마르크시즘의 대표적인 실패이론이라며 공격하기 시작했다. 그들은 노동자의 생활 수준이 현저히 개선된 오늘날 상황은 마르크스의 예상과는 완전히 다르다면서 마르크스 이론의 허구성을 입증하는 증거로 들었다. 반면 마르크스주의자들은 비판자들이 '궁핍화 이론'의 본질을 이해하지 못하거나 사실을 호도한다고 반박하였다. '궁핍화 이론'은 절대적인 빈곤의 증가를 가리키는 것이 아니라, 자본가 소득 증가에 비교한 노동자 소득 증가의 열위 혹은 국민소득에서 차지하는 노동소득 비중의 감소와 같이 상대적인 빈곤을 의미한다는 것이 그들의 주장이었다. 또는 '저임금, 장시간 노동, 고강도 노동, 대량실업이 궁핍화의 진정한 의미'라는 주장도 제기되었다.[94] 자본주의가 발전할수록 자본가의 몫은 점점 커지는 데 비하여 노동자의 몫은 상대적으로 적어지고, 그조차도 장시간, 고강도 노동의 산물이거나 상시적인 실업의 위험에 노출되어 삶이 불안정해지는 것이 마르크스가 말한 '궁핍화 이론'의 본질이란 것이다. 헌트의 주장은 독특한데, 궁핍화 이론은 임금의 감소를 주장하는 것이 아니라 "소외와 전반적 비

---

93 〈자본론 1권(하)〉 pp.878 ~ 920.

94 윤소영, 〈마르크스의 자본〉, 공감, p.382.

참함의 증가"를 의미하며, 이것은 "노동자의 창조적, 정서적, 미학적, 지적 잠재능력의 개발이 체계적으로 좌절당하는"[95] 것으로 '심리적 퇴행'의 피해를 의미한다고 말한다. 경제적 문제가 심리적 문제로 전화된 것이다.

마르크스는 노동생산성이 증대될수록 노동자의 실질임금이 증가한다는 것을 부정하지 않는다. 하지만 실질임금이 상승하거나 생활 수준이 향상된다 해도 자본가의 생활 수준과 격차가 더욱 벌어진다면, 임금노동자로서의 종속관계와 착취는 여전히 남아 있는 것으로 노동자를 옭아매는 '사슬의 긴장이 약간 완화되는 것'이라고 평가절하한다.

> "노동력의 가치저하의 결과로 임금이 저하하면(이것은 실질임금의 상승과 결부될 수도 있다) …"[96]

> "그들(노동자)은 자기들의 소비범위를 확대하고 의복, 가구 등 자기들의 소비 재원을 약간 늘릴 수가 있고, 심지어는 약간의 준비금까지도 형성할 수 있다. 그러나 이렇게 되더라도, … 노예의 종속관계와 착취가 사라지는 것이 아닌 것과 마찬가지로, 임금노동자의 종속관계와 착취도 사라지지 않는다. 자본축적의 결과 노동의 가격이 상승하는 것은 사실상 임금노동자 자신이 이미 만들어낸 금 사슬의 길이와 무게로 말미암아 그 사슬의 긴장이 약간 완

---

95 〈E.K.헌트의 경제사상사〉, p.504.
96 〈자본론 3권 (상)〉, p.140.

화된다는 것을 의미할 따름이다."[97]

"따라서 자본이 축적됨에 따라 노동자의 상태는, 그가 받는 임금이 많든 적든, 악화되지 않을 수 없다는 결론이 나온다. … 따라서 한쪽 끝의 부의 축적은 동시에 반대편 끝, 즉 자기 자신의 생산물을 자본으로 생산하는 노동자계급 측의 빈곤, 노동의 고통, 노예상태, 무지, 잔인, 도덕적 타락의 축적이다."[98]

"이 얼마나 용두사미격인가! 만약 노동자계급이 여전히 '가난'하며, 재산소유자계급을 위해 '실신할 정도의 부와 권력의 증대'를 생산해 내었는데도 '덜 가난'해진 데 불과하다면, 그들은 상대적으로 종전과 마찬가지로 여전히 가난한 것이다. 극단의 빈곤이 감소하지 않았다면 그것은 증대한 것이다. 왜냐하면 극단의 부가 증대했기 때문이다."[99]

위 인용문에서 보듯이 마르크스는 자본주의적 축적으로 인해 노동자들의 생활 수준이 개선되지만, 이는 '약간'에 불과하고 자본가들과의 생활격차가 커지면 커질수록 점점 더 가난해진다는 주장을 고수한다. 이와 함께 런던, 아일랜드의 노동자들의 비참한 생활상태를 위의 인용문들에 대한 '증명의 예'로 제시함으로 인해, 마르크스는 자본주의가 발전하여도 노동자가 절대적으로 빈곤하게 된다

---

97   〈자본론 1권(하)〉, p.844.
98   위의 책, p.879.
99   위의 책, p.889.

자본론으로 마르크스를 비판하다

는 주장을 폈다는 오해를 불러일으킨 것이다. 위의 인용문에서 우리가 확인할 수 있는 사실은 자본축적은 노동자의 삶의 질을 개선하지만, 자본가와의 격차는 점점 더 벌어지고 노동자는 상대적으로 더 가난해진다는 점이다. 즉, '궁핍화 이론'에서 마르크스가 강조한 것은 상대적 빈곤이 맞다. 하지만 절대적 개선의 정도를 미약한 것으로 보고 대수롭지 않게 여겼다는 점도 사실이다. 자본가와의 상대적 격차를 중시하고 절대적 빈곤의 개선을 중요하지 않게 생각한 바로 이 지점에 마르크스의 실수가 있었다. 마르크스 비판자들이 주장하는 것처럼 노동자의 절대적 빈곤을 주장하였기 때문에 마르크스 이론이 실패한 것이 아니다. 자본주의가 이룩한 전체 부에서 노동자들이 차지하는 비중이 점점 작아지는, 상대적 빈곤에 대한 마르크스의 강조가 노동자들이 가질 수 있는 부의 절대량 증가에 대한 경시로 이어진 것이 노동자 궁핍화 이론의 결정적 하자가 된 것이다.

그런데 이윤율 저하의 법칙을 설명하는 〈자본론〉 3권 13장에서 마르크스는 노동자의 부가 절대적으로 증가하는 것을 경시했던 것과는 정반대의 견해를 보인다. 즉, 노동자와 달리 자본가는 이윤율이 저하해도 이윤의 크기가 절대적으로 증가한다는 점을 상당한 분량으로 강조한다. 심지어 리카도를 비롯한 정치경제학자들이, 이윤율은 저하하지만 절대적 이윤량은 증가하는 현상을 은폐할 목적으로 고의적인 계산 왜곡을 하였다고 비판한다.[100] 마르크스는 자본가

---

100 〈자본론 3권(상)〉, p.279.

에 대해서 이윤율은 저하하나 그들이 누리는 사용가치의 양과 향락 수단은 절대적으로 증가한다고 비판하면서, 노동자에 대해서는 필요노동시간의 감소로 인한 상대적 격차의 확대만을 강조하고 실질임금의 절대적 증가는 대수롭지 않은 것으로 무시하였다. 자본가가 누리는 부에 비해 노동자의 궁핍화를 강조하려는 의도적인 서술이지만, 양 계급이 취득하는 부의 절대량 증가를 편향적으로 취급하는 일관성의 결여는 곧 보듯이 결국 그의 발목을 잡는다.

◆ 가치와 가격의 괴리가 자본주의를 구하다

삼성전자의 시가총액은 1997년 2월 4조 정도에서 2021년 8월 대략 440조로 24년 동안 거의 110배 상승하였다. 1997년 당시에 삼성전자의 지분을 20% 가진 사람은 8,000억 원 정도의 부를 가지고 있으나, 2021년 8월에 삼성전자 지분을 20% 가진 주주는 88조, 2%의 지분을 가진 주주는 8.8조의 부를 갖고 있다. 1997년 20% 지분이 대표하는 부보다 2021년 2%가 대표하는 부가 10배 이상 많다.

가치는 생산량과 무관하다는 원리가 작동하는 노동가치론에서도 이와 유사한 현상이 일어난다. 투입노동시간은 변함이 없음에도 생산된 사용가치의 양이 증가하는 생산성 향상은 주식회사의 시가총액이 커지는 것에 비유할 수 있다. 100시간의 노동이 빵 4개를 생산하다가 생산성의 향상으로 440개를 생산하여도 가치는 여전히 100시간이다. 100시간에서 20%의 지분인 20시간의 노동을 확보한

자본론으로 마르크스를 비판하다

사람은 처음에는 빵 0.8개를 차지하지만, 생산성이 110배 향상되면 88개를 차지할 수 있다. 생산성이 향상되면 2%의 지분인 2시간의 노동으로 8.8개의 빵을 차지할 수 있어 생산성 향상 이전에 20시간의 노동보다 더 많은 빵을 가져간다. 이러한 현상이 일어나는 이유는 가치가 노동량으로 결정되고 생산량의 변화와 가치는 무관하다는 가치법칙이 작용하기 때문이다. 생산량이 증가할수록 가치도 함께 증가하는 효용가치론에서는 일어나지 않는 현상이다.

주식회사에서 지분 확보를 위해 주주 간 경쟁이 일어나듯이 노동가치론의 세계에서는 노동시간을 확보하려는 전쟁이 모든 사람 사이에 벌어진다. 스스로 노동하여 노동시간을 확보하든, 자본이나 토지를 갖고 있다는 이유로 노동자의 노동시간을 착취하든, 혹은 생산성을 향상하여 타인의 노동시간을 전유하든 사용가치를 향유할 수 있는 지분의 증대를 위해 온갖 방법을 동원한 전쟁이 일어난다. 이 전쟁을 노동자의 처지에서 보면, 삼성전자의 지분을 더 확보하려고 돈을 투자할수록 엉뚱한 사람의 주머니로 흘러 들어가서 실제로 얻는 지분은 오히려 줄어드는 것과 같은 현상이 일어난다. 삼성전자의 시가총액이 커지는 것처럼 사용가치의 생산량이 증가할수록 노동자의 지분은 점점 줄어든다. 생산성 향상 이전에는 예컨대 50%의 지분을 가졌으나 생산성이 향상된 이후에는 지분 크기가 20%로 오히려 줄어드는 사기를 당한 것이다.

마르크스는 이러한 자본주의 분배법칙을 용납할 수 없었다. 그는 이러한 착취에 대한 도덕적인 분노를 넘어서, 노동자가 더 많은 가치를 투자하고 더 많은 사용가치를 생산할수록 획득하는 지분의 크기가 점점 줄어드는 이 현상이야말로 자본주의가 붕괴하는 과학적 근거가 되리라고 확신하였다. 생산관계와 생산력의 모순이 바로 그것이다. 자본주의 생산관계에서 노동자가 더 많이 생산할수록 상대적으로 더 적게 가지는 모순은 불황, 공황, 이윤율 저하, 자본생산성 저하로 나타나다가 마침내 분노한 노동자들의 단결된 힘으로 종식되리라고 봤다. 하지만 삼성전자의 예와 같이 노동자의 지분이 19세기의 20%에서 현재 2%로 감소하였다고 해도, 삼성전자의 시가총액이 증가하듯이 생산량이 증가하면 과거의 20%보다 현재의 2%가 대표하는 부가 훨씬 더 커지는 일이 일어난다는 사실은 자본주의가 여전히 존재하는 결정적인 이유가 되었다. 마르크스는 20%에서 2% 하락만을 중시하고 2%가 대표하는 부를 경시하였지만, 아이러니하게 그 2%가 대표하는 부가 자본주의를 지탱하는 근거가 된 것이다.

〈21세기 자본〉의 저자 토마 피케티에 의하면 1700년에서 2012년 사이 1인당 생산증가량은 10배로 늘어났다고 한다.[101] 선진국인 북미, 서유럽, 일본만 고려하면 1인당 월 평균소득이 100유로에서 2,500유로로 25배 증가하였다. 이에 비해 1인당 평균 노동시간이 약 1/2로 단축[102]되었으므로 선진국의 1인당 노동생산성은 50배 정도 증가한 것으로 볼 수 있다. 지난 300년 동안 전 세계적으로는 1인당 생산성은 10배, 선진국 기준으로는 50배 정도 증가한 것이다. 19세

---

101 토마 피케티, 〈21세기 자본〉, 장경덕 외 옮김, 글항아리, p.108. 인플레이션을 고려한 실질성장률이며 그사이 세계인구는 6억에서 70억으로 11배 정도 증가하였으므로 총생산량은 110배 정도 성장하였다.

102 토마 피케티, 앞의 책, p.712.

자본론으로 마르크스를 비판하다

기 영국 노동자가 1인당 하루 10시간 노동으로 10개의 사용가치를 생산하였다고 가정한다면, 오늘날은 동일한 시간에 100개 이상을 생산한다고 봐도 무리는 아닐 것이다.

이 100개가 분배되는 비율을 결정하는 현재의 잉여가치율은 한국의 경우를 적용해보자. 〈한국의 잉여가치율 추이, 1993 ~ 2010〉을 보면 2010년 한국의 잉여가치율은 약 400%다.[103] 10시간 노동을 하면 2시간이 필요노동, 8시간이 잉여노동시간이 된다.

이 잉여가치율이 세계적으로 통용된다고 가정하고 19세기의 잉여가치율을 마르크스가 즐겨 사용한 100%로 본다면, 19세기에는 노동자와 자본가가 사용가치 10개를 생산하여 5:5로 나누었으나, 현재는 100개를 생산하여 20:80으로 나누게 될 것이다. 생산량이 10배 증가하는 동안 노동자가 확보하는 가치는 5시간에서 2시간으로 감소하고 지분도 50%에서 20%로 감소하였다. 마르크스가 말한 대로 지분의 크기든 사용가치의 크기든 노동자와 자본가의 격차는 훨씬 커졌다.

하지만 노동자가 획득하는 사용가치의 절대량은 4배 증가한 20개가 되었다. 착취율의 척도인 잉여가치율이 100%에서 400%로 상승하여 착취가 대폭 강화되었음에도 노동자들의 생활 수준은 향상되는 역설이 벌어진 것이다. 하지만 마르크스는 노동자의 실질임금 상승을 대수롭지 않게 여기고 자본가의 이윤량이 5개에서 80개로 증가하는 것만 강조하였다. 마르크스는 5:5의 사회에서 20:80 사

---

103 유철수, 〈한국의 잉여가치율 추이, 1993 ~ 2010〉, 경상대학교 사회과학연구원, p.152.

회로의 양적 전환이 갖는 의미를 경시하였을 뿐만 아니라 숫자로는 표현할 수 없는 질적인 향상은 예상조차 하지 못하였다.

사용가치의 양적 증대보다 더 중요한 것이 질적 발전이다. 19세기의 노동과 현재 노동이 생산한 사용가치의 질적 차이는 마차에서 자동차로의 변신이 상징적으로 보여준다. 또한 현재는 비행기, 스마트폰, 평면TV, 세탁기 등 당시는 상상하기 힘들었던 사용가치가 생산된다. 사용가치의 질적 향상은 단순히 생산량이 몇 배 증가한 것 이상으로 노동자의 삶의 질을 급격히 끌어올렸다. 피케티가 〈21세기 자본〉에서 아서 영의 여행기를 인용한 부분을 보면 당시 프랑스나 영국에서 평균 소득의 30 ~ 50배를 버는 상류층이 하인 6명, 하녀 5명, 말 8마리, 정원, 보통 크기의 식탁을 갖추어 살 수 있었다고 한다.[104] 오늘날의 가전제품이 하인을 대체하고, 자동차는 말을, 아파트가 정원을 대체할 수 있다면, 그리고 하인, 하녀들을 부리는 데서 오는 과시욕 같은 심리적인 만족도를 제외한다면, 현재 발전된 자본주의 국가에서 노동자의 평균 생활 수준은 19세기 상류층을 능가한다고 보아도 무리는 아니다. 당시는 해외여행을 한 번 하려면 수행하는 하인도 필요할 뿐만 아니라 소요 기간도 교통편의 불편으로 몇 달이 걸렸다. 일반인은 엄두도 내지 못할 비용과 시간이 들었다. 현재는 통상의 자본주의 국가에서, 해외로 여행하는 것은 그다지 어려운 일이 아니다. 생산력 발전이 가져온 사용가치의 양적, 질적 증대로 오늘날 중산층은 옛날의 왕족, 귀족보다 훨씬 편리한 삶

---

104 〈21세기 자본〉, p.751.

을 누리고 있다.

'궁핍화 이론'의 진정한 의의가 저임금·장시간·고강도 노동과 대량실업의 상존에 있다는 주장은, 이것이 과연 마르크스가 주장한 의미의 궁핍화일까라는 의문을 제쳐놓더라도 체제변혁의 동력으로 작용할 가능성은 크지 않은 듯하다. 산업혁명 초기보다 평균 노동시간이 거의 절반으로 감소하였고 이마저 감소추세에 있는 현재, 장시간 노동으로 궁핍화의 고통을 겪는다는 주장은 설득력이 약하다. 물론 아직도 시간 외 근무, 휴일 근무 등이 여전하지만 과거의 장시간 노동과는 비교할 수 없다. 노동강도의 측면에서도 현시대의 노동이 19세기의 노동보다 강도가 높아졌다고 동의하기 어렵고, 저임금도 자본가 소득과 비교한 상대적인 의미가 강한 것으로 인간다운 생활을 할 수 있는 기본적인 의식주를 충당하지 못할 정도는 아니다. 또한 생산성 향상을 따라가는 임금상승이 있었는가에 대한 비판과는 별도로 실질임금의 꾸준한 상승추세는 부인할 수 없다. 자본주의가 존속하는 한 실업의 위험과 고통은 계속되겠지만, 〈올리버 트위스트〉의 올리버가 머물렀던 '구빈원'과는 다른 여러 가지 보완 제도도 존재한다. 치열한 경쟁이 주는 피로감과 함께 부당노동행위와 실업이 자본주의적 삶의 노곤함과 불안정을 부추기는 것을 부정하기는 어렵다. 하지만 현대 자본주의가 안고 있는 여러 문제가 노동조합운동과 같은 체재 내의 길항작용으로 완화되지 않을 이유는 없다. 절대적 궁핍에서 상대적 궁핍과 심리적 불안정으로 완화된 자본주의 모순을 해결하려고 마르크스가 말한 '억압받고 착취당한 사람들의 축제요 역사의 기관차'[105]인 혁명을 동원하려는 시도는 파리를 잡기 위해 총을 쏘는 것과 같은 역사적 과잉행위일 뿐이다.

하지만 마르크스가 중시했던 상대적 격차의 확대가 오늘날에도 여전히 중요한 의의가 있는 점을 무시할 수 없다. 20:80 사회가 100:900의 사회로 가더라도 상호성의 인간이 지닌 이기심과 공평의식은 타인과의 비교에서 오는 자존감 저하에 민감하게 반응한다. 신자유화 추세 속에 양극화란 이름으로 변모한 상대적 격차의 확대는 절대적인 빈곤의 완전한 제거가 어렵다는 점과 함께 자본주의가 숙명처럼 안고 있는 문제이다. 개인 간 능력 차이가 용인하는 불평등을 훨씬 뛰어넘는 양극화의 확대는 자본주의 사회의 기본 가치관을 파괴하고 사회적 분열을 확대할 위험이 있다. 그리고 자본주의 생산의 효율성마저 침식시켜 마르크스가 주장하는 이윤율 저하를 가속할 가능성을 부인하기 어렵다. 자본주의가 부의 절대적 증대에 취해 양극화와 같은 상대적 격차를 무시한다면 노동자 궁핍화의 망령은 다시 살아나 자본주의의 목을 움켜쥘지도 모른다.

---

105 '1848년부터 1850년까지 프랑스에서의 계급투쟁', 〈칼 맑스, 프리드리히 엥겔스 저작선집 2〉, p.88.

자본론으로 마르크스를 비판하다

11장 사회주의는 왜 붕괴하였나

◆ 생산력 경쟁에서 패배한 사회주의

1989년 6월 레프 바웬사가 이끄는 폴란드 연대자유노조가 의회 선거에서 압승하여 공산당 일당독재가 무너지고 11월에는 베를린 장벽이 무너졌다. 이어서 헝가리, 불가리아, 체코슬로바키아, 루마니아에서도 사회주의 정권이 평화적 혹은 폭력적으로 붕괴하면서 동유럽의 사회주의권은 해체되었다. 그리고 1991년 12월 21일 소련의 11개 공화국이 소련 해체 및 독립국가연합을 선언하는 알마아타 조약에 서명하고, 12월 25일 대통령 미하일 고르바초프가 모든 권한을 보리스 옐친에게 이양한 후 낫과 망치가 그려진 소련 국기를 크렘린궁에서 내림으로써 역사적 사회주의는 막을 내렸다. 1917년 10월 혁명으로 사회주의 정부가 수립된 후 74년 만의 일이었다. 지구 전체 면적과 인구의 1/3을 차지하고 세계자본주의 체제에 큰 위협이 되었던 사회주의권이 불과 3년도 채 되지 않는 기간에 완전히 해체된 것이다.

모든 인간이 평등하고 풍족하게 사는 공산주의 사회를 꿈꿨던 사회주의 체제가 하나의 실험으로서의 의미만 남기고 지구상에서 사라진 이유에 대해 다양한 분석들이 제기되었다. '사적소유의 부정으로 인한 동기부여 결여가 생산의 효율성을 파괴한 결과'라는 분석은 주류경제학이 판단한 사회주의 붕괴 원인이었다. 국제 좌파 계열은 세계자본주의 체제의 압박과 파괴 공작, 절차적 민주주의 부재와 과도한 중앙집권적 계획경제를 원인으로 제시한다. 특히 트로츠키주의 진영은 관료제로 타락한 노동자국가론, 새로운 착취계급을 만들어 낸 관료적 집산주의론, 소련이 사회주의가 아니라 국가가 노동자를 착취하는 국가자본주의 체제였다는 3가지 관점에서 비판을 제기하였다.[106] 소련을 위시한 구사회주의권이 정상적인 사회주의가 아니었다거나 사회주의가 아닌 자본주의 사회였다는 비판은, 구사회주의권이 마르크스가 〈자본론〉과 기타 저작에서 주장한 '자유로운 개인연합 사회'와는 거리가 멀었다는 주장과 맥을 같이한다. 이러한 관점에서 마르크시즘이 진정으로 추구하는 사회인 '자유로운 개인연합'을 목표로 하는 다양한 이론들을 대안마르크스주의 또는 대안사회주의로 통칭할 수 있다.

이 책은 이윤추구라는 개인동기 부여의 결여야말로 구사회주의

---

106 박승호 외, 〈현실사회주의 붕괴의 원인과 북한사회주의 체제의 전망에 대한 연구〉, 경상대학교.

자본론으로 마르크스를 비판하다

권이 붕괴한 가장 큰 원인이란 점을 밝힌다는 점에서 주류경제학의 인식과 결을 같이한다. 그러나 거기서 머물지 않고 〈자본론〉의 핵심 명제에 사회주의 사회가 스스로 무너질 수밖에 없는 필연성이 이미 내재하고 있다는 사실을 밝히고 논증하는 것을 목표로 한다. 마르크시즘의 기본법칙이자 자본주의 작동의 근본법칙인 가치법칙의 본질은, 자본주의는 생산수단을 가진 자가 갖지 못한 자를 착취할 뿐만 아니라, 생산력이 높은 자가 낮은 자를 착취하는 것을 용인하는 사회라는 것이다. 누군가의 이익이 누군가의 손실이 되는 제로섬이 가치법칙의 귀결점이다. 어떠한 이유로든 타인의 노동을 착취하는 것은 모든 인간 노동이 평등해지는 세상을 꿈꾸는 마르크스주의자들로서는 용납할 수 없는 악행이다. 그들은 자본주의 시스템이 해체되고 자본가와 지주만 사라지면 착취도 소멸될 것으로 보았다. 마르크스가 이야기하였듯이 사회주의에서도 개인 능력에 따른 불평등한 분배는 존재하나 이는 중앙당국이 적절히 통제하면 큰 문제가 되지 않는 일시적인 폐단으로 보았다. 하지만 개인 능력에 따른 생산량 분배는 자본주의가 남긴 낡은 유산이 아니라 시장이 존재한 수천 년 동안 지속되어 온 분배제도였다. 사회주의식 인센티브 제도는 자본주의 유산이 불가피하게 존속된 것이 아니라 인간 본성을 거역할 수 없는 사정에서 나온 궁여지책이었다. 생산수단의 사적소유가 철폐된 사회에서 개인 능력에 따른 분배는 중앙에 의해 철저하게 통제될 수밖에 없었고, 이기심에 근간을 둔 상호성의 인간은 이러한 체제하에서 열심히 일할 동기를 잃어버리게 되었다.

역사적 사회주의의 실패는 사회주의 이론의 실패였다. 가치법칙에 기반하여 생산량 분배를 증오하고 노동량 분배를 지향한 것은 인간 본성을 거슬러 자연스러움을 부자연스러움으로 대체하려는 무리한 시도였다. 마르크스가 추구한 '자유로운 개인들의 연합사회'에서의 '자유'는 개인적 자유가 아니라 사회적 자유이고 개인은 자유로운 개인이 아니라 단결된 개인이어야 했다. 개인 간 능력 차이가 착취를 초래한다는 가치법칙에 근거하는 한, 선천적 혹은 후천적인 능력을 발휘하여 타인보다 더 많이 가져가려는 자유는 개인적 자유로 치부되며 사회적 자유로 대체되어야 할 금기어가 된다. 사회적 자유는 능력에 따른 차등 분배가 인정되지 않는 조건에서의 자유이다. 따라서 개인보다 집단이 중시될 수밖에 없으며 강압과 통제가 상시로 일어날 수밖에 없다. 역사적 사회주의가 당면했던 난관은 스탈린식 강압 통치가 초래한 것이 아니라 가치법칙에 기반한 마르크시즘이 구현된 결과였다.

결국 자본주의가 물려준 생산력을 더욱 발전시켜 부의 분천이 넘쳐흐르는 공산주의로 이행한다는 목표는 좌절되었다. "사회주의와 자본주의의 경쟁에서는 생산성이 높은 쪽이 승리한다."[107] 라는 레닌의 호언은 비수가 되어 돌아왔다. 마르크스주의자들은 생산량 분배의 소멸을 원하면서도 그에 의지하여 체제를 운영할 수밖에 없었다. 하나의 형용모순일 뿐만 아니라 수십 년의 노력으로 수십만 년 누적된 인간의 본성을 극복하려 한 무모한 시도였다. 사회주의는 마르크시즘을 제대로 구현하지 못해서 붕괴한 것이 아니라 마르크

---

107 〈사회주의 체제의 정치경제학 2〉, p.355. 재인용.

자본론으로 마르크스를 비판하다

시즘 자체에 생산력 발전을 가로막는 중대한 장애가 있었고 이것이 실현됨으로써 붕괴하였다. 마르크스가 사회주의를 일으켜 세웠고 마르크스가 그것을 붕괴시킨 것이다.

사회주의는 레닌의 말대로 생산성 경쟁에서 패배하였기 때문에 붕괴하였다. 레닌은 전혀 예상하지 못한 결말이었을 것이다. 1930년대부터 1960년대까지 30여 년 동안 소련경제는 매년 10% 이상 고도성장을 하였으나, 1960년대 중반부터 성장률이 급락하기 시작해서 1980년대 중반에는 전성기의 1/3 이하 정도에 머물렀다. 〈표 11-1〉에서 보듯이 사회주의권이 붕괴하기 몇 년 전인 1985년을 기준으로 미국과 비교한 사회주의 국가들의 GDP를 보면 소련은 미국의 절반 수준이었다. 3억에 육박하는 인구 덕분에 GDP 순위는 세계에서 2 ~ 3위를 유지하였으나 1인당 GDP는 중진국 수준이었다. 이것도 일상화된 통계 조작의 영향을 받은 것을 고려하면 실제로는 더 낮았을 것이다. 사람들의 생활 수준은 통계 숫자보다 더 좋지 못했다. 주택, 빵 등 기초 생활수단의 가격은 낮았으나 만성적인 공급부족으로 상점 앞에서 몇 시간씩 줄을 서야 했고, 주택은 공간이 좁거나 여러 세대가 부엌과 화장실을 공유해야 할 정도로 편의성과 품질이 떨어졌다. 자동차, TV와 같은 내구재는 기본 2 ~ 3년씩 대기해야 받을 수 있었다.

표〈11-1〉[108]

국가	권력획득 년도	1985년 경제발전수준, GNP혹은 1인당 국민소득(미국 =100)
소련	1917	50
유고슬라비아	1945	40.4
불가리아	1947	40.8
체코슬로바키아	1948	59.2
헝가리	1948	46
폴란드	1948	39.2
루마니아	1948	34.1
중국	1949	19.5
니카라과	1979	15.6
에티오피아	1974	2.4

한때는 서구 지식인들도 경탄할 정도로 빠르게 성장하던 소련경제가 몰락의 길을 걷게 된 구체적 원인은 무엇일까? 사적소유의 부정, 스탈린식 강압통치, 관료제로 타락한 노동자 국가 등 다양한 원인이 제시되었으나, 사회주의권 붕괴의 핵심 원인은 마르크시즘이 가치법칙이라는, 생산력 발전을 가로막는 이론에서 출발하였다는 점에 있었다. 사회주의 붕괴 원인을 생산수단에 대한 사적소유의 부정에서 찾는 주류경제학의 진단은 가치법칙에서 붕괴의 원인을 찾는 것과 다름없다. 사회주의는 생산수단의 사적소유를 원칙적으

---

108 〈사회주의 체제의 정치경제학 1〉, p.44.

　자본론으로 마르크스를 비판하다

로, 그리고 엄격히 금지한다. 생산수단은 스스로 가치를 생산하는 존재가 아니라 살아있는 인간 노동을 착취하는 수단으로 이용된다고 보기 때문이다. 사회주의에서 "개인적 소유를 타인의 희생을 통하여 수입을 얻는 수단으로 전화시키려는 어떠한 시도도 저지하기 위하여"[109] 개인소유 물건의 양을 제한할 수밖에 없는 이유가 여기에 있다. 이 믿음의 근저에는 가치법칙의 제로섬 원리가 작용한다. 오직 인간 노동만이 가치를 생산하기 때문에 노동하지 않는 자본가가 가져가는 잉여가치의 원천은 노동자가 제공하는 살아있는 노동일 수밖에 없다. 가치법칙이란 색안경으로 보면 자본가는 생산수단을 이용하여 노동자의 고혈을 착취하는 잉여 인간이다.

생산성이 높은 사람이 낮은 사람을 착취한다고 보는 가치법칙의 결론은 자본가를 소멸시켜야 할 존재로 보는 것 이상으로 생산력의 발전을 가로막는 중대한 장애물이었다. 가치법칙으로 무장한 혁명가들이 세운 국가에서 초과이윤을 노리는 생산성 경쟁은 불가능하다. 초과이윤은 사악한 이기심이 만든 허위의 가치이고 타인 가치를 착취한 결과이기 때문이다.

자본주의적 경쟁은 타인의 살을 갉아먹는 네거티브 경쟁이므로 사람들은 개인보다 전체를 위해 생산성을 향상하고자 하는 사회주의적 경쟁 원리에 익숙해져야 했다. 사회주의 초기에는 새로운 사회에 대한 대중들의 기대 및 의욕의 고양과 강력한 동원경제로 생산력을 끌어올릴 수 있었으나, 사람의 열정은 언젠가는 식게 마련

---

109 짜골로프 외, 〈정치경제학 교과서 II-1〉, 윤소영 편, 중원, p.118.

이어서 지속적인 동원체제는 점점 효과가 떨어졌다. 인간은 본질이 이기적인 존재로서 이기심이 초래하는 '배신-배신'의 늪에 빠지지 않기 위해 서로 돕는다. 마르크스는 이러한 인간관을 부정하였다. 인간의 마음은 백지와 같아서 세상이 변하면 그에 따라 새로운 그림을 그려 넣으면 된다고 보았다. 레닌을 비롯한 혁명가들은 수십 년 정도면 사회주의 노동자들이 이기심으로 충만한 네거티브 경쟁심을 버리고 공동체를 위한 순수한 열정으로 자본주의보다 더 높은 생산력의 발전을 성취할 것으로 생각하였다. 그러나 사회주의 체제가 안착하여도 인간의 이기심은 좀처럼 사그라지지 않으며, 이타적 열정만으로 생산력을 발전시키는 것이 어렵다는 것을 깨닫는 데에 오랜 시간이 필요하지 않았다.

◆ 자본주의적 인센티브 vs. 사회주의적 인센티브

난관을 돌파하기 위하여 도입한 것이 사회주의적 인센티브 제도였다. 제2, 3가치법칙에 의하면 생산성 향상으로 얻는 성과는 개인이나 기업이 아닌 사회에 속하는 것이 되며 사회가 공유하지 않으면 착취를 용인하는 것이 된다.

그러나 사회 생산력 발전을 위해서는 생산성 향상의 성과를 기여자에게 일부라도 돌려주지 않으면 안 된다는 사실을 사회주의 당국도 인정하게 되었다. 스타하노프 운동으로 대표되는 소련의 생산성 증대 노력은 생산성이 높은 자에게 인센티브를 주어서 생산 동기를 고취하려는 제도였다. 마르크스의 말대로 자본주의의 낡은 유산인 이기심이 사회주의 초기에는 '정치적, 경제적, 윤리적으로 들러붙어' 있어서 이를 활용하는 정책은 불가피한 것으로 여겨졌고, 이기심은 생산력이 발전하면서 떨어져 나갈 것으로 기대되었다. 그러나 이기심의 소멸을 지향하는 체제에서 이기심을 활용하려는 정책은 한계에 부닥쳤고 이기심이 인간에게서 떨어지기 전에 사회주의는 붕괴하였다. 이기심을 억누르면서도 이기심을 활용해야 하는 역설이 생산력 발전을 가로막았다. 생산성 향상을 위해서는 부르주아적 방식을 도입해야 하지만 궁극적으로는 그것의 폐지를 위해 노력해야 하는 모순된 상황에 빠진 것이다. 그 구체적 과정을 살펴보자.

노동의 가치는 생산량과 무관함에도 자본주의 시장의 '보이지 않는 손'은 이를 부정하고, 더 많이 생산한 사람이 나머지 사람의 가치를 뺏어갈 수 있도록 작동하는 것이 가치법칙이다. 사회주의 당국은 고스플란(Gosplan, 국가계획위원회)의 '보이는 손'으로 이러한 원리를 효과적으로 이용할 수 있을 것으로 생각했다. 이를 위해 공업과 농업 간의, 국영기업과 집단농장 간의, 그리고 집단농장 사이에 부분적인 시장경제를 허용하고 노동자의 임금을 생산성에 따라 차등을 두는 인센티브 제도를 도입하였다.

시장의 상품 교환은 부분적으로 존재하더라도 가치법칙이 자동으로 작용하여 생산성에 따른 차등 분배가 발생한다. 상품 경제에서는 생산성이 높은 노동은 낮은 노동에 비해 더 많은 수입을 얻을 수 있으므로 생산성을 높이기 위해 노력할 동기가 생긴다. 부분적인 시장의 존속과 함께 생산성이 높은 노동에 더 많은 보상을 하는 인센티브 제도도 노동의욕을 고취하기 위한 것이다. 고스플란은 상품 경제의 범위와 인센티브의 정도를 인위적으로 조절함으로써 차등 분배의 정도를 통제하였다. 통제의 실패는 소득분배의 불평등을 심화시키고 궁극적으로는 사라졌던 자본가와 부농의 부활을 초래할 가능성이 있으므로 신중히 실시될 필요가 있었다.

> "사회주의 사회는 개인적 소비에 들어가는 생산물에서 개개 인간 및 개개 계층의 비율의 격차를 부단히 통제한다."[110]

소련의 경제학자인 니콜라이 짜골로프가 쓴 〈정치경제학 교과서〉에는 통제의 방법이 상세하게 기술되어 있다. 노동자의 생산량은 자신과 가족의 생활을 위한 생산물(필요생산물)과 사회를 위한 생산물(잉여생산물)로 나누어진다. 개인의 필요보다 많이 생산된 잉여생산물은 국가에 내놓아야 한다. 남보다 더 많이 생산하거나 부분적인 상품 경제에서 더 많은 수입을 얻더라도 대부분은 개인에게 귀속되지 않는다. 필요생산물은 노동의 양과 생산성에 따라 분배되므로 능력이 뛰어난 노동자는 상대적으로 많은 급여를 받을 수 있으나, 이마저도 일부를 다시 잉여생산물로 내놓고 차후에 추가급여로 받는다. 추가급여는 생산성과 상관없이 '무료서비스와 급여'의 형태로 균등하게 지급된다. 생산성 차이에 따른 개인적인 격차를 최소화하려는 것이다. 1966 ~ 1970년 자신을 위한 생산물과 사회를

---

110 〈정치경제학 교과서 II -1〉, p.295.

위한 생산물의 비율은 4:5 정도였다. 아무리 능력이 뛰어나도 생산물의 60% 정도는 사회를 위해 제공해야 했다.[111]

인센티브 통제의 이론적 근거는 제2가치법칙이지만 노동의 사회적 성격에서도 찾을 수 있다. 원시시대에는 하루 또는 이틀의 노동량 전부를 필요노동에 충당하였지만 생산력이 발전하면서 필요노동이 차지하는 시간은 점점 감소하였다. 자본주의는 이를 개인 능력에 의한 것으로 보아 세금을 제외하고는 개인이 잉여생산물을 독점하는 것을 보장한다. 그러나 마르크스가 보기에는 필요노동의 감소는 개인 능력의 발전이 아니라 사회적 분업의 발전에 따른 결과였고 노동의 사회적 성격 덕분이었다. 사회적 분업은 사회적 협업의 다른 이름이다. 사회적으로 연결되지 않고 고립되어 노동하면 생산력 발전은 요원하다. 개인에게 생산성 향상의 결과가 전적으로 돌아가는 것은 노동의 사회적 성격과 사적소유의 사이의 모순이 발현되는 것에 지나지 않으며 개인의 특정한 이익과 사회의 공통 이익이 충돌하는 것이다. 따라서 사회적 분업 덕분에 더 많이 생산된 만큼 사회를 위하여 잉여생산물을 내놓아야 하는 당위가 형성된다. 1969년 공업노동자가 필요생산물에서 개인의 능력에 따라 받는 분배기금과 균등하게 분배받는 추가적 급여의 비율은 약 2:1이었는데, 공산주의 단계로 진행할수록 추가급여의 비율이 높아지며 완전한 공산주의하에서는 필요생산물 전부를 추가급여, 즉 사회적 소비기금으로 얻는다고 한다. 공산주의는 노동의 양과 질에 따른 불평

---

111 앞의 책, pp.295 ~ 300.

등한 분배가 사라진 사회이기 때문이다.

이러한 분배제도의 바탕에는 생산수단의 공유라는 기본원칙이 적용되어 있었지만, 그 내면에 생산성 향상 경쟁은 타인의 가치를 착취하는 네거티브 경쟁이란 의식이 깔려 있었다. 인간의 이기심을 활용한다기보다 이기심을 통제하고 억압하는 방식이라 할 수 있다.

구사회주의권에서도 공업과 농업, 국영기업과 집단농장, 집단농장 상호 간, 그리고 가계의 소비재 구매 등에서 공식, 비공식적으로 시장이 존재하였다. 헝가리 경제학자인 야노쉬 코르나이는 이를 공식 사적부문과 비공식 사적부문 그리고 소비재의 구매자인 가계와 비공식적 사적부문 사이에서 발생하는 시장조정으로 표현한다.[112] 사회주의에서 부분적으로 존재하는 시장은 가격이 수요와 공급의 작용으로 결정되는 자본주의 시장과는 달리 당국의 상시적인 가격 개입이 일어나지만, 가치법칙이 작용하므로 생산성에 따른 차등 분배가 자동으로 일어난다. 따라서 생산성 증대에 따라 일정 부분 초과이윤을 획득하는 것이 가능하다. 그러나 부분적인 시장의 존재만으로는 활력을 불러일으키는 데 한계가 있었으며 생산력의 발전을 위해서는 이기심이 꿈틀거리는 시장의 활력이 필요하다는 사실을 방증하는 역할에 그쳤다. 자본주의는 시장에서 생산성에 따른 차별적인 분배가 하나의 자연법칙처럼 자동으로 이루어지나, 중앙당국이 인위적으로 통제하는 사회주의의 생산량 분배는 자본주의의 생산량 분배와 같은 효과를 내기 어렵다. 이기심을 증오하면서도 그

---

112 〈사회주의 체제의 정치경제학 1〉, p.199.

자본론으로 마르크스를 비판하다

것을 활용하지 않을 수 없는 궁여지책으로서는 피하기 어려운 결과이다.

착취가 살아 숨 쉬는 자유로운 시장을 용인할 수 없는 것이 마르크스주의자의 원칙이므로, 소련 당국자들은 생산력 발전을 위해서 차선책으로 인센티브제도를 선택하지 않을 수밖에 없는 상황에 빠진다. 노동자들이 필요노동의 2/3 정도를 노동의 양과 질, 즉 개인의 생산성에 따라 분배받는 것이 인센티브 제도인데, 소련이 혁명 초기부터 이 제도를 도입한 것은 아니었다. 소련은 1917년 10월 혁명 이후 적백내전의 승리와 혁명이념의 추구를 위하여 '전시공산주의'를 실시하였다. 전시공산주의는 대규모 산업과 은행 및 토지의 국유화, 농촌에서의 곡물징발, 외국 무역의 국가독점을 주요한 경제정책으로 운영하는 체제였으나, 농민들의 반발과 무리한 국유화로 인한 생산효율의 저하 그리고 선진 자본주의 국가의 25~40% 수준에 불과했던 낮은 생산성 수준 때문에 실패한다. 결국 사회주의혁명 정권은 1921년 3월 전시공산주의 체제를 포기하고 '신경제 정책(NEP)'을 채택하여 시장경제를 제한된 범위에서나마 허용하게 된다. 대기업을 제외한 기업들의 민유화와 농민들이 곡물세 대신 시장에서 잉여생산물을 팔아 화폐로 세금을 내는 제도를 도입하는 것이 NEP의 골자였다. 그 결과 생산성은 혁명 이전의 수준까지 회복되었으나 도시지역에서는 '네프맨'이라 불리는 신생 자본가그룹과 농촌에서는 쿨락(부농)이 성장하였다.

혁명으로 숨죽이고 있던 과거 부르주아 및 지주 계층까지 살아나는 분위기가 되자, 트로츠키를 추방하고 정권을 장악한 스탈린은

NEP를 종료하고, 1928년 말 중공업 위주의 급속한 공업화와 강제적 농업집단화를 핵심으로 하는 1차 5개년 계획을 시행하게 된다. 이 계획의 생산목표 달성을 위해 관리자의 권위와 책임을 확대하고 노동기율을 강화하는 조치와, 돌격반을 조직하고 서로 경쟁시키는 이른바 '사회주의적 경쟁'을 독려하였으나 성과는 뚜렷하지 않았다.

사회주의 인센티브 제도는 이러한 경제적·사회적 배경하에서 등장하였다. 1931년 스탈린은 '6개 신조건' 연설에서 '좌익 임금평등주의'를 폐기하고 사회주의 원칙에 입각한 새로운 임금율의 도입을 촉구했다.[113] 스탈린의 연설을 기점으로 인센티브 제도는 급속히 확산하였고, 기준 생산량을 초과하여 생산할수록 성과급이 더 커지는 누진적 성과급으로 발전하였다. 10월 혁명 이후 10여 년 이상 사회 전반을 지배하던 평등주의는 사실상 소멸하고 개인적인 성취동기를 자극하는 방향으로의 전환이 이루어진 것이다. 이로 인해 노동자 간 임금 격차는 최대 3배 이상이 되었으며 갈수록 확대되어 5배 이상까지 벌어졌다.

부분적인 시장제도와 임금 인센티브 제도는 가치법칙이 사회주의에서도 변형된 형태로나마 존재할 필요성이 있음을 보여준다. 이에 대한 이론적 근거는 〈고타강령초안비판〉에서 보았던 것처럼 사회주의에서는 자본주의적 잔재가 불가피하다는 점에서 찾을 수 있지만, 실상은 이기심이라는 인간의 본성을 억누르기가 쉽지 않기 때문이다. 전시공산주의 체제에서 NEP로, 다시 5개년 경제개발계획

---

113 박수헌, 〈스탈린 체제와 소련사회/러시아연구 7권〉, 서울대학교 러시아연구소, p.281.

자본론으로 마르크스를 비판하다

에서 인센티브 제도의 본격 도입으로 간 것은 인간의 본성이 변하지 않는 한, 생산력 발전을 위해서는 생산량에 따른 차등 분배가 필요하다는 사실을 역설한다.

그런데 문제는 가치법칙의 사회주의적 활용이 아니라 가치법칙 그 자체라는 사실에 있었다. 가치법칙이 씌운 네거티브 경쟁의 색안경으로 보면, 생산량의 증가로 얻는 인센티브는 타인의 가치를 착취하는 '부르주아적 권리'에 지나지 않는다. 자본주의에서 자본가나 지주가 사회 평균보다 높은 생산성으로 얻는 초과이윤은 허위의 가치이고 사회에서 전유된 가치임은 이미 살펴보았다. 사회주의에서도 어떤 노동자가 평균보다 높은 생산량을 달성하여 획득하는 인센티브는 나머지 노동자로부터 획득한 가치라는 점은 자본주의와 다를 바 없다. 생산량과 가치가 무관하다는 제2가치법칙은 자본주의, 사회주의를 구별하지 않기 때문이다.

노동자 갑과 을이 10시간 노동하여 각각 10개의 빵을 생산하다가 갑이 20개를 생산하여 증가한 10개를 인센티브로 받으면, 그는 을의 노동시간 3.3시간을 전유하게 된다. 갑이 30개 중 20개를 차지하면 가치로는 67%의 비중을 차지하므로 20시간 중 13.3시간의 가치를 가진 것이 된다. 갑은 10시간 노동하여 13.3시간의 가치를 얻었으므로 을은 3.3시간을 손해 볼 수밖에 없다.

마르크스는 '지대론'에서 갑이 더 받아 가는 10개는 허위의 가치에 근거한 것으로 '자유로운 개인들의 연합사회'가 되면 인정될 수 없다고 했다. 결국 사회주의에서 생산량 증대를 위해 도입하는 인센티브는 자본주의에서 자본가들이 생산성 향상으로 얻는 초과이윤의 사회주의적 적용이다. 생산량에 따른 차등 분배는 자본주의가 물려준 유산으로 자칫하면 자본주의가 부활할 수 있는 폭탄이다. 그러나 생산력 증대라는 드넓은 강을 건너기 위해서는 사용하지 않을 수 없는 폭탄이었다. 이 폭탄이 사용 도중에 폭발하지 않도록 사회주의 당국자들은 부분적으로 존재하는 시장과 인센티브 제도의 운용을 고스플란이라는 중앙계획기구를 이용하여 인위적으로 통제하였다. 자본주의에서 시장이 하던 역할을 고스플란이 하는 것이고, 코르나이가 말하는 여러 가지 조정기제 중 시장조정기제가 아닌 관료적조정기제가 발동된 것이다.[114]

자본주의 생산의 무정부성, 무계획성은 가치법칙의 자연적 작용을 의미하는 것이고, 사회주의에서 중앙당국에 의한 계획수립과 통제는 가치법칙의 인위적 운용이 된다. 이것은 자본주의 시장이 주는 '자발적 인센티브'와 사회주의 관료에 의한 '인위적인 인센티브'[115]의 대결을 의미한다. 가치법칙으로 보면 인센티브는 두 제도 모두 허위의 가치이고 타인 가치의 전유이나 그 성과는 비교할 수 없을 정도로 차이가 났다. 구사회주의권과 선진 자본주의 국가 간의 생산력 격차는 인센티브가 시장의 작동으로 저절로 주어지는 것과 관료에 의해 인위적으로 주어지는 것의 차이에서 비롯되었다.

시장이 자동으로 주는 인센티브와 중앙당국이 인위적으로 주는 인센티브의 차이는 사유재산의 인정과 부정의 차이와 동일하다. 개

114 〈사회주의 체제의 정치경제학 1〉, p.182.

115 위의 책, p.141.

자본론으로 마르크스를 비판하다

인이 필요한 정도를 넘어서는 잉여생산물을 국가에 내놓는 것은 자본축적의 기회와 동기를 원천적으로 박탈한다. 잉여생산물을 모두 국가에 납부하고 필요생산물 중 일부를 다시 균등 분배를 위해 내놓아야 하는 것은 인위적인 인센티브 조절이다. 이것이 완전한 생산량 분배가 아닌 것임은 물론, 프리드리히 하이에크가 〈노예의 길〉에서 예견했듯이 시장이 하던 일을 사람이 대신함으로써 부정부패와 협잡이란 부작용까지 덤으로 얻게 되었다. 인센티브 제도를 도입했지만 자본주의와 달리 생산량 분배가 온전하게 실시되지 못하는 이유는 인센티브는 허위의 가치로서 타인가치를 착취한 결과라고 보는 가치법칙적 사고가 체제 운영자들의 잠재의식을 지배하였기 때문이다.

◆ 사회주의 실패는 마르크시즘의 실패

코르나이는 재산권에 대한 권리를 순소득에 대한 권리, 양도 혹은 이전의 권리, 재산에 대한 통제권의 권리 세 가지로 본다.[116] 사회주의는 이 세 권리가 모두 개인이 아닌 중앙에 있었기 때문에 소비재의 만성부족이라는 고질적인 문제가 나타나도 해결할 수 없어서 붕괴했다고 진단한다. 가치법칙이 들씌운 색안경은 생산수단을 착취의 수단으로 보이도록 하므로 생산수단의 양도처분권이나 통제

---

116 앞의 책, pp.137 ~ 140.

권은 중앙에 있을 수밖에 없다. 순소득에 대한 권리, 즉 증대된 생산량을 기여자에게 전부 귀속시키는 것도 가치법칙의 색안경으로 보면 타인에 대한 착취이기에 사회주의에서는 불가능한 일이다. 인센티브가 노동자를 통제하는 수단으로 전락한 것, 만성적인 공급부족, 전반적인 무기력과 보신주의 같은 사회주의의 고질적인 문제는 생산수단을 착취수단으로 보고 생산량에 따른 분배를 착취의 존속으로 보는 가치법칙에서 그 근원을 찾을 수 있다.

"상황은 전반적이고, 강력하고, 만성적인 부족에 의해 더욱 악화된다. 이것은 생산에 끊임없는 장애를 일으킨다. 이런저런 투입재가 늦게 도착하거나 동시에 고갈됨으로써, 이용 가능한 투입재가 낮은 효율성을 가지고 사용되고, 비용이 많이 들고 품질에 손상을 일으키는 광적인 조급성과 강요된 대체가 일어나게 된다. 축장하는 경향과 기업 내부 실업의 존재로부터 낭비가 생겨난다. 판매자 시장은 경쟁이라는 장려책을 제거한다. 판매는 어떤 경우든지 보장되기 때문에 구매자를 확보하려고 가격을 깎거나, 품질을 향상시키거나, 또는 새로운 생산품을 도입하기 위한 노력을 할 필요가 없다."[117]

위 인용문은 코르나이가 묘사한 것으로 사회주의의 고질적인 병폐를 압축하여 보여준다. 중앙당국은 생산계획을 수립할 때 실제 실현 가능한 생산량보다 10 ~ 20% 더 빡빡하게 계획을 수립하지만,

---

117 앞의 책, p.514.

자본론으로 마르크스를 비판하다

하부 생산단위들은 전년 수준과 비슷하게 생산하려고 노력한다.[118] 상부의 생산계획을 달성하면 다음에는 그보다 더 높은 생산 할당량이 주어지기 때문이다. 따라서 하부 생산단위들은 필요한 생산수단과 인력은 최대한 많이 할당받기를 원하면서 생산량은 가능한 한 증대시키지 않으려 노력한다.[119] 그 결과 재료나 인력은 사회 전반적으로는 부족하나 기업 내부에서는 남아도는 경우가 빈번했다. 사회 전반의 만성적인 부족과 기업 내부의 과잉이 공존하는 상황이 일반적인 현상이 되었다. 품질이 나쁘다고 팔리지 않는 경우는 거의 없으므로 품질 향상보다 양적 목표를 달성하는 것이 중요한 과제가 되었다. 늘 물건이 부족한 상황에서(특히 소비재) 품질은 그다지 중요한 문제가 아니었다.

산출보다 더 많은 투입이 일상화되고, 품질은 도외시되는 상황에서 이익이 나지 않는 기업이 많아지지만 파산하는 기업은 없다. 기업 예산을 초과하는 지출로 인한 손실은 보조금, 과세, 신용, 행정가격책정의 유연한 운용으로 보완된다. 이를 코르나이는 연성예산제약이라 부른다.[120] 연성예산제약은 기업이 손실을 보더라도 어떤 형태로든 보전을 받아 망하지 않도록 한다. 사회주의에서 기업이 파산하지 않는 이유는 모든 생산이 이윤의 유무와 상관없이 사회적 성격을 부여받기 때문이다. 자본주의는 시장에서 팔리지 않으면 기

---

118 앞의 책, pp.234 ~ 235.

119 영국 사회주의 노동자당의 활동가였던 토니 클리프는 1931년 고스플란의 계획 대비 실제 완수량은 원유는 30.5%, 선철은 14.5%, 전력은 25.4%라고 말한다. 토니 클리프, 〈소련은 과연 사회주의였는가〉, 정성진 옮김, 책갈피, p.100.

120 〈사회주의 체제의 정치경제학 1〉, pp.261 ~ 263.

업의 창고에서 묵히거나 폐기 처분되고 손실은 개별 생산자에게 돌아간다. 상품이 판매라는 사회적 승인을 얻지 못하고 사적 노동의 결과물로 생을 마감하는 것이다. 사회주의는 중앙의 계획에 따라 생산하므로 생산되면 바로 사회적 승인을 득하게 된다. 시장의 판매라는 별도의 승인절차가 필요하지 않고 생산만 하면 된다. 하이에크가 사회주의 기업은 중앙계획당국이 책정한 가격과 생산량에 따라 생산할 뿐이므로 개별 생산자는 이로 인한 손실에 책임질 필요가 없다고 말한 것과 같은 논리다.

연성예산제약을 가치법칙의 관점에서 살펴보면, 기업은 손실 여부와 상관없이 투입된 노동만큼의 가치를 생산하였으므로 사회가 생산한 사용가치에 대한 지분을 가진다. 즉, 인간 노동은 사용가치를 만들어 내는 한 투입된 노동만큼 가치를 생산하고, 그 가치는 생산량과 무관하다는 가치법칙이 작동하고 있다. 노동시간이 같으면 생산된 가치도 같으므로 어느 기업의 이윤은 다른 기업의 손실에서 온 것이라는 가치법칙의 제로섬 원리가 작동한다.[121] 기업이 손실을 냈다는 이유로 파산시켜서는 안 된다는 논리는 여기서 나온다. 따라서 "국유기업이 이윤을 내면 재무부는 다양한 세금으로 잉여의 많은 부분을 빨아들이"고, "만일 기업이 적자이면, 손실 혹은 손실의 대부분은 보통 벌충"[122] 하는 일이 일어난다. 즉, 한 기업의 손실은 다

---

121 시장과 상품이 전혀 없는 사회주의라면 가치라는 개념도 없으므로 사용가치는 노동시간을 기준으로 분배되나 평균의 원리가 적용되는 한, 제4, 5가치법칙의 원리가 작동하는 것은 변함이 없다. 이는 변형된 형태의 가치법칙이라고 할 수 있다.

122 〈사회주의 체제의 정치경제학 2〉, p.242.

른 기업의 이익으로 보충되는 이윤평준화 현상이 일반화된다.[123] 사회주의 기업이 생산량 또는 품질을 향상시켜 초과이윤을 얻는다면, 그것은 허위의 가치이자 타인노동의 전유이므로 원칙적으로 사회가 나누어야 한다. 그것은 사용가치의 균등한 분배를 뜻한다. 연성예산제약은 가치법칙의 충실한 구현이다.

이러한 사회·정치·경제적 환경에서 신제품의 개발, 품질향상, 비용절감, 생산량 증대 등으로 생산성을 발전시킬 어떤 유인도 발견하기 어렵다. 사회주의에서는 슘페터가 말한 기업가 정신, 창조적 파괴는 존재하기 어렵다. 철도, 자동차, 비행기, 컴퓨터, 휴대폰, 스마트폰과 같이 역사적인 혁신 제품들은 모두 초과이윤을 열망하는 기업가 정신에서 탄생하였다. 사회주의 혁명가들은 노동자들의 공동체에 대한 열정, 애국심, 고결한 희생정신이 기업가 정신을 극복할 수 있을 것으로 믿었으나 사회주의가 공고해질수록 무기력과 보신주의가 횡행하였다.

혁신과 창조적 파괴를 구현할 유인이 제한된 상황에서 생산력 발전에 대한 조급성은 노동자를 쥐어짜는 정책으로 귀결될 수밖에 없다. 소련의 제1차 5개년 계획이 실행되고 나서는 단 하루의 무단결근에도 해고는 물론 식량배급카드 박탈, 숙소에서 추방 같은 벌칙이 주어졌으며, 이는 점점 더 강화되어 20분 이상의 지각만으로도 해고나 강제수용소 생활까지 가능해졌다.[124] 클리프는 이런 조치들이

---

123 위의 책, p.192.

124 〈스탈린 체제와 소련사회/러시아연구 7권〉, p.282.

소련이 사회주의 국가가 아니라 국가자본주의였음을 증명하는 근거라고 주장하나, 근본 원인은 생산량 분배를 원하는 인간의 마음을 노동량 분배를 원하는 마음으로 변화시킬 수 있다고 믿은 마르크스주의자들의 착각에서 찾아야 한다. 가치법칙의 폐절을 목표로 하면서도 가치법칙에 따른 정책을 운용하지 않을 수 없는 자가당착이 불러온 초조함이 노동자에 대한 강압 정책으로 나타난 것이다. 가치법칙이 들씌운 네거티브 경쟁이란 색안경을 벗어 버리지 않는 한, 혁신과 창조적 파괴를 위한 신제품 개발, 비용절감 등의 노력으로 얻는 이익은 타인 가치를 착취한 결과로 비쳐질 수밖에 없다. 마르크스가 생산량과 가치는 무관하며, 초과이윤은 허위의 가치라고 선언한 바로 그 지점에 사회주의 필패의 지뢰가 숨겨져 있었다.

사회주의 붕괴는 가치법칙을 근간으로 하는 노동가치론의 붕괴이자 노동 평등을 지향하는 마르크시즘의 실패다. 마르크시즘의 실패는 인간 본성 파악에 대한 실패이다. 마르크스는 인간의 의식은 따로 정해졌거나 불변하는 것이 아니므로 사회주의 제도의 세례를 충분히 받고 나면, 사람들이 자본주의적 이기심과 욕망을 떨쳐버리고 공동체를 위해 자신의 능력을 최대한 발휘할 것으로 생각했다. 하지만 인간 DNA에 깊숙이 박힌 이기심이라는 본능은 그리 호락호락한 상대가 아니었다. 수천 년 동안 이기심을 완전히 소멸시키고 열반에 이르기를 염원하는 수많은 수행자가 있었지만 성공한 사람은 극히 소수였을 정도로 이기심의 장벽은 높았다. 이기심이 가진 접착력은 생각보다 강했다. 떨쳐내려 할수록 더 집요하게 들러붙는 것이 이기심이란 사실을 마르크스는 인지하지 못했다.

자본론으로 마르크스를 비판하다

"내가 비록 타고난 소질 또는 후천적 노력으로 큰 성과를 얻어도 그것은 다른 사람의 가치를 뺏은 것이다. 그러니 개인적인 욕망보다 모두의 행복을 위해 능력을 발휘하자. 그것이 다 함께 잘사는 길이다."

과연 자본주의가 사회주의로 대체되고 설사 공산주의가 온다 해도 이러한 생각을 가지는 사람이 얼마나 될까? 마르크시즘이 구현되기 위해서는 인간은 이기심이 소멸된 아라한이나 천사의 경지에 올라야 한다. 그러나 인간이 보편적으로 천사가 되는 것은 불가능하므로 지상에 천국을 세우려는 시도는 실패할 수밖에 없다.

사회주의 붕괴의 근본 원인은 공산당 일당독재, 스탈린식 강압통치에 있지 않다. 마르크시즘을 올바르게 구현하지 못한 잘못도 아니다. 가치법칙으로 자본주의를 진단하고 가치법칙에 기반하여 사회주의 체제를 운영하였기 때문에 스스로 무너진 것이다. 생산력 증대라는 거대한 강을 건너, 부의 분천이 흘러넘치는 피안의 세상에 닿기에 노동가치론은 무력한 쪽배에 지나지 않았다.

12장 대안사회주의는 가능한가

◆ 노동시간계산모델 개요

　구사회주의권이 붕괴하였지만, 글로벌 경제위기와 양극화의 심화, 환경 및 생태위기 등 자본주의가 안고 있는 여러 문제점은 자본주의 이후 시대에 대한 연구와 모색을 멈추지 않게 하고 있다. 러시아혁명으로 지구에 등장했던 역사적 사회주의의 대안 그리고 자본주의의 대안으로서 좌파 진영에서 제시되고 있는 이론은 시장사회주의, 공동체에 기초한 경제학, 민주적 참여계획경제 등 세 가지 유형이 있다.[125] 시장사회주의나 공동체에 기초한 경제학은 시장을 경제활동의 근간으로 용인하거나 자본주의 체제 내적인 개혁 이론이라는 점에서 마르크스주의와 근본적인 차이가 있다.

125　김수행·신정완 편, 〈자본주의 이후의 새로운 사회〉, 서울대학교출판문화원 p.319.

　　　　　　　　자본론으로 마르크스를 비판하다

민주적 참여계획경제는 사회구성원의 직접적인 참여에 의한 계획경제라고 할 수 있는데, 대표적으로 파레콘, 협상조절모델, 노동시간계산모델의 세 모델이 있다. 이들은 "서로 간에 상당한 차이가 있지만, 자본주의 시장경제와 시장 사회주의론을 전적으로 거부하고, 직접민주주의와 참여에 바탕을 둔 계획경제를 지향한다는 점에서 공통"[126]점을 갖고 있다. 이 중에서 마르크스의 노동가치론을 직접적으로 계승했다고 주장하는 노동시간계산모델을 중심으로 대안사회주의의 가능성을 고찰하기로 한다.

노동시간계산모델[127]에 의하면, 소련은 사회주의 계획경제를 원시적으로나마 시도한 '모종의 사회주의'이기는 하나, 마르크스가 여러 저작에서 일관되게 주장해온 노동시간에 따른 분배와 조절이란 측면에서의 계획과는 거리가 먼 '관리명령경제' 국가일 뿐이다. 소련에서의 '계획'은 아래로부터의 의식적·자율적 통제라는 마르크스적 의미의 계획경제와는 공통점이 전혀 없었으며, 사전에 조절·수립된다는 순전히 기술적인 의미 이상이 아니었다. 사전 조절적, 예비적인 성격의 계획이므로 당과 국가의 관리자가 언제든지 바꿀 수 있었으며, 계획이 목표대로 실행된 적도 거의 없었다. 노동시간에 따른 분배와 거시경제의 조절을 위해서는 재화와 서비스의 생산에 필요한 노동시간 계산을 위한 '투입산출표'의 이용이 필수적임에도, 소련은 1959년 투입산출표가 처음 작성된 이후 1991년 붕괴할 때까

---

126 정성진, '12장 참여계획경제', 앞의 책, p.326.

127 이하 노동시간계산모델에 대한 설명은 '정성진, 〈자본주의 이후의 새로운 사회〉, 〈21세기 마르크스경제학〉', '경상대학교 사회과학연구원, 〈대안사회경제 모델의 구축〉'을 참조 및 인용함.

지 투입산출표가 경제 전체의 계획에 적용된 적이 없었다. 투입산출표의 원형으로 간주되는 '물적 밸런스'가 1930년대 개발되어 경제 관리 수단으로 이용되었지만, 이는 재화와 서비스의 생산을 위해 투하된 직접 및 간접 노동시간을 계산할 수 있게 하는 투입산출표와는 거리가 멀었고, 1980년대 중반에도 고작 2천여 개 정도의 품목만 물적 밸런스를 작성하는 수준이었다.

마르크스는 〈정치경제학비판요강〉, 〈1861 ~ 1863년 초고〉, 〈자본론〉, 〈고타강령초안비판〉 등의 주요 저작에서 공산주의 초기 단계부터 시장과 화폐가 폐지되고 생산과 분배 모두 노동시간의 계획에 따라 이루어지는 것으로 보았다. 개별적 생산자는 자신이 제공한 노동량을 노동증서로 받아 사회적 재고창고로 가서 자신의 노동증서에 표시된 노동량과 동일한 양의 노동이 체화된 소비수단을 찾아간다. 예를 들면 연간 노동량이 2,400시간인 노동자는 2,400시간만큼의 노동이 투입된 소비수단들을 인출하여 사용한다. 노동증서는 유통되지 않고 단지 자신의 노동량을 표시하는 증서란 점에서 화폐와 다르다.

생산물에 지출된 직접·간접 노동시간을 계산하려면 투입산출표를 이용하여 수천만 개의 재화에 상응하는 수천만 개 연립방정식의 해를 구해야 하는데, 이는 슈퍼컴퓨터를 이용하면 어렵지 않게 해결된다. 스코틀랜드의 컴퓨터과학자이자 마르크스주의 경제학자인 윌리엄 칵샷에 따르면 2006년에 제작된 5천 파운드짜리 컴퓨터 1대로 스웨덴 정도 규모의 경제에서 생산되는 수천만 가지의 생산물에 체화된 노동시간을 단 2분이면 계산할 수 있다고 한다. 또한 생산물

자본론으로 마르크스를 비판하다

에 부착되는 '바코드'를 이용하면 전국적 및 전 세계적 수준에서 생산·재고·물류의 통합관리와 소비자 수요를 조사하여 생산과 투자를 계획적으로 조절할 수 있다. 생산량의 조절은 생산물에 체화된 노동시간과 노동증서의 노동량을 비교하여 결정한다. 만약 생산물에 체화된 노동시간보다 그 생산물을 원하는 노동증서에 표현된 노동시간이 더 크다면 생산을 증대하고, 작으면 생산을 감소시킨다. 이처럼 노동시간계산모델은 생산과 분배의 전 과정이 노동시간계산에 의해 사전적으로 계획되고 실행된다는 점에서 마르크스가 의미하는 진정한 '계획경제'를 실현하는 것이며 소련의 '계획경제'와는 전혀 다른 개념이다. 소련이 투입산출표를 만들고도 실제로 이용하지 않은 이유는 컴퓨터·정보 기술의 발전이 미비했던 점도 있지만, 계획 당국의 재량 감소로 인한 권력의 축소와 자신들의 특권적 고임금이 위협받게 될 것을 두려워한 탓이다.

노동시간계산모델 사회에서 의사결정은 선거에 기초한 대의민주주의는 기본적으로 배제되고 추첨에 의한 직접민주주의의 원리가 도입된다. 선거제도는 교육을 많이 받은 사람들, 돈과 의사소통 수단에 접근이 용이한 사람들이 유리한 귀족정의 요소를 포함하고 있으므로 민주주의의 원초적 원리인 추첨을 도입하는 것이 필요하다. 생산과 분배의 계획을 담당하는 중앙계획국은 당과 관료의 일방적인 지시로 운용되던 구사회주의권의 중앙계획국과는 완전히 다르다. 추첨으로 뽑힌 보통 시민들로 구성된 감독위원회가 중앙계획국과 계획을 통제하기 때문이다. 따라서 구사회주의권의 독재적, 관료적 성격은 사라지고 아래로부터의 직접적인 참여로 의사결정이 이루어지는, 마르크스가 일관되게 견지한 '자유로운 개인들 간의 연합' 사회의 실현이 가능하다고 본다. 사회주의 계획경제는 개성과 자유가 억압되고 민주주의의 후퇴와 계획기구의 비대화·관료화가 필연적이라는 하이에크의 비판이나, 이런 문제점을 시정하려면 시장기구의 도입이 필수적이라는 알레 노브나 존 로머와 같은 시장사회주의론자의 주장은 노동시간계산모델 사회와는 거리가 멀다. 노동시간계산모델을 통해 직접민주주의에 의한 아래로부터의 의사결정이 가능하고 노동시간으로 생산과 분배의 사전계획 및 실행이 이루어진다는 점에서, 마르크스가 지향했던 진정한 공산주의, 즉 '자유로운 개인들 간의 연합'에 의한 계획경제 사회가 지상에 구현된다.

　노동시간계산모델에 대한 비판은 주로 과연 시장을 폐지하는 것이 가능하고 또 바람직한가 하는 점과 수천만 개의 재화와 서비스에 대한 생산과 소비를 사전적으로 조절하는 것이 가능한가를 들수 있다. 추첨으로 선발된 보통의 시민이 중앙계획당국의 계획을 관리·감독하는 것이 가능할 것이냐는 비판도 있을 수 있다. 이에 대해서는 다양한 갑론을박이 있을 수 있으나 여기서는 가치법칙의 관점에서 노동시간계산모델이 실시되는 사회가 과연 생산력을 더욱 발전시켜 높은 단계의 공산주의 사회를 구현할 수 있을까, 혹은 현재 자본주의의 높은 생산력을 물려받아 공산주의 사회로 바로 이행할 수 있을까 하는 측면을 중점으로 분석하기로 한다.

　　　　　　　　　　자본론으로 마르크스를 비판하다

◆ 〈고타강령초안비판〉이 말하는 차등 분배의 원리

노동시간계산모델은 노동량 분배를 구체적으로 실현하기 위한 것으로 〈고타강령초안비판〉에서 마르크스가 정식화한 초기 공산주의 사회의 노동증서에 의한 분배론에 근거를 두고 있다. 따라서 노동시간계산모델의 평가를 위해서는 6장에서 살펴본 〈고타강령초안비판〉을 좀 더 면밀히 분석할 필요가 있다. 초기 공산주의 사회는 원칙적으로 시장과 화폐가 폐지되지만, 제4, 5가치법칙의 본질인 생산성에 따른 차등 분배의 원리가 여전히 살아 있는 사회다. 마르크스는 이것을 자본주의 모태에서 막 벗어난 초기 공산주의 사회로서는 어쩔 수 없는 '결함' 또는 '폐단'으로 본다. 좀 길긴 하지만 〈고타강령초안비판〉 원문을 인용해보자. 강조는 필자의 것이다.

> "개별 생산자들의 개인적 노동시간은 사회적 노동일 가운데 자신이 제공한 부분, 즉 사회적 노동일에 대한 자신의 몫이다.[128] 그는 자신이 (사회 기금을 위해 자신의 노동을 공제한 후에) 이러저러한 만큼의 노동을 제공하였다는 증서를 사회에서 받고, 이 증서를 가지고 소비 수단의 사회적 저장품에서 동일한 양의 노동이 비용을 들인 만큼을 빼내 간다. 그는 어떤 형태로 사회에 준 것과 동일한 양의 노동을 다른 형태로 되받는다.
> 상품 교환이 같은 가치물의 교환인 한, 여기서는 분명히 **상품 교환을 규제하는 것과 동일한 원리**가 지배한다. 내용과 형식은 변

---

128 노동시간이 사용가치에 대한 지분의 역할을 한다는 것을 확인할 수 있다.

하는데, 그 이유는 변한 사정에서는 어느 누구도 자신의 노동 이외에는 어떤 것도 줄 수 없기 때문이며, 다른 한편으로는 개인적 소비 수단 이외에는 어떤 것도 개별적인 소유로 넘어갈 수 없기 때문이다. 그러나 개별 생산자들 사이의 소비수단의 분배에 관해 말하자면, **상품 등가물의 교환에서와 동일한 원리가 지배하여, 어떤 형태의 동일한 만큼의 노동은 다른 형태의 동일한 만큼의 노동과 교환**된다.

그러므로 여기서는 **평등한 권리는 여전히 - 원리상 - 부르주아적 권리이며, 상품 교환에서는 등가물의 교환이 평균적으로만 존재하고 개별적인 경우에는 존재하지 않는 반면**에 원리와 실제가 이제는 서로 머리채를 쥐고 싸우지 않더라도 여전히 그러하다.

이와 같은 진보에도 불구하고, 이 평등한 권리에는 아직도 **부르주아적 제한이 들러붙어** 있다. **생산자의 권리는 그의 노동 제공에 비례한다**; 평등의 요체는, 평등한 척도인 노동으로 측정된다는 데 있다. 그러나 어떤 사람은 육체적으로나 정신적으로 다른 사람보다 뛰어나서, **동일한 시간에 더 많은 노동을 제공하거나 더 많은 노동시간 동안 노동**할 수 있다. 그런데 노동이 척도 노릇을 하려면 연장이나 강도로 볼 때 일정한 것이 되어야 하며, 그렇지 않다면 척도이기를 중지한다. 이러한 평등한 권리는 불평등한 노동에 대해서는 불평등한 권리이다. 이것은 어떠한 계급 차이도 승인하지 않는데, 왜냐하면 각각은 다른 사람과 마찬가지로 노동자에 불과하기 때문이다; 그러나 이것은 암묵적으로 **개인의 불평등한 소질을 승인**하며, 따라서 **노동자의 실행능력을 자연적 특권으로 승인**한다. 그러므로 그것은 모든 권리가 다 그렇듯이 내용상 불평등의 권리이다. … 그러나 이와 같은 **폐단**은, 오랜 산고 끝

자본론으로 마르크스를 비판하다

에 자본주의 사회로부터 방금 생겨난 공산주의사회의 첫 번째 단계에서는 **불가피한 것**이다. 권리는 사회의 경제적 형태와 이 형태가 제약하는 문화 발전보다 결코 더 높은 수준일 수 없다."[129]

위 문장에서 공산주의 초기 사회, 즉 사회주의에서도 상품 교환과 동일한 원리가 지배한다고 마르크스는 분명히 말하고 있다. 상품 교환의 원리는 무엇인가? 제2가치법칙에 의하면 동일한 시간의 노동은 생산량과 상관없이 동일한 가치를 생산해야 한다. 그러나 자본주의 시장경쟁은 상품가치가 사회적 평균으로 결정되도록 하여 같은 시간의 노동이라도 생산량이 많은 노동이 더 많은 가치를 획득하도록 한다. 상품 교환은 동일한 노동량 사이의 교환인 등가교환이지만, 여기서 동일한 노동은 사회적 평균 노동량이지 상품의 개별적인 노동량은 아니다. 즉 '어떤 형태의 동일한 만큼의 노동은 다른 형태의 동일한 만큼의 노동과 교환'되지만 개별적으로는 노동량이 다를 수 있다는 점이 상품 교환의 원리이며, 이것은 제4, 5 가치법칙의 원리이다. 마르크스는 이 상품 교환의 원리가 자본가가 사라진 초기 공산주의 사회에서 '내용과 형식은' 변하지만 평균의 원리로 여전히 남아 있으며 '내용상 불평등한 부르주아적 권리'라고 말한다. 따라서 '동일한 시간에 더 많은 노동을 제공'하는 노동, 혹은 '더 많은 노동시간 동안'의 노동은 더 많은 권리를 사회로부터 승인받는다. 동일한 시간에 더 많은 노동을 제공하는 노동은 숙련노동,

---

129 〈카를 마르크스, 프리드리히 엥겔스 저작선집 4〉, pp.376 ~ 377.

강도강화노동을 의미하며 숙련노동은 다음 절에서 자세히 분석할 예정이다.

여기서 주의할 점은 마르크스가 말하는 권리의 차이는 '자연적' 소질에 한정된다는 것이다. 공산주의 사회에서도 사람마다 육체적, 정신적 능력은 다를 수밖에 없고 이로 인해 사회에 제공하는 노동량이 다르므로, 공산주의 초기에는 권리의 차이가 자연적 특권으로 승인된다. 이것은 하나의 '폐단'이긴 하지만 공산주의 초기에는 불가피한 폐단이다. 물론 생산수단의 사유화가 철폐된 사회이고 모두가 노동자에 '불과'하기 때문에 이것이 '어떠한 계급 차이'로 비화하는 것은 아니다. 아무튼 노동자 간 개별적인 소질 또는 실행 능력의 차이로 인한 차등 분배는 초기 공산주의의 분배원리일 수밖에 없다는 것이 마르크스 주장의 요지다. 시장이 존재하지 않으므로 상품 교환을 위한 가치는 사라지지만 노동시간 계산에서 평균의 원리가 작용함으로 인해 상품 교환의 원리인 제4, 5가치법칙의 본질은 여전히 존재한다는 것이다.

마르크스는 왜 초기 공산주의 사회에서 차등 분배가 승인될 수밖에 없다고 했을까? 자본주의 모태에서 막 태어난 사회이기에 '낡은 사회의 모반이 경제적·정신적·윤리적 측면에서 들러붙어 있기 때문'이라고 그 이유를 말하지만, 사실상 공산주의 가장 높은 단계를 실현하기에는 생산력이 부족하기 때문이라고 봐야 한다. '능력에 따라 일하고 필요에 따라 분배받는' 공산주의 후기 단계에 도달하려면 '부가 흘러넘칠' 정도의 생산력이 필요하지만, 자본주의에서 막 벗어난 공산주의 초기 단계는 그렇지 못하기에 생산능력에 따라 차등

자본론으로 마르크스를 비판하다

분배를 해서 생산 의욕과 동기를 자극해야 한다는 의미가 숨어있지 않을까? 참여계획경제론자들도 공산주의 초기 단계가 "아직 풍요에 이르지 못해서 노동시간 계산에 따른 경제조절이 여전히 필요하다는 점"[130]에 있다면서 이러한 함의를 인정한다. 또한 "계획의 계산 단위로서 노동시간은 평균적 필요노동시간이라는 의미에서 사회적 필요노동시간이 될 수밖에 없다."[131]라면서 초기 공산주의 사회는 평균의 원리가 지배하는 사회임을 인정한다. 상품이 교환되는 시장에서 사회적 필요노동으로 가치가 결정되는 평균의 원리는 제2, 3가치법칙에 흐르고 있는 평등의 원리를 왜곡시키는 힘이다. 즉, 평균의 원리는 생산성의 차이에 따른 차등 분배의 원리이며 허위의 가치를 생산하는 요체이다. 상품 교환이 등가물로 이루어지지만, 교환 가치는 개별적이지 않고 '평균적인 존재' 이기 때문에 '평등한 권리'가 불평등한 부르주아적 권리가 된다고 마르크스는 분명히 말하고 있다. 마르크스주의자들이 시장이 폐지되고 가치법칙이 소멸된 사회를 꿈꾸는 이유는 여기에 있다.

◆ 숙련노동만 생산성이 높은 노동이 아니다

가치가 상품 사이의 교환비율이자 상품에 대한 지분을 결정하는

---

130 〈자본주의 이후의 새로운 사회〉, p.325.

131 정성진 외, 〈대안사회 경제모델의 구축〉, 경상대학교 사회과학연구원, p.46.

기준이므로 시장과 상품이 원칙적으로 존재하지 않는 사회주의에서 가치라는 개념은 존재하지 않는다. 사회주의에서 노동시간이 가치의 역할을 대신하는 데 이때는 사용가치를 분배하기 위한 도구, 즉 지분의 역할만 할 뿐 교환의 역할은 폐기된다. 공산주의 사회가 되면 사용가치에 대한 지분의 기능도 폐기되므로 노동시간이란 개념도 사라진다. 생산력이 최고도로 발전된 공산주의는 능력에 따라 일하고 필요에 따라 분배받는 사회이기 때문에 노동량이라는 분배 기준을 설정할 필요가 없어진다. 자본주의에서는 노동시간이 상품의 가치가 되어 상품 교환과 상품 분배의 역할을 하고, 사회주의에서는 노동시간이 사용가치를 분배하기 위한 계산도구의 역할을 하고, 공산주의에서는 그러한 계산도구의 필요성도 없어진다고 할 수 있다.

사회주의에서 사람들은 시장에서 상품을 사고팔지는 못하지만, 자신의 노동시간이 기록된 노동증서를 사회적 재고창고로 들고 가서 자신의 지분만큼 사용가치의 양을 요구할 수 있다. 이때 한 가지 곤란한 문제에 직면하게 된다. 노동의 질적인 차이, 즉 생산성의 차이를 어떻게 양으로 전환하는가 하는 점이다. 장군의 1시간과 병사의 1시간을 질적인 면에서 동등하다고 하기 어렵다. 스티브 잡스나 일론 머스크의 1시간과 일반인의 1시간도 양적인 면에서는 동등하나 질적인 면에서는 상당한 차이가 있다고 봐야 한다. 일반인 사이에서도 양적으로는 동일한 노동이지만 질적인 차이는 엄연히 발생한다. 그렇다면 1시간에 빵 20개를 생산하는 갑과 빵 10개를 생산하는 을의 노동증서에 기록될 노동시간은 어떻게 될까? 둘 다 똑같이

자본론으로 마르크스를 비판하다

1시간으로 기록해야 할까 아니면 갑의 노동을 을보다 더 많은 시간으로 기록해야 할까?

마르크스는 이 문제를 숙련노동과 단순노동의 문제로 본다. 1시간에 빵 20개를 생산하는 갑은 숙련노동자, 10개를 생산하는 을은 비숙련 혹은 단순노동자로 본다. 다시 말해 생산성이 높은 노동을 숙련노동이라고 보는 것이다. 그러나 숙련노동을 생산성이 높은 노동과 동일시하는 것은 생산성이 높은 노동의 본질을 오해한 탓이다. 이 오해는 숙련노동을 단순노동보다 더 높게 대우하면, 생산성이 높은 노동을 생산성이 낮은 노동보다 더 높게 대우하는 것과 같다는 착각으로 연결되어 대안사회주의가 성공하기 어려운 본질적인 문제로 비화한다. 먼저 마르크스가 숙련노동(복잡노동)을 어떻게 말하는지 살펴보자. 강조는 필자의 것이다.

"더 **복잡한 노동**은 **강화된** 또는 **몇 배로 된 단순노동**으로 여길 뿐이며, 따라서 적은 양의 복잡노동은 더 많은 양의 단순노동과 동등하게 여긴다."[132]

"사회적 평균노동보다 고도의 복잡한 노동은, 단순한 미숙련 노동력보다 **많은 양성비가 들고 그것의 생산에 더 많은 시간과 노동이 드는 노동력이 지출되는 것**이다. 이런 노동력은 가치가 더 크기 때문에 고급 노동으로 나타나며, 따라서 동일한 시간 안에

---

132 〈자본론 1권(상)〉, p.55.

상대적으로 **더 큰 가치로 대상화**된다."[133]

"**복잡노동** - 이 노동에서는 **양성하기 더 어려운 노동력이 발현**되고, 이 노동은 동일한 시간 내에 **더 많은 가치를 창출**한다."[134]

　마르크스는 숙련노동은 단순노동보다 더 많은 가치를 창출하는데, 이유는 숙련노동의 생산에 더 많은 시간과 노동이 투입되기 때문이라고 말한다. 다시 말해 숙련노동자가 되기 위해 교육과 훈련이라는 양성시간이 필요하다는 것이다. 마르크스의 이 말은 인간노동만이 가치를 창출한다는 제1가치법칙을 충실히 적용한 것이다. 숙련노동자는 현재 1시간을 노동하더라도 과거에 숙련에 필요한 수련을 거쳤기 때문에 그것을 노동시간으로 환산하여 더해야 한다는 뜻이다. 수련을 위해서는 노동자의 노력과 훈련비용이 투입되어야 하므로 이를 시간으로 계산할 수 있다. 갑이 숙련노동자가 되기 위해 5년이 소요되었다면 5년을 노동한 것으로 환원할 수 있고, 비용이 투입되었다면 이 또한 노동시간으로 환원할 수 있다. 비용을 시간으로 환산한 것이 5년이라면, 갑은 숙련노동자가 되기 위해 과거에 10년의 노동시간을 투입한 것이 된다. 만약 갑이 이러한 숙련도로 10년간 노동한다면 갑의 총노동시간은 과거 노동시간 10년을 합쳐서 20년이 될 것이다. 비숙련노동자인 을도 10년 노동하였다면

---

133 앞의 책 p.263.
134 위와 같음.

그의 총노동시간은 10년이다. 갑과 을은 똑같이 10년을 노동하였지만, 갑은 양성기간을 포함하여 20년의 가치를 생산하고 양성기간이 없는 을은 10년의 가치를 생산한다. 즉, 갑의 숙련노동은 '20/10 = 2배'의 단순노동으로 환원된다. 이를 일반화하면 다음과 같다.

숙련노동 배수 = (훈련시간 + 훈련비용 + 노동시간)/노동시간

숙련노동을 단순노동으로 환원하기 위한 배수를 구하는 것은 상품의 가치를 구하는 과정과 같다. 상품가치는 과거노동인 불변자본 c와 현재 노동인 노동력 v 및 잉여가치 s의 합이다. 상품가치가 과거노동과 현재노동의 합인 것과 마찬가지로 숙련노동도 과거노동과 현재노동의 합이다. 이는 인간의 노동이 들어간 만큼 가치가 생산된다는 제1가치법칙이 적용되기 때문이다. 미국의 마르크스주의 경제학자인 폴 스위지는 위와 같은 원리로 숙련노동을 단순노동으로 환원하였는데 그는 단순노동에 대한 숙련노동의 배수 = 1 + (수련시간/평생노동시간)으로 표현했다. 여기서 '수련시간'은 훈련시간과 훈련비용을 포함한 개념으로 봐야 한다. 갑은 훈련시간과 훈련비용을 합쳐 10년 동안 수련하였으므로 갑의 1시간 노동은 을의 1시간 노동에 비해 '1+ 10/10 = 2배'의 가치를 갖는다. 같은 시간 노동하여도 숙련노동자인 갑의 노동증서에 기록되는 노동시간은 단순노동자인 을의 노동시간보다 2배 높다는 의미다.

숙련노동이 몇 배의 단순노동으로 환원되는 원리는 강도가 높은 노동이 낮은 노동의 몇 배라는 제3가치법칙의 원리와 유사하다. 고강도 노동이 저강도 노동보다 더 많은 가치를 창출하는 이유는 더 많은 노동력이 지출되기 때문이다. 마찬가지로 숙련노동도 과거에 지출된 노동력이 포함되기 때문에 동일한 시간의 단순노동보다 더 많은 가치를 생산한다. 숙련노동은 과거의 노동력 지출을 포함하지만, 고강도 노동은 현재의 노동력만의 지출이란 점에서 차이가 있을 뿐이다. 제3가치법칙의 설명에서 본 바와 같이 고강도 노동은 저강도 노동과 비교해 생산량이 더 많지만 개별생산물의 가치는 변화가 없다. 가치의 증가에 비례하여 생산량도 증가하기 때문이다. 노동강도가 2배 강화되면 생산량도 강화 전보다 2배 증가하기 때문에 개별생산물의 가치는 변화가 없다.

그렇다면 숙련노동도 증가한 가치에 비례하여 생산량이 증가하는 것일까? 위 갑의 노동이 을보다 2배의 가치를 생산하면서 생산량도 2배 많다면 개별생산물의 가치는 변화가 없다. 이 경우 숙련노동은 생산성이 높은 노동이 아니다. 가치와 생산량의 변화는 무관하다는 제2가치법칙에 따르면 생산량이 많을수록 개별생산물의 가치는 감소한다. 따라서 같은 시간이 투입되었지만 생산량이 많은 노동이 생산성이 높은 노동이다. 즉, 생산성이 높은 노동은 개별생산물의 가치를 감소시키는 노동이다. 숙련노동이 생산성이 높은 노동이 되려면 가치가 증가한 비율보다 생산량이 더 높은 비율로 증가해야 한다. 그래야만 개별생산물의 가치가 감소하기 때문이다. 갑의 노동이 을의 노동보다 숙련도가 높아 2배의 가치를 생산할 때 생산량은 을의 2배를 초과해야 생산성이 높은 노동이 된다.

예를 들어 갑이 1시간에 빵 10개를 생산하는 단순노동자에서 1

자본론으로 마르크스를 비판하다

시간의 양성시간이 투입된 숙련노동자가 되어 20개를 생산한다면, 가치와 생산량이 똑같이 2배 증가하므로 개별생산물의 가치는 변화가 없다. 이는 강도강화 노동과 같은 결과로서 생산성이 높은 노동이라 할 수 없다. 만약 갑의 숙련노동이 1시간에 30개를 생산하면 가치는 2배 증가하는 데 비해 생산량은 3배 증가하므로 개별생산물의 가치는 0.1시간에서 '2/30 = 0.667시간'으로 감소한다. 이때의 숙련노동은 1시간에 10개 생산하다가 생산성이 향상되어 15개를 생산하는 노동과 다를 바 없다. 이처럼 개별생산물의 가치가 감소하는 숙련노동을 생산성 향상 노동이라고 할 수 있다.

마르크스는 숙련노동이 단순노동보다 더 큰 가치를 생산한다고만 말할 뿐 가치의 증가보다 더 큰 생산량의 증가세를 보여야 한다고 말한 적은 없다. 하지만 다음과 같은 표현에서 마르크스가 숙련노동을 생산성이 높은 노동으로 생각하고 있음을 추정할 수는 있다.

"노동생산성은 여러 가지 사정에 의해 결정되는데, 그중에서도 특히 노동자들의 **평균적 숙련도**, 과학과 그 기술적 응용의 발전 정도, 생산 과정의 사회적 조직, 생산수단의 규모와 능률, 그리고 자연적 조건에 의해 결정된다."[135]

마르크스는 생산성을 향상시키는 요인의 하나로 노동자의 숙련도를 들고 있다. 숙련도가 높은 노동도 생산성 향상에 기여한다는 뜻으로 숙련노동과 생산성이 높은 노동을 동일시하고 있음을 엿볼

---

135 〈자본론 1권(상)〉, p.49. 강조는 필자의 것.

수 있다. 그렇다면 마르크스에게서 숙련노동은 가치의 증가량보다 생산량의 증가가 더 높은 경우만을 의미한다고 봐야 한다. 그래야만 숙련노동이 우리가 상식적으로 알고 있는 생산성 향상의 의미, 즉 비용투입에 변화가 없는데도 생산량이 증가하거나, 비용투입이 감소하였는데 생산량이 변화가 없거나 증가하여 개별생산물의 가치가 감소하는 경우와 일치하는 개념이 된다.

이상의 설명을 종합하면 생산성이 높은 노동은 같은 시간의 노동을 하고도 생산량이 많은 경우, 혹은 숙련노동과 같이 더 많은 노동시간을 투입하고도 가치의 증가율보다 생산량 증가율이 더 높은 경우로 나뉜다. 그런데 문제는 바로 여기서 발생한다. 더 많은 수련시간과 비용이 투입된 숙련노동을 생산성이 높은 노동으로 간주하고 단순노동보다 더 높게 대우하는 것만으로는 생산력 발전을 도모하기 어렵다는 현실적인 문제가 발생하는 것이다.

어느 날 단순노동자 을의 머리에 빵 생산방법에 대한 새로운 아이디어가 떠올라 1시간에 빵을 40개 생산하게 되었다고 생각해보자. 그의 노동은 숙련노동자 갑보다 적은 가치를 생산하지만 생산량은 오히려 더 많다. 그렇지만 갑의 노동증서에는 을보다 더 적은 노동시간이 기록되므로 더 적은 사용가치를 분배받게 될 것이다. 이러한 일은 단순노동과 숙련노동 사이에서만 발생하지 않는다. 단순노동과 단순노동, 숙련노동과 숙련노동 사이에서도 발생한다. 마르크스도 말했듯이 사람의 선천적인 능력이나 소질은 모두 다르므로 수련시간과 비용만 계산한다고 해서 생산성이 높아지는 모든 경우를 포괄할 수 없다. 을이 틈날 때마다 빵 생산공정 개선을 생각한다고 해서 그것을 수련시간에 포함할 수 없을 것이다. 또 다른 숙련노동자 병은 갑과 똑같은 수련시간을 거쳐 을보다 2배의 가치를 생산하지만 그의 생산량은 갑보다 못할 수도 있고 심지어 을보다 못할 수도 있다. 오로지 수행한 노동시간만을 분배의 기준으로 삼는 노동가치론의 세계에서는 투입한 노력과 비례하지 않는 성과가 발생하는 경우, 인간의 이기심을 공격하는 방법으로 이러한 모순을 해결하는 수밖에 없다. 단순노동자 을이 숙련노동자 병보다 더 많이 생산하였다는 이유로 더 가져가려 하면 사악한 이기심의 발동이라 간주하는 것이다. 이는 생산량과 가치는 무관하다는 노동 평등의 원리를 추구하는 노동가치론으로서는 피할 수 없는 태생적인 결함으로 구사회주의권이든 대안사회주의든 극복하기 어려운 문제다. 마르크스의 분배론을 최대한 구현한다는 노동시간계산모델이 실시되는 사회에서 이 문제가 어떻게 나타나는지 살펴보자.

◆ 노동시간계산모델의 함정

〈고타강령초안비판〉은 노동의 양과 질에 따른 차등 분배가 초기 공산주의 단계의 폐단이지만 생산력 발전을 위해 불가피한 것으로 받아들인다. 마르크스는 '동일한 시간에 더 많은 노동을 제공하거나', 또는 '더 많은 시간 동안 노동'하는 사람은 더 많은 사용가치를 분배받아야 한다고 말한다. 동일한 시간에 더 많은 노동을 제공하는 것은 숙련노동이나 강도강화 노동을 의미한다. 앞의 예에서 보았듯이 숙련노동자 갑이 1시간을 일하고 2시간의 단순노동으로 인정받는 것이나 강도가 평균보다 2배 높은 노동 1시간이 평균강도 노동 2시간으로 노동증서에 기록되는 것과 같다. 더 많은 시간 노동하는 사람은 더 오래 노동하는 사람이다. 이런 사람들은 비록 부르주아적 권리라 하더라도 더 높은 대우를 받도록 하는 분배제도가 초기 공산주의 단계에서는 필요하다고 마르크스는 말한다.

그런데 노동시간계산모델을 주장하는 사람들은 마르크스보다 더 급진적인 주장을 한다. 숙련노동이 단순노동보다 더 많은 보상을 받을 이유가 없다는 것이다. 미숙련 노동자가 숙련노동자가 되기 위한 교육·훈련비용은 공적으로 부담되기 때문에 외과의사가 청소부보다 높은 보수를 받을 어떠한 이유도 없다고 말한다.

하지만 이러한 주장은 〈고타강령초안비판〉에서 정식화된 마르크스의 노동증서 분배론과는 거리가 먼 논리다. 마르크스는 공산주의 초기 단계에서는 불가피하지만 숙련노동, 강도강화노동, 더 많은 시간을 일한 노동은 더 높은 대우를 받아야 하는 것을 불가피한 폐단으로 받아들인다. 공산주의 초기 단계에서는 개인이 사회에 제공하는 노동의 양과 질의 자연적인 차이로 인한 보상을 하나의 특권으로 승인한다. 숙련노동자가 되는데 필요한 교육·훈련비용을 공적으로 부담한다고 해서 이러한 특권이 사라지는 것은 아니다.

의과대학 신입생이 숙련된 외과의사가 되는 과정을 생각해보면 이 점은 분명해진다. 신입생이 외과의사가 되는데 10년 정도의 시간이 소요되고 노동시간으로 환산한 교육·훈련비용은 5년이라고 가정하면 외과의사가 되는 데 15년의 과거노동이 필요하다. 외과외

사가 되고 난 후 30년을 활동한다면 그의 노동은 청소부와 같은 단순노동에 비해 '1 + (10 + 5)/30 = 1.5배'의 보상을 받아야 한다.

이것이 〈고타강령초안비판〉에서 마르크스가 말하는 노동증서 분배론이다. 그런데 참여계획경제론자들은 노동시간 5년에 해당하는 교육·훈련비용은 공적으로 부담되기 때문에 보상할 필요가 없다고 말한다. 그러면 외과의사가 되기 위한 10년의 노력은 무엇으로 보상받는가? 교육·훈련비용을 공공부문이 부담한다 해도 신입생이 외과의사가 되려고 투입한 10년의 노력마저 인정할 수 없다는 논리는 성립되지 않는다. 교육·훈련비용을 공공에서 부담한다 해도 외과의사는 청소부에 비해 '1 + 10/30 = 1.33배'의 보수를 받아야 한다. 순수한 개인의 노력마저 사회에 내놓아야 한다면 외과의사를 비롯한 공적비용투입 숙련노동자는 더 많은 시간의 노동량을 투입하고도 더 적은 노동량을 인정받을 수밖에 없다. 이는 〈고타강령초안비판〉이 말하는 '등노동량 교환의 원리'에 어긋나고, 공산주의 초기단계에서 노동의 양과 질의 차이에 따른 보상을 자연적인 특권으로 인정해야 한다는 마르크스의 구상에 위배된다. 노동시간계산모델이 〈고타강령초안비판〉의 노동증서 분배론을 따른다고 말하면서도 그것을 거부하는 모순을 보이는 것이다. 어쨌든 외과의사와 청소부가 같은 보수를 받아야 한다고 주장하는 참여계획경제론자들은 마르크스보다 더 급진적인 평등주의자들이라 할 수 있다.

참여계획경제론자들은 청소부보다 외과의사가 더 높게 대우받을 필요가 없다고 주장하는 이유를 공적비용의 투입으로 설명하나, 생산성이 높은 노동이 더 많이 가져가면 사회적 전유가 발생하는 가치법칙의 원리에서 근본적인 이유를 찾을 수 있다. 위에서 보았지만 참여계획경제론자들도 초기 공산주의 단계는 물질적으로 풍요롭지 못하기 때문에 개별노동시간이 아니라 평균의 개념인 사회적 필요노동시간을 기준으로 분배해야 한다고 말한다. 평균의 원리가 작용하면 평균보다 높은 수준의 생산성을 가진 사람은 이익을 보고 평균보다 낮은 수준의 생산성을 가진 사람은 손해를 보는, 즉 자본주의 상품 교환과 같은 사회적 전유의 발생을 피할 수 없다. 외과의사와 청소부는 부문이 다르므로 평균의 개념이 적용될 수 없지만, 생산력 발전을 위해 사회적 필요노동시간을 적용해야 한다는 참여계획경제론자들의 주장을 고려할 때, 두 부문의 생산성 차이에 따른 차등보상을 배제하는 것은 모순이다.

사회적 필요노동시간의 적용으로 사회적 전유가 발생하는 예를 들어보자.

〈표12-1〉

노동자	실제 노동시간	투입 노동시간	빵 생산량	노동 유형	노동증서 노동시간
갑	1	1.5	20	숙련 노동	1.67
을	1	1	10	단순 노동	0.83
합계	2	2.5	30		2.5
빵 1개에 포함된 사회적 필요노동시간			0.083		

〈표12-1〉은 참여계획경제 사회에서 숙련노동자 갑과 단순노동

자본론으로 마르크스를 비판하다

자 을이 빵을 생산하는 경우를 예로 들고 있다. 갑과 을은 실제 1시간을 노동하였으나 갑은 과거 수련시간 0.5시간을 포함하여 1.5시간의 노동증서를 받아야 한다. 그러나 평균의 원리가 적용되면 노동증서에 기록되는 노동시간은 달라진다.

이 사회에서 갑, 을이 2.5시간을 투입하여 30개의 빵을 생산하였으므로 빵 1개에 포함된 사회적 필요노동시간은 '2.5/30 = 0.083시간'이다. 그런데 갑이 생산한 빵 1개에 포함된 실제노동시간은 '1.5/20 = 0.075시간'으로 사회적 필요노동시간보다 낮다. 반면 을이 생산한 빵 1개에 포함된 노동시간은 '1/10 =0.1시간'으로 사회적 필요노동시간보다 높다. 그만큼 갑은 이익을 보고 을은 손해를 보며 둘은 상계된다. 갑의 노동증서에 기록되어야 할 노동시간은 사회적 필요노동시간을 기준해야 하므로 '20 × 0.833 = 1.67시간'이다. 마찬가지로 을의 노동증서에는 '10 × 0.833 = 0.83시간'이다. 갑은 과거 노동까지 포함하여 1.5시간 노동하였지만 1.67시간의 노동증서를 받고 을은 1시간 노동하였지만 0.83시간의 노동증서를 받는다. 0.17시간의 사회적 전유가 발생한 것이다.[136]

마르크스는 이것을 공산주의 초기 단계에서의 불가피한 폐단으로 생각했으나 갑이 과거의 정당한 노력조차 보상받으면 안 된다고

---

136 갑이 1.5시간을 투입하여 20개의 빵을 생산하였음에 주목해야 한다. 갑이 1.5시간을 투입하여 15개의 빵을 생산하였다면 숙련노동이지만 생산성이 높은 노동이 아니다. 생산성이 높은 노동은 개별생산물의 노동시간을 감소시키는 노동이기 때문이다. 사회적 전유는 갑의 노동이 숙련노동이라서 아니라 생산성이 높은 노동이기 때문에 일어난다. 갑이 1.5시간 투입하여 15개의 빵을 생산하였다면 갑이 만든 빵 1개에도 1시간의 노동시간이 내재되어 사회적 필요노동시간은 1시간이 되므로 사회적 전유는 발생하지 않는다.

생각하는 참여계획경제론자들이 이러한 전유를 받아들이기는 힘들 것이다. 외과의사와 청소부를 동등하게 대우해야 한다는 주장은 마르크스의 구상과도 맞지 않을 뿐만 아니라 생산력을 발전시키려면 사회적 필요노동시간을 기준으로 분배해야 한다는 자신들의 주장과도 배치된다.

만약 〈표 12-1〉의 갑이 숙련노동자가 아니라 생산성이 높은 단순노동자라면 어떻게 될까? 예를 들어 단순노동자 갑이 오랫동안 생산성 향상 방법을 고민한 결과 1시간에 20개의 빵을 생산하게 되었다면, 그로 인해 일어나는 사회적 전유는 1.5시간을 투입하여 빵 20개를 생산한 숙련노동자를 예로 들 때보다 더 클 것이다. 숙련노동의 양성비를 사회가 부담했다는 이유로 더 많은 노동이 투입된 숙련노동조차 단순노동과 동등하게 대우하는 참여계획경제 사회에서 단순노동자 갑의 생산성 향상은 아무런 대우도 받지 못할 것이 분명하다. 과거에 더 큰 노력이 투입된 숙련노동조차 인정받지 못하는데 그보다 적은 노동이 투입된 단순노동이 생산성을 향상했다고 해서 보상을 기대하기는 어렵다. 생산성 향상을 우대하면 필연적으로 타인의 노동을 가로채는 전유가 발생하기 때문이다.

자본주의적 잔재가 떨어지지 않은 초기 공산주의 단계에서는 마르크스도 생산성에 따른 차등 분배가 불가피함을 인정하나, 그의 분배론을 정확하게 구현한다고 주장하는 노동시간계산모델은 오히려 마르크스의 구상을 거부하고 있음을 알 수 있다. 이는 생산력을 발전시켜 풍요의 세상으로 가는 길목에서 오히려 바쁜 사람의 길을 막는 장벽으로 작용할 것이다.

자본론으로 마르크스를 비판하다

◆ 생산력 발전을 기대하기 어려운 노동량 분배 사회

문제는 노동시간계산모델이 가진 함정의 본질이 노동가치론의 한계에서 비롯되었다는 데 있다. 그것은 생산량이 아닌 노동량에 따른 분배이론의 한계와 다름없다. 마르크스의 숙련노동 개념이 가진 함의는 노동량이 많을수록 생산성이 높은 노동이 된다는 것이나, 생산성은 노동량에 반드시 비례하지 않는다는 것이 노동가치론의 함정이다. 과거에 투입된 노동이 많을수록 생산성이 높으므로 더 많이 분배해야 한다는 주장은 공부량과 시험성적은 비례하므로 공부량이 많을수록 성적을 높게 줘야 한다는 말과 같다. 공부량이 많은 사람이 성적이 높을 가능성은 크지만, 공부량이 많다고 무조건 시험을 잘 치고 공부량이 적다고 반드시 시험을 못 치는 것은 아니다. 노동가치론의 분배원리는 공부량이 많은 사람에게 무조건 높은 성적을 주자는 것과 같다. 이런 사회에서는 공부량이 남보다 같거나 적더라도 성적이 좋게 나오는 수재나 천재는 그에 합당한 대우를 받지 못한다.

슈퍼컴퓨터가 수많은 사용가치에 내재된 노동시간과 개인의 노동시간을 측정해서 노동량이 더 많이 투입된 숙련노동이나 강도강화노동에 더 많은 사용가치를 분배하는 방식으로는 사회적 생산력의 발전을 기대하기 어렵다. 생산성의 차이는 단순노동 간에도, 숙련노동 간에도, 강도강화노동 간에도 있을 수 있기 때문이다. 심지어 수재나 천재는 단순노동으로 보통 사람의 숙련노동보다 더 높은 생산성을 발휘할 수도 있다. 망치질하는 단순노동에 투입된 갑과 을의 생산성이 다를 수 있고, 똑같이 10년의 수련기간을 거친 의사들 간에도 실력 차이가 있는 것은 일상적으로 경험하는 일이다.

대학을 중퇴한 빌 게이츠, 스티브 잡스, 마크 저그버그가 대학원을 나오거나 박사학위를 받은 사람들보다 비교할 수 없는 정도의 높은 생산성을 보이는 것은 숙련의 양성시간 혹은 노동의 투입량과 생산성이 반드시 비례하지 않는다는 사실을 웅변하고 있다. 메시는 프로 1년 차부터 프로 5년, 10차의 선배들을 저 뒤에 두고 뛰었다. 노동량에 따른 분배 사회에서는 대학을 중퇴한 빌 게이츠가 대학원을 나온 사람보다 더 낮은 대우를 받을 것은 분명하다. 그가 중·고등학교 시절에 코딩에 열중하여 보낸 시간은 노동증서에 기록되기 어렵기 때문이다.

이런 문제는 천재와 범인들 사이에서만 일어나지 않는다. 평범한 사람들 간에도 노력의 투입량과 상관없이 생산의 차이는 발생한다. 결국 노동량만으로 분배하는 제도는 생산력 발전에 큰 도움이 되지 않거나 오히려 생산력을 퇴보시킬 가능성이 크다. 생산성만 따지는 냉혹한 자본주의를 극복하는 것이 목표라면 노동량 분배 사회는 의미가 있을 수 있다. 그러나 '부의 분천이 흘러넘치는' 저 높은 단계의 공산주의로 가려고 하면서 생산력 발전을 도외시할 수 있을까? 마르크스는 19세기 영국의 생산력 수준으로도 사회주의 이행이 가능하다고 생각했다. 오늘날도 현재 자본주의의 생산력 수준이 공산주의 실시가 가능할 정도로 높다고 주장하는 사람들이 있다. 능력에 따라 일하고 필요에 따라 분배받으려면 현재 자본주의의 생산력 수준으로도 부족하겠지만, 그 주장을 인정한다고 해도 노동량 분배 사회는 자본주의가 물려준 생산력 수준조차 유지 못 하고 퇴행할 가능성이 크다.

　마르크스는 〈고타강령초안비판〉에서 '동일한 시간에 더 많은 노동을 제공'한 노동이 더 많은 권리를 갖는다고 말하지만, 생산성이 높은 노동을 우대해야 한다고 말하지 않는 점에 주목할 필요가 있다. 동일한 시간에 더 많은 노동을 제공하는 것은 숙련노동이나 강도강화노동을 의미한다. 숙련노동은 과거에 더 많은 노동이 제공된 것이고 강도강화노동은 현재 더 많은 노동이 제공되는 것이다. 강도강화노동은 개별생산물의 가치에 변함이 없으므로 생산성향상 노동이 아니다. 그러나 숙련노동은 개별생산물의 가치가 감소하는 생산성 향상 노동이어야 한다. 그렇지 않다면 숙련노동은 투입한 노동시간에 비례하여 생산량이 증가하는 강도강화노동과 다를 바 없다. 마르크스가 숙련노동을 생산성이 높은 노동이라고 생각했다면 동일한 시간의 노동을 투입하고도 더 많이 생산하는 생산성 향상 노동을 우대하지 않는 것은 논리적 모순이다. 빌 게이츠, 스티브 잡스, 메시의 노동을 우대하지 않으면서 그들보다 과거에 더 많은 노동을 투입했지만 생산성은 떨어지는 노동을 우대하는 문제가 발생하는 것이다. 마르크스가 사회주의 단계에서 생산력 발전을 진정으로 원했다면 '동일한 시간에 더 많은 노동을 제공하지 않지만 더 많이 생산한 노동'도 더 많은 권리를 가진다고 말했어야 했다. 물론 부르주아의 잔존물이 들러붙은 폐단이라는 단서를 달아야 하겠지만 말이다.

　빌 게이츠, 스티브 잡스와 같은 혁신가들의 단순노동 1시간은 일반적인 단순노동 1시간보다 몇 배의 가치를 가질 수 있을까? 혹은 그들의 숙련노동, 강도강화 노동을 일반인의 그것과 어떻게 비교할 수 있을까? 이들이 사회에 일으킨 혁신을 고려한다면, 적어도 수백, 수천 배는 인정받을 수 있을 것이다. 그러나 노동량 분배 사회에서는 이들의 1시간은 일반인의 1시간과 똑같은 대우를 받는다. 오히려 평범한 일반인이 빌 게이츠보다 더 열심히 노동하면 그보다 더 높은 대우를 받는다. 그런 사회에서 과연 이러한 혁신가들이 나올 수 있을지는 대단히 의문스럽다. 일반적인 노동자들의 노동도 소중하고 생산에 기여하지만, 이들 혁신가가 생산력 발전에 끼친 영향이 일반 노동자보다 크다는 점은 부인하기 어렵다. 마르크스는 자본가가 인류의 축적된 기술을 공짜로 사용한다고 비판했지만, 혁신가들의 노동은 모두에게 무상으로 널려 있는 인류의 축적된 기술을 활용해서 생산력을 한 단계 점프시켰다는 점에서 일반적인 단순노동 혹은 숙련노동보다 특별한 대우를 받을 필요가 있다.

노동량 분배 사회가 생산력 증대의 강을 건너 공산주의의 발전된 단계에 도달하려면 이러한 혁신가들이 많이 나와야 한다. 하지만 그 체제에서 창조력이 넘치는 단순노동, 숙련노동 혹은 강도강화 노동에 대한 대우를 예상해보면 쉽지 않은 일인 듯하다. 결국은 물질적인 보상을 바라는 이기심을 자제시키고 공동체의 발전을 강조하기 위한 여러 가지 방안들이 동원될 수밖에 없다. 참여계획경제론자들은 "마르크스적 의미의 참여계획경제에서는 참여와 분업의 폐지를 통해 노동소외가 극복되며 노동의욕이 비약적으로 증대되므로 생산성은 획기적으로 향상될 수 있다."라고 한다. 또한 기술혁신의 유인으로는 초과이윤만이 있는 것이 아니라, "더 많은 여가시간, 덜 힘든 작업, 사회적 평판, 새로운 지식을 생산하고 문제를 해결하는 것 자체의 즐거움도 모두 혁신에 대한 강력한 유인"이라고 한다. 이뿐만 아니라, 참여계획경제 사회에서는 "직접 생산자를 포함한 이해당사자의 전반적 참여를 통해 '암묵적 지식'의 사회적 동원이 극대화"되고, 시장실패가 일어나는 자본주의보다 연구개발과 같은 공공재가 더 많이 공급되기 때문에 자본주의 이상으로 역동적인 기술혁신과 생산성의 발전을 보일 수 있다고 주장한다.[137] 그러나 스티브 잡스와 같은 혁신가의 노동이 일반인의 단순노동과 같은 대우를 받고, 외과의사가 10년 이상의 힘든 수련을 거쳐 익힌 의술이 청소부와 같은 대접을 받아도, 그들이 사회적 평판이나 새로운 문제를 해결하는 즐거움만으로 전체를 위해 자신의 재능을 쏟기를 기대하기에는 인간의 이기심이 너무 높은 벽으로 다가온다. 생산한 만큼 보상을 받으려는 욕구를 자제시키고 물질적 보상보다 사회적 평판이나 문제해결의 즐거움을 느끼도록 사람을 변화시키는 것이 과연 자연스럽게 될 일인지는 사회주의 실패의 역사가 충분히 보여주었다.

마라톤을 2시간에 주파하는 사람이 혼자 뛰면 2시간 30분에도 완주하기 어렵다는 일례는 경쟁이 생산력 발전에서 얼마나 중요한지 보여준다. 그런데 마르크스의 가치법칙은 이 경쟁을 네거티브 경쟁으로 본다. 누군가 먼저 치고 나가서 얻는 이익은 나머지 사람들의 손실로 본다. 사람들이 네거티브 경쟁의 색안경을 쓰고 사회

---

137 〈자본주의 이후의 새로운 사회〉, pp.344 ~ 345.

를 본다면, 서로서로 견제할 수밖에 없다. 구사회주의권과 달리 대안사회주의 사회에서는 중앙의 일방적인 지시가 없어지고 모두가 의사결정에 참여하고 사회선도그룹을 추첨으로 선발한다고 해서 이런 문제가 해결되지 않는다. 참여계획경제의 구성원들은 스티브 잡스나 외과의사가 더 많은 보수를 가져가는 것은 자신들의 노동을 빼앗아간 결과라고 생각하기 때문에 그들이 보수를 더 많이 받지 않도록 규칙을 정하고 감시할 것이다. 그리고 자신들과 같은 보수를 받더라도 잡스나 외과의사가 사회적 평판과 문제해결의 즐거움을 위하여 혁신을 일으키고 사람들을 치료하기를 바랄 것이다.

소수의 사람에게는 이러한 요구가 통할 수도 있겠지만 사회적으로 보편화되기는 쉽지 않다. 결국 인간의 DNA에 깊숙이 심겨 있는 이기심을 소멸시키기 위한 교육과 다른 방안들이 강구될 것이고 이는 자유로운 창의성의 발휘를 제약하는 결과를 가져올 것이다. 당과 관료의 지시가 없이 모두가 참여하여 자발적으로 규정을 만든다고 하여도 이기심과 사회규범이 충돌하는 지점은 발생할 수밖에 없다. 이기심과 무한한 욕망으로 대표되는 인간 본능을 범죄시하는 문화와 관습이 자리 잡을 것이고, 어떤 천재의 넘치는 창의력이 개인적인 욕심과 결부되었다는 이유로 배척당하거나, 생산력 발전의 유인책으로 물질적 보상보다 사회적 평판과 문제해결의 즐거움이 암묵적으로 강요되는 사회 분위기가 형성될 것이다. 구사회주의권 붕괴의 근본 원인이 스탈린식 강압통치가 아니었듯이, 참여계획경제가 성공하지 못할 가능성이 큰 이유도 마찬가지로 이러한 가치법칙의 굴레를 벗어날 수 없기 때문이다. 결국 가치법칙이 씌운 네거티브 경쟁이란 색안경을 벗어 던지지 않는 한, 위로부터의 명령식 계획경제이든 아래로부터의 자발적인 계획경제이든 생산력 발전을 도모하기 어렵다는 본질은 큰 차이가 없다.

　자본주의는 시장의 교환으로 생산량 분배가 자동으로 작동되는 사회다. 생산성이 높다는 것은 생산성이 낮은 노동에 비해 더 많이 생산하거나, 더 좋은 품질의 제품 혹은 존재하지 않았던 신제품을 만들어 낸다는 의미이다. 생산성이 높은 노동은 시장에서 제4, 5가 치법칙의 작용으로 자신이 수행한 노동량보다 더 많은 노동량을 획득할 수 있다. 물론 추가 획득된 노동량은 특별잉여가치로 변모하여 생산수단을 소유한 자본가에게 대부분 귀속되지만, 노동의 질적 차이의 문제가 시장에서의 경쟁으로 해결된다는 점은 분명하다. 사회주의는 원칙적으로 시장이 소멸되고 생산과 분배가 중앙계획기구에 의해 통제되는 사회이므로, 노동의 질적 차이의 문제가 인위적으로 해결된다. 이것이 구사회주의권에서 인센티브 지급제도로 나타났다. 하지만 자본주의 시장 시스템으로서도 각자의 생산량에 따라 지분을 정확하게 분배하는 것이 어려운 현실에서 사회주의 중앙계획기구가 성과에 따른 분배를 정확하게 시행하는 것은 사실상 불가능하다. 이를 극복하려고 노동시간계산모델을 이용하여 복잡노동을 단순노동으로 환원하자는 주장은 위에서 살펴봤듯이 오히려 생산력의 발전에 장애가 될 가능성이 크다. 슈퍼컴퓨터를 동원하고 스탈린식 강압 지시가 없는, 시민위원회의 통제에 따르는 중앙계획당국이라 하더라도 이러한 사정은 달라지지 않는다. 참여계획경제는 물질적인 부를 경시하거나 생산력보다 인간성이 중요하다는 캠페인이 넘치는 사회가 될 것이다.

숙련노동을 몇 배의 단순노동으로 환원하는 방법만으로 생산성 증대의 강을 건너기 어려운 원인은 노동시간계산모델이 아니라 노동가치론에서 찾아야 한다. 노동가치론은 가치와 생산량의 무관함을 근본원칙으로 하는 이론이다. 오직 인간 노동으로만 창출되는 가치는 생산량과 상관없이 생산량에 대한 지배권을 가진다는 것을 기본원리로 삼는다. 복잡노동을 단순노동으로 환원하는 방식은 투입된 노동량에 따라 사용가치를 분배하자는 것일 뿐이다. 투입된 노동량이 많다고 해서 생산성이 반드시 높지 않다는 사실은 이러한 분배방식이 생산력 발전을 오히려 저해하는 요인으로 작용하도록 한다. 생산력의 발전은 사회 전반에서 투입시간에 비해 생산량이 증가할 때 달성될 수 있다. 생산량보다 투입시간을 중시하는 노동가치론으로는 생산력의 발전을 기대하기 어렵다. 그렇다고 투입시간보다 생산량을 중시할 수는 없다. 투입시간이 적은 노동이 생산량이 많다는 이유로 더 많은 보상을 받으면 그것은 다른 노동의 가치를 착취하는 것이 되기 때문이다. 이것은 노동량 분배제도의 근간을 흔드는 것이므로 절대 받아들일 수 없는 제도다. 소련을 비롯한 구사회주의권은 생산량 분배의 지양을 목표로 하면서도 부분적으로 그것을 받아들일 수밖에 없다는 사실을 인정하였으나 몰락을 피할 수는 없었다. 이러한 사정을 종합해 볼 때 생산량 분배방식을 완전히 배척하고 오로지 노동량 분배방식을 채택할 뿐만 아니라 공적자금이 지원되었다는 이유로 개인이 투입한 노동마저 아예 인정하지 않는 대안사회주의의 성공은 더욱더 기대하기 어려울 것이다.

지금까지의 논의를 간략하게 매듭지어보자. 마르크스는 인간을 오해했으나 사람들은 마르크스를 오해했다. 생산수단을 독점한 지배계급이 노동을 착취하는 제도를 폐지하고 모든 사람이 풍족하고 평등하게 사는 세상을 건설하는 것은 마르크스가 꿈꾼 세상의 표지였을 뿐이다. 그 이면을 들추면 우리는 그가 진정으로 원했던 것은 능력과 상관없이 모든 노동이 평등해지는 세상이었음을 알 수 있다. 노동가치론의 세계에서 진정한 착취의 소멸은 자본가와 지주가 사라질 때가 아니라 사람과 사람 간 능력의 차이를 인정하지 않을 때 달성되기 때문이다. 인간 평등을 넘어 노동 평등을 이루기 위해서는 개인 노력에 의한 성과는 사회적으로 공유되어야 하고 사람들은 본성을 바꾸기 위해 어떤 방식으로든 노력하지 않으면 안 된다. 이것이 마르크스가 '개인들이 분열과 적대를 멈추고 교류와 연계를 이룰 때만 각 개인의 힘은 그들과 병존하는 독자적 세계인 생산력을 발전시키는 현실적인 힘이 된다.'[138]라고 역설한 진정한 의미다. 하지만 평등할 수 없는 노동을 평등하게 하려 강제할수록 생산성이 높은 사람을 억압하게 되고 유토피아는 멀어질 수밖에 없다. 구사회주의의 실패는 이를 명백하게 보여준다. 인간의 능력이 똑같아지든가 아니면 인간 본성이 바뀌지 않는 한 마르크시즘은 하나의 이상으로 남을 것이다.

---

138 〈독일 이데올로기〉, p.124. 개인들이 생산한 만큼 가지려는 이기심으로 분열하고 적대하는 것을 멈추고 교류와 연계를 이뤄 노동한 만큼 분배받는 노동 평등의 세상을 만들 때, 인간 의지와 독립해서 존재하는 생산력을 발전시킬 수 있다는 의미를 담고 있다.

에필로그

◆ 노동가치론은 틀렸고 효용가치론은 옳은가

이 책이 노동가치론은 틀렸고 효용가치론은 옳다는 주장을 내세우는 것이 아니냐는 오해가 있을 수 있다. 그러나 이 책은 노동가치론과 효용가치론 중 어느 것이 이론적으로 우월한가를 분석하려는 것이 아니다. 학문체계로서 갖추어야 할 논리적 정합성이란 면에서 노동가치론과 효용가치론은 둘 다 약점이 있다. 노동가치론의 '전형문제', 효용가치론의 '자본량 측정 문제'가 그것이다.

먼저 전형문제부터 살펴보자. 발전된 자본주의에서는 자본가 간 경쟁으로 이윤율이 균등해지고 상품의 가치는 생산가격으로 전형된다. 상품은 실제 투입된 노동시간이 아니라 생산된 잉여가치가 평균이윤율로 균등화된 생산가격으로 판매된다. 유기적 구성이 평균과 다른 상품들은 실제 투입된 노동시간인 가치와 생산가격이 일치하지 않는 가치와 가격의 괴리가 일어난다.[139] 그런데 마르크스는 상품의 가치가 생산가격으로 전형되는 과정을 설명하는 표에서 투입되는 불변자본과 가변자본에 생산가격이 아닌 가치를 그대로 사

---

139 부록 3의 '평균이윤율의 형성' 참조

자본론으로 마르크스를 비판하다

용하는 실수를 하였다. 발전된 자본주의에서 모든 상품이 가치가 아닌 생산가격으로 판매된다고 주장하려면, 투입되는 기계나 원재료, 노동력도 하나의 상품이므로 생산가격으로 전형되어야 논리적으로 맞다. 이 실수를 바로잡으려고 불변자본과 가변자본을 생산가격으로 바꾸면, 총계일치 등식인 '상품의 총잉여가치 = 총이윤', '총가치 = 총생산가격' 중 하나만 성립하고 다른 식은 성립하지 않는 문제가 발생한다. 가치체계 자체에 결함이 있는 노동가치론은 이론적으로 틀렸다는 논쟁을 불러일으킨 전형문제는 여기서 시작되었다. 이 논쟁은 100년 이상 진행되었으며 마르크스의 전형방법에 대한 새로운 해석으로 문제가 해결되었다는 주장도 있으나 논란이 해소되었다고 보기는 어렵다.

1960년대 케임브리지 자본논쟁으로 알려진 자본량 측정의 불가함은 효용가치론의 대표적인 이론적 난제이다. 효용가치론에서 '가치 = 생산량 × 한계효용'으로 표현된다. 일반적으로 생산량은 자본과 노동이 투입될수록 감소하는 수확체감의 법칙이 작용하므로 자본과 노동의 생산량 측정을 위해서는 한계생산량이라는 개념이 필요하다. 즉, 자본과 노동의 생산량은 추가되는 마지막 단위의 자본 혹은 노동의 생산량인 한계생산량으로 측정된다. 그런데 노동은 추가되는 노동 한 단위의 양을 노동시간 혹은 노동자로 표현할 수 있으나, 자본의 경우 추가되는 자본 한 단위의 양을 측정할 수 없다는 문제가 발생한다. 볼트, 삽, 기계, 건물 등 종류별로 다양한 자본 한 단위를 어떻게 정량적으로 표현할 수 있는가? 자본 한 단위를 투입한다고 했을 때 삽, 볼트, 기계, 건물의 양이 어느 정도이면 자본 한 단위가 되는지 판별하는 것은 불가능하다. 자본 단위를 화폐로 표현하는 것은 자본의 한계생산량을 구하고 그것으로 자본의 가격(가치)을 구하기도 전에 자본 가격이 먼저 주어지는 순환논증의 덫에 빠지게 된다. 노동가치론에서 구체적으로 비교할 수 없는 노동을 추상적 노동이란 동질의 개념으로 환원했듯이, 한계생산력 분배이론의 창시자인 존 베이츠 클라크는 구체적으로 각기 다른 자본을 추상적 자본이란 개념으로 환원했으나, 폴 새뮤얼슨은 이는 과학이 아닌 우화에 불과하다고 고백한다. 자본량을 측정할 수 없으면 자본의 생산량을 측정할 수 없으므로 노동과 자본이 생산량에 비례하여 가치를 획득한다는 효용가치론의 대전제가 무너진다.

사정이 이러함에도 두 이론은 모두 자신이야말로 과학적 학문이라고 주장한다. 노동가치론이 과학이라는 주장은 본문에서 언급한 바와 같고, 효용가치론도 정치경제학에서 정치를 삭제하거나 순수경제학이란 용어를 쓰면서까지 스스로의 과학성과 가치중립성을 드러내려고 한다. 대학 경제학 교과서에 일반인들로서는 범접하기 어려운 수식이 난무하는 것도 주류경제학의 과학적 성격을 강조하려는 의도가 없다고는 하기 어렵다. 그러나 인문과학은 자연과학과 다르다. 인간의 마음이나 심리가 개입할 수밖에 없다. 경제학을 가치중립적인 순수학문의 영역으로 보거나 자연과학 수준의 엄밀한 과학성을 갖고 있다고 말하는 것은 이데올로기적 주장일 뿐이다.

노동가치론과 효용가치론을 불평등이라는 동일한 현상을 바라보는 하나의 관점으로 받아들이면 오히려 이해하기 편하다. 노동가치론은 불평등을 타인의 가치를 착취한 결과라고 보는 반면, 효용

자본론으로 마르크스를 비판하다

가치론은 가치의 생산에 기여한 정도의 차이가 만든 결과라고 본다. 이 책의 요지는 노동가치론의 관점에 서면 생산성을 향상하여 얻는 부는 개인의 부가 아닌 사회적 부가 되어야 하는 강제가 작용하며, 이 때문에 사회 생산력 발전의 정체와 개인 자유에 대한 침해는 불가피하게 된다는 것이다.

개인적 성과를 사회적 부로 받아들이게 하려면 인간 본성을 억압하거나 변화시키기 위한 통제는 필수적이다. 사회주의에서 자유가 억압당하는 필연적인 이유가 여기에 있다. 인간에 대한 통제는 구사회주의에서는 지도자나 당의 권위를 빌려 실행되었다. 대안사회주의를 꿈꾸는 사람들은 자유로운 개인들 간의 자발적인 약속으로 구사회주의의 실패를 만회할 수 있다고 믿지만, 위로부터가 아닌 아래로부터의 약속도 자유를 억압하기는 매 한 가지다. 인간 본성에 대한 통제와 자유는 양립할 수 없고 인간 본성의 자유로운 발현이 보장되지 않는 한 생산력의 발전은 기대하기 어렵다. 역사적 사회주의 실패의 원인은 이론적 결함이 아니라 가치를 제로섬의 원리로 보는 관점에서 찾아야 한다. 생산성을 향상하여 얻는 성과를 타인을 착취한 결과로 보는 관점으로는 사회주의에서 공산주의로의 도약은 어렵다.

효용가치론은 가치가 생산량에 따라 결정된다는 관점을 갖고 있기에 생산력 발전에 도움이 되는 이론이지만 노동가치론보다 냉혹한 측면이 있음을 부정할 수 없다. 효용가치론의 세계에서 노동은 인간의 지위에서 기계, 토지와 함께 하나의 생산요소로 전락한다. 노동의 가치는 생산량으로 나타나며 노동자는 기계, 토지와 생산성을 겨뤄야 하는 처지가 된다. 주류경제학은 노동과 자본이 생산성을 비교하여 상호 대체될 수 있는 생산요소라는 점에서 차별성이 없다는 점을 강조한다. 분배받는 지분에 비해 생산성이 떨어지면 노동은 언제라도 기계와 대체될 수 있으며 경기변동 혹은 개별기업의 사정에 따라 불필요한 생산요소로 전락하기도 한다.

　노동가치론의 중심에는 인간이 있지만 효용가치론의 중심에는 인간과 기계가 동등한 생산요소로서만 존재한다. 인간과 인간의 관계도 마찬가지다. 사람은 생산성이 뛰어난 자와 뛰어나지 못한 자로 나누어지며 경제적 불평등은 능력에 따른 분배의 결과로 정당화된다. 마르크스가 말한 것처럼 인간관계가 물질관계로 전락하는 것이다. '냉철한 이성, 따뜻한 가슴을 잊지 말아야 한다.'라고 알프레드 마셜이 말한 이유도 효용가치론의 이런 성격 때문이다. 이 책은 효용가치론의 냉혹성에도 불구하고 물질적인 부를 생산하는 데에서 노동가치론이 효용가치론의 효율성을 따라가기 힘들다는 점을 강조한다. '물질적인 부의 발전만을 중시하는 것이 올바른 길인가' 혹은 '덜 생산하더라도 인간적인 삶이 중요하지 않은가'라는 물음에 답을 찾는 것은 이 책의 주제가 아니다. 노동가치론의 관점으로 현실을 본다면 사회주의가 성공하기도 어려울뿐더러 더 높은 공산주의 단계로 이행하는 것은 불가능하다. 자본주의가 영속할지, 자본주의 이후 세상이 어떻게 변할지 알 수 없지만, 마르크스의 말대로 생산력이 최고도로 발달하여 공산주의로 이행한다고 하더라도 그 길을 닦는 이론은 효용가치론이지 노동가치론은 아닐 것이다.

◆ 부자는 과연 생산에 기여를 많이 한 사람인가?

세상을 어떤 관점에서 보든 불평등은 엄연히 존재한다. 효용가치론의 관점에서 보면 불평등은 생산능력의 차이에서 비롯되는 불가피한 현실이다. 그러한 관점을 인정한다 해도 세상의 부가 과연 생산한 만큼 제대로 분배되고 있는가? 시장에서 돈을 많이 버는 사람은 가치를 많이 창출한 사람인가? 라는 의문은 여전히 남는다. '가치 = 생산량 × 한계효용'의 공식에서 노동과 자본의 생산량은 생산요소시장에서 수요와 공급 법칙으로 결정되고, 한계효용은 상품시장의 수요와 공급 법칙으로 결정된다. 돈을 많이 버는 사람은 생산량이 많거나 한계효용이 높은 상품을 만들어 가치를 많이 창출한 사람이므로 불평등은 기본적으로 시장에서 수요와 공급의 작용으로 일어난다. 이 원리를 받아들이면 돈을 많이 버는 것은 시장의 작동에 의한 정당한 결과이다.

하지만 여기에 반론을 펴는 사람들도 많다. 그들은 시장은 완전할 수 없으므로 실제로 생산한 가치보다 더 많이 가져가거나 불공정한 방법으로 타인보다 더 많은 가치를 생산하는 경우가 빈번하게 발생한다고 주장한다. 이렇게 얻는 부는 가치를 창출한 것이 아니라 타인의 가치를 전유한 것이므로 지대라고 규정한다. 시장에서 돈을 많이 번 사람이 반드시 가치를 더 많이 생산한 사람이 아니며 이는 시장이 실패한 결과라는 것이다. 시장은 공정하지도 도덕적이지도 않기 때문에 독점, 금융의 과대화, 특허권의 과잉화, 디지털경제의 지대화 같은 문제가 발생하고 이 때문에 1980년 이후 전 세계적으로 부의 양극화가 심화하고 있다고 본다. 이로 인한 불평등은 고착되고 확대 재생산될 뿐만 아니라 민주주의에도 위기를 불러일으키므로 공정한 규제자로서 정부의 적극적인 역할이 중요하다고 이들은 주장한다.[140]

문제는 시장실패의 해결책을 찾기가 쉽지 않다는 것이다. 지대를 막기 위한 여러 가지 방책이 기대한 효과를 발휘할지에 대해 경제학자들 사이에서도 의견일치가 어렵다. 지대라고 주장되지만 실제로는 가치를 창출했는지 전유했는지가 불분명한 경우도 많다. 문제의 원인이 시장실패냐 아니면 정부실패냐를 둘러싼 논쟁은 오랫동안 반복되고 있다.

독점은 대표적인 시장실패 사례다. 완전경쟁시장은 자원배분이 최적화되고 최대의 효용이 창출되지만, 현실에서 거의 존재하지 않는다. 독점으로 소비자잉여가 독점기업의 생산자잉여로 이전되는 가치의 전유가 일어나고, 생산량이 감소함으로써 사회적 후생도 감소한다. 정부는 독점을 막고 경쟁을 촉진할 목적으로 독점금지법을 제정하고 여러 가지 규제정책을 시행하지만, 독점의 문제보다 정부의 실패를 우려하는 목소리도 적지 않다. 불공정 또는 부당한 방법을 이용한 독점은 막아야 하지만 경쟁기업이 따라올 수 없는 기술을 개발하거나 독보적인 브랜드를 구축하는 것처럼 정당하고 합리적인 경쟁을 통해 달성한 독점을 강하게 규제하는 것은 오히려 시장의 효율성을 저해할 수 있다는 반론도 제기된다. 법적으로 용인

---

140 조지프 스티글리츠, 〈불평등의 대가〉, 마리아나 마추카토, 〈가치의 모든 것〉을 참조함.

　　　　　　　　　　　자본론으로 마르크스를 비판하다

되는 대표적인 독점권인 특허권은 특허권자에게 높은 이윤을 주어 지대화하는 경향도 있지만, 혁신의 유인책이란 효과도 무시할 수 없다. 문제는 분명히 있으나 해결책은 간단하지 않다.

금융은 실물경제를 키우기도 하고 죽이기도 하는 양날의 검이다. 2008년 세계 금융위기는 금융의 칼날이 실물경제를 쓰러트린 대표적인 사례다. 금융은 리스크를 적게 부담하면서 성과는 많이 차지하려는 속성이 있고 정작 금융위기와 같은 사고가 나면 파국을 막기 위해 공적자금이 투입된다. 1980년 이후 전 세계 GDP에서 금융 부문이 차지하는 비중이 3배 이상 증가한 것은 금융이 생산성 향상의 성과를 과점한 것이 아니냐는 비판을 초래하고 있다. 그러나 금융이익에서 지대로 볼 수 있는 것이 어느 정도인지 판단하거나 금융 비대화를 막기 위한 규제를 어느 정도로 할 것인가 결정하는 것은 쉬운 문제가 아니다.

디지털경제로 대표되는 신기술도 생산성 향상의 성과를 독차지한다는 비판을 받는다. 인터넷, 음성인식기술, GPS기술, 터치스크린, 검색엔진 등 우리 삶을 지배하는 신기술은 세금이나 공적자금이 투입된 결과물이므로 빌 게이츠나 스티브 잡스, 세르게이 브린이 과실을 독차지하는 것은 문제가 있다는 것이다. 하지만 공공기반 기술이나 무상의 기술이 모두에게 공평하게 개방된 조건에서 누군가 그 기술의 상업화에 성공하여 과실을 가져가는 것을 불공정하다고 보기는 어렵다. 같은 조건에서 스티브 잡스는 성공했는데 다른 사람은 왜 성공하지 못했을까? 이러한 비판은 자본가는 인류가 축적한 과학기술의 성과를 무상으로 이용해서 돈을 번다는 마르크스의 비판을 되풀이하는 것이다. 이런 시각으로 보면 4억 5천만부나 팔린 〈해리 포터〉는 자본주의 출판시스템을 무상으로 이용한 지대가 되고, 자동차 회사가 돈을 버는 것도 납세자의 돈으로 도로망을 깐 덕분이므로 지대가 된다.

효용가치론에 기반한 생산량 분배를 받아들이더라도 이론처럼 생산에 대한 기여대로 정확히 분배하기는 쉽지 않다. 또한 생산량은 사람의 능력에만 좌우되지 않는다. 불공정한 법과 제도, 개인의 운수 등도 복합적으로 영향을 미친다. 부는 가치를 더 많이 생산한 결과라기보다 타인이 생산한 가치를 가져가거나, 타인의 생산 기회를 빼앗거나, 좋은 부모를 만난 운이 더 많이 작용한 결과라는 주장이 끊임없이 제기된다. 불평등을 둘러싼 진보와 보수, 좌파와 우파 대립의 근본 원인은 여기에 있다. 시장실패 vs. 정부실패, 법인세 인상 vs. 법인세 인하, 규제강화 vs. 규제완화, 적자재정 vs. 균형재정, 인플레이션 용인 vs. 인플레이션 억제, 소득주도성장 vs. 낙수효과, 보편복지 vs. 선별복지 등 우리 사회의 수많은 쟁점은 '생산된 가치가 공정하게 분배되고 있는가' 라는 의문에서 출발한 것이다.

생산량 분배제도가 존재하는 한 평등과 자유의 대립은 피하기 어렵다. 평등의 강조가 자유를 고사시킨다는 주장과 자유의 강조가 평등을 고사시킨다는 주장의 충돌은 일어날 수밖에 없다. 사람의 능력은 동등할 수 없으므로 정치적, 경제적 자유가 주어지면 불평등의 발생은 불가피한 측면이 있다. 불평등은 각자가 생산성을 높이고자 노력하는 유인이 되기도 하지만 적정 정도를 넘어서면 오히

자본론으로 마르크스를 비판하다

려 생산력 발전을 가로막거나 사회를 혼란에 빠트릴 수 있다. 인간은 이기적이면서 공정성을 중시하는 상호성의 존재이다. 독재자게임이나 최후통첩게임에서 보듯이 살아가면서 타인을 의식할 수밖에 없다. 불평등이 도를 넘거나 공정하지 못한 결과라는 판단이 팽배할 때 사회가 '협력-협력'이 아니라 '배신-배신'의 늪으로 빠지는 역사적 사례를 찾는 것은 어렵지 않다. 분명히 불평등은 관리될 필요가 있으나 어느 정도의 불평등이 바람직한지의 문제는 당대의 철학자들과 경제학자들도 풀지 못한 수수께끼다.

생산량 분배가 생산력 발전에는 효율적인 제도이지만 실행과정에서의 부작용을 부정할 수는 없다. 하지만 이를 해결하기 위한 정답은 없을지도 모른다. 때로는 완벽한 해결의 어려움을 인정하는 것이 오히려 진전을 가져올 수도 있다. 중요한 것은 좌우의 충돌이 자기 파괴적으로 되어서는 안 된다는 점이다. 무게를 재려면 저울의 균형이 필요하듯이 진보와 보수가 서로를 악마화하지 않고 건강한 긴장 관계를 유지하면서 자유와 평등, 효율과 형평의 균형을 잡는 것이 필요하다. 무리하여 최선을 추구하기보다 부족하게나마 차선을 얻으려고 할 때 세상은 좀 더 살기 좋은 곳으로 바뀔 가능성이 높다. 우리는 지상에 천국을 만들려고 하기보다 지옥을 만들지 않기 위해 노력해야 한다.

Criticize
Marx
with the
『Das—
Kapital』

부록

부록 1 〈자본론〉 1권 요약

8편 32장으로 구성된 〈자본론〉 1권은 현실 자본주의의 운동 과정의 설명을 위해 추상화된 세계인 단순상품생산 사회에서 가치의 생산과 분배과정을 분석한다. 가치법칙을 이해하려면 1권에 대한 이해는 필수적이다. 그전에 마르크스가 〈자본론〉을 집필하는 과정을 살펴보는 것은 〈자본론〉의 전체상을 그리는 데 도움이 될 것이다.

◆ 〈자본론〉에 이르는 여정

카를 마르크스가 위대한 사상가라는 주장에 대해서는 반박할 사람들이 많을 수 있지만 거대한 사상가라는 주장을 부정할 사람은 거의 없을 것이다, 2005년 BBC는 과거 천 년 동안 가장 큰 영향력을 미친 사상가 중 1위로 마르크스를 선정하였으나 사실상 그 기간은 천년에 한정되지 않는다. 역사상 그 어느 정복자의 영광도 지난 150여 년 동안 인류에게 끼친 그의 영향력과 견주기 어렵다. 마르크스는 인류 지성사에 커다란 획을 그었을 뿐만 아니라 세계 지도의 색깔까지 달라지게 한 사상체계를 구축하였다. 그는 경제, 정치, 철학, 역사, 문학 등 여러 방면에 박식한 철학자, 정치학자, 사회학자이자 경제학자였으며, 어렵기는 하나 유려하고 고급스러운 문장력으로 "존재론과 인식론, 인간 본성, 사회의 본성, 개인과 전체 사회의 관계, 사회의 역사과정의 성격 등에 대해서 상세한 개념을 포함하는 통합되고 완결된 지적인 체계를 정식화"하였다.[141]

마르크스는 평생 수많은 저작을 남겼으나 〈자본론〉은 그의 사상과 철학을 집대성한 대표적인 저작이다. 그런데도 이 책을 완독한 사람이 많지 않은 이유는 총 3,000페이지에 이르는 방대한 양과 복잡한 내용뿐만 아니라 본래 철학자로서의 기질이 문장에 발휘되어 있어 읽기가 쉽지 않은 탓일 것이다.

먼저 〈자본론〉이 완성되기까지의 과정을 살펴보자. 마르크스는 엥겔스와의 공저를 포함하여 평생 100권 이상의 논문과 저서를 남겼다. 마르크스가 28세인 1846년에 평생의 벗이자 동지이며 경제적 후원자였던 엥겔스와 공동으로 집필한 〈도이치 이데올로기〉는 물질이 의식이나 제도에 선행한다는 유물사관을 정립하였다. "하나의 유령이 유럽을 떠돌아다니고 있다. 공산주의라는 유령이" 라는 문장으로 시작해서 "전 세계의 프롤레타리아여, 단결하라!"라는 문장

---

141 〈E.K.헌트의 경제사상사〉, p.433.

으로 끝을 맺는 〈공산당 선언〉은 30세인 1848년에 엥겔스와 공저로 출간했다. 그러나 마르크스 하면 떠오르는 평생의 대작은 역시 1867년 1권이 출간된 〈자본론〉이다. 원래 자본, 토지소유, 임노동, 국가, 국제무역, 세계시장의 6부작(6권)으로 계획되었으나 3권만 출간되었다. 그나마 마르크스가 직접 교정쇄까지 본 것은 1권뿐이며, 마르크스 사후 엥겔스가 유품으로 남겨진 방대한 원고 더미들을 추려 1885년 2권, 마르크스 사후 10년이 지난 1893년 3권이 출간되었다. 이 때문에 엥겔스가 원본을 거의 수정하지 않고 편집하였다고 해명하였지만, 본래의 마르크스주의가 엥겔스주의로 변질되었다는 비판은 끊이지 않고 있다. 하지만 2, 3권의 엥겔스가 쓴 서문을 보면 악필로 유명한 마르크스의 필체를 해독하고 책으로 엮느라 시력까지 손상되는 엥겔스의 악전고투가 생생하게 다가온다. 2, 3권 출간에 왜 그토록 오랜 세월이 걸렸는지 이해가 될 뿐만 아니라 〈자본론〉을 집필한 마르크스에 못지않게 편집한 엥겔스의 노력에도 경의를 표하는 마음이 생긴다.

마르크스가 24세에 자유주의 성향의 언론인 라인신문의 기고자로 출발하여 편집장으로 활약하다, 프로이센 정부의 탄압으로 라인신문이 폐간되면서 프랑스, 벨기에, 다시 독일을 전전하는 망명생활을 거쳐, 영국 런던에 안착한 것은 1849년 8월이었다. 런던에서 마르크스는 철학자로의 한계를 벗어던지고 변증법적 유물론을 아담 스미스, 데이비드 리카도로 대표되는 고전파 경제학에 대한 비판적 연구와 결합하여 '과학적 사회주의'의 정수인 〈자본론〉을 집필한다. 낮에는 대영박물관 도서관에서 엄청난 분량의 서적을 발췌하고 밤

자본론으로 마르크스를 비판하다

에는 집에 돌아와 집필을 계속하는 16년 이상의 고행이었다.

〈자본론〉의 집필은 여러 단계를 거친다. 마르크스는 1850 ~ 1860년대의 선행작업의 결과물, 그리고 1권 출간 후에 2, 3권의 완성을 위한 방대한 분량의 원고를 남겼다. MEGA(Marx · Engels · Gesamtausgabe)[142]로 알려진 '마르크스·엥겔스 전집'은 〈자본론〉에 이르는 과정을 '1857 ~ 1858년 초고', '1861 ~ 1863 초고', '1863 ~ 1865년 초고', '1865 ~ 1867년 초고', '1868 ~ 1881년 초고'의 단계로 나누고 있다. 일명 '그룬트리세' 또는 '요강'으로 알려진 〈정치경제학 비판 요강〉은 마르크스가 자신의 이해를 돕기 위하여 경제학 연구의 성과를 집필한 것으로 스스로 읽는데도 1주일 이상의 시간이 걸린다고 밝힐 정도로 난해하고 방대한 분량으로 '1857 ~ 1858년 초고' 단계에 속한다. 원고상태로 존재하다가 1939년에 최초로 출간된 이 책은 마르크스의 경제사상을 이해하는 데 중요한 역할을 하는 '근본적인 저작'[143]으로 여겨진다. 〈자본론〉의 실질적인 선행작업으로 알려진 〈정치경제학 비판을 위하여〉도 1859년에 마르크스가 직접 간행한 것이다. '1861 ~ 1863 초고'는 〈정치경제학 비판을 위하여〉를 완성하기 위한 속편으로 시작되었는데, 〈자본론〉 1권, 〈자본론〉 4권으로 알려진 〈잉여가치학설사〉 및 3권의 초고까지 포함하는 총 23권의 노트 분량이다. '1863 ~ 1865년 초고'에는 〈자본론〉 1

---

142 MEGA는 1920년대부터 독일 정부가 세계 곳곳에 흩어져 있는 마르크스와 엥겔스의 원고들을 모아 책으로 펴내기 위한 작업으로 세기를 넘어 현재까지 진행되고 있다. 총 114권 중에서 2014년 말 현재 61권이 출판되었으며, 우리나라에서는 2021년 〈잉여가치론 1〉과 〈경제학 비판을 위하여〉가 번역되었다.

143 로만 로스돌스키, 〈마르크스의 자본론의 형성〉, 백의, p.5.

권의 인쇄용 원고, 3권 원고 및 2권의 초고가 포함되어 있다. '1865 ~ 1867년 초고'는 〈자본론〉 1권을 인쇄하기 위한 최종 원고와 2권과 3권을 수정, 보완하는 원고들로 구성되어 있다. 마르크스는 1867년 〈자본론〉 1권을 직접 출간한 뒤, 2권과 3권의 완성을 위해 '1868 ~ 1881년 초고' 작업에 들어가지만, 지병과 재판으로 중단된다. 이후 1874년부터 1881년까지 다시 작업을 시작하였으나, 끝내 발행되지 못한 원고 상태로 남겨두었다. 결국 〈자본론〉 2권과 3권은 마르크스 사후 엥겔스에 의해 출간된다.

이처럼 〈자본론〉은 마르크스 생전에는 1권만 출간되었고 마르크스가 애초 계획한 대로 총 6부작으로 완성되지도 못하였다. 선행작업부터 시작하면 근 20년을 넘는 긴 세월이 소요되었음에도 2, 3권이 완성되지 못한 이유는 평생 마르크스를 괴롭힌 건강상의 문제가 이야기되고 있으나, 마르크스 스스로 자신의 이론에 대한 문제점을 알았기 때문이 아닌가 하는 주장도 있다.[144]

◆ 사용가치와 교환가치

마르크스는 부의 '기본적 단위'인 상품에서 시작한다. 상품의 생산목적은 생산자의 자가소비가 아니라 다른 상품과의 교환이다. 상품은 자본주의 이전의 생산양식에서도 존재하였으나 사용하고 남

---

144 캐러스 스테드먼 존서, 〈칼 마르크스, 위대함과 환상 사이〉, 홍기빈 역, 아르테, p.27.

은 잉여생산물에만 해당될 뿐 상품생산이 생산의 주된 목적이 된 것은 자본주의 체제가 들어선 이후의 일이다. 상품은 사용가치와 가치라는 두 요소로 이루어져 있으며 이 중에 하나라도 없으면 상품이 될 수 없다. 사용가치는 인간의 욕구를 충족시켜주는 유용한 성질을 의미한다. 서로 다른 사용가치를 지닌 상품 간의 맞바꿈인 교환으로 인간의 온갖 욕구는 충족될 수 있다.

상품 교환을 위해서는 서로 양적으로 비교할 수 있는 공통의 척도가 필요하다. 사용가치는 인간에게 유용함을 주나 상품마다 있는 사용가치는 질적으로 다르기에 양적인 비교의 척도가 될 수 없다. 빵이 주는 유용함과 휴대폰이 주는 유용함을 어떻게 비교할 수 있을까? 휴대폰 1대는 몇 개의 빵과 교환되어야 하는가? 이처럼 질적으로 다른 사용가치를 비교하려면 양적 비교가 가능한 공통척도가 필요한데 그것이 가치(교환가치)다. 휴대폰의 가치가 빵의 가치보다 100배가 높다는 것이 인정된다면 휴대폰 1대는 빵 100개와 교환될 수 있다.

따라서 가치는 상품에 존재하는 것으로 양적으로 비교할 수 있는 공통적인 '그 무엇'이다. 그 무엇은 인간의 노동이다. 상품에서 사용가치를 논외로 한다면 상품에는 인간 노동의 결과라는 속성만 남는다. 휴대폰과 TV는 사용가치로는 상호 우열을 양적으로 비교하기 어렵지만, 완성품을 만드는 데 소모된 인간 노동의 양은 비교할 수 있다. 노동의 양은 노동시간으로 나타나며 그것의 현실적 표현이 화폐이다. 상품은 각 상품에 내재되어 있는 인간 노동의 양으로서 상호 비교되고 그에 비례하여 교환된다.

그런데 휴대폰을 만드는 노동과 빵을 만드는 노동은 구체적인 작업방식이나 수단이 다르다. 상품을 만드는 구체적인 노동은 상품마다 다를 수밖에 없다. 작업목적, 형태, 수단, 방법에서 서로 다른 노동을 어떻게 양적으로 비교할 수 있는가? 여기서 마르크스는 노동의 이중성이라는 독창적인 개념을 제시한다. 상품마다 노동의 구체적인 작업방법 및 과정이 다르므로 각 상품의 특별한 유용성인 사용가치가 만들어진다. 즉, 구체적인 노동은 사용가치를 만드는 유용노동이라는 것이다. 상품 속에 내재된 유용노동은 질적으로 다른 노동이기 때문에 서로 비교할 수 없다. 각 상품의 사용가치가 질적으로 다르므로 상호 비교될 수 없는 것은 사용가치를 만드는 구체적 유용노동이 서로 비교될 수 없기 때문이다. 따라서 노동의 양으로 가치를 표현하려면 노동의 다른 한 측면에 주목할 필요가 있는데, 그것은 인간의 추상노동이다. 사용가치를 만드는 유용노동이 작업방식이나 형태에서 다를지라도 모든 노동은 인간 노동력의 지출이란 점에서 공통점을 갖고 있다. "비록 질적으로 다른 생산활동이지만 모든 노동은 인간의 두뇌·근육·신경·손 등의 생산적 소비"[145]라고 마르크스는 말한다. 추상적 노동이라 불리는 이 인간 신체의 에너지 소모는 양적으로 비교될 수 있다. 복잡한 노동이나 강도 높은 노동은 인간 노동력의 지출에서 단순노동과 양적으로 다를 수 있으나, 그것은 양적인 차이일 뿐이므로 모두 단순노동의 몇 배라는 식으로 환원할 수 있다. 추상적 인간 노동의 개념으로 인해 모든 노동

---

145 〈자본론 1권(상)〉, p.55.

을 양적으로 비교할 수 있게 되고 모든 상품 사이의 교환비율을 정하는 것이 가능해진다.

상품의 가치는 상품을 만드는 데 소모된 추상적 인간 노동의 양이며 노동시간으로 표현된다. 휴대폰 1대를 만드는데 100시간의 노동이 소모되고, 빵을 만드는데 1시간의 노동이 소모된다면, 휴대폰 1대와 빵 100개는 상호교환될 수 있다. 또한 휴대폰의 가치는 노동 100시간이며 빵은 노동 1시간이다. 1시간의 가치가 100원이라면 휴대폰 1대 가치의 화폐적 표현은 1만 원이고 빵은 100원이 된다. 뒤집어 말한다면 노동 100시간으로 휴대폰 1대와 빵 100개를 향유할 힘을 갖는다. 상품의 가치는 상품 상호 간에 교환되는 비율 또는 상품을 구매하거나 향유할 수 있는 지분이라고 정의할 수 있다. 영국 경제학자 로날드 미크가 가치는 "교환에서 상품이 다른 상품들을 구매하거나 지배하는 힘"이라고 정의한 것은 이와 같은 맥락이다.[146]

상품 속에 포함된 노동은 상품을 생산 또는 재생산하는데 필요한 노동시간이다. 그런데 상품을 생산하는데 필요한 노동시간은 개인별로 혹은 기업별로 다를 수 있다. 빵 1개를 만드는데 성실한 노동 혹은 솜씨 좋은 노동은 1시간이 필요하지만 게으르거나 솜씨가 떨어지는 노동은 2시간, 3시간이 걸릴 수 있다. 상품의 가치가 여러 개 존재할 수 없으므로 가치는 시장에서의 경쟁을 통해 개별 생산자의 노동시간이 평균화된 것으로 결정된다. 이를 상품을 생산하는데 '사회적으로 필요한 노동시간'이라 부르며 '사회의 정상적인 생산조건

---

146 로날드 미크, 〈노동가치론의 역사〉, 김제민 역, 풀빛, p.97.

과 그 사회에서 지배적인 평균적 노동숙련도와 노동강도에서 상품을 생산하는데 드는 노동시간'을 의미한다. 결과적으로 상품의 가치는 상품을 생산하는데 사회적으로 필요한 평균노동시간이다. 사회적 필요노동시간은 인간의 의지와 상관없이 시장에서의 경쟁으로 결정된다. 사회적 필요노동시간보다 더 많은 시간이 필요한 상품의 생산자는 도태되며, 더 적은 노동시간으로 상품을 만드는 생산자는 평균이윤을 초과하는 이윤을 얻을 수 있게 된다.

◆ 교환에 의한 화폐의 발생

마르크스는 화폐의 발생 기원을 밝히기 위해 원시부락에서의 물물교환과 같은 가장 단순한 형태의 가치관계에서 시작한다. 아래와 같이 종류가 다른 상품을 수량의 비율에 따라 가치가 같아지는 등식 관계로 나타내는 것을 '가치형태'라고 한다. A와 B는 사용가치로 보면 다른 상품이지만 가치로 보면 양적인 비교가 가능하여서 등식의 형태로 나타낼 수 있다는 의미가 있다.

X량의 상품 A = Y량의 상품 B

위의 식에서 보는 바와 같이 X량의 상품 A와 Y량의 상품 B가 교환되기 위해서는 두 상품 간에 공통적인 무엇인가가 있어야 한다. 그 무엇은 추상노동임을 우리는 이미 살펴보았다. 사용가치로서 A

자본론으로 마르크스를 비판하다

와 B는 질적으로 다른 종류이기에 비교할 수 없고 '인간 신체의 노동력이 투입되었다.'라는 추상노동을 기준으로 하면 노동은 순수하게 양적 차원으로 환원되어 상호 비교가 가능해진다. 이 경우 X량의 상품 A와 Y량의 상품 B에 포함된 추상노동의 양은 동등하다. 그렇기에 X량의 상품 A와 Y량의 상품 B가 교환이 가능하게 된다. 상품에 체현되어있는 추상노동의 양이 가치이므로 두 상품의 가치는 동등하다. 가치가 동등하기에 교환이 가능한 것이다.

위 가치형태를 상품 A의 측면에서 보면 상품 A의 가치를 상품 B가 표현하는 것으로 볼 수 있다. 상품 B는 상품 A의 가치를 표현하는 수동적 역할을 하고 상품 A는 상품 B로 자신의 가치를 확인하는 능동적 역할을 한다. 이때 상품 A는 상대적 가치형태, B는 등가형태에 있다고 말한다. 상품 A는 스스로 자신의 가치를 표현하지 못하고 다른 상품에 의해 상대적으로 가치가 표현된다는 의미에서 '상대적 가치형태'가 된다. 상품 B는 자신의 가치가 아니라 다른 상품의 가치를 표현하는 수단으로 기능한다는 의미에서 '등가형태'가 된다.

상품 A의 가치를 표현하는 등가물로서의 상품 B는 현물형태이지 가치 그 자체가 아니다. 즉, 상품 B는 자신의 사용가치로서 상품 A의 가치를 표현하고 있다. 휴대폰 1대와 라면 100개가 교환된다고 했을 때, 휴대폰 1대의 가치는 라면 100개라는 사용가치로 표현되는 것이지 라면 100개의 노동시간이 아니다. 두 상품의 추상적 노동시간이 같아서 교환되지만, 현실에서 노동시간은 상품의 표면에 드러나지 않는다. 하지만 상품의 가치가 다른 상품의 사용가치로 나타나는 것은 현상일 뿐 본질은 상품의 이면에 있는 노동시간이라고 마르크스는 말한다.

생산력의 발전과 사회적 분업의 확대에 따라 상품의 종류가 다양
해지면서 단순한 가치형태는 다음과 같이 확대된다.

$$
\text{X량의 상품 A}
\begin{cases}
= \text{Y량의 상품 B} \\
= \text{Z량의 상품 C} \\
= \text{R량의 상품 D} \\
= \text{T량의 상품 E} \\
= \text{U량의 상품 F} \\
\text{등등}
\end{cases}
$$

이를 전개된 가치형태라고 한다. 전개된 가치형태는 사회적 분업
의 확대에 따라 다양한 상품 간의 교환을 표현하고 있으나, 상품 B,
C, D, E, F 등은 상품 A의 가치를 독립적으로 표현하고 있을 뿐 각
상품 상호 간의 관계는 표현되지 않는다. 이것이 의미하는 바는 A
는 각각의 다른 상품과 교환은 가능하지만, A를 제외한 상품들 상
호 간의 교환은 이 표현에서는 불가능하다는 점이다. 따라서 이것
은 시장의 일반적인 교환관계를 표현하는 가치형태로서는 부족하
다. 이 문제는 아래와 같이 위 식을 역으로 전개함으로써 해결된다.

$$
\begin{cases}
\text{Y량의 상품 B} \\
\text{Z량의 상품 C} \\
\text{R량의 상품 D} \\
\text{T량의 상품 E} \\
\text{U량의 상품 F} \\
\text{등등}
\end{cases}
= \text{X량의 상품 A}
$$

마르크스는 위 등식을 일반적 가치형태라 부른다. X량의 상품 A 는 자신의 가치를 다양한 상품의 사용가치로 표현하는 형태에서 벗어나서 다양한 상품의 가치를 A 자신의 사용가치로 표현하는 형태가 되었다. 이제 상품 B ~ F 등등은 A로 표현되는 자신의 가치를 비교하여 서로 교환하는 것이 가능하다. 예를 들어 상품 B가 1A이고 C가 2A라면 C 1개는 2개의 B와 교환된다. 자신을 제외한 모든 상품의 가치를 표현하는 특수한 역할을 맡게 된 상품 A는 일반상품의 지위에서 벗어나서 다른 상품의 가치를 재단하는 독점적이고 신성한 권위를 갖게 되었다. 이 상품이 바로 금, 은과 같은 화폐다. A가 화폐라는 신성한 권위에 등극하였다는 사실이 다른 상품과 등가교환이란 가치법칙의 통제에서 벗어남을 의미하는 것은 아니다. A를 제외한 모든 상품은 A와 동량의 노동시간을 갖고 있으므로 교환된다. 상품의 가치는 상품에 대상화된 노동시간의 양이므로 동등한 가치를 가진 상품 간에 교환이 이루어진다는 가치법칙이 화폐 발생의 전제가 되는 것이다.

화폐는 원래 다른 상품의 가치를 측정해주는 단순한 역할을 부여받았으나 사회적 분업이 발전할수록 화폐는 유통수단, 지불수단, 부의 저장수단과 같이 다양한 기능을 수행한다. 화폐도 상품 교환을 가능하게 하는 사용가치가 있는 상품이고 생산에 투입된 노동시간으로 가치가 결정되는 것은 다른 상품과 다를 바 없다. 그러나 상품가치를 측정하는 도구로써 사용된다는 성질은 화폐를 '상품 세계의 대표자이자 신'[147]의 반열에 오르게 한다. 아무리 공들여 생산해

---

147 카를 마르크스, 〈정치경제학 비판요강 Ⅰ〉, 김호균 역, 그린비, p.211.

도 화폐가 자신의 가치를 인정해 주지 않으면 그 물건은 상품이 되지 못하고 창고에서 썩을 수밖에 없다. 상품이 시장에서 판매된다는 것은 사적노동이 교환을 거쳐 사회적 승인을 얻는 것으로, 상품 속에 함께 내재되어 있던 사용가치와 가치 중에서 가치가 화폐의 부름을 받아 사용가치와 분리되는 과정이다. 상품의 판매자는 상품의 가치를 화폐라는 형태로 받고 구매자는 상품의 사용가치를 얻는 교환과정의 성립은 화폐가 그 상품의 사용가치를 승인해 주지 않으면 안 된다. 교실에서 아이들의 키를 측정하는 큰 막대 자가 아이들을 혼내는 도구로 사용되어 심리적 지배자가 되는 것에 비유할 수 있다. 모든 상품이 화폐의 부름을 기다리고 모두 사람이 화폐를 추구한다. 이것이 마르크스가 말하는 물신주의다.

물신주의는 화폐에만 적용되는 것이 아니다. 물건이 시장에서 교환되는 상품이 되면 물건 자체가 신비화되고 사람들의 숭배를 받게 된다. 그 물건들은 인간 노동의 산물이며 물건의 생산은 사람들 간의 사회적 관계에 기반한 것이란 점은 은폐되고, 물건 자체가 원래 신비한 능력을 가진 것처럼 보이는 현상이 물신주의다. 화폐로 물건을 구매하고 물건은 우리를 만족시키는 일상생활이 마치 화폐에는 본래 물건을 살 힘이 존재하고 물건에는 본래 우리를 만족시키는 속성이 있는 것처럼 보이게 하면서, 사람의 노동이라는 진정한 본질이 내면에 보이지 않는 형태로 존재한다는 점을 알아차리게 하지 못한다. 이러한 물신숭배사상은 상품생산 사회라는 틀 속에서만 존재하는 것이다. 자본주의라는 특정한 시대를 벗어나서 물건이 덮어쓴운 장막이 사라지면 사물 간의 관계가 인간들 간의 관계로 복

자본론으로 마르크스를 비판하다

원된다는 것이 물신주의가 가진 함의다.

◆ 불변자본과 가변자본 그리고 잉여가치의 생산

자본주의에서 자본은 이윤 획득을 존재의 의의이자 목표로 한다. 이윤의 원천은 노동자로부터 착취한 잉여가치인데, 잉여가치의 본질 파악을 위해서 자본의 운동을 먼저 분석할 필요가 있다.

자본은 처음에는 화폐 형태로 운동을 시작한다. 상품생산을 하려면 기계, 원재료와 같은 생산수단과 노동력이 필요하다. 따라서 화폐를 가진 자본가는 생산수단과 노동력을 구매하여 상품생산에 들어간다. 상품이 생산되면 그것을 판매하여 다시 화폐 형태로 획득한다. 재획득한 화폐량은 처음 투자한 화폐량보다 증가한 크기인데 이 증가량이 잉여가치이다. 화폐는 가치를 표현하는 수단이므로 증가한 화폐량은 증가한 가치이고 증가한 노동시간이다. 원래 투자한 노동시간보다 더 많은 노동시간이 화폐로 돌아오는 것이다. 자본이 화폐 형태로 출발하여 다시 화폐 형태로 되돌아오는 순환과정은, 자본이 생산수단과 노동력을 구매하는 유통과정, 상품을 생산하는 생산과정, 생산된 상품을 판매하는 유통과정으로 구분할 수 있다. 이 순환에서 최초의 화폐는 잉여가치만큼 증식된 양으로 돌아오는데, 이 잉여가치가 어디에서 발생하는가 하는 의문은 당시 경제학의 중요한 난제였다.

상업활동이 부를 창출한다고 믿었던 중상주의 학자들은 상품의 유통과정에서 잉여가치가 발생한다고 주장하였으나, 구매에서 이익을 보면 판매에서 손해를 보거나 판매에서 이익을 보면 구매에서 손해를 볼 수밖에 없으므로 유통과정에서는 잉여가치를 남길 수 없다는 사실이 점점 명백해졌다. 프랑스의 프랑수아 케네를 위시한 중농주의는 생산과정에서 잉여가치가 발생한다는 것을 인식한 최초의 학파였으나 농업만이 잉여가치를 생산하고 상업 및 공업은 비생산적이라고 보는 한계를 갖고 있었다. 고전파 경제학의 창시자인 아담 스미스와 노동가치론을 발전시킨 리카도는 노동이 부의 원천이라는 것은 파악하였으나, 잉여가치가 어떻게 발생하는지 구체적인 과정을 밝히는 데는 실패하였다.

잉여가치가 생산과정에 투입된 노동시간 중에서 노동자에게 지불되지 않은 부불노동이라는 것을 체계적으로 밝힌 최초의 학자는 마르크스였다. 잉여가치는 생산과정에서 생산되며 유통과정은 동등한 가치의 교환이기 때문에 잉여가치를 생산할 수 없고 이미 생산된 잉여가치를 실현할 뿐이라고 마르크스는 설명한다. 생산과정은 기계, 원재료 등의 생산수단과 인간 노동력의 합작이다.

여기서 가치 생산의 핵심개념인 불변자본과 가변자본이 등장한다. 불변자본은 기계, 원재료와 같은 생산수단인데 가치가 변동하지 않는다는 점에서 '불변'자본(Constant Capital)이라고 한다. 불변자본은 과거에 만들어진 상품이다. 불변자본의 생산을 위해 과거에 투입된 노동은 새로운 생산과정에 투입되어도 새로운 가치를 생산할 수 없는 '죽은' 노동이다. 과거에 투입되어 응고된 노동은 그 가치만큼 생산되는 상품에 이전될 뿐 새로운 가치를 형성하는 것은 아

자본론으로 마르크스를 비판하다

니다. 과거에 100시간이 투입되어 생산된 기계는 100시간의 가치를 새롭게 생산되는 상품에 이전시킬 뿐 그 이상의 가치를 생산하지 않는다.

가변자본은 가치가 변동한다는 점에서, 즉 새로운 가치를 생산한 다는 의미에서 '가변'자본(Variable Capital)이다. 가변자본은 바로 노동력이다. 노동력은 노동을 할 수 있는 능력을 말한다. 노동력은 과거에 투입된 노동이 아니라 생산 시점 현재에 투입된다는 의미에서 '살아있는' 노동이다. 노동력은 노동하는 능력이므로 자신의 가치보다 더 많은 노동을 생산할 수 있는데 더 많이 생산된 노동량이 잉여가치다.

자본주의에서 노동력도 하나의 상품으로 판매 및 구매의 대상이 된다. 자본가와 노동자가 근로계약을 체결함으로써 노동자는 노동력을 팔고 자본가는 그것을 구매한다. 그 결과 노동력은 신체적으로는 노동자에 귀속되어 있으나 노동자가 아닌 자본가의 소유가 되며, 자본가는 노동력을 사용하여 상품을 생산한다. 자본가가 노동력을 구매하여 생산에 투입하는 것은 기계를 구매하여 가동하는 것과 다르지 않게 여겨진다. 노동력의 구매는 노동자 자체를 사는 것이 아니다. 그것은 노예제 사회에서 가능한 일이다.

노동력도 상품이므로 당연히 가치가 있다. 상품의 가치는 상품생산에 필요한 사회적 필요노동시간이므로 노동력을 생산하는데 필요한 사회적 필요노동시간이 노동력의 가치다. 노동력을 생산한다는 것은 노동할 수 있는 에너지를 보충하는 것이다. 노동자는 생활하는데 필요한 상품, 여가활동, 교육 등의 생활수단을 소모하여야

노동할 수 있는 에너지를 얻을 수 있다. 따라서 노동력을 생산하는 데 필요한 사회적 필요노동시간은 이러한 생활수단을 생산하는데 필요한 사회적 필요노동시간이 된다. 노동자가 하루 생활하는 데 필요한 생활수단의 생산시간이 5시간이라면 하루 노동력의 가치는 5시간의 노동이 되는 것이다.

노동력은 다른 상품과 달리 특수한 성질이 있다. 노동력을 사용하면 노동이 발현되므로 가치가 생산된다는 점이다. 노동력의 사용 과정은 가치의 생산과정과 같다. 그런데 노동력은 자신의 가치 이상으로 노동을 제공할 수 있다는 특별한 성질이 자본가에게 '특별한 행운'으로 작용한다. 하루 5시간의 가치를 지불하고 구매한 노동력이 그 이상 노동을 할 수 있는 것이다. 5시간의 가치를 임금이란 명목으로 지불하고 구매한 상품인 노동력이 하루에 10시간 노동한다면 5시간의 무상의 가치가 생산된다. 이것은 노동자에게 지불되지 않는 부불노동이며 추가로 생산된 새로운 가치라는 점에서 잉여가치(Surplus Value)이다.

정리하면 자본가는 생산수단과 노동력을 구매하여 상품을 생산하는데, 생산수단은 가치가 변동하지 않는, 따라서 새로운 가치를 생산하지 못하는 불변자본이고, 노동력은 자신의 가치 이상의 노동을 창출하여 잉여가치라는 새로운 가치를 만들어 내는 가변자본이다. 잉여가치는 당연히 생산수단과 노동력의 소유자인 자본가의 소유가 된다. 상품의 가치는 이렇게 표현된다.

$$\text{상품의 가치} = c + v + s$$

여기서 c는 불변자본, v는 가변자본, s는 잉여가치다. 자본가는 c + v를 투입(구매)하여 c + v + s의 가치를 생산하므로 s라는 잉여가치를 얻는 것이다. 이것이 스미스나 리카도도 밝혀내지 못한 잉여가치 생산의 비밀이다. 잉여가치는 결국 살아있는 노동인 노동력이 생산하는 것으로, 자본가가 노동력의 가치를 정당하게 지불하였기 때문에 잉여가치를 무상으로 가져가는 것은 합법적이고 정당한 것으로 여겨지나 본질은 노동력을 착취한 결과이다. 자본가가 현실에서 자본투자에 대한 대가로서 얻는 이윤의 원천은 잉여가치다. 자본가 사이의 경쟁으로 인해 같은 양의 투입자본이 같은 양의 잉여가치를 얻도록 생산된 잉여가치를 재분배하며 이로 인해 잉여가치는 이윤으로 전화한다. 이 과정은 제3권에서 서술된다. 불변자본과 가변자본은 뒤에서 좀 더 자세히 살펴보기로 한다.

◆ 절대적 잉여가치와 상대적 잉여가치

잉여가치는 생산되는 방식의 차이에 따라 절대적 잉여가치와 상대적 잉여가치로 구분된다. 어떤 노동자의 노동일(하루의 노동시간을 의미한다) 중 자신의 노동력의 가치만큼의 노동시간을 필요노동시간이라 하고 나머지 부불노동시간을 잉여노동시간이라 한다. 필요노동은 노동력을 재생산하는 데 필요한 노동시간이라는 뜻이 있다. 노동일은 필요노동과 잉여노동으로 구성되는데 이는 한 주의 노동시간인 노동주, 한 달 노동인 노동월, 연간 노동인 노동년에서도 마찬가지다. 예를 들어 하루 10시간의 노동이 필요노동 5시간과 잉여노동 5시간으로 구성된다면, 주 5일 노동 시에 노동주는 25시간의 필요노동과 25시간의 잉여노동으로 구성된다.

일정한 시간의 노동이 필요노동과 잉여노동으로 구분될 경우, 잉여노동이 생산하는 가치를 절대적 잉여가치라 부른다. '절대적'이란 용어의 사용은 자본가가 잉여노동을 증가시키려면 노동일을 절대적으로 연장해야 하기 때문이다. 노동일 10시간, 필요노동시간 5시간, 잉여노동시간 5시간일 경우 자본가가 더 많은 잉여가치를 얻기 위해서는 노동일을 연장해야 한다. 노동일이 12시간으로 2시간 연장되면 자본가는 7시간의 잉여가치를 얻을 수 있다. 결국 잉여가치는 일정한 노동시간 중에서 필요노동을 제외한 부분이다.

잉여노동시간과 필요노동시간의 비율을 잉여가치율이라 한다. 노동일이 필요노동 5시간, 잉여노동 5시간으로 구성될 경우, 잉여가치율은 '잉여노동시간/필요노동시간 = 100%'가 된다. 잉여가치율은 착취의 정도를 보여주는 지표이다. 자본가가 노동일을 연장하면 잉여가치율은 올라간다. 10시간의 노동일이 12시간으로 연장되면 잉여가치도 2시간 증가한 7시간이 된다. 노동일 연장 전의 잉여가치율은 100%였으나 연장 후에는 140%가 된다.

잉여가치를 더 많이 얻는 방법은 노동시간의 연장밖에 없을까? 여기서 마르크스는 상대적 잉여가치라는 개념을 등장시킨다. 상대적 잉여가치를 얻는 방법으로 자본가는 노동시간을 연장하지 않고도 잉여가치를 증가시킬 수 있다. 하루 10시간 노동으로 100개의 상품을 생산하는 경우를 예로 들어보자. 1개당 100원에 판매한다면 10시간 노동으로 10,000원의 수입을 얻으므로 1시간 노동으로는 1,000원의 수입을 얻는다. 잉여가치율이 100%라면 노동자는 필요 노동시간 5시간, 자본가는 잉여가치 5시간을 얻는데 화폐로는 각각 5,000원이다. 그런데 이 회사의 생산성이 증대하여 노동일 10시간으로 150개의 상품을 생산한다면, 회사의 수입은 15,000원으로 증가한다.[148] 생산성은 향상되었지만, 임금의 변동이 없다면 노동자는 5,000원, 자본가는 10,000원을 갖게 되어 자본가의 이윤이 증가한다. 이 회사는 생산성 향상 전에는 10시간 노동으로 10,000원의 수입을 얻었으나 생산성 향상 후에는 10시간 노동으로 15,000원 수입을 얻는다. 노동자가 받는 임금 5,000원은 생산성 향상 전에는 5시간의 가치를 갖고 있었으나 생산성 향상 이후에는 '10시간 × 5,000 /15,000 = 3.3'시간으로 가치가 감소한다. 생산성 향상으로 노동력의 가치가 5시간에서 3.3시간으로 감소한 것이다. 노동자가 잃게 된 1.7시간만큼 자본가의 잉여가치는 증가하여 6.7시간이 된다. 생산성 향상과 상관없이 노동자는 여전히 5,000원의 임금을 받지만 그것이 대표하는 노동시간, 즉 가치는 감소하고 그만큼 자본가의 잉여가치가 증가하는데 이것이 상대적 잉여가치다. '상대적'의 의미는 노동일이 고정된 상황에서 생산량의 증가로 인한 필요노동시간의 감소에 따라 잉여노동시간이 그만큼 상대적으로 증가한다는 것이다. 하루 10시간으로 노동시간이 고정된 상태에서 생산량이 증가하면 노동자가 받는 임금의 변화가 없어도 필요노동시간은 감소하는 것이

---

148 여기서 마르크스는 개별기업의 생산량 변화가 상품가격에 영향을 미치지 않는 완전경쟁시장을 암묵적으로 가정하고 있다.

상대적 잉여가치가 생산되는 원리다. 노동자의 임금이 생산성이 향상된 만큼 증가하지 않는다면 상대적 잉여가치는 항상 생산된다. 만약 위의 예에서 노동자의 임금이 생산성이 향상된 만큼인 1.5배 증가하여 7,500원이 되었다면 임금은 여전히 5시간의 가치를 갖게 되므로 상대적 잉여가치는 생산되지 않는다.

상대적 잉여가치는 개별기업이 다른 경쟁기업보다 생산성을 향상할 때 얻는 것으로 생산성 향상이 모든 기업으로 보편화되면 상품가격이 하락하므로 눈 녹듯이 사라진다. 상대적 잉여가치는 타인과 비교해 차별적인 우위를 갖고 있을 때만 얻을 수 있는 초과이윤이며 개별기업이 생산성을 향상시켜 얻는 상대적 잉여가치를 특별잉여가치라고도 부른다. 노동시간 연장에 의한 절대적 잉여가치의 획득이 노동자의 반발로 한계를 가지면서 자본가들은 다양한 방법으로 상대적 잉여가치를 얻기 위해 노력하게 된다. 마르크스는 상대적 잉여가치의 생산을 위한 '특수한 생산방식'을 협업, 분업과 매뉴팩처, 기계와 대공업의 세 가지 단계로 제시하고 있다. 자본주의는 이 세 단계를 거치면서 생산력이 비약적으로 발전하였다. 자본주의 생산력의 발전은 상대적 잉여가치를 얻기 위한 노력의 결과와 다름없다. 또한 이 과정은 자본에 의한 노동의 예속이 실질화되는 과정이었고, 생산력 발전의 과실을 대부분 자본이 차치함으로써 노동자의 궁핍화가 심화하는 과정이었다.

자본론으로 마르크스를 비판하다

◆ 자본축적의 일반적 법칙과 시초축적

절대적, 상대적 잉여가치의 획득이라는 두 가지 무기를 가진 자본은 잉여가치의 일부를 생활수단 및 사치품에 사용하고 나머지는 다시 재투자하여 자본을 축적해간다. 잉여가치가 자본으로 전환되는 것이다. 자본가는 재투자금으로 생산수단과 노동력을 추가로 구매할 수 있으므로 잉여가치는 더 증가하고 이 과정이 반복되면서 자본의 확대재생산이 일어난다. 축적과정은 복리로 예금이 증가하는 것과 같은 이치로 세월이 흘러가면 최초 투자자본은 보이지도 않을 만큼 적어지며 축적된 자본 대부분은 노동자로부터 착취한 잉여가치가 차지한다.

절대적 잉여가치의 창출이 한계에 도달할수록 상대적 잉여가치를 얻기 위한 자본 간의 경쟁은 필사적으로 된다. 경쟁에서 도태된 자본은 역사의 뒤안길로 사라지고 승자는 더 많은 자본을 집적하고 자본은 소수에 집중되는 과정이 반복된다. 상대적 잉여가치를 얻기 위한 노력은 기계와 같은 불변자본의 양과 가치가 높아지고 상대적으로 가변자본인 노동력의 양과 가치는 적어지는 방식으로 나타난다. 불변자본 c와 가변자본 v의 구성비율을 마르크스는 '자본의 유기적 구성'이라 부른다. c와 v의 구성비율은 불변자본과 가변자본의 소재적인 양과 가치로 결정된다. 일례로 기계의 양이 노동자보다 많아지더라도 기계의 가치가 그만큼 하락한다면 자본의 유기적 구성은 변화가 없다. 자본주의가 발전할수록 상대적 잉여가치를 얻기 위해, 그리고 경쟁에서 도태되지 않기 위해 자본은 기계를 더 많이 도입하므로 일반적으로 자본의 유기적 구성은 고도화된다.

이에 따라 불변자본의 양과 가치가 가변자본과 비교해 상대적으로 높아진다. 노동인구가 증가하면서 노동력의 가치는 절대적으로는 증가하나 불변자본과 비교하여 상대적으로 비중이 작아지는데, 이것은 자본축적이 진행될수록 산업예비군으로 명명되는 실업자가 증가하는 것을 의미한다. 다시 말해 자본이 축적되고 인구가 증가하지만, 자본에 고용되는 노동자의 수는 불변자본이 증가하는 만큼 증가하지 않는다. 자본주의 축적은 유효수요를 초과하여 생산되는 과잉생산과 함께 자본의 필요보다 더 많은 노동력이 존재하는 과잉인구를 수반하며 이것이 불황, 공황의 원인으로 작용한다. 산업예비군이 증가할수록 노동강도는 더 높아지고 노동자는 가난해지는 궁핍화 현상이 일어나는데 마르크스는 이를 '자본주의적 축적의 절대적 일반법칙'이라 부른다. 자본주의 생산력이 발전할수록 노동자의 궁핍화가 심화하고 실업자는 증가하는 현상이 절대화·일반화된다는 것이다. 마르크스는 당시 가장 발전한 자본주의 사회였던 영국과 아일랜드의 노동자들의 비참한 상황에 대해 상당한 분량을 할애하여 설명하면서 노동자 궁핍화 이론의 타당성을 보여주려 한다.

우리가 사업을 하려면 최초 자금이 필요하다. 그것으로 기계를 사고 노동자를 고용하여 이윤을 획득하고 돈을 번다. 사업을 하기 위한 최초 자금은 저축하든 부모로부터 물려받든 어떻게든 마련할 필요가 있다. 마찬가지로 자본주의 초기에 생산수단과 노동력의 구매를 위해서는 일정 정도의 자본을 축적할 필요가 있었다. 이는 최초 자본으로 구매한 생산수단과 노동력을 사용하여 잉여가치를 획득하는 자본주의적 축적과정과 구분되는데 마르크스는 이를 '시초축적'(또는 원시적 축적)이라고 불렀다.

시초축적은 대단히 강압적이고 폭력적인 방식으로 진행되었다. 봉건시대에 농민들은 토지와 같은 생산수단을 점유하며 생활을 영위하였으나 엔클로저 운동, 공유지 횡령 등 다양한 방법으로 토지에서 축출되기 시작했다. 시초축적의 대표적인 예인 엔클로저 운동은 모직물에 대한 수요의 증가로 양모값이 상승하자 농경지에서 농민들을 축출하고 목초지로 전환하는 방식으로 시작되었다. 이 과정은 생산자들을 생산수단으로부터 분리하여 점증하는 노동시장의 수요를 충족시키려는 일환이었다. 영국에서는 15세기 후반부터 엔클로저 운동이 시작되어 19세기 전반까지 300년 이상 진행되면서 농민들은 토지에서 쫓겨나 부랑자, 걸인으로 떠돌았다. 자본주의는 자본의 축적을 위해 자신의 노동력을 판매하는 방법 외에는 생존 수단이 없는 노동자 군이 필요하다. 토지와 분리된 농민들은 산업자본이 형성되면서 노동자로 전화되어 갔다. 시초축적은 한편으로는 강탈에 의한 자본의 축적이 이루어지고 다른 한편으로는 토지로부터 쫓겨나 빈털터리가 된 농민들이 노동자화 되는 과정이었다.

시초축적은 엔클로저 운동 외에도 소상공업자의 몰락, 식민지 원주민 약탈 및 노예화 등으로 가능했으며 마르크스는 이를 두고 "자본은 머리에서 발끝까지 모든 털구멍에서 피와 오물을 흘리면서 이 세상에 나온다."고[149] 비판한다. 마르크스에게 자본은 인간에 대한

---

149 〈자본론 1권(하)〉, p.1041.

온갖 악행의 결과 탄생한 것이며 탄생한 후에도 사람을 착취하는 괴물로 살아가는 존재였다. 300년 이상 진행된 자본주의 형성과정은 한쪽에서는 소생산자들이 생산수단으로부터 분리되어 노동자로 전화하고, 다른 쪽에서는 소생산자로부터 분리된 생산수단을 소수가 차지하는 폭압적인 과정을 통해 이루어졌다.

자본론으로 마르크스를 비판하다

부록 2 〈자본론〉 2권 요약

3편 21장으로 이루어진 2권은 잉여가치를 생산하는 생산과정과 생산된 잉여가치를 실현하는 유통과정으로 이루어진 자본의 순환부터 시작한다. 그리고 잉여가치를 생산하는 생산자본과 잉여가치를 생산하지 않고 형태만 변환하는 유통자본을 구별하고, 자본을 고정자본과 유동자본으로 구분하여 이들이 순환과정에서 어떤 역할을 하는지 분석한다. 개별자본의 총합인 사회적 총자본이 원활하게 순환하고 확대재생산 되는 데 필요한 자본 상호 간의 비례관계를 고찰하는 것으로 마무리되는 2권은 추상화된 자본을 분석하는 1권과 현실 자본의 운동을 분석하는 3권의 징검다리 역할을 한다.

◆ 자본의 순환

자본이 움직이지 않고 정지해 있다면 노동으로부터 잉여가치를 뽑아내는 의미에서의 자본은 존재하지 않는다. 자본은 끊임없이 운동함으로써 잉여가치를 획득하고 처음 출발한 자본보다 양적으로 증대되어 돌아오는 순환과정을 거친다. 마르크스는 자본의 순환을 화폐자본의 순환, 생산자본의 순환, 상품자본의 순환이란 세 가지 형태로 설명하고 동일한 자본의 순환이라도 관점에 따라 독특한 의미가 있음을 보여주려고 한다.

자본가는 먼저 화폐자본으로 노동력과 생산수단을 구매하고, 생산과정에서 만들어진 상품을 판매하여 다시 화폐자본으로 거두어들인다. 이것이 화폐자본의 순환이다. 다시 돌아온 화폐자본은 처음의 화폐자본보다 양적으로 증대된 자본이다. 생산과정에서 잉여가치가 창출되었기 때문이다. 화폐자본의 순환은 M - C … P … C′ - M′의 공식으로 나타낼 수 있다. M은 화폐, C는 상품, P는 생산과정을 의미한다. M-C는 화폐자본으로 생산수단(MP)과 노동력(LP)이란 상품을 구매하는 과정이다. C … P … C′는 생산수단과 노동력으로 생산과정 P를 거쳐 새로운 상품 C′를 생산하는 과정이며 지불한 생산수단과 노동력의 가치 외에 잉여가치라는 추가가치를 생산하는 과정이다. C′ - M′은 생산된 새 상품을 판매하여 화폐로 변환시키는 과정이다. C′는 처음 구매한 C와 다른 상품일 뿐만 아니라 양적으로 잉여가치만큼 증대된 상품이다. 즉, C′ = C + s(잉여가치)이고 M′ = M + s이다.

생산자본의 순환은 자본의 순환을 다른 측면에서 본 것이다. $P \cdots C' - M' - C' - P'$의 공식이 그것이다. 자본가가 양적으로 증가한 화폐 M'를 개인소비에만 쓰지 않고 일부를 다시 생산수단과 노동력을 구매하는데 돌린다면 마지막의 P는 처음보다 더 많은 양의 생산수단과 노동력을 가진 P'로 돌아온다. 처음의 생산자본은 확대재생산 되었다. 자본가가 잉여가치를 개인소비에 모두 사용한다면, 자본이 늘 같은 크기로 순환하는 단순재생산이 된다. 자본의 실제 운동은 생산자본의 끊임없는 확대재생산 과정이다.

또 다른 자본의 순환형태는 상품자본의 순환이다. 공식으로 나타내면 $C' - M - C' \cdots P \cdots C''$이다. 처음 출발하는 상품 C'에는 이미 잉여가치가 포함되어 있으며, 잉여가치의 전부 또는 일부를 생산과정에 다시 투입하는 확대재생산일 경우 마지막의 C는 양적으로 다시 증가한 C''가 된다.

마르크스는 위와 같이 자본의 순환을 세 가지 형태로 설명하고 있다. 세 순환형태는 각각 나름의 의미를 지닌다. 화폐자본의 순환은 자본주의 생산의 목적이 돈을 벌기 위한 것이란 점을 명확하게 보여준다. 화폐자본의 순환에서 생산과정은 화폐가 더욱 증대된 화폐로 돌아오는 과정의 한 부분으로 여겨진다. 따라서 생산과정을 거쳐 돈을 버는 것이 아니라 화폐 자체에 돈을 버는 기능이 있는 것처럼 보이게 한다. 또한 하나의 생산과정만 보여줄 뿐 다음 생산과정은 포함되지 않아서 자본의 재생산과정을 보여줄 수 없다. 중상주의자들이 중시하는 형태인 화폐자본의 순환에만 초점을 맞출 경우, 화폐를 유통에 투입하면 저절로 돈이 벌리는 듯한 환상에 빠진다.

생산자본의 순환은 재생산과정을 확실하게 보여준다. 처음 출발하는 P는 처음 구매한 생산수단과 노동력으로 구성되어 있으나 마지막 P는 다시 구매한 생산수단과 노동력으로 구성되어 있다. 확대재생산이라면 잉여가치로 더 많은 생산수단과 노동력을 구매하므로 마지막 P는 처음의 P보다 양적으로 크다. 생산자본의 순환은 자본의 운동이 재생산과정(단순재생산 혹은 확대재생산)과 다름없다는 측면을 강조한다. 생산자본의 순환은 가치가 유통이 아닌 생산과정에서 창출된다고 주장하는 고전파경제학이 중시하는 순환형태이다.

상품자본의 순환은 C′ - M - C′라는 판매와 구매의 과정, 즉 유통과정이 생산의 전면에 나서고 있다. C′ - M은 생산된 상품이 판매되는 과정을 보여준다. 상품이 먼저 소비되어야 다시 생산수단과 노동력을 구매하여 재생산과정에 들어갈 수 있다. 자본주의 생산에서 유통의 중요성을 강조하는 순환형태이다. 고전파경제학은 화폐순환만을 강조하는 중상주의의 오류에서 벗어나 가치가 생산과정의 결과라는 점을 밝혔지만, 유통과정의 중요성을 간과하였다고 마르크스는 말한다.

세 형태의 자본순환은 현실에서는 동시에 일어난다. 자본이 생산과 유통을 지속하려면 화폐자본, 생산자본, 상품자본을 동시에 갖지 않으면 안 된다. 화폐자본이 생산자본을 구매하는 순간에도 생산자본은 생산하고 있어야 하며 상품자본은 판매되어야 한다. 그렇지 않으면 생산과 유통은 중간에 끊기게 된다. 어떤 자본가가 화폐자본을 모두 생산과정에 투입하면, 상품이 만들어지기 전까지 그는 아무것도 할 수 없다. 상품이 만들어지는 과정에도 상품을 판매하고, 다시 새로운 생산수단과 노동력을 구매하는 과정이 동시에 일어나야 지속적인 생산이 가능하다. 따라서 자본가는 화폐자본, 생산자본, 상품자본을 늘 일정하게 갖고 있으며 이들의 순환은 동시에 병존적으로 일어난다.

마르크스는 자본의 순환을 자본의 변태(형태의 변환)과정이라고 말한다. 화폐가 생산수단 혹은 노동력으로 그리고 상품으로 형태가 변환되지만, 그 속에 내재된 가치라는 본질은 동일하다는 뜻이다. 100원의 화폐가 투입되어 생산과정에서 10원의 잉여가치가 창출된 후 유통을 거쳐 110원의 화폐로 돌아오는 것은 자본이 화폐, 생산수단/노동력, 상품과 같이 외관은 달라지지만 가치가 가치로 순환하는 점은 변하지 않는다는 것을 보여준다. 자본의 외관을 무시하고 가치만을 본다면, 자본순환은 가치의 순환이고 확대재생산을 통한 자본의 축적은 가치의 축적이다. 가치는 노동시간이므로 자본축적은 노동시간의 축적이며 노동자에게서 뽑아낸 잉여가치의 축적이다. 어떤 자본가가 최초에 1억 원의 화폐로 표현되는 100시간의 가치로 출발하여 10년이 지난 뒤에 100억 원의 자본을 만들었다면, 그는 100시간의 노동시간으로 출발하여 10,000시간의 노동시간을 축적하였음을 뜻한다. 10,000시간의 가치 중에 9,900시간은 10년 동안 수많은 자본의 순환과정을 거치면서 노동자의 노동시간을 착취한 결과이다. 이것이 마르크스의 자본순환론이 내포하는 함의일 것이다.

◆ 유통비용의 분석

　자본의 순환속도는 자본의 회전시간과 잉여가치의 생산량에 영향을 미친다. 자본의 순환속도를 연구하려면 먼저 자본의 순환을 두 영역으로 나눌 필요가 있다. 구매와 판매의 유통영역과 잉여가치를 생산하는 생산영역이다. 자본이 유통영역에 머무르는 시간은 유통시간이며, 생산영역에 머무르는 시간은 생산시간이다. 즉, 자본의 순환시간은 유통시간과 생산시간의 합계이다. 생산시간은 노동시간을 포함하는 것으로 노동시간보다 길다. 노동시간과 함께 기계가 쉬고 있는 시간, 생산을 준비하는 시간, 포도주, 피혁제품과 같이 노동을 멈추고 자연적인, 혹은 화학적인 기다림의 시간 등이 포함되기 때문이다. 유통시간은 판매 및 구매에 소요되는 시간이며, 생산시간과 달리 가치를 생산하지 않는다. 따라서 유통시간이 길어지거나 유통에 투하되는 자본의 양이 많을수록 잉여가치의 생산에는 불리한 제약요소로 작용한다.

　생산에 자본이 투입되어 비용이 발생하는 것과 마찬가지로 유통에도 자본투입으로 인한 비용이 발생한다. 마르크스는 유통비용을 상세히 분석하는데, 유통비용을 순수유통비용, 보관비용, 운수비용의 세 가지로 나눈다. 순수유통비용은 다시 매매시간, 부기, 화폐비용으로 구분된다. 매매시간은 상품을 구매하거나 판매하는 행위와 관련된 비용으로 화폐자본에서 상품자본으로 또는 상품자본에서 화폐자본으로 형태를 변화시키는 데 필요한 비용이다. 매매시간의 비용으로는 상업노동자의 임금, 광고비용, 마케팅비용, 통신비용 등을 들 수 있다.

부기비용은 부기노동자의 임금, 부기용품, 펜, 잉크, 종이, 사무실 등에 대한 지출을 들 수 있다. 부기는 수공업생산, 농민적 소상품 생산에서보다 자본주의적 생산에서 더욱 필요하며, 자본주의적 생산에서보다 생산이 사회적으로 계획되는 공동체적 생산(사회주의, 공산주의)에서 더욱 중요하지만, 공동체적 사회에서 생산의 계획성이 증가하고 사회적 부기로 전환되면서 부기비용은 감소한다.

화폐비용은 화폐를 발행하고 유지하기 위한 비용이다. 금, 은이 화폐로 사용되면 이들은 생산적, 개인적 소비에서 제외된다. 오직 상품 유통의 매개체로서 역할을 한다. 화폐가 오래 사용되면 마멸, 훼손되기 때문에 새로 발행하여 보충해야 한다. 자본과 노동이 화폐비용에 지출될수록 생산적인 자본과 노동은 줄어든다. 화폐비용은 생산의 공비인 것이다. 이는 매매시간, 부기비용도 마찬가지다. 자본과 노동이 매매시간, 부기비용에 충당될수록 생산적인 부문에 투입되는 자본과 노동은 감소한다.

순수유통비용은 잉여가치를 생산하지 않는 비생산적 비용이고 순수유통비용으로 투입되는 노동은 잉여가치를 생산하지 않는다. 순수유통 노동자가 10시간을 일하고 8시간만 노동력의 가치로 지불받는다면, 2시간은 미불노동으로 순수유통 자본가의 주머니에 들어간다. 하지만 2시간은 잉여가치가 아니라 순수유통 자본가의 비용을 감소시켜 이익으로 전환될 뿐이다. 예를 들어 휴대폰대리점주가 1억 원을 대리점비용과 노동자임금으로 지출한 경우, 노동자에게 지불하지 않은 노동의 대가가 1,000만 원이라면, 그는 1,000만 원을 더 투자하여 1.1억 원을 투자할 수 있다. 추가 투자된 1,000만 원이 발생시키는 투자이윤은 대리점주에게 추가이익이 된다. 순수유통과 같은 비생산부문에 투입되는 자본과 투자이윤은 모두 생산부분의 잉여가치에서 보전된다. 휴대폰 대리점의 순수유통비용 1.1억 원과 이로부터 얻는 이윤은 휴대폰 노동자가 생산한 잉여가치에서 나온다.

마르크스는 보관비용과 운수비용은 유통비용이긴 하지만 생산적인 성격이 있다고 본다. 보관은 재고 또는 완성된 상품의 마멸, 훼손을 막아주는 역할을 하므로 소극적으로 생산적인 역할을 한다고 볼 수 있다. 운수도 유통영역이지만 상품소비를 위해서는 장소의 변동이 필요하고, 상품은 이 운동을 마쳐야 생산이 완료되므로 운수는 추가적인 생산과정이라고 마르크스는 말한다. 보관과 운수에 지출되는 비용은 생산영역에 투입되는 자본과 노동의 공제이지만, 생산적인 성격을 갖고 있으므로 상품가치에 포함되고 보관 및 운수 노동자는 잉여가치를 생산한다. 마르크스는 보관 및 운수는 매매와 같이 단순히 상품을 변태시키는 역할과는 다르다고 생각한다. 이러한 구분은 본문에서 보았듯이 자의적이고 불필요한 측면이 있다.

◆ 생산자본의 구성 및 회전속도와 잉여가치율

자본의 순환은 단일과정이지만, 회전은 주기적인 순환을 의미한다. 자본의 회전시간은 유통시간과 생산시간의 합계와 같다. 유통

자본론으로 마르크스를 비판하다

시간과 생산시간이 단축되면 회전시간이 단축되고 잉여가치의 생산에 영향을 미친다. 일반적으로 회전시간은 일 년을 기준으로 한다. 일 년을 회전시간으로 나누면 회전수가 나온다. 1회전에 3개월이 소요되는 자본의 연간 회전수는 4회이다. 자본의 회전시간이 유통시간과 생산시간의 합계이므로 자본의 회전속도는 유통시간과 생산시간의 길이에 따라 영향을 받는다. 또 한 가지 자본의 회전 속도에 영향을 미치는 요인으로 생산자본의 구성이 있다. 생산자본은 가치를 이전하는 방식에 따라 고정자본과 유동자본으로 나누어지는데, 그 구성비율에 따라 자본의 회전속도가 달라진다.

먼저 생산자본의 구성이 투하자본의 회전속도와 잉여가치율에 어떠한 영향을 주는지 알아보자. 생산자본은 기계, 원재료와 같은 생산수단인 불변자본과 노동력인 가변자본으로 구성되고, 다시 생산수단은 기계, 건물과 같은 노동수단과 원재료와 같은 노동대상으로 나누어진다. 기존의 가치를 이전하는가 아니면 새로운 가치를 형성하는가에 따라 생산자본을 불변자본과 가변자본으로 구분하지만, 생산기간 동안 가치를 전부 이전시키는가 아니면 마모되는 정도만큼 일부분을 이전시키는가에 따라 고정자본과 유동자본으로도 구분할 수 있다. 노동수단은 기능하는 수명 동안 마모되는 정도와 똑같은 가치를 상품에 이전한다. 기계, 건물, 선박, 기차 등이 대표적인 노동수단으로, 이전되는 가치는 회계용어로 감가상각비라고 한다. 노동수단은 유통영역으로 넘어가지 않고 생산영역에 현물형태 그대로 고정된 채 가치만을 부분적으로 이전시키므로 고정자본이라 부른다. 하지만 원재료 등과 같은 노동대상과 노동력인 가변자본은 생산기간 동안 현물형태가 변하거나 가치의 전부가 상품으로 이전되어 유통영역으로 넘어가는데 이들을 유동자본이라 부른다. 불변자본 중에서 노동수단은 고정자본이고, 원재료와 같은 노동대상은 가변자본과 함께 유동자본이다.

고정자본은 최초로 자본이 투하되면 생산기간에는 유지수리비 이외에는 새로운 자본을 투하할 필요가 없다. 유동자본은 생산기간 동안 모든 가치가 이전되므로 다음 생산기간에 다시 새로운 유동자본을 투입해야 한다. 수명 10년의 고정자본은 최초 구매자금을 제외한다면, 10년 동안 유지수리비 외에는 자본 투하가 필요 없지만, 유동자본은 매 생산기간마다 원재료 구입비, 임금의 명목으로 새로운 자금이 필요하다. 자본의 회전속도가 3개월인 경우는 생산을 개시할 때 재료구입비와 임금의 3개월 어치가 항상 준비되어 있어야 한다.

고정자본과 유동자본의 이러한 성격으로 인해 투하자본의 회전속도와 잉여가치율은 생산자본에서 이들의 구성비율에 따라 달라진다. 자본가 A, B가 각각 10만 원의 투하자본으로 사업을 하는데, A는 수명 10년의 기계에 5만 원, 원재료와 노동력 구매에 5만 원을 투자하고, B는 수명 10년의 기계에 8만 원, 원재료와 노동력 구입에 2만 원을 투자한다고 가정하자. 자본의 연간 회전수는 각각 5회로 동일할 경우, A와 B의 투하자본의 회전수를 구하면 다음과 같다. A의 경우, 고정자본인 기계는 자본회전과 관계없이 연간 5,000원의 고정자본이 회전하고(이전되고), 유동자본 5만 원은 연간 5회전을 하므로 25만 원의 자본이 회전한다. 연간 회전한 자본의 총액은 25.5만 원이고 총 투하자금 10만 원의 연간 회전수는 '25.5/10 = 2.55'이다.

B의 경우 기계의 연간 회전자본은 8,000원이고 유동자본의 연간 회전자본은 10만 원으로 연간 10.8만 원의 자본이 회전한다. B의 총 투하자금 10만 원의 연간 회전수는 1.08이 된다. 이처럼 같은 양의 자본을 투하하고 자본의 회전수도 동일한 경우에도 고정자본과 유동자본의 비율에 따라 투하자본의 회전속도는 달라진다. 투하자본의 회전속도가 커질수록 더 큰 자본을 투입한 것과 같은 효과가 난다. A와 B는 똑같이 10만 원의 자본을 투하하였지만 투하자본의 회전속도가 큰 A는 연간 25.5만 원을 투입한 효과를 얻고 회전속도가 적은 B는 연간 10.8만 원을 투입한 효과를 얻는다. 투입자본이 커질수록 노동력의 투입 규모도 커지므로 획득하는 잉여가치도 증가한다. B보다 A가 더 큰 잉여가치를 얻고 잉여가치율도 높아지는 것이다.

이 모든 사정은 A와 B가 생산자본의 구성비율이 다르기 때문인데, 고정자본의 비율이 높을수록 투하자본의 회전수는 적어지고 회전속도는 감소한다. 반대로 유동자본의 비율이 높을수록 투하자본의 회전수는 많아지고 회전속도는 증가한다. 자본주의가 발전할수록 고정자본의 비중이 높아지므로 산업자본의 회전속도는 점차 늦어지는 경향이 높다. 곧 살펴보겠지만, 회전속도가 느려지면 투하자본의 크기와 연간 잉여가치율에 부정적 영향을 주므로 이를 만회하기 위하여 자본가는 노동강도를 강화하거나 노동시간을 연장하게 된다.

자본의 회전속도는 생산시간과 유통시간의 영향도 받는다. 생산시간에는 노동기간이 포함된다. 노동기간은 상품을 만들어 내는데 소요되는 노동시간이다. 철도, 운하건설이나 조선사업 같은 경우는 노동시간이 길고 빵 제조업의 경우는 노동시간이 짧다. 조선업의 경우 고정자본의 규모도 크지만, 배가 만들어지는데 2년 이상 소요되므로 그동안 재료비와 임금 같은 유동자본이 준비되어 있지 않으면 안 된다. 따라서 노동시간이 길수록 투하자본의 규모가 커진다. 생산준비 시간, 생산물이 완성되는 데 필요한 자연적·화학적 기다림 같은 노동시간 외적 요소도 생산시간의 길이에 큰 영향을 미친다. 과학과 기술의 발전은 생산성을 향상시켜 노동시간을 감소시키거나, 자연적·화학적 기다림을 단축시킨다. 유통시간은 자본의 구매와 상품의 판매시간의 합계이지만 이 중에서도 상품의 판매시간이 유통시간의 길이에 큰 영향을 미친다. 교통·수송·통신수단의 발달은 판매시간을 단축하는 데 지대한 영향을 미쳤지만, 지리적인 시장의 한계가 타파되고 지구 전체로 시장이 확대되면서 오히려 유통시간이 증가하는 경향도 초래하였다. 마르크스는 예견할 수 없었겠지만, 오늘날 온라인 판매, 택배업의 발달도 유통시간을 단축하는 데 큰 역할을 하였다. 향후 물류산업에서 인공지능 및 로봇의 도입이 촉진된다면 유통시간은 더욱 단축될 것이다.

이상 살펴본 자본의 회전속도가 잉여가치의 생산에 어떠한 영향을 미치는지 살펴볼 차례다. 고정자본은 최초 자본이 투하되면 자본의 회전속도와 상관없이 매년 일정한 자본이 감가상각비의 명목으로 회전한다. 하지만 유동자본은 자본의 회전속도에 따라 투하규모에 영향을 받는다. 연간 1회전 할 경우 2,500원의 유동자본이 필요한 사업이 있다. 그리고 유동자본은 불변자본인 원재료 2,000원

자본론으로 마르크스를 비판하다

과 500원의 가변자본인 임금으로 구성된다고 가정하자. 이 사업에서 자본가 A는 자본을 연간 1회전시키지만, 자본가 B는 연간 5회전시킬 수 있고 둘 다 잉여가치율은 100%인 경우, A는 자본이 한 번 순환하는 데 12개월이, B는 2.4개월이 소요된다. A는 1년 동안 2,500원의 유동자본이 준비되어 있어야 재료비와 임금의 지급이 가능하다. 반면 B는 500원의 유동자본만으로도 1년 동안의 재료비와 임금을 충당할 수 있는데, 이 중 400원은 원재료 비용이고 100원은 임금이다. B가 A보다 적은 유동자금으로 사업을 할 수 있는 이유는 2.4개월마다 상품을 판매하고 획득한 자금 500원으로 다시 원재료와 노동력을 구입할 수 있기 때문이다. A 자본가의 경우 일 년 동안 500원의 노동력을 투입하여 500원의 잉여가치를 획득한다. B의 자본가는 2.4개월 동안 100원의 가변자본을 투입하여 100원의 잉여가치를 획득하고 이 과정이 한 해에 5번 반복된다. 즉 B 자본가는 100원의 가변자본으로 500원의 잉여가치를 획득한다. 둘 다 잉여가치율은 100%이나 연간 투자 가변자본 대비 연간 획득 잉여가치율의 비율인 연간 잉여가치율은 5배나 차이가 난다. 연간 잉여가치율은 다음과 같다.

연간잉여치율 = 연간 획득 잉여가치/투하 가변자본

A의 연간 잉여가치율 = 500/500 =100%

B의 연간 잉여가치율 = 500/100 = 500%

이처럼 자본의 회전속도가 빠를수록 혹은 자본의 회전수가 클수록 같은 잉여가치를 획득하는데 필요한 유동자본의 크기는 적어진다. 회전수가 커질수록 동일한 금액의 자본으로 더 많은 잉여가치를 얻거나 다양한 사업에 투자할 수 있다.

자본의 회전속도는 생산시간과 마찬가지로 유통시간에도 큰 영향을 받는다. 유통기간이 짧을수록 동일한 크기의 자본으로 더 많은 생산을 할 수 있어서 유통에 투입되는 상업자본 혹은 상업 노동은 생산력의 발전에 간접적으로 공헌한다. 유통부문에 투입되는 자본은 생산자본을 감소시켜 생산의 공비로 작용하지만 유통시간을 단축시켜 생산규모를 확대하는 역할을 하는 것이다.

◆ 사회적 총자본의 재생산(재생산표식)

자본이 순환되면 자본은 재생산된다. 자본가가 잉여가치를 개인소비로 모두 사용하지 않고 일부를 생산적 소비로 돌리면, 자본은 순환할수록 증대되는 확대재생산이 이루어지고 이것이 자본의 축적과정이다. 그런데 사회는 수많은 개별자본의 총합이므로 자본의 순환을 사회적 총자본의 측면에서 고찰할 필요가 있다. 개별자본은 순환하면서 다른 개별자본과 상호관계를 맺지 않을 수 없다. 빵을 만드는 자본은 빵 제작기계를 사야 하고, 빵 제작기계의 노동자와 자본가는 먹어야 할 빵을 사야 한다. 두 부문의 자본이 원활하게 재생산되려면 서로 사고파는 빵과 제작기계 사이에 일정한 비례관계가 성립하지 않으면 안 된다. 빵 기업에서 제작기계를 교체하지 않고 오래 사용할 경우, 빵 제작기계의 일부는 팔리지 않고 이것은 제

자본론으로 마르크스를 비판하다

작기계 노동자와 자본가가 빵을 사는 데 영향을 미쳐 결국 빵도 남아돌게 된다. 이처럼 사회적 총자본의 재생산을 위해 자본 상호 간에 성립되어야 할 비례관계를 마르크스는 이른바 재생산표식으로 설명한다.

마르크스는 사회 총자본의 재생산과정에서 일어나는 개별자본 사이의 상호관계를, 생산수단을 생산하는 Ⅰ부문과 소비수단을 생산하는 Ⅱ부문으로 나누어서 고찰한다. 먼저 자본이 이전과 같은 규모로 생산되는 단순재생산의 의 조건에서 Ⅰ부문과 Ⅱ부문의 상호관계를 분석한 뒤 자본규모가 이전보다 증대하는 확대재생산으로 나아가는데, 단순재생산의 조건에서 양 부문의 관계는 아래의 재생산표식으로 표현된다.

$$\text{Ⅰ } 4{,}000c + 1{,}000v + 1{,}000s = 6{,}000$$
$$\text{Ⅱ } 2{,}000c + 500v + 500s = 3{,}000$$

Ⅰ부문은 불변자본 4,000c, 가변자본 1,000v을 투입하여 잉여가치 1,000s를 창출하므로 합계 6,000의 생산수단을 생산한다. Ⅱ부문은 불변자본 2,000c, 가변자본 500v를 투입하여 잉여가치 500s를 창출하므로 소비수단 3,000을 생산한다. 위 표식에는 첫째, 노동자와 자본가 두 계급만 존재하고, 둘째, 순환주기는 1년이며, 셋째, 고정자본은 순환주기 내에 소모되어 그 가치가 모두 생산물로 이전되고, 넷째, 잉여가치율은 100%라는 조건이 전제되어 있다. 이 조건 아래에서 단순재생산이 어떻게 실현되는지 알아보자.

위 표식은 양 부문의 잉여가치가 재투자되지 않고 모두 소비되기 때문에 매 회전 동안 항상 같은 양의 잉여가치가 창출되는 단순 재생산이다. I, II 두 생산부문의 생산물은 자기 부문 내에서 교환되는 부분과, 부문 간에 상호 교환되는 부분으로 나눌 수 있다. I 부문에서 4,000c 만큼 생산되는 생산수단은 생산부문 내에서 교환되며, II부문의 500v + 500s만큼 생산되는 소비수단도 소비부문 내에서 교환된다. 즉, 4,000c는 불변자본이므로 모두 소모되면 다시 불변자본으로 보충되어야 하므로, 생산수단 부문인 I 부문 내의 개별자본 간에 상호교환 되어야 한다. 빵 제작기계를 생산하는 업체에서 제작기계를 생산하는 기계가 다 마모되면 그 기계를 생산하는 I 부문의 다른 업체에서 기계를 사야 한다. 500v + 500s는 노동자와 자본가의 소득으로 개인소비에 충당되므로, 소비부문인 II부문 내에서 소비자와 자본 간의 교환으로 나타난다. 빵 생산노동자와 자본가가 휴대폰이 필요하다면 휴대폰을 생산하는 II부문의 다른 업체에서 휴대폰을 사야 하는 것이다. 반면 I 부문 노동자와 자본가의 소득인 1,000v + 1,000s는 소비에 충당되므로 II부문의 생산물과 교환되어야 한다. II부문의 2,000c는 불변자본으로 소모하고 나면 다시 불변자본으로 보충되어야 하므로 I 부문의 생산물과 교환되어야 한다. 다시 말해 I 부문의 빵 제작기계 생산업체의 노동자와 자본가는 빵 제작기계를 판 돈으로 II부문의 빵 생산업체가 생산한 빵을 사고, II부문의 빵 생산업체 자본가는 빵을 판 돈으로 I 부문의 빵 제작기계 생산업체가 생산한 제작기계를 산다.

결국 자기 부문 내에서 상호교환되는 생산물은 I 부문 4,000c,

Ⅱ부문은 500v + 500s이고, Ⅰ부문의 1,000v + 1,000s와 Ⅱ부문의 2,000c는 부문 간에 상호교환되는 것을 알 수 있다. 사회 총자본의 단순재생산이 정상적으로 이루어지기 위해서는 부문 간 상호교환되는 생산물의 가치가 같아야 하므로 그 조건을 아래와 같이 표현할 수 있다.

$$\text{Ⅰ}(v + s) = \text{Ⅱ}c$$

위 식이 사회적 총자본이 단순재생산 될 때의 조건이다. Ⅰ(v + s)는 Ⅰ부문의 노동자와 자본가의 수입으로 현물로는 생산수단이고, Ⅱc는 Ⅱ부문의 불변자본으로 현물로는 소비수단으로 나타난다. 부문 간 교환은 이 생산수단과 소비수단이 상호교환되는 것이며 가치적으로 동등한 양일 경우에 단순재생산은 문제없이 진행된다는 것이 위 식의 의미다.[150] 이 식의 비례관계가 깨지면 어느 한 부문에서 과잉생산이 발생하고 이것은 다시 다른 부문에 영향을 미쳐 불황이나 공황으로 치닫게 된다. 예를 들어 Ⅱ부문의 2,000c 중에서 어느 기업이 기계의 유지관리를 충실하게 해서 300c 만큼을 보충하지 않고 계속 사용하면, Ⅰ부문의 1,000v + 1,000s에서 300만큼의 생산수단은 과잉으로 남는다. 이것은 Ⅰ부문 노동자나 자본가의 수입이 줄어드는 것을 의미하고 그만큼 Ⅱ부문의 생산물도 판매되지 않는다는 것을 의미한다.

---

150 마르크스는 부문 간 교환을 매개하는 화폐유통까지 설명하고 있어 재생산표식은 대단히 복잡하고 난해하나 여기서는 화폐유통은 생략한다.

확대재생산의 조건은 단순재생산보다 복잡하다. 사회의 총자본이 확대재생산 되려면 단순재생산보다 생산수단과 노동력의 양이 더 많이 투입되어야 한다. 이를 위해서 자본가는 잉여가치를 모두 개인소비로 충당하지 않고 일부를 생산에 투입해야 한다. I 부문부터 생각해보자. I 부문 자본의 확대재생산을 위해서 자본가는 자신의 소득인 잉여가치 중에서 일부를 떼어내어 생산수단과 노동력의 추가구입에 사용해야 한다. 따라서 I 부문 생산수단 중에서 II 부문과 교환되는 부분인 v + s의 가치는 s의 일부가 생산에 투입되므로 그만큼 줄어든다. II 부문의 경우, 확대재생산을 위해서는 II 부문 자본가가 자신의 잉여가치 중에서 일부를 생산수단과 노동력의 구입으로 돌려야 한다. 따라서 II 부문의 불변자본인 II c는 처음보다 증가해야 한다. 우리는 위에서 양 부문의 과잉생산이 없어지려면 두 부문 상호 간에 교환되는 가치량이 같아야 한다는 것을 알았다. 단순재생산에서 I (v + s) = II c의 조건은 확대재생산에서도 여전히 충족되어야 하지만, 확대재생산의 경우 I (v + s)는 줄어든 상태에서, 그리고 II c는 증가한 상태에서 같아야 한다는 조건이 추가된다. 마르크스는 이 조건을 충족하려고 첫해의 재생산표식을 아래와 같이 시작한다.

$$I \quad 4{,}000c + 1{,}000v + 1{,}000s = 6{,}000$$
$$II \quad 1{,}500c + 750v + 750s = 3{,}000$$

여기서 원래 2,000c였던 II 부문의 불변자본이 1,500으로 바뀐 것

자본론으로 마르크스를 비판하다

은, Ⅱc의 증가한 가치와 Ⅰ(v + s)의 감소한 가치를 같게 만들어서 확대재생산의 조건을 충족시키기 위해서다. Ⅱc를 2,000으로 둔 상태에서 증가시키면 2,000보다 커지고, Ⅰ(v + s)는 2,000에서 감소해야 하므로 2,000보다 적어져서 양자가 일치할 수 없기 때문이다.

위 표식에서 Ⅰ부문의 자본가가 확대재생산을 위해 500s를 떼어내어 400은 생산수단에, 100은 노동력에 투자한다면, Ⅰ부문은 다음과 같이 변화한다.

$$Ⅰ \ 4,400c + 1,100v + 500s = 6,000$$

이제 Ⅰ부문은 확대재생산을 위해 생산수단과 노동력을 준비한 상태가 되었다. 처음에 2,000이었던 Ⅰ(v + s)는 1,600으로 줄어들었다. Ⅱ부문의 자본가도 확대재생산을 위해 1,500c보다 더 많은 생산수단을 구비하지 않으면 안 된다. 그런데 확대재생산에서도 Ⅰ(v + s) = Ⅱc의 조건이 충족되어야 과잉생산이 없어지므로 Ⅱc는 1,500에서 100이 증가한 1,600이 되어야 한다. 이렇게 되면 Ⅰ부문의 노동자와 자본가는 자신의 수입이 되는 1,600의 생산수단을 Ⅱc인 1,600의 소비수단과 교환을 할 수 있다. 즉, Ⅱ부문의 표식은 다음과 같이 변하여 확대재생산을 위한 생산수단과 노동력이 갖추어진다.

$$Ⅱ \ 1,600c + 800v + 600s = 3,000$$

위 식에서 800v는 Ⅱ부문의 원래 유기적 구성(1500c:750c = 2:1)의 비율에 따라 100c가 늘어난 데 비례하여 50v만큼 증가한 것이다. 생산수단 100, 노동력 50이 증가한 것은 II부문 자본가가 자신의 잉여가치를 떼어내어 투자한 것이므로 그의 잉여가치는 750에서 600으로 줄어들었다. 이제 I, II부문 모두 확대재생산을 위해 생산수단과 노동력을 추가하였으므로 생산을 개시하여 1차 연도의 회전이 완료되면 아래와 같이 사회적 생산규모는 증대되고 자본은 더 축적된다.

$$\text{I } 4{,}400c + 1{,}100v + 1{,}100s = 6{,}600$$
$$\text{II } 1{,}600c + 800v + 800s = 3{,}200$$

사회적 총가치는 9,000에서 9,800으로 증가하였고 사회적 총자본의 경우 I부문은 4,000c + 1,000v = 5,000에서 4,400c + 1,100v = 5,500으로, II부문은 1,500c + 750v = 2,250에서 1,600c + 800v = 2,400으로 증가하여 7,250에서 7,900으로 650만큼의 자본축적이 이루어졌다.

다음 연도는 좀 더 복잡한 방식으로 진행된다. I부문의 자본은 원래 5,000에서 5,500으로 10% 증가하였는데, 같은 비율로 증가한다고 보면 550의 자본(c + v)가 추가되어야 한다. 따라서 I부문의 자본가는 잉여가치 1,100에서 550만을 소비하고 550은 재투자하는데, I부문의 유기적 구성은 4,400c:1,100v = 4:1이므로 550의 재투자 자본은 c 440, v 110으로 나누어진다. 이렇게 되면 I부문의 v + s는 (1,100v + 110v) + 550s = 1,760이므로, 원활한 재생산을 위해 I

자본론으로 마르크스를 비판하다

(v + s) = Ⅱc의 조건을 만족시키려면 Ⅱ부문의 c는 1,600c + 160c = 1,760로 160c가 더 투자되어야 한다. Ⅱ부문의 유기적 구성은 2:1이기에 c에 160이 추가로 투자되면 v는 80이 더 투자되어야 하므로 Ⅱ부문에는 총 240이 추가로 투자된다. 물론 이 투자의 재원은 Ⅱ부문 자본가가 잉여가치 800s에서 240만큼의 소비를 줄인 것이다. 이제 재생산표식은 아래와 같이 표현된다.

$$Ⅰ (4,400c + 440c) + (1,100v + 110v) + 550s = 6,600$$
$$Ⅱ (1,600c + 160c) + (800v + 80v) + 560s = 3,200$$

Ⅰ (v + s) = Ⅱ c = 1,760으로 재생산을 위한 요건은 충족되었다고, 이 기초 위에서 재생산을 진행하여 회전이 완료되면 2차 연도 기말의 자본은 다음과 같이 변한다.

$$Ⅰ 4,840c + 1,210v + 1,210s = 7,260$$
$$Ⅱ 1,760c + 880v + 880s = 3,520$$

Ⅰ부문은 6,600에서 7,260으로, Ⅱ부문은 3,200에서 3,520으로 증가하였고 사회적 총가치는 9,800에서 10,780으로 증가하여 자본의 확대재생산이 완료되었다. 다음 연도에도 이러한 과정으로 확대재생산이 진행된다.

자본이 사회적 규모에서 재생산을 순조롭게 하려면 단순재생산이건 확대재생산이건 Ⅰ부문과 Ⅱ부문은 일정한 비례관계를 유지하지 않으면 안 된다. 마르크스는 자본주의의 무정부적, 비계획적 생산은 비례관계의 유지가 우연에 의존할 수밖에 없도록 만든다고 말한다. 위에서 1차 연도 말에 확대재생산된 재생산표식을 보면 I 부문의 $I(v+s)$는 1,100v + 1,100s이고, IIc는 1,600c로 일치하지 않는다. 연초에 $I(v+s) = IIc$의 비례관계에서 생산을 시작하였으나 생산과정에서 이 균형은 흐트러진다. 2차 연도도 마찬가지로 연초에는 $I(v+s) = IIc$를 충족시켰으나 연말에는 맞지 않게 된다. 생산수단인 $I(v+s)$는 증가하고 소비수단인 IIc는 그대로 유지되었다. 생산수단이 소비수단보다 과잉공급이 된 것이다. 더구나 위 재생산표식은 유기적 구성비율이 일정하게 유지되는 것을 가정하였으나, 현실에서는 기술의 발전과 특별잉여가치에 대한 자본가의 열망이 이 비율을 점점 상승시킨다. $I(v+s)$를 감소시키고 IIc를 증가시켜 확대재생산을 위한 조건을 실현하고 균형을 맞추는 작업은 개별자본가의 노력으로 해결되기 어려운 일이다. 시장이 수요와 공급법칙으로 생산수단의 과잉문제를 해소하려고 부단히 노력하겠지만, 결국 자본주의는 깨어진 균형을 주기적인 불황, 공황으로 강제 회복시킬 수밖에 없게 된다는 것이 난해하고 복잡한 재생산표식이 가지는 함의다.

부록 3 〈자본론〉 3권 요약

　3권은 7편으로 구성되어 있으며 마지막 장인 52장 '계급들'은 미완성된 상태에서 원고가 끝이 난다. 1권과 2권이 자본의 본질과 운동과정에 대한 추상적인 분석이라면, 3권은 산업자본, 상업자본, 대부자본과 같이 현실 자본주의에서 자본이 취하는 구체적인 형태를 분석한다. 산업자본이 획득한 잉여가치는 산업자본의 경쟁 때문에 평균이윤으로 분배되고 평균이윤이 다시 상업자본, 대부자본에 재분배되는 과정을 보여준다. 전통적인 지배계급이었으나 자본주의에서 지위가 자본 아래로 강등된 지주의 수입인 지대에 대한 분석을 마치고, 이들 각 자본과 지주가 벌어들인 수입의 원천은 노동자로부터 착취한 잉여가치라는 결론을 내리면서 〈자본론〉은 대단원의 막을 내린다.

◆ 잉여가치의 이윤으로의 전환

1권의 요약에서 보았듯이 시장에서 교환되는 상품의 가치는 c + v + s이다. 마르크스가 상품의 가치를 이렇게 표현한 이유는, 불변자본인 c와 가변자본인 s의 구별을 명확하게 하고 자본이 얻는 이윤의 원천은 v가 생산하는 잉여가치 s에 있다는 것을 강조하려는데 있었다. 그러나 현실의 자본가에게 이윤의 원천은 자신이 투자한 비용인 c + v에 있는 것으로 다가온다. 자본이 가져가는 잉여가치는 노동자에게 지불하지 않는 노동시간임이 밝혀졌으나, 자본가와 노동자는 둘 다 잉여가치라는 개념을 의식조차 못 하고 있으며, 이윤은 투자한 자본에 대한 대가로 인식되는 것이다. 이에 대해 마르크스는 잉여가치라는 본질이 이윤이란 현상형태에 의해 은폐되었기 때문이며, 현상과 본질의 불일치야말로 〈자본론〉과 같은 과학이 필요한 이유라고 역설한다.

따라서 상품의 가치는 c + v + s가 아니라 (c + v) + s = k + p인 것으로 자본가는 인식한다. 여기서 k는 자본이 투자한 비용 c + v이고 p는 잉여가치가 아니라 이윤이다. c + v + s에서 잉여가치 s는 가변자본 v가 생산한 것이나, k + p에서는 이윤 p는 자본의 투자비용인 k가 창출한 것으로 인식된다는 점에서 두 식의 의미는 다르다. 노동으로부터 착취한 잉여가치가 자본투자의 정당한 결과인 이윤으로 전환한 것이다. 마르크스에게 c + v + s가 k + p로 바뀐 세상은 불변자본과 가변자본의 구분이 사라진 세계이고, 자본주의 착취관계가 은폐되어 사물이 '그릇된 외관'을 띠는 곳이다. 자본가에게 이윤은

자본론으로 마르크스를 비판하다

투입비용에 대한 대가일 뿐 노동을 착취한 결과라는 생각은 존재하지 않는다.[151]

현상과 본질이 전도된 세계에서 s/v로 표현되는 잉여가치율은 사라지고 s/(c + v) = p/k로 표현되는 이윤율이 나타난다. 자본가의 관심은 자신이 투자한 k에 대하여 얼마의 p를 얻는 것인가에 집중된다. 그런데 투자한 불변자본 중에서 기계, 건물과 같은 고정자본은 한 번에 소모되는 것이 아니라 전체 가치의 일부를 생산물에 이전시키기 때문에 투자비용의 기준을 어느 것으로 할 것인지 의문이 생긴다.

10년 수명에 1,000원의 가치가 있는 기계를 투입하면 1년 동안 생산물에 이전되는 가치는 100원이다. 이 경우 연간 이윤율을 구할 때 투자한 비용은 이전가치 100원인가 아니면 고정자본 투자총액인 1,000원인가? 현실에서 자본가는 100원이 아니라 1,000원을 기준으로 이윤율을 계산하므로 이윤율은 이윤과 고정자본 총투자액의 비율로 결정된다. 위 기계와 함께 1년 동안 원재료 100원, 가변자본 100원이 투입되어 잉여가치 100원을 창출한다면 1년 동안 생산한 상품의 가치는 400원이다. 이 경우 자본가는 이윤율을 계산할 때 '100/300 = 33%'가 아니라, 기계의 총액인 '1,000원 + 원재료 100 + 가변자본 100 = 1,200원'을 투입자본 총액으로 보고 이것을 잉여가

---

151 이는 자본가만의 인식이 아니라 마르크스가 속류 경제학자로 불렀던 세, 시니어, 바스티아에 의해 체계적으로 주장되기 시작한 이론으로 나중에 효용가치론으로 정립되면서 노동가치론과 정면으로 대립한다. 노동가치론과 효용가치론의 대립 쟁점은 '노동만이 가치를 생산하는가 아니면 자본도 가치를 생산하는가'였으며 이것이 두 세기에 걸친 경제사상 투쟁의 핵심이었다.

치와 비교한다. 즉 '이윤율 = 100/1,200 = 8.3%'가 된다. 따라서 자본의 총투자액은 고정자본 총투자액과 유동자본(원재료, 노동력)을 포함한 C로 표시되고 이윤율 p′는 아래와 같이 s/C로 표현된다.

$$p' = s/C = s/(c + v)$$

위 식에서 c는 고정자본 총투자액과 유동자본인 원재료 비용의 합계로서 불변자본을, v는 가변자본을 표시한다. 잉여가치율 s′ = s/v이고, s = s′ × v이므로 위 식은 다음과 같이 표현된다.

$$p' = s' \times v/C = s' \times v/(c + v)$$

여기서 주의할 점은 이윤율은 고정자본 투자총액을 기준으로 계산하지만, 상품가치는 고정자본 중 이전된 비용을 기준으로 계산한다는 것이다. 위의 예에서 '기계가치 이전비 100 + 원재료 100 + 가변자본 100 = 300원'이 상품이 가치를 구성한다. 여기에 잉여가치를 더하면 상품가치가 된다. 마르크스는 기계가 생산물에 이전한 비용과 원재료 및 가변자본을 합쳐서 비용가격이라 불렀다. 위의 예에서 300원이 비용가격이고 여기에 잉여가치를 더한 것이 상품가치다. 비용가격은 잉여가치가 평균이윤으로 전환될 때 비용가격 k와 평균이윤의 p의 합이 생산가격이 되는 것을 설명하기 위한 개념이다.

위 식에서 보듯이 이윤율은 잉여가치율 s′이 높을수록, 가변자본 v가 커질수록 그리고 불변자본 c가 적을수록 높아진다. 잉여가치율

자본론으로 마르크스를 비판하다

$s' = s/v$이므로 s'을 높이기 위해 자본가는 노동시간을 연장하고 노동강도를 강화하려 한다. 생산성을 향상하여 특별잉여가치를 획득하려는 자본 간의 경쟁은 기계와 같은 새로운 생산수단의 도입 경쟁을 촉발하고 이는 $c + v$에서 c의 비중을 높이는 자본의 유기적 구성의 고도화로 나타난다. 자본 간 경쟁으로 자본구성의 고도화가 보편화되면 s'이 증가하는 정도보다 c/v가 증가하는 정도가 더 커지고 종국에는 이윤율이 저하되는 경향이 나타난다. 이를 보여주는 것이 아래의 식이다.

$$p' = s/(c + v)\text{에서 분모, 분자를 }v\text{로 나누면,}$$
$$p' = (s/v)/(c/v + 1) = s'/(c/v + 1)$$

c/v는 불변자본과 가변자본의 비율로 자본의 유기적 구성을 나타낸다. 유기적 구성이 고도화되면 불변자본의 비중이 높아져 c/v가 커지고 잉여가치의 원천인 v는 상대적으로 적어지므로 이윤율은 하락한다. 개별기업이 유기적 구성을 고도화하여 특별잉여가치를 얻는 것은 노동력의 가치 v를 저하시키므로 잉여가치율 s'을 높이는 것으로 나타난다. 하지만 특별잉여가치는 자본의 경쟁으로 소멸하고 고용하는 v의 크기는 불변자본 c와 비교해 상대적으로 적어지므로 장기적으로 이윤율은 하락하는 경향을 보인다.

자본은 유기적 구성의 고도화와 함께 끊임없이 불변자본을 절약하여 이윤율을 올리려는 노력도 병행한다. 노동자를 기업에 집결시키고 생산수단을 공동으로 사용함으로써 노동자 한 사람이 필요로

하는 생산수단의 양을 절약할 수 있다. 예를 들어 노동자가 흩어져 있으면 동력기가 여러 대 필요하지만 집결된 노동자는 한, 두 대의 동력기로 작업이 가능하고, 이에 따라 건물, 조명, 난방비 등의 비용도 절감된다. 주·야 교대제를 통한 노동시간의 연장도 기계를 놀리지 않고 계속 사용하게 하므로 불변자본 절약의 일환이다. 그리고 노동환경의 개선, 안전시설에 지출되는 비용을 줄이는 것도 불변자본을 절약시켜 이윤율을 높이려는 중요한 방법이다. 이에 대해 마르크스는 '노동자의 생명과 건강을 낭비'하는 당시의 열악한 노동환경에 대해 상당한 분량으로 비판한다.

또 한 가지 이윤율을 증가시키는 방법은 자본의 회전속도를 높이는 것이다. 자본의 회전속도가 빨라지면 동일한 자본으로 더 많은 잉여가치를 얻을 수 있으므로 이윤율이 상승한다. 자본은 노동생산성 향상, 교통통신의 개선 등, 온갖 방법을 동원하여 생산시간과 유통시간의 단축을 위해 노력한다.

◆ 평균이윤율의 형성

생산부문에 따라 자본의 유기적 구성과 회전속도는 다르며 이에 따라 이윤율의 차이가 발생한다. 유기적 구성은 자본과 노동의 양적인 구성과 가치적 구성을 종합적으로 반영한 것이다. 예컨대 임금이 고정된 상황에서 기계의 투입량 변하지 않아도 기계 가격이 올라가면 유기적 구성은 상승한다. 기계의 양이 증가해도 가격이

자본론으로 마르크스를 비판하다

반비례하여 하락하면 유기적 구성은 변함이 없다. 자본의 회전속도와 잉여가치율이 동일하고 고정자본은 한 번의 회전으로 모두 소모된다는 조건에서 유기적 구성이 다를 경우 이윤율이 어떻게 나타나는지 〈표3-1〉을 보자.

〈표3-1〉 자본의 유기적 구성에 따른 이윤율의 차이

생산부문	자본	잉여가치율	잉여가치	생산물 가치	이윤율
A	80c + 20v	100%	20	120	20%
B	70c + 30v	100%	30	130	30%
C	60c + 40v	100%	40	140	40%
D	85c + 15v	100%	15	115	15%
E	95c + 5v	100%	5	105	5%

위 표에서 A ~ E의 생산부문은 동일한 양인 100의 자본을 투입하였음에도 획득하는 잉여가치는 다르며 이윤율도 달라진다. 잉여가치율과 자본의 회전속도가 동일한 전제하에서 이러한 차이는 전적으로 자본의 유기적 구성의 차이에서 발생한다. 각 자본이 운동시키는 자본량은 100으로 동일하나 잉여가치를 발생시키는 가변자본의 양은 모두 다르다. 잉여가치율이 같은 경우 가변자본의 양이 많을수록 잉여가치는 많이 발생한다. 노동자를 많이 고용할수록 잉여가치가 많이 생산되는 것이다.

자본의 유기적 구성의 차이로 인해 이윤율이 달라지는 것은 마르크스의 과학적 세계관에 의하면 당연한 본질이나, 자본투입이 이윤을 발생시킨다는 현상에 매몰된 자본가들은 이를 인정할 수 없다. 이들은 자본의 유기적 구성 따위가 어떠하든 동일한 양의 자본투입은 동일한 양의 이윤을 가져와야 한다고 믿는다. 따라서 그들은 동일한 양의 자본이 투입되었음에도 이윤이 달라지는 현상이 발생하면, 이윤율이 낮은 분야를 떠나 높은 분야로 자본을 옮긴다. 위 표에서 E 부문의 자본은 자신보다 이윤율이 높은 A ~ D 부문으로 자본을 이동시키고 D의 자본은 A ~ C로 자본을 이동시켜 이윤율을 높이려 노력한다. A의 자본이 B 혹은 C로 옮겨가는 사정도 마찬가지다.

높은 이윤율을 찾아 떠나는 자본의 이동은 각 부문에서 수요와 공급의 변화를 가져와서 전 부문의 이윤율이 평균이윤율로 균등해지는 상태에 도달하게 된다. 가령 이윤율이 높은 B, C 부문에 자본이 쏠리면 B, C부문의 생산량에 대한 사회적 수요보다 공급이 증가하고 가격이 하락하므로 B, C의 잉여가치는 낮아진다. 반면 D, E는 자본의 감소로 공급보다 수요가 많아서 가격이 올라가고 잉여가치는 올라간다. 자본의 이동은 각 부문의 이윤율이 균등해질 때까지 진행되는데 이로 인해 각 부문의 자본은 평균이윤율에 의한 잉여가치를 획득하게 된다. 사회 전체 자본의 구성은 500 = 390c + 110v이므로 각 부문의 이윤율이 균등해지는 평균이윤율은 22%이며, 이 과정은 더 높은 이윤율을 획득하기 위한 자본의 경쟁으로 이윤율이 사회 전체 자본의 평균에서 균등해지는 것을 보여준다. 〈표3-2〉는 22%로 평균이윤율이 성립할 때 상품의 가치를 표로 나타낸 것이다.

생산 부문	자본 (c+v)	잉여 가치	평균 이윤	상품 가치	상품가격 (생산가격 = 시장가치)	이윤율	가격- 가치
A	80c + 20v	20	22	120	122	22%	2
B	70c + 30v	30	22	130	122	22%	-8
C	60c + 40v	40	22	140	122	22%	-18
D	85c + 15v	15	22	115	122	22%	7
E	95c + 5v	5	22	105	122	22,%	17

위 표에서 불변자본 중 고정자본이 1회전에 모두 소모되므로 투자자본 100은 비용가격과 일치하고 여기에 잉여가치를 더 하면 상품가치가 되고, 이윤을 더하면 상품가격이 된다. A를 예로 들자면, 자본 80c + 20v에서 80c에 포함된 고정자본은 모두 소모되어 감가상각비의 형태로 상품에 이전되므로 80c + 20v는 총투자금액이자 비용가격이 된다. 여기에 잉여가치 20을 더한 120이 상품의 실제가치가 되고, 평균이윤율에 의한 이윤 22를 더한 것은 상품가격이 된다. 이렇게 구한 상품가격을 마르크스는 생산가격이라 명명한다. 즉, '생산가격 = 비용가격 + 평균이윤'이다. 발전된 자본주의 사회에서 상품은 원래의 가치가 아니라 생산가격으로 판매된다. 가치와 가격의 괴리가 발생한 것이다. 생산가격은 시장에서 판매되는 가치이므로 시장가치이다. 즉 1권에서 다룬 단순상품생산 사회에서는 '시장가치 = 비용가격 + 잉여가치'이나 발전된 자본주의 사회에서는 '시장가치 = 비용가격 + 평균이윤'이 된다. 수요와 공급의 변동으

로 형성되는 시장가격은 시장가치를 벗어나기도 하지만 항상 시장가치를 중심으로 변동한다. A 부문에서 생산가격이자 시장가치는 122원이나, 수요와 공급의 변동 때문에 시장가격은 122원을 벗어나는 경우가 많다. 하지만 시장가격은 항상 122원을 중심으로 진동한다. 이런 의미에서 생산가격은 아담 스미스가 말한 '자연가격'과 유사한 개념이다.

시장에서 판매되는 가치인 시장가치는 어떤 부문의 평균적인 생산조건에서 생산되는 가치를 말한다. 상품의 가치는 사회적으로 필요한 평균 노동시간으로 결정되기 때문이다. '시장가치 = 생산가격 = 비용가격 + 평균이윤'이므로, 시장가치에 포함된 비용가격은 사회적 평균을 의미한다. 어떤 부문에서 우수한 생산조건을 가져 노동생산성이 높은 기업은 비용가격을 그 부문의 평균보다 낮게 할수 있으므로 그 차액을 특별잉여가치 또는 특별이윤으로 획득한다. 예를 들어 A 부문의 어떤 자본가가 생산성을 향상시켜 비용가격을 40c + 20v로 낮춘다면 그는 40만큼의 특별잉여가치를 얻는다. 그가얻는 총이윤은 '특별잉여가치 40 + 평균이윤 22 = 62'가 된다. 주의할 사항은 특별잉여가치는 부문 내 자본의 경쟁에 의한 것이고 평균이윤은 부문 간 자본의 경쟁에 의한 것이라는 점이다.

〈표3-2〉를 보면, 상품가치와 생산가격은 일치하지 않는다. 유기적 구성이 낮은 부문은 자신이 생산한 잉여가치보다 적은 이윤을얻고, 유기적 구성이 높은 부문은 반대이기 때문이다. 마르크스는고전파 경제학이 해결하지 못한 가치와 가격의 괴리를 자신의 평균이윤율 개념으로 해명하였다고 주장한다. 스미스는 부의 원천이 노

동이라는 점을 인식하였으나, 더 많은 노동을 투입하고도 시장에서 낮은 가격으로 팔리는(혹은 반대의) 현상을 설명하지 못하고 노동량에 따라 다른 상품을 지배한다는 지배노동가치설이라는 모호한 주장을 하였다. 리카도는 상품의 가치가 투하한 노동량으로 결정된다는 투하노동가치설을 주장하였으나 그 역시 상품가치와 가격의 괴리를 설명하는 데 실패하였다. 마르크스는 고전파 경제학 노동가치론의 풀리지 않는 난제를 자신이 해결하였다고 주장하는 것이다.

하지만 〈자본론〉 3권이 출판되자 오스트리아학파의 대표자 중 한 명인 오이겐 폰 뵘바베르크를 비롯한 수많은 사람으로부터 마르크스의 평균이윤율은 비판받는다. 상품의 가치가 노동량에 따라 결정된다는 〈자본론〉 1권의 $c + v + s$와 평균이윤에 의해 가격이 결정되는 3권의 $k + p$는 상호 모순된다는 것이 비판의 핵심이었다. 마르크스는 이러한 비판을 예상한 듯, 개별 부문에서 가치와 가격은 괴리되지만, 사회 전체적으로 '총가치 = 총가격'이며 '총잉여가치 = 총이윤'이 성립된다는 점을 분명히 하였다.[152] 총계일치라 불리는 두 등식은 원래 가치와 가격은 일치하였으나 발전된 자본주의에서 자본 간 경쟁으로 괴리되었을 뿐, '사회적 총가치 = 사회적 총가격'이 성립되므로 결국 생산가격은 상품에 내재된 노동시간의 변동에 따라 결정된다는 것이다. 자본가들이 노동자로부터 착취한 총잉여가치를 자신들의 투하자본에 따라 재분배한 것이 평균이윤일 뿐, 상품의 가치가 노동시간에 의해 결정되는 가치법칙은 살아있다는 의미

---

152 〈표3-2〉에서 '각 부문 상품가치의 합 = 각 부문 생산가격의 합'이며, '평균이윤의 합 = 잉여가치의 합'이다.

이다.

엥겔스도 평균이윤율 비판에 해명하지 않을 수 없었으며 이는 '3권에 대한 보충설명'의 방식으로 3권 부록에 첨부되어 있다. 엥겔스는 보충설명에서 역사가 기록된 시기인 기원전 4,000년 또는 6,000년 전부터 자본주의가 발현하기 시작한 15세기까지 오랜 시간 동안 가치와 가격은 일치하였으나, 자본주의가 발전하면서 투하자본에 비례하여 이윤을 맹목적으로 추구하는 자본의 경쟁으로 가치와 가격의 괴리가 일어난다고 주장한다. 마르크스의 가치법칙은 논리적으로 그리고 역사적으로도 모순이 없다는 것이다.

그러나 마르크스는 〈표3-2〉의 가치가 생산가격으로 전형되는 과정에서 비용가격인 c + v를 생산가격이 아닌 상품가치로 투입하는 실수를 하는데 이는 100년 이상 진행된 이른바 '전형논쟁'의 발단이 된다. c와 v도 시장에서 구매해야 하는 상품이므로 잉여가치가 들어간 상품가치(c + v + s)가 아니라 평균이윤이 들어간 생산가격(c + v + p)가 되어야 한다. 후대의 학자들이 투입되는 c와 v를 생산가격으로 수정하여 계산해보니 '총가치 = 총가격'과 '총잉여가치 = 총이윤' 중 하나는 성립하지 않는 것으로 밝혀졌다. 즉, 총계일치가 성립하지 않게 된 것이다. 노동가치론은 논리적 정합성에 문제가 있으므로 가치를 설명하는 이론으로 틀렸다는 주장이 제기되었고 이에 대한 반론, 재반론이 나오는 등 오랜 세월 논쟁이 지속되었다.

자본론으로 마르크스를 비판하다

◆ 이윤율 저하 경향의 법칙

평균이윤율의 형성은 점진적이고 천천히 일어나는 장기적인 과정이다. 또한 평균이윤율은 고정된 것이 아니라 장기적으로 저하하는 경향을 보인다. 앞에서 살펴본 바와 같이 경쟁에서 살아남기 위해서 자본은 특별잉여가치를 추구하지 않을 수 없다. 이는 필연적으로 자본의 유기적 구성(c/v)이 고도화되는 결과를 가져오므로 아래에서 보듯이 이윤율을 나타내는 식의 분모가 커져 이윤율은 저하된다.

$$p' = (s/v)/(c/v + 1) = s'/(c/v + 1)$$

자본구성의 고도화는 노동력과 비교해 기계, 건물과 같은 고정자본이 상대적으로 증가하는 것이다. 불변자본 c의 증가에 비해 v의 증가가 상대적으로 뒤떨어지는 것이 자본이 고도화되는 과정이다. 즉, 살아있는 노동 v의 가치에 비해 가동하는 죽은 노동 c의 가치가 점점 늘어나는 것이 자본구성의 고도화이다. 예컨대 v의 가치가 2배 증가할 동안 c의 가치가 3배, 4배 증가한다면 이윤의 절대량은 증가할 수 있어도 이윤율은 감소한다. 마르크스는 분자인 잉여가치율 s'이 변하지 않을 때뿐만 아니라 s'이 증가할 때도 이윤율은 일반적으로 하락한다고 말한다. s'의 증가율보다 c/v의 증가율이 더 높은 경우가 그렇다.

마르크스는 이윤율의 저하가 결코 이윤량의 감소를 의미하지 않는다는 점을 강조한다. 위에서 든 예와 같이 노동력의 증가율보다 불변자본의 증가율이 더 크다면 이윤의 절대량은 증가하면서 이윤율은 감소하는 상황이 발생한다. 자본주의는 기계를 돌리는 노동자를 충원하면서 그보다 더 큰 비율로 기계의 양을 증가시켜 왔다. 이윤율 저하 경향법칙은 이윤량 증대의 법칙이기도 하다. 절대적인 이윤량의 증가는 착취당하는 잉여가치 양의 증대이다. 이윤율의 감소와 착취도의 증가는 동시에 일어난다.

이윤율의 저하는 '더 크고 급속'하게 일어나는 것이 아니라 이윤율의 상승과 하락을 반복하면서 장기적으로 감소하는 경향을 보인다. 마르크스는 그 이유로 다음과 같이 이윤율의 저하를 방해하는 상쇄요인을 제시한다.

첫째, 노동착취도의 증가이다. 노동시간의 연장, 노동강도의 강화는 고정자본의 양을 증가시키지 않으면서 착취하는 잉여가치량을 증가시키므로 이윤율의 저하를 방지한다. 부인, 아동노동의 증가는 노동력의 가치 이하로 임금을 인하시켜 이윤을 증가시킨다.

둘째, 생산성의 향상으로 생산수단의 가치가 저하된다. 자본주의 생산력의 발전은 기계, 원재료와 같은 불변자본의 양을 증대시키지만 동시에 불변자본의 가치도 저하시킨다. 불변자본이 양의 증대에 비해 가치가 더 하락하면 유기적 구성은 오히려 낮아지므로 이윤율의 저하는 약화된다.

셋째, 유기적 구성이 고도화될수록 증가하는 산업예비군, 즉 상대적 과잉인구의 존재이다. 이 때문에 기계를 도입하기보다 값이 싼 노동력을 더 많이 고용하려는 자본이 존재하고 이 자본이 획득하는 잉여가치량과 이윤율은 높을 수밖에 없다. 이것이 전체적으로 평균이윤율을 높이는 역할을 한다.

넷째, 자본주의가 상대적으로 덜 발전한 나라와의 대외무역이다. 값이 싼 원재료 및 재료의 수입으로 불변자본과 생활수단의 가치가 하락하는 경우 이윤율을 높일 수 있다. 특히 식민지에 자본을 투자할 경우 노동력과 원재료를 저렴하게 구매할 수 있어 본국보다 높은 이윤율을 얻는 것이 가능하고 이것이 평균이윤율을 높이는 역할을 한다.

다섯째, 주식자본의 증가이다. 철도 등의 대규모 사업에 투자된 자본은 배당수익에 만족하므로 이윤율 균등화 과정에 참여하지 않는다. 이들이 이윤율 균등화에 적극적으로 참여한다면 이 부문의 낮은 이윤율로 인해 평균이윤율은 더 하락한다.

이윤율의 저하와 자본축적의 가속화는 동전의 양면이다. 자본이 1,000일 때 100의 이윤을 얻는다면, 100의 자본이 30의 이윤을 얻는 것보다 이윤율은 낮지만 더 많은 자본을 축적할 수 있다. 이윤율 저하와 자본축적이 가속화될수록 과잉생산·투기·공황이 발생할 가능성이 커지며, 과잉인구와 과잉자본이 병존하는 상황이 일어난다. 마르크스는 2가지 관점에서 그 이유를 설명한다.

첫째, 생산확대와 가치증식 사이의 충돌이다. 생산성이 향상할수록 가치를 증식하는 것이 어려워진다. 생산성의 발달은 자본구성의 고도화를 가져오고 이는 가변자본의 상대적 감소를 가져온다. 착취도의 증가에도 불구하고, 가변자본이 상대적으로 감소할수록 뽑아내는 잉여가치는 투하자본과 비교해 줄어들 수밖에 없다. 생산성이 발달하고 자본축적이 진행될수록 동일한 양의 자본으로 얻을 수 있는 이윤은 줄어든다. 이윤의 감소를 막고 더 많은 이윤을 얻기 위해서는 자본을 더 많이 투입하지 않으면 안 된다. 하지만 자본투입량이 증가할수록 이윤율은 감소하고 이를 막기 위해 더 많은 자본을 투입할수록 이윤율은 다시 감소하는 모순은 계속된다. 생산이 확대될수록 가치의 증식은 어려워지는 것이다.

둘째 과잉잉구와 병존하는 과잉자본이다. 자본이 투입되어도 이윤을 획득하지 못하거나 오히려 적자가 나는 상황이 되면 자본은 절대적으로 과잉생산된 것이다. 이윤율을 보전하려면 자본 일부는 생산에 투입하지 않고 유휴자본으로 남겨야 한다. 생산에 투입되지 않고 노는 자본이 생긴다면 이윤율 저하는 이윤량의 감소를 동반할 것이다. 이윤이 충분할 때 사이좋게 평균이윤으로 재분배하던 자본들은 이제 손실을 서로 전가하기 위하여 경쟁할 수밖에 없다. 경쟁에서 도태된 자본들은 쉬게 되거나 퇴출 혹은 파괴된다. 이는 자본의 가치하락과 수입 감소로 인한 신용제도의 붕괴를 가져오고 마침내 자본의 재생산과정에 정체와 혼란을 일으킨다. 재생산과정의 정체와 혼란은 불황, 공황을 의미한다.

또한 과잉자본은 과잉인구를 낳는다. 자본과잉에 의한 이윤율 저하를 탈피하기 위하여 자본구성을 고도화할수록 실업자군의 다른 이름인 산업예비군의 대열은 확대된다. 마르크스는 잉여가치의 생산은 제1막이고 그것의 실현은 제2막이라 말한다. 생산된 상품이 팔리지 않으면 제2막의 공연은 불가능하다. 잉여가치의 실현은 2권에서 사회적 자본의 재생산과정으로 살펴본 바와 같이 여러 생산부문 사이의 비례관계에 의해 제한된다. 또 하나의 제한은 사회의 소비능력인데, 이는 절대적인 소비능력이 아니라 노동과 자본의 적대적인 분배관계가 결정하는 소비관계이다. 생산성 향상으로 사용가치의 생산량이 증가하나, 자본과잉이 초래하는 노동자의 실업과 저임금은 사회적 소비능력을 감소시키고 이것은 불황과 공황의 전제이자 결과가 된다.

◆ 상업자본과 상업이윤의 형성과정

평균이윤율의 형성과 저하경향의 법칙에 대한 분석을 끝으로 산업자본에 대한 고찰은 마무리되고 상업자본에 대한 분석이 시작된다. 잉여가치의 생산은 산업자본이 담당하지만, 이것을 실현하는 역할은 상업자본이 담당한다. 상업자본은 산업자본에게서 생산물을 구매하여 소비자에게 직접 판매함으로써 잉여가치를 실현한다. 하지만 교환의 직접적 담당자인 상업자본은 어떠한 잉여가치도 생산하지 않는다. 그들은 다만 산업자본이 생산한 상품을 화폐로 혹은 화폐를 상품으로 형태만 변화시키는 매개 역할만 할 뿐이다. 그렇다면 그들은 어디서 이윤을 획득하는 것인가?

자본의 순환에서 살펴본 $M - C \cdots P \cdots C' - M'$은 생산과 유통의 과정을 함께 보여준다. $M - C$는 구매, $C' - M'$은 판매를 표시하는 유통영역이고 $C \cdots P \cdots C'$는 잉여가치를 생산하는 생산영역이다. 산업자본이 $M - C \cdots P \cdots C' - M'$의 전 영역을 담당하려 하면 그는 생산영역뿐만 아니라 유통영역까지 자본을 투자하고 관리를 하여야 한다. 자본주의 초기에는 산업자본이 유통영역까지 담당하였으나 생산의 규모가 커지고 복잡해지자 생산영역과 유통영역을 분리할 필요가 커진다. 산업자본은 C … P … C′만 담당하여 잉여가치를 생산하고 M - C와 C′ - M′을 전담하는 특수한 종류의 자본이 잉여가치를 생산하는 역할 구분이 생긴 것이다. 상업자본은 이처럼 산업자본에서 자립한 특수한 자본이다. 하나의 회사에서 유통을 담당하는 부서가 분사하여 유통전문회사가 되는 것과 유사하다. 이에 대해 마르크스는 산업자본의 상품자본이 상업자본으로 전화한 것이라고 표현한다.

산업자본이 생산한 잉여가치는 투하자본의 크기에 비례하여 평균이윤으로 분배되지만, 잉여가치의 실현이 전제되지 않는 분배는 불가능하다. 이 때문에 잉여가치를 생산하지 않지만 실현하는 기능을 가진 상업자본은 잉여가치의 분배에 참여할 권리를 얻게 된다. 산업자본이 투자한 자본에 비례하여 이윤을 분배받듯이, 상업자본도 투자자본에 비례하여 산업자본이 생산한 잉여가치를 분배받는다. 1,000원의 총산업자본이 200원의 잉여가치를 생산한다면, 평균이윤율은 20%이다. 여기에 상업자본 100원이 잉여가치를 실현시킨 공로에 대한 대가를 요구한다면 '200/1,100 ≒ 18.2%'로 이윤율은 낮아진다. 산업자본은 1,000원에 대한 18.2%의 이윤인 182원을 얻고 상업자본은 100원에 대한 이윤으로 18.2원을 얻는다. 잉여가치는 생산과 판매라는 각자의 역할에 따라 분배된 것이다. 산업자본이 상업자본과 이윤을 나누어 갖는 것은 산업자본으로서는 손해로

자본론으로 마르크스를 비판하다

보인다.

하지만 유통을 전문업무로 하는 상업자본이 유통시간을 단축시킬 뿐만 아니라, 산업자본이 스스로 상업자본의 역할을 할 때보다 유통영역에 대한 투자규모를 감소시켜 더 많은 자본을 생산영역에 투자할 수 있다면 산업자본으로서는 오히려 이익이 된다. 위 일례에서 산업자본이 생산물의 판매를 상업자본에 맡기지 않고 자가 판매하는 경우 유통영역의 투자규모가 200원으로 증가한다면 평균이윤율은 16.7%로 하락한다. 또한 역할분담이 주는 효율성의 감소로 유통시간마저 증가하면 자본의 순환기간이 길어져서 동일 기간에 생산하는 이윤은 200원보다 더 적어질 것이다.

상업자본이 유통영역에 투자하는 자본은 상품구매대금과 순수유통비용으로 나눌 수 있다. 상품구매대금은 산업자본으로부터 상품을 구매할 때 필요한 비용이고 순수유통비용은 부기, 마케팅, 통신, 판매장소 임대료, 상업노동자 임금 등을 들 수 있다. 〈자본론〉의 예시를 그대로 인용하여 이들 투자자본이 평균이윤을 분배받고 자본을 회수하는 과정을 살펴보자. 연간 투하된 총산업자본이 '720c + 180v = 900'이고 잉여가치는 180이라고 가정하자. 연간 생산된 상품의 가치는 '720c + 180v + 180s = 1,080'이다. 총산업자본 900의 투자로 180의 이윤이 생산되었으므로 평균이윤율은 20%이다. 분석의 단순화를 위해 순수유통비용은 고려하지 않고 100의 상품구매대금만 상업자본으로 투자한다고 가정할 경우, 180의 잉여가치를 생산하고 실현하는 데 투자된 총자본은 1,000이 된다. 평균이윤율은 '180/1,000 = 18%'로 하락한다. 산업자본은 투하자금 900에 대하여 18%의 이윤인 162의 이윤을 얻는다. 따라서 산업자본이 생산한 상품의 가치는 '720c + 180v + 162s = 1,062'가 된다. 상업자본은 산업자본의 상품을 1,062에 구매하여 1,080에 판매하므로 18의 이윤을 얻으며, 이것은 상업자본이 투자한 100에 대한 평균이윤과 동일하다. 산업자본은 원래의 생산가격인 1,080에서 상업자본 이윤 18이 공제된 1,062의 가격으로 상품을 판매하고 상업자본은 여기에 이윤 18을 더하여 판매한다. 상업자본은 상품을 소비자에게 최종적으로 판매한 후 얻는 1,080의 수입으로 상품구매대금 100을 회수하고 이윤 18을 얻는다. 이것이 산업자본과 상업자본이 잉여가치를 분배하는 방식이다.

상업자본이 투하하는 자본에 상품구매대금뿐만 아니라 순수유통비용까지 포함될 경우, 순수유통비용이 상품가격에 포함되는지 여부와 회수방법의 문제가 발생한다. 상품구매대금은 상품의 판매로 회수가 가능하나 순수유통비용을 회수하는 문제는 별도의 분석이 필요하다. 상품구매대금으로 100이 필요하고 순수유통비용으로 50이 필요하다고 가정한다면, 100은 1,080의 상품을 판매한 후에 회수 가능하나 50은 회수되지 않는다. 마르크스는 이에 대해 50원이 상품의 실질가치는 아니지만 명목가격으로 덧붙여져 판매된다고 설명한다. 1,080이 아닌 1,130에 상품이 판매된다는 것이다. 순수유통비용 50원까지 포함한다면 상업자본이 투하하는 자금은 100이 아니라 150이다. 따라서 잉여가치 180의 분배에 참여하는 상업자본은 150이다. 산업자본의 투하자본 900과 상업자본의 투하자금 150으로 180의 잉여가치가 생산되고 실현되었으므로 평균이윤율은 '180/1,050 ≒ 17.1%'가 되고 산업자본은 900을 투자하여 '900 × 17.1% ≒ 154'의 이윤을 얻고, 상업자본은 150을 투자하여 '150 × 17.1% ≒ 26'의 이윤을 얻는다. 산업자본은 '900 + 154 = 1,054'의 가격으로 상품을 상업자본에 팔고 상업자본은 여기에 상업이윤 26과 순수유통비용 50을 합쳐서 1,130의 가격으로 소비자에게 판매한다. 상업자본이 투자한 상품구매대금과 순수유통비용, 그리고 상업이윤까지 모두 회수된다.

그러나 순수유통비용의 보전에 대한 마르크스의 설명은 순수유통비용이 잉여가치에서 보전된다는 2권의 설명과 모순된다. 또한 상품의 판매가격은 가치와 일치한다는 주장과도 맞지 않는다. 따라서 후대의 학자들은 다음과 같이 잉여가치에서 순수유통비용을 공제하는 방식으로 이 문제를 해결한다. 180의 잉여가치에서 순수유통비용 50을 공제한 130의 잉여가치를 산업자본 900과 상업자본 150에 분배한다. 평균이윤율은 '130/(900 + 150) ≒ 12.4%'로 더 낮아진다. 산업자본은 투하자본 900과 이윤 '900 × 12.4% ≒ 111.4'의 합계인 1,011.4의 가격으로 상업자본에 상품을 판매한다. 상업자본은 여기에 자신의 상업이윤 '150 × 12.4% ≒ 18.6'과 순수유통비용 50을 더한 1,080에 상품을 판매한다. 이렇게 하여 상품의 원래 생산가격 1,080과 최종 판매가격이 일치하고, 순수유통비용은 잉여가치에서 보전된다.[153]

순수유통비용 중 상업노동자의 고용비용이 포함된 경우, 상업자

---

153 〈자본론 3권(상)〉, p.368. 김수행의 각주에서 발췌.

본은 상업노동자의 부불노동으로 인해 절약된 금액을 추가 투자할 수 있다. 부불노동이 10이라고 가정하면, 원래 140의 상업자본을 투자할 수 있었으나 부불노동 10의 추가로 150을 투자하게 된 것이다. 이로 인해 상업자본은 10에 대한 12.4%의 이윤인 1.24의 이윤을 추가로 획득한다. 2권의 개략 설명에서 휴대폰 대리점을 예로 든 것과 같은 원리이며, 상업노동자의 부불노동은 잉여가치를 생산하지 않지만 상업자본이 얻는 이윤 중 일부의 원천이 된다. 상업노동자의 부불노동 덕분에 상업자본은 생산노동자의 잉여가치를 좀 더 분배받게 된 것이다.

　마지막으로 상업자본의 회전율이 상업이윤에 어떤 영향을 미치는지 알아보자. 산업자본의 경우 회전율이 높아지면 그에 비례하여 연잉여가치율은 상승한다. 100원의 자본으로 1년에 한 번 회전하여 10원의 잉여가치를 생산한다면, 1년에 5번 회전할 경우 50원의 잉여가치를 생산할 수 있다. 하지만 상업자본의 경우 이 원리는 적용되지 않는다. 상업자본은 생산과정과 유통과정에 투자된 총자본에서 차지하는 비율에 따라 자신의 이윤을 분배받을 뿐이다. 연간 평균이윤율이 15%이고 상인이 100원을 투하하여 한 번 회전시킨다면 그는 자신의 상품을 115원에 판매하게 된다. 투하자본 100원이 다섯 번 회전한다면, 그는 100원에 구입한 상품을 103원에 팔 수 있다. 이렇게 연간 다섯 번 팔 수 있으므로 515원의 총 판매수익을 올린다. 실제 투입된 자본은 100원이고 수익은 15원으로 100원을 한 번 회전하는 경우와 같은 이윤을 얻는다.

　만약 산업자본과 비교해 상대적으로 자본회전속도가 빠른 상업

자본이, 산업자본이 그러한 것처럼 회전수와 비례하여 이윤이 증가한다면 산업자본보다 훨씬 높은 이윤을 얻게 될 것이고, 이는 일반적 이윤율의 법칙에 모순된다고 마르크스는 말한다. 그렇다면 상업이윤이 회전율을 올릴 동기는 무엇인가? 마르크스는 이에 관해 설명하지 않았지만, 그의 주장을 유추해보면 상업자본의 회전율이 증가할수록 산업자본의 회전율도 올라가고 생산하는 잉여가치도 증가하므로 상업자본이 분배받는 몫도 증가한다는 데서 동기를 찾을 수 있다.

주의할 사항은 상업자본의 회전율이 획득하는 이윤의 크기에 영향을 미치지 않는다는 사실은 서로 다른 상업부문의 평균회전율에만 적용된다는 것이다. 동일한 상업부문에서는 평균보다 회전율이 높은 개별자본은 높은 이윤을 얻는다.

가령, 휴대폰 유통부문에서 A, B, C 자본이 각각 1,000원씩 총 3,000원의 자본을 투자하고, 평균이윤율은 20%, 3,000원의 자본이 평균 5회전 한다고 가정할 경우, A, B, C는 각각 200원의 이윤을 얻고 총이윤은 600원이다. 만약 A가 회전수를 증가시켜 7회전 하고, B는 동일한 5회전, C는 3회전 할 경우, A는 '200 × 7/5 = 280원', B는 '200 × 5/5 = 200원', C는 '200 × 3/5 = 120원'을 얻는다. 동일 부분 내에서는 회전율이 높은 개별자본이 낮은 개별자본의 이윤을 뺏어오는 제로섬 게임이 벌어지는 것이다.

만약 라면 유통부문에서 동일한 3,000원을 투하하고 연간 평균 1회전 한다면 회전수와 상관없이 휴대폰 유통부문과 동일한 600원을 얻게 될 것이다. 그러나 라면 유통부문 내의 개별자본들이 평균보다 회전율이 높을수록 라면부문 전체의 상업이윤 600원에서 더 큰 부분을 차지할 수 있는 것은 휴대폰 유통부문과 다르지 않다.

회전율이 평균보다 낮은 개별자본은 회전율이 높은 업체가 얻는 초과이윤만큼 손실을 보기 때문에 부문 전체의 상업이윤의 총량은 변함이 없다. 부문 내의 개별자본이 초과이윤을 얻기 위해 회전율을 높이려 노력한다면, 부문의 평균 회전율은 올라갈 것이고 이는 산업자본의 회전시간을 단축하게 해 잉여가치의 생산량을 증가시킬 것이다.

◆ 이자 낳는 자본인 대부자본

자본주의 이전의 생산양식에서도 화폐를 대부하고 이자를 받는 자본은 존재했다. 노예주나 봉건영주 또는 농민에게 화폐를 빌려주고 이자를 받는 고리대자본이 그것이다. 고리대자본은 자본주의에서 대부자본으로 전화한다. 대부자본은 자본이 잉여가치를 착취하는 수단으로 기능하는 자본주의 생산양식에서 착취수단인 자본을 빌려준다는 점에서, 전(前)자본주의 생산양식의 고리대자본과는 다르다. 노예주나 봉건영주는 전쟁자금이나 소비자금으로 사용할 목적으로, 그리고 농노나 소생산자들은 생산수단이나 생활수단을 구매하거나 조세 혹은 지대를 납부하려고 화폐를 빌렸다. 고리대자본이 받는 이자의 원천은 노예, 농노나 소생산자들의 잉여생산물이지만, 고리대자본이 대부하는 화폐가 타인의 노동시간을 착취하는 자본으로서 기능한 결과는 아니었다. 그러나 자본주의에서 산업자본 또는 상업자본에 대부되는 화폐는 노동자를 착취하는 자본으로서 기능하고 그 결과 획득된 평균이윤이 이자의 원천이 된다.

대부자본이 기능자본가(산업자본 또는 상업자본)에게 대부하고 이 자를 받는 것은 상품을 판매하고 대금을 받는 것과 다르지 않다. 대부자본가는 화폐를 상품으로 대부하는 것이다. 그렇다면 대부하는 화폐가 상품으로서 갖는 사용가치는 무엇인가? 그것은 화폐가 자본으로 기능하여 잉여가치를 생산하고 실현할 수 있는 잠재적 능력이다. 대부자본은 잉여가치를 생산할 가능성을 가진 잠재자본이라 할 수 있으며, 이 잠재적 능력에 대한 대가가 이자다. 따라서 대부자본의 가치가 이자라는 말은 잘못된 것이다. 대부자본의 가치가 이자가 아니라 대부자본의 잠재적 능력에 대한 가치가 이자이다. 100원의 대부자본이 있을 때 이 대부자본의 가치는 100원이지 이자 10원이 아니다. 이자는 100원이 자본으로 기능하여 잉여가치를 획득할 가능성의 가치다. 이 점에서 대부자본의 상품으로서의 성격은 일반 상품과 다르다.

$M - C \cdots P \cdots C' - M'$은 일반 화폐자본의 순환과정을 보여준다. 대부자본은 일반 화폐자본과 다른 운동형태를 갖고 있다. 화폐자본 M이 존재하려면 대부자본 M이 미리 존재해야 하며 자본이 순환한 뒤 다시 대부자본으로 돌아오되 이자만큼 증식된 형태로 돌아와야 한다. 따라서 대부자본의 순환형태는 다음과 같다.

$$M - (M - C \cdots P \cdots C' - M') - M'$$

문제는 사람들의 눈에는 생산과 유통과정인 괄호 부분이 보이지 않는다는 데 있다. 화폐를 기능자본가에게 대부하면 일정 기간이 지난 뒤 원금과 함께 이자가 붙은 M′로 돌아오는 것이 전부인 것처럼 보인다. 즉 대부자본의 운동은 'M - M′(M + ΔM)'의 형태로 나타난다. 이것은 잉여가치가 창출되는 생산과정과 관계없이 화폐 자체에 이자(ΔM)를 생산하는 능력이 있다는 환상을 갖게 한다. 이자의 원천은 생산과정에서 노동자로부터 착취한 잉여가치라는 사실이 은폐되는 것이다. 잉여가치의 생산이 자본의 본래 속성인 것처럼 여겨지는 차원을 넘어서, 대부자본의 형태에 이르면 자본은 저절로 가치가 증식되는 존재로 인식되어 가장 극단적으로 신비화되고 물신화된다. 하지만 이것은 하나의 망상이다. 과거 노동의 생산물인 자본이 잉여가치를 생산하는 것은 '노동과 접촉한 결과'에 불과하며, 자본이 잉여노동에 지배권을 행사하는 것은 '과거노동이 살아있는 노동에 독립적이고 우세한 것으로 지배하는 특수한 사회관계인 자본주의가 지속하는 동안에만 가능하다.'고 마르크스는 강조한다.[154]

이자의 원천이 잉여가치이고 잉여가치는 평균이윤으로 전화한다. 따라서 평균이윤은 대부자본에게 귀속되는 이자와 기능자본가에게 귀속되는 기업가이득으로 분할된다. 이는 평균이윤의 단순한 양적 분할이 아니라 질적으로 고정화된 분할이다. 이자는 저절로 가치가 증식되는 자본의 소유에 대한 대가이고, 기업가이득은 기능자본가의 관리·감독에 대한 대가로 인식되기 때문이다. 따라서 기

---

154 〈자본론 3권(상)〉, p.509.

자본론으로 마르크스를 비판하다

능자본가가 설령 자기자본으로 회사를 경영하더라도 그는 자신의 소득을 자본소유로 얻는 이자와 기업경영으로 얻는 기업가이득으로 분할한다. 이자는 자본소유가 주는 당연한 소득으로, 그리고 기업가이득은 경영으로 총칭되는 관리·감독에 대한 임금으로 여겨진다. 자신의 돈이 버는 소득과 경영노력이 버는 돈은 질적으로 다르다고 생각하는 것이다.

여기서 평균이윤이 노동자의 미불노동이 전화한 것에 불과하다는 사실과 자본과 노동의 대립 관계는 드러나지 않는다. 그러나 이자가 자본을 소유하고 있으면 저절로 생산되는 가치가 아니듯이, 기업가이득도 관리·감독 노동에 대한 보수가 아니다. 대부자본가에 비해서는 기능자본가도 노동자라 볼 수 있지만 타인 노동의 착취자로서의 노동자이다. 기업가이득의 크기는 타인노동을 얼마나 착취하는가에 달린 것이지 기능자본가의 수고에 달려 있지 않다. 자본주의가 발전하면서 기능자본가의 역할을 전문경영인과 같은 대리인에게 맡기는 경향이 높아지지만, 자본가는 전문경영인이 가져가는 관리임금보다 훨씬 큰 소득을 가져간다는 점을 보더라도 기업가이득을 감독노동에 대한 임금으로 볼 수 없다. 즉 자본가는 자신이 기능자본가로서 역할을 할 때는 관리·감독의 노고에 대한 대가로서 많은 보수를 받는 것을 당연시하면서도 기능자본가의 역할을 전문경영인에게 맡길 때는 자신이 받았던 보수보다 적게 준다는 것이다.

마르크스는 이후에도 대부자본을 평균이자율과 시장이자율, 은행과 신용제도, 상업신용과 은행신용 등으로 다양하게 고찰하고 있으나 이 책에서는 생략한다. 대부자본에 대한 고찰이 마무리되면서 특별잉여가치와 함께 또 하나의 초과이윤인 지대에 대한 분석으로 넘어간다.

◆ 지대의 여러 종류

마르크스는 지대를 몇 가지 종류로 나누고 있다. 차액지대의 1형태(차액지대I)와 차액지대의 2형태(차액지대II), 그리고 최열등지에서도 발생하는 절대지대와 시장독점력에 의해 발생하는 독점지대가 그것이다. 6장에서 분석한 지대는 차액지대 I 이다.

차액지대 I 이 동일한 면적의, 비옥도가 다른 여러 토지에 동일한 양의 자본을 투하하여 각기 다른 생산량이 나오는 경우에 발생하는 지대라면, 차액지대II는 토지에 자본을 추가로 투하하여 발생하는 지대이다. 차액지대 I 과 II는 동일한 면적의 토지에 동일한 양의 자본을 투입하였지만 생산량의 차이가 발생할 때, 그 차이가 지대로 전화된다는 점에서 차액지대로서의 성격은 같다. 그러나 차액지대 I 이 토지의 비옥도, 위치와 같은 자연적인 생산성의 우열로 인해 발생한다면, 차액지대II는 추가자본을 토질의 개량, 신식 농기계 구입, 좋은 비료의 사용, 배수관의 설치 등과 같이 인위적인 생산성 향상의 노력으로 주어진다는 점에서 차이가 있다.

본문 6장의 〈표6-1〉처럼 밀을 생산하는 비옥도가 다른 토지 A ~ D가 있고 밀의 사회적 총수요는 10가마인 상황에서, 인구가 증가하고 생활수준이 높아져서 밀의 수요가 25가마로 증가하였다고 가

자본론으로 마르크스를 비판하다

정하자. 해외에서의 수입을 배제하면 증대된 수요에 대응하려면 두 가지 방법이 있을 수 있다. A ~ D 이외의 새로운 토지들을 개간하여 15가마를 추가 생산하는 방법 1과, 기존 A ~ D의 토지에 자본을 더 투자하여 15가마를 추가 생산하는 방법 2가 있다. 방법 1로는 차액지대 I 이 생산되고 방법 2로는 차액지대 II가 생산된다. 일반적으로는 두 방법 중 비용이 적게 투입되면서 증가한 사회적 수요를 충족시키는 방법이 선택될 것이다. 여기서는 새로운 토지를 개간하는 방법 1보다 기존 토지에 추가 투자하여 생산량을 증가시키는 방법 2가 비용 절약에서 더 유리하다고 가정하고 〈표3-3〉과 같이 차액지대 II가 발생하는 과정을 살펴보기로 한다.

〈표3-3〉 차액지대 I, II

토지 종류	1차 투자			2차 투자			3차 투자			
	생산량 (가마)	지대 (원)	자본 (원)	생산량 (가마)	지대 (원)	자본 (원)	생산량 (가마)	지대 (원)	자본 (원)	
A	1	–	50	1	–	50	1	–	50	생산량 총계
B	2	60	50	1.5	30	50	2	60	50	
C	3	120	50	2	60	50	1.5	30	50	
D	4	180	50	3	120	50	3	120	50	
합계	10			7.5			7.5			25

위 표를 보면, 1차 투자까지는 10가마의 밀을 생산하였고 차액지대 I 이 생산된다. 2차 투자는 A ~ D에 동일한 50원을 투자하여 A ~ D 각각 1, 1.5, 2, 3가마의 토지를 생산한다. 곡물지대는 최열등지 A

보다 더 많이 생산되는 양이므로 B는 0.5가마, C는 1가마, D는 2가마의 지대를 생산한다. 이윤은 여전히 10원으로 변동이 없다면 밀 1가마의 시장가치는 60원이다. 화폐지대는 각각 '0.5×60=30원', '1×60=60원', '2×60=120원'이다.[155] 3차 투자도 2차 투자와 같은 방식으로 지대를 산정하면 된다. 이것이 25가마로 증대된 시장수요에 대응을 위해 기존 토지에 추가로 자본을 투입하여 공급을 증대시킴으로써 차액지대Ⅱ가 발생하는 과정이다.

위의 사례에서 사회적 수요가 3가마 더 증가하여 B, C, D 토지에 동일한 자본으로 4차 투자를 추가하였고, 그 결과 B 0.5가마, C 0.5가마, D 2가마를 생산하여 사회적 수요가 충족되었다고 가정하자.[156] 이 경우 지대 발생의 기준은 최열등지 A토지가 아니라 B, C토지의 4차 투자가 된다. 동일한 50원의 자본을 투자하여 A는 1가마, B, C의 4차 투자는 0.5가마를 생산하였기 때문이다. A의 시장가치, 즉 생산가격은 이윤 10을 포함하여 여전히 60원이나, B, C는 4차 투자로 이윤 10원을 포함한 60원을 투입하여 0.5가마를 생산하였으므로 생산가격은 '60/0.5 =120원'이다. 만약 시장이 가마당 120원을 인정하지 않으면 B, C는 4차 투자를 할 이유가 없다. 따라서 밀의 시장가치는 120원으로 상승한다. 이제 지대는 최열등지가 아니라 최열등의 조건에서 생산된 0.5가마를 기준으로 정해진다. 따라서 4차

---

155 화폐지대는 '(개별토지 생산량 – 최열등지 생산량) × 시장가치' 또는 '(최열등지 생산가격 – 개별토지의 생산가격) × 개별토지의 생산량'이다.

156 마르크스는 4차 투자에서 동일한 투자로 생산량이 감소한 것은 추가자본의 생산성이 하락한 것으로 본다. 반면 리카도는 토지수확체감의 법칙이 적용한 결과로 본다.

투자 전까지 최열등의 조건이었던 A 토지도 0.5가마를 더 생산할 수 있어 0.5가마의 지대가 발생한다. 화폐지대로 0.5 × 120 = 60원의 차액지대를 A 토지의 지주도 얻을 수 있게 된 것이다. 다른 토지의 지대도 0.5가마를 초과하여 생산된 양이 지대가 되며 화폐지대는 여기에 120원을 곱한 것이 된다.

차액지대 II는 토지의 자연적인 생산성이 아니라 임차자본가의 추가적인 자본투자 덕분에 인위적으로 생산성이 향상된 것이기 때문에 지대의 귀속 여부를 둘러싸고 지주와 임차자본가의 갈등이 발생할 수밖에 없다. 여기서 계약기간이 중요한 역할을 한다. 계약기간 내에서는 임차자본가가 추가투자를 하여 생산량이 증가하여도 계약상의 지대를 제공하면 되므로 임차자본가가 차액지대 II를 수취할 수 있다. 따라서 지주는 단기계약을 원하고 임차자본가는 장기계약을 원하게 되어 계약기간을 둘러싼 갈등이 벌어진다.

지금까지 살펴보았듯이 차액지대는 최열등지 또는 최열등 조건에서는 발생하지 않는다. 하지만 상식적으로 생각할 때 최열등지라고 해서 지대를 받지 않고 토지를 임대할 지주는 없을 것이다. 따라서 최열등지의 지주에게도 지대를 지불하지 않을 수 없는데, 토지의 사적소유가 존재하는 제도에서는 절대적으로 지불해야 하는 지대라는 의미에서 절대지대라 부른다. 〈표3-3〉에서 추가투자 자본의 생산성이 최열등지보다 떨어질 때는 최열등지에도 지대가 발생하지만, 이는 최열등지 A보다 더 열등한 조건에서의 생산이 등장하여 발생하는 차액지대이므로 절대지대와 다르다. 절대지대는 차액지대가 발생하지 않는 최열등지의 토지라도 토지를 소유하고 있음을 권리 삼아 무조건 요구하는 것으로 임차자본가가 그 요구를 들어주지 않고는 토지를 임차할 수 없는 지대이다.

임차자본가는 토지소유자가 절대지대를 요구한다 해서 생산물을 원래의 가치 이상으로 판매해서 지대를 줄 수 없다. 그러면 절대지대의 원천은 무엇인가? 이 문제의 설명을 위해 〈표3-4〉와 같이 자본의 유기적 구성이 다른 A, B부문을 예로 들어보자. 〈표3-4〉는 유기적 구성이 높은 A부문과 낮은 B부문에서 평균이윤의 형성으로 생산가격이 산출되는 과정을 보여준다. 두 부문 모두 잉여가치율은 100%로 가정한다.

〈표3-4〉

생산부문	자본 (비용가격)	잉여가치	평균이윤	상품가치	생산가격 (비용가격 + 평균이윤)
A	70c + 30v	30	20	130	120
B	90c + 10v	10	20	110	120

A부문의 생산물은 유기적 구성이 낮아 가변자본을 더 많이 사용하므로, 상품가치는 130원이지만 실제 시장에서는 생산가격 120원에 판매된다. B부문의 생산물은 유기적 구성이 높아 가변자본을 상대적으로 적게 사용하므로, 110원의 상품가치를 갖지만 시장에서는 생산가격 120원에 판매된다. 즉, 생산가격 120원이 시장가치가 된다. 평균이윤율의 형성과정에서 보았듯이 유기적 구성이 낮은 부문은 높은 부문보다 잉여가치를 더 많이 생산하지만, 더 높은 이

윤을 갈망하는 자본의 이동으로 유기적 구성이 높은 부문에 잉여가치 일부를 내주면서 양 부문의 이윤율은 균등해진다. 유기적 구성이 낮은 A부문은 생산가격이 상품가치보다 낮아지고, 유기적 구성이 높은 B부문은 생산가격이 상품가치보다 높아지는 것이다. A부문의 잉여가치 30은 높은 이윤을 바라는 자본의 유입으로 인해 공급이 증대 되고 가격이 하락하여 평균이윤 20원으로 낮아지고, B부문의 잉여가치 10은 자본의 유출로 공급이 감소하면서 가격이 상승하여 평균이윤 20으로 높아졌다.

일반적으로 농업부문은 비농업부문에 비해 기술수준이 낮고 자본의 유기적 구성도 비농업부문보다 낮다. A가 농업부분이고 B가 비농업부문이라면 두 부문은 〈표3-4〉와 같이 자본이동의 과정을 거쳐 평균이윤이 형성되고 이윤율이 균등해져야 한다. 그러나 농업부문은 다른 부문과 달리 자본의 이동을 방해하는 독특한 힘이 존재한다. 마르크스는 자본이 전혀 극복할 수 없는 외부의 힘이 작용하여 농업부문에 대한 투자를 제한하고, 잉여가치가 평균이윤으로 균등화되는 것을 배제하기 때문에 농업부문은 생산가격 이상으로 시장가격이 상승한다고 말한다. 농업부문의 독특한 힘 또는 자본이 극복할 수 없는 외부의 힘은 '토지소유의 장벽'이다. 자연적으로 토지의 양이 제한된 상태에서 자본이 토지를 경작하고 싶어도 지주가 토지를 내놓지 않으면 경작은 불가능하므로 임차자본가는 최열등지의 지주가 요구하는 지대를 들어주지 않을 수밖에 없다. 이는 자본이동을 가로막는 장벽으로 작용하므로 농업부문의 생산물이 시장에서 생산가격보다 높은 가격으로 판매될 수 있도록 한다. 이

로 인해 절대지대는 생산가격을 초과하는 양만큼 형성된다. 아래의
〈표3-5〉를 보자.

〈표3-5〉 절대지대의 형성

생산 부문	자본	잉여 가치	평균 이윤	상품가치	생산 가격	시장 가격
농업	70c + 30v	30	25	130	120	125
비농업	90c + 10v	10	15	110	120	115

〈표3-5〉에서 보듯이 일반적으로는 자유로운 자본이동이 일어나
서 양 부문의 시장가격이 생산가격 120원에서 형성되나, 농업부문
에서는 자본이동을 제한하는 토지소유의 장벽이 존재하므로 시장
가격이 생산가격 120원을 초과하는 125원에서 형성된다. 원래 생산
가격은 120원으로 형성되어야 하지만, 지대가 없이는 토지를 임대
할 수 없다는 최열등지 지주의 요구는 생산가격을 초과하는 125원
으로 시장가격이 형성되도록 한다. 원래의 생산가격 120원과의 차
이인 5원이 절대지대이다. 절대지대가 형성되면 비농업분야의 이윤
은 절대지대만큼 감소한다. 결국 절대지대는 비농업분야의 평균이
윤의 감소분이다. 절대지대는 농업부문의 잉여가치의 일부가 토지
소유라는 절대적 힘의 작용으로 평균이윤 형성과정에 참여하지 않
음으로써 지주에게 주어지는 초과이윤이다. 위 표에서는 농업부문
의 잉여가치 5원이 평균이윤의 형성과정에 참여하지 않기 때문에 5
원의 절대지대가 생성된 것이다.

〈표3-5〉에서 절대지대는 5원이나 이것은 하나의 예에 불과하다.

자본론으로 마르크스를 비판하다

위 표에서 절대지대는 농업부문 생산물의 내재가치 130원과 생산가격 120원의 차이인 10원을 최대한도로 하여 결정된다. 절대지대의 양적 크기를 결정하는 힘은 농업부문 생산물의 수요와 공급 작용으로 결정된다. 인구의 급속한 상승으로 농산물의 수요가 증가하여 시장가격이 129원으로 상승하면 절대지대는 9원이 된다. 그러나 농산물이 독점이 아닌 이상 일시적인 경우를 제외하면 원래 가치인 130원을 초과할 수는 없으므로 절대지대는 10원을 초과할 수 없다. 반대로 경작토지가 증가하거나 외국에서의 농산물 수입이 증대하여 공급이 증가하면 농산물의 시장가격은 122원 혹은 121원으로 하락할 수 있고 이 경우 절대지대는 2원 또는 1원이 될 것이다. 결론적으로 절대지대의 전제조건은 농업부문이 다른 부문보다 유기적 구성이 낮으므로 생산가격이 가치보다 낮다는 점이다. 가치와 생산가격과의 차이가 절대지대의 원천이다.

절대지대는 최열등지의 지주에게만 혜택을 주는 것이 아니다. 다른 토지의 지주에게도 절대지대만큼 더 많은 지대를 얻게 해준다. 〈표3-5〉에서 농업부문의 생산가격은 최열등지의 생산가격을 기준한 것이므로 이보다 낮은 생산가격을 갖는 우량 토지의 지주는 생산가격의 차이를 지대로 얻는데, 여기서 절대지대만큼의 지대를 추가로 얻는 것이다. 최열등지에서 생산되는 단위 농산물의 생산가격이 120원일 때 100원의 생산가격으로 공급할 수 있는 토지의 지주는 20원의 차액지대를 얻지만, 최열등지의 생산가격이 125원으로 상승하여 5원의 절대지대가 발생한다면 그도 5원이 증가한 25원의 지대를 얻을 수 있다.

만약 〈표3-5〉의 농산물이 어느 누구도 따라올 수 없는 품질의 포도주라면 상품가치인 130원을 넘어선 시장가격으로 판매될 수 있다. 이처럼 농업부문에서 독점적 지위로 인하여 가치를 초과하는 시장가격으로 판매될 때 얻는 지대를 독점지대라 한다. 독점지대는 가치를 초과하는 부분이므로 가치의 범위 내에 있는 절대지대와는 다르다. 위 포도주가 135원에 판매되면 가치를 초과하는 5원이 독점지대가 되며 135원은 독점가격이 된다. 독점지대로 인한 피해는 다른 자본가와 노동자들이 부담한다고 마르크스는 말한다.

지대가 창출되는 토지를 자본화하면 토지의 가격이 된다. 예를 들어 한 해에 100원의 지대를 얻을 수 있는 토지를 5% 이자율로 자본화하면 토지의 가격은 '100원/5% = 2,000원'이 된다.

마르크스는 이러한 지대의 자본화를 통해 토지가 다른 상품과 마찬가지로 매매되는 사정 때문에 지대가 타인노동의 가치를 착취한 결과라는 점이 은폐된다고 비판한다. 지주는 자신이 토지를 매입한 대가로 지대를 얻기 때문에 정당한 수입이라고 주장하지만, 이는 노예주가 흑인 노예를 돈 주고 샀기 때문에 그를 착취하여 버는 돈이 정당하다는 주장처럼 터무니 없다는 것이다. 노예주가 노예를 소유하여 돈을 벌 수 있는 것은 돈을 주고 흑인 노예를 샀기 때문이 아니라 노예제도의 존재 덕분이듯이, 지대가 정당한 수입이라는 주장도 토지를 구매한 데 있는 것이 아니라 토지의 사적소유를 합법화하는 사회적 생산관계 덕분이다. 마르크스는 자본주의보다 "더 높은 경제적 사회구성체의 관점에서 보면, 지구에 대한 개개인의 사적소유는 인간에 대한 인간의 사적소유와 마찬가지로 불합리한 것으로 나타날 것이다. … 그들은 오직 지구의 점유자·이용자일 따름이며 선량한 가장으로서 지구를 개량하여 다음 세대에게 물려주어야 한다."라는 주장을 끝으로 지대론을 결론짓는다.[157]

---

157 〈자본론 3권(하)〉, p.984.

부록 4 미시경제학의 가치론적 해석

　대학 강좌에서 배우는 미시경제학의 근본이론은 효용가치론이다. 수요공급곡선부터 소비자이론, 생산자이론, 생산요소시장과 소득분배 등 미시경제학의 주요 개념에는 효용가치론이 근저에 놓여 있다. 그러나 미시경제학을 공부하면서 효용가치론의 숨결을 체감하기는 쉽지 않다. 그것은 효용가치론이 마치 물에 녹은 소금처럼 미시경제학에 스며들어 있기 때문이다.

　효용가치론과 노동가치론의 오랜 대결에는 사용가치를 가치의 원천으로 볼 것인가에 대한 상반된 시각이 자리 잡고 있다. 사용가치를 가치의 원천으로 보면 생산량은 대단히 중요한 변수가 된다. 그러나 물과 다이아몬드의 역설이라는, 생산량과 가치가 지속해서 비례하지 않는 난제가 효용가치론의 이론적 정합성을 가로막고 있었다. 마침내 1870년대 한계효용이론이 정립되면서 사용가치가 가치의 원천이 될 수 있는 이론적 돌파구가 마련되었고, 1899년 한계생산력 분배이론이 나온 이후 생산된 부를 분배하는 기준으로서의 가치는 사용가치의 생산량과 한계효용의 함수라는 개념이 정립되었다. 미시경제학에 녹아있는 소금은 바로 생산량과 한계효용이다. 미시경제학의 중요 모형에서 가치의 결정인자로서 생산량과 한계효용의 원리를 파악하려는 노력은 좀 더 깊이 있게 미시경제학을 이해하는 방법이기도 하지만 노동가치론에 대한 이해를 돕는 방법이기도 하다. 부록 4에서는 '생산량 × 한계효용'의 원리가 미시경제학에 어떻게 녹아있는지 살펴보고, 시간을 가치로 보는 노동가치론과 효용을 가치로 보는 효용가치론의 차이로 인해 시장을 바라보는 관점의 차이가 생긴다는 것을 확인할 것이다. 여기서 소개하는 미시경제이론은 이준구·이창용 저 〈경제학 원론〉 6판을 참조하였다.

◆ 소비자잉여와 생산자잉여, 교환이 주는 축복

효용가치론에서의 '가치 = 생산량 × 한계효용'이고 한계효용은 곧 상품의 가격으로 표현되므로 생산량과 가격은 주요한 인자가 된다. 미시경제학의 두 축인 소비자이론과 생산자이론이 각각 생산량과 가격을 중요한 변수로 다루는 이유는 여기에 있다. 생산량은 공급 측면의 변수이고 한계효용은 수요 측면의 변수이다. 생산량에서 공급곡선이, 한계효용에서 수요곡선이 도출된다. 마르크스경제학에서 가치법칙이 근본법칙으로 작용하듯이 주류경제학에서는 수요와 공급의 법칙이 그러한 이유도 가치가 생산량과 한계효용의 함수

이기 때문이다.

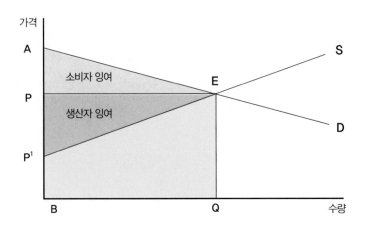

〈그림4-1〉 시장에서의 소비자잉여 및 생산자잉여

〈그림4-1〉은 사과시장에서 수요곡선과 공급곡선이 만나는 지점에서 균형가격 P와 균형생산량 Q가 정해지고 소비자잉여와 생산자잉여가 창출되는 것을 보여준다. 수요곡선은 한계효용곡선의 가격적 표현이다. 생산량이 증가할수록 소비량은 많아지고 한계효용은 감소하므로 가격은 낮아진다. 사과가 Q만큼 생산 및 소비되면 마지막 단위의 한계효용은 가격 P로 표현되고 생산된 사과는 모두 P의 가격으로 거래된다. 사과시장이 생산한 가치는 'P × Q'로 결정된다. '가치 = 생산량 × 한계효용'의 원리가 작동한 결과다. 그런데 이것은 분배의 기준이 되는 가치의 생산일 뿐 시장이 생산한 전체 효용은

　　　　　　　　　자본론으로 마르크스를 비판하다

아니다. 모든 소비자는 균형가격 P 이상의 효용을 얻도록 소비량을 결정하고 사과의 순차적 소비로 얻는 효용은 수요곡선 위의 점이기 때문에 소비자가 느끼는 효용은 사다리꼴 ABQE이다. 하지만 소비자가 지불하는 가치는 'P × Q'이므로 하늘색 삼각형 APE만큼 순효용을 얻는데 이것이 소비자잉여다.

'P × Q'는 사과 생산자에게는 매출이 된다. 사과 생산은 자본과 노동의 합작품이므로 매출은 다시 자본과 노동의 생산량에 따라 분배되어 각각의 소득이 된다. 사과시장에서 생산된 가치는 기업에게는 매출이고 생산주체에게는 소득이 되는 것이다. 따라서 소비자잉여는 소득 이상의 효용이고 생산된 가치 이상의 효용이다. 가치는 분배의 기준이므로 각자 생산한 가치에 따라 사과를 분배받지만 사과가 주는 효용은 가치보다 크다. 소비자잉여가 발생하는 이유는 본문에서 보았듯이 소비자가 상품을 소비하면서 얻는 효용은 단위 상품마다 다르지만, 지불하는 가치는 그중에서 가장 낮은 효용을 기준으로 결정되기 때문이다. 소비자가 시장에서 기꺼이 지불하려는 가격과 실제 지불하는 가격의 차이가 소비자잉여이므로 상품이 시장에서 교환되지 않으면 소비자잉여는 발생하지 않는다.

수요곡선이 특정한 수요량에서 소비자가 기꺼이 지불하려는 가격의 조합을 그래프로 표시한 것이라면, 공급곡선은 특정한 공급량에서 공급자가 받기를 원하는 가격과 공급량의 조합을 그래프로 표시한 것이다.

공급곡선이 일반적으로 우상향하는 이유는 생산량이 증가할수록 비용도 증가하는 수확체감의 법칙이 일반적으로 작용하기 때문이다. 수확체감의 법칙은 자본 또는 노동이 계속 투입될 때 추가되는 한 단위의 자본 또는 노동이 생산하는 한계생산은 점차 감소하는 것으로, 생산량이 증가할수록 추가로 생산되는 한 단위의 생산물에 투입되는 자본 또는 노동 비용인 한계비용이 증가한다는 말과 같은 의미다. 생산량이 증가할수록 한 단위의 투입비용이 증가한다면 공급자는 증가한 비용을 기준으로 가격을 받으려 하므로 공급곡선은 우상향한다. 생산할수록 비용이 증가하기 때문에 생산된 개별상품에 투입된 비용은 각각 다르지만 소비자는 그것을 구별할 수 없다. 따라서 소비자는 개별상품 전체를 동일한 가격으로 구매한다. 이때 기준이 되는 가격은 가장 높은 비용이 투입된 상품이 기준이 되며 〈그림4-1〉에서 균형가격 P이다. P보다 낮은 비용으로 생산된 상품을 기준으로 가격이 결정된다면 가격보다 높은 비용이 투입된 상품은 공급자가 생산하지 않으려 하기 때문이다. 따라서 생산자는 'P × Q'의 매출이 발생하나 비용은 노란색 사다리꼴 P'BQE만큼 들기 때문에 공급자는 그 차이인 붉은색 삼각형 PP'E를 생산자잉여로 얻는다. 생산자잉여는 공급자가 지불받기를 원하는 가격보다 시장에서 더 높은 가격으로 판매할 수 있어서 발생한다. 생산자잉여도 소비자잉여와 마찬가지로 시장의 교환이 없다면 발생하지 않는다.

◆ 소비자선택 이론과 가치론

소비자이론은 생산자이론과 함께 미시경제학의 두 축이다. 소비자 선택 이론은 제한된 예산 범위 내에서 소비자의 효용을 극대화하는 상품조합을 찾는 방법에 대한 이론으로 모든 경제주체의 합리적인 의사결정을 기본가정으로 둔다. 한계효용이론의 창시자 중 한 명인 윌리엄 제번스는 각 상품이 주는 한계효용이 동등하도록 소비를 조합할 때 최대의 효용을 얻는다고 하였으나 이는 효용의 측정이 가능하다고 보는 기수적 효용이론에 바탕을 둔 이론이다.[158] 현대 주류경제학은 빌프레도 파레토가 고안한 무차별곡선으로 소비자 선택이론을 전개하는데, 무차별곡선은 효용의 크기는 알 필요 없고 어느 상품 혹은 상품의 조합에 의한 효용이 더 큰지 순서만 알면 문제를 해결할 수 있다는 서수적 효용이론에 근거하고 있다.

<그림4-2> 소비자의 최적선택

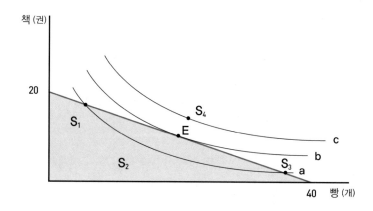

---

158 제번스 이전에 독일의 헤르만 하인리히 고센이 1854년 즐거움의 합을 극대화하려면 각 즐거움의 크기가 같아야 한다고 주장함으로써 한계효용이론의 기초를 제공하였다.

〈그림4-2〉는 무차별곡선과 예산선을 조합하여 소비자의 최적선택이 어떠한 것인지 보여준다. 곡선 a, b, c는 갑이라는 소비자가 상품 x(빵)와 상품 y(책)의 소비조합으로 얻을 수 있는 무차별곡선이다. 무차별곡선은 두 상품의 소비량을 다르게 하더라도 효용은 똑같은 소비조합을 연결한 선이다. 무차별곡선은 일반적으로 원점에 대해 볼록하며 원점에서 멀어질수록 효용이 높다. 하늘색 삼각형은 주어진 예산으로 살 수 있는 책과 빵의 소비조합이다. 소비자 갑의 주머니 속에 현재 20만 원밖에 없고, 책 한 권에 1만 원, 빵 하나에 5,000원이라고 가정할 경우, 갑은 책만 사면 20권 혹은 빵만 사면 40개를 살 수 있다. 이를 직선으로 나타낸 것이 붉은색의 예산선이다. 소비자 갑은 하늘색 삼각형 내부 혹은 예산선 위의 점만을 선택할 수 있다. 예를 들어 S_1, S_2, S_3, E는 선택할 수 있지만, S_4는 예산 20만 원을 초과하는 상품조합이기 때문에 선택할 수 없다. 갑은 20만 원을 다 사용해서 S_1, E, S_3를 선택할 수도 있고 S_2를 선택하여 일부 돈은 저축할 수도 있다. 이 중에서 효용이 가장 높은 상품조합은 무차별곡선 b와 예산선이 접하는 E 지점이다. 따라서 갑은 20만 원의 예산 내에서 효용이 가장 높은 b곡선 위의 선택인 E의 소비를 선택할 때 효용을 극대화할 수 있다.

최선의 선택지점인 E는 무차별곡선 b와 예산선이 접하는 부분이다. 곡선과 직선이 접하는 부분은 각각의 기울기가 같은 곳이므로 E에서 무차별곡선의 기울기와 예산선의 기울기는 일치한다. 무차별곡선의 기울기는 한계대체율(Marginal Rate of Substitution; MRS)로 다음과 같이 나타낼 수 있다.

자본론으로 마르크스를 비판하다

$$MRS = 빵의 한계효용(MUx)/책의 한계효용(MUy)$$

예산선의 기울기를 구하려면 예산을 각 상품의 수량과 가격의 함수로 나타내어야 한다. M은 예산, P_x는 빵의 가격, X는 빵의 수량, P_y는 책의 가격, Y는 책의 수량으로 예산선을 일반화하면 $M = P_x \cdot X + P_y \cdot Y$이다. 이를 Y에 대해 정리하면 다음과 같다.

$$Y = - Px/Py \cdot X + M/Py$$

갑의 효용이 극대화되는 E에서 무차별곡선의 기울기 MRS와 예산선의 기울기 P_x/P_y가 일치하므로 E지점에서는 아래와 같은 식이 성립한다.

$$MRS (= MUx/MUy) = Px/Py$$

위 식은 특정 상품의 조합에서 소비자가 각 상품에 대해 느끼는 한계효용의 비율과 상품가격의 비율이 일치할 때 소비자의 만족은 극대화된다는 의미이다. 위 조건의 분모와 분자를 움직여 다음과 같이 변형할 수 있다.

$$MUx/Px = MUy/Py$$

이 식은 상품 x에 지출하는 1원당 얻는 한계효용과 상품 y에 지출하는 1원당 얻는 한계효용이 같을 때 효용이 극대화된다는 뜻으로 각 상품이 주는 한계효용이 동등하도록 소비를 구성할 때 소비자 효용이 극대화된다는 제번스의 주장과 같은 결론을 보여준다. 만약 1원의 지출로 얻는 상품의 한계효용 중에서 어느 상품의 한계효용이 더 크다면 다른 상품의 소비를 줄이고 그 상품을 더 소비해야 효용극대화에 이르게 된다는 의미이다. 이렇게 상품을 대체하는 행위는 모든 상품의 지출 한 단위당 한계효용이 동등해질 때까지 계속된다.

그런데 소비자 효용이 극대화되는 E 지점에서 돈 1원으로 얻는 책의 한계효용과 빵의 한계효용이 같다면 돈을 더 많이 쓰는 쪽의 한계효용은 그만큼 더 높아져야 한다. 책 가격이 빵 가격의 2배이므로 소비자 효용이 극대화되는 E 지점에서 책의 한계효용은 빵의 한계효용보다 2배 높을 수밖에 없다. 결국 두 상품에 같은 액수의 돈을 쓸 때 같은 정도의 효용을 얻어야 만족이 극대화된다는 것은 시장가격의 비율대로 소비자의 주관적인 한계효용이 얻어지도록 소비량을 정할 때 효용이 극대화된다는 말과 같은 맥락임을 알 수 있다. 다시 말해 돈을 쓴 만큼 효용을 얻을 때 소비자의 만족은 극대화된다는 뜻이다. 이를 식으로 표현한 것이 '$MU_x/MU_y = P_x/P_y$'이다.

〈그림4-2〉에서 소비자 효용이 극대화되는 E는 무차별곡선과 예산선이 접하는 지점임을 직관적으로 알 수 있지만 '$MU_x/P_x = MU_y/P_y$'를 이용하면 이를 좀 더 논리적으로 확인할 수 있다. 점 S_1은 책의 수량이 많고 빵의 수량이 적게 구성된 소비조합이다. S_1이 책 15권, 빵 10개를 소비하는 조합이고 점 S_1에서 접선의 기울기가 −2이라

자본론으로 마르크스를 비판하다

고 가정하면 'MRS = 2'이다. 이는 갑이 빵 10개째의 소비에서 느끼는 한계효용이 책 15권째에서 느끼는 한계효용의 2배이므로 책 2권은 빵 1개와 대체되어도 갑의 효용은 변하지 않는다는 뜻이다. S_1에서 갑은 5,000원을 주고 산 빵의 한계효용이 1만 원을 주고 산 책의 한계효용보다 2배다 크다고 느낀다. S_1에서 책의 한계효용이 U라면 빵의 한계효용은 2U다. 이 지점에서 1원의 지출이 얻는 책의 한계효용은 'U/10,000 = 0.0001U'이고 1원의 지출이 얻는 빵의 한계효용은 '2U/5,000 = 0.0004U'이므로 책보다 빵의 한계효용이 4배나 크다. 같은 돈으로 얻는 한계효용이 책보다 빵이 더 크다면 갑은 책의 소비를 줄이고 빵의 소비를 늘려서 효용을 증대하려 한다. 이 과정은 단위 지출당 두 상품의 한계효용이 같아지는 E에 이를 때까지 계속될 것이다.

소비자선택 이론은 소비자가 두 상품에 대한 주관적인 교환비율을 시장의 교환비율과 일치하도록 소비조합을 꾸릴 때, 단위 지출당 얻는 각 상품의 한계효용이 같아지면서 최대만족을 얻는다는 것을 보여준다. 우리는 1장에서 소비자가 상품의 한계효용이 시장가격에 일치하도록 소비량을 결정한다는 것을 보았는데 그 이유를 위에서 다시 확인할 수 있다. S_1에서 책의 한계효용이 책 가격보다 낮으므로 책 소비를 줄여 책의 한계효용이 책 가격과 같아지도록 하고 빵의 한계효용이 빵 가격보다 높으므로 소비를 늘려 빵의 한계효용이 빵 가격과 같아지도록 하기 때문이다. S_3는 책의 수량보다 빵의 수량이 많은 소비조합이므로 소비자는 S_1과는 정반대의 과정을 거쳐 E의 소비조합을 택한다.

'MRS (= MU_x/MU_y) = P_x/P_y'가 내포하는 가치론적 함의는 소비자선택 이론에도 효용가치론의 기본원리인 '가치 = 생산량 × 한계효용'이 내포되어 있다는 것이다. 이는 한계대체율이 상호 대체되는 두 상품 간 한계효용의 비율이란 점에서 나타난다. 〈그림4-2〉의 S_1에서 빵 1개와 책 2권이 대체되는 이유는 갑이 빵 1권과 책 2권에 대해 느끼는 주관적인 가치가 같기 때문이다. 시장에서 가치가 같은 상품이 교환되듯이 갑은 빵 1개와 책 2권이 같은 가치를 갖는다고 느끼기에 서로 대체하는 것이다. 갑이 느끼는 빵 1개의 가치는 '빵 1개 × 빵의 한계효용'이고, 책 2권의 가치는 '책 2권 × 책의 한계효용'이다. 즉, '빵 1개 × 빵의 한계효용 = 책 2권 × 책의 한계효용'이 된다. 빵 1권과 책 2권은 소비량이지만 소비 이전에 생산된 것이기에 생산량이기도 하다. 그러므로 여기에도 효용 = 가치 = 생산량 × 한계효용의 원리가 녹아있다. 또한 빵과 책이라는, 사용가치의 측면에서 질적 성질이 다른 두 상품이 효용으로 동질화되어 가치의 측면에서 양적비교가 가능해진다는 것도 알 수 있다. 노동가치론에서 추상적 노동이 하는 역할을 효용가치론에서는 효용이 한다는 점이 다시 확인된다. 노동가치론으로 보면 상품에 내재된 추상적 노동량이 같기 때문에 서로 교환되고, 효용가치론으로 보면 상품이 주는 효용이 같기 때문에 대체되거나 교환되는 것이다. 따라서 노동가치론이 지배하는 세상에서는 생산한 추상적 노동량만큼의 노동량이 내재된 사용가치를 분배받고, 효용가치론이 지배하는 세상에서는 생산한 효용만큼의 효용을 주는 사용가치를 분배받는다.

◆ 비용극소화 이론과 가치론

생산은 사용가치의 생산을 의미한다. 노동뿐만 아니라 기계, 원재료로 대표되는 자본도 사용가치를 생산하므로 노동과 자본은 사용가치를 생산하는 생산요소라는 점에서 차별성이 없는 동등한 존재이다. 노동가치론에서 노동은 가치를 생산하는 가변자본으로, 자본은 가치를 생산하지 못하는 불변자본으로 구별하였으나, 효용가치론은 둘 다 사용가치를 생산하고, 그럼으로써 가치도 생산하는 생산요소로 바라본다.

생산량은 생산요소의 투입량과 기술의 함수이다. 즉, 자본과 노동의 투입량이 기술과 함께 생산량 결정의 중요한 변수가 된다. 단순화를 위해 기술에 변화가 없다고 한다면, 자본과 노동의 투입량을 결정하는 문제가 생산에서 관건이 된다. 생산자 이론은 생산량의 변화에 따라 매출과 이윤의 변화를 분석하고 기업이 이윤을 최대화하는 조건을 찾는 이론이다. 비용극소화는 수확체감의 법칙이 적용되는 상황에서 이윤이 최대로 되는 조건 중 하나이며 효용가치론의 기본원리인 '가치 = 생산량 × 한계효용'이 명시적으로 이용된다. 비용극소화 문제는 최소의 비용으로 생산할 수 있는 노동과 자본의 고용조합을 찾는 것으로 주어진 비용에서 최대로 생산할 수 있는 자본과 노동의 투입량을 찾는 것과 같다.

〈그림4-3〉은 등비용곡선과 등량곡선을 조합하여 비용이 극소화되는 자본과 노동의 투입량을 찾는 것을 보여준다.

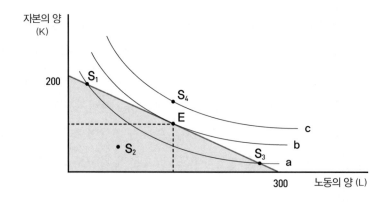

〈그림4-3〉 비용극소화의 조건

붉은색의 직선은 생산요소시장에서 자본과 노동 한 단위의 가격
이 각각 30만 원과 20만 원인 상황에서 기업 A가 6,000만 원의 비용
으로 상품을 생산한다고 가정하였을 때의 등비용곡선이다. 등비용
곡선은 주어진 비용으로 투입할 수 있는 노동과 자본의 조합을 연
결한 선이다. A기업은 6,000만 원의 비용이 주어진 조건에서 자본
만 고용하면 200단위, 노동만 고용하면 300단위까지 가능하다. 이
를 선으로 연결하면 붉은색의 등비용곡선으로 나타난다. A는 등비
용곡선 위 혹은 하늘색 삼각형 내부의 점을 선택하여 자본과 노동
의 조합을 구성할 수 있다. 예를 들어 S_1, S_2, S_3, E는 선택할 수 있지
만, S_4는 비용 6,000만 원을 초과하는 지점이므로 선택할 수 없다. 등
량곡선은 생산량이 똑같이 나오는 자본 및 노동의 조합을 연결한
곡선이다. 일반적으로 등량곡선은 원점에 대해 볼록하며 원점에서
멀어질수록 생산량이 많다. 따라서 그림에서 생산량의 크기는 'a <

자본론으로 마르크스를 비판하다

b < c'의 순이며 각 등량곡선 위에서는 자본과 노동을 어떻게 조합하든 생산량이 같다. 갑은 6,000만 원을 다 사용해서 S_1, E, S_3를 선택할 수도 있고 S_2를 선택하여 일부 돈은 유보할 수도 있다. 이 중에서 생산량이 가장 많은 노동과 자본의 고용조합은 등량곡선 b와 등비용곡선이 접하는 E 지점이다. 따라서 갑은 6,000만 원의 예산 내에서 생산량이 가장 많은 등량곡선 b에 있는 E의 조합을 선택할 때 생산량을 극대화할 수 있으며, 주어진 비용에서 b가 극대화된 생산량이란 것은 생산량 b를 달성하는 데 비용이 극소화되는 고용조합이 E라는 것과 같은 의미다.

주어진 비용으로 생산량을 최대화할 수 있는 E는 등량곡선 b와 등비용곡선이 접하는 지점이다. 소비자선택 이론에서 보았듯이 E 지점은 등량곡선의 기울기와 등비용곡선의 기울기가 일치한다. 등량곡선의 기울기는 한계기술대체율(Marginal Rate of Technical Substitution; MRTS)로 다음과 같이 나타낼 수 있다.

MRTS = 노동의 한계생산(MP_L)/자본의 한계생산(MP_K)

등비용곡선의 기울기를 구하려면 비용을 자본 및 노동의 수량과 가격의 함수로 나타내어야 한다. 비용을 C, 노동과 자본의 가격을 각각 w와 v, 노동과 자본의 수량을 각각 L과 K로 표시할 경우, 등비용곡선은 다음과 같이 일반화할 수 있다.

$$C = w \cdot L + v \cdot K$$

이 식을 y축인 K에 대하여 정리하면 다음과 같이 등비용곡선을 대표하는 식으로 표현된다.

$$K = -w/v \cdot L + C/v$$

등비용곡선의 기울기는 $-w/v$로 시장에서 노동과 자본의 가격비율이며 y축 위의 절편은 C/v로 자본만 고용할 경우의 자본 수량이다. 생산량이 극대화되는 E에서 등량곡선의 기울기 MRTS와 등비용곡선의 기울기 MP_L/MP_K가 일치하므로 E 지점에서는 아래와 같은 식이 성립한다.

$$MRTS (= MP_L/MP_K) = w/v$$

위 식은 기업이 주어진 비용의 한계 내에서 노동과 자본을 고용할 때 노동의 한계생산과 자본의 한계생산 비율이 생산요소 시장에서의 노동가격 및 자본가격의 비율과 일치할 때 비용이 극소화된다는 의미이다. 위 조건을 분모와 분자를 움직여 아래 식과 같이 변형하면 노동과 자본에 지출하는 화폐 1원으로 얻을 수 있는 각 요소의 한계생산이 동등하도록 노동과 자본의 고용량을 구성할 때 비용극소화를 달성한다는 결론을 얻는다.

$$MP_L/w = MP_K/v$$

자본론으로 마르크스를 비판하다

비용극소화 조건은 주어진 비용에서 최대의 생산량이 가능한 노동과 자본의 고용조합을 찾는 것이다. 소비자선택 이론에서 주어진 예산으로 최대의 만족을 얻으려면 지출하는 화폐 1원으로 얻는 각 상품의 한계효용이 같도록 소비조합을 꾸리듯이, 주어진 비용으로 최대의 생산을 하려면 노동의 고용에 지출한 1원당의 한계생산과 자본의 고용에 지출한 1원당의 한계생산이 같도록 고용조합을 구성하면 된다. 기업이 노동과 자본의 고용에 각각 동일한 비용을 투입하였을 때 노동의 한계생산이 자본보다 더 높다면 자본 고용량을 줄이고 노동을 더 고용할 것이다. 수확체감의 법칙이 작용하므로 자본고용량이 줄면 자본의 한계생산이 올라가고 노동고용량이 늘면 노동의 한계생산이 감소한다. 이러한 과정은 비용 1원당 노동과 자본의 한계생산이 같아질 때 멈추게 되고 기업은 비용의 한도 내에서 최대의 생산성을 갖게 되므로 비용극소화를 달성할 수 있다. 노동과 자본에 각각 지출하는 단위 화폐당 한계생산이 같다면, 지출이 많은 생산요소의 한계생산이 그만큼 더 커진다. 만약 v가 w의 1.5배라면 자본을 구매하는데 노동보다 1.5배나 더 많은 돈이 지출되었으므로 자본의 한계생산은 노동의 1.5배가 되어야 한다. 이는 지출을 많이 한 만큼 한계생산량이 많아져야 한다는 의미이다. 결국 노동과 자본의 고용에 지출하는 단위 화폐당 한계생산이 같을 때 비용극소화가 달성된다는 말과, 노동과 자본의 한계생산 비율이 노동 및 자본가격의 비율과 같을 때 비용극소화가 달성된다는 말은 맥락이 같은 것임을 알 수 있다.

소비자선택 이론에서 본 것처럼 〈그림4-3〉에서 비용극소화 달성

지점을 선택하는 것은 직관적이다. 비용극소화의 원리를 'MP$_1$/w = MP$_K$/v'를 이용하여 논리적으로 확인해보자. S$_1$은 자본 수량이 많고 노동 수량이 적게 구성된 고용조합이다. 점 S$_1$이 자본 180단위, 노동 20단위로 구성된 조합이고 점 S$_1$에서 접선의 기울기가 -4이라고 가정하면 'MRTS =4'이다. 이는 기업 A가 노동 20단위째의 투입으로 얻는 한계생산이 자본 180단위째의 투입으로 얻는 한계생산의 4배 이므로 자본 4단위는 노동 1단위와 대체되어도 생산량은 변하지 않는다는 뜻이다. S$_1$에서는 20만 원을 주고 산 노동의 한계생산이 30만 원을 주고 산 자본의 한계생산보다 4배나 크다. S$_1$에서 자본의 한계생산이 가령 1,000개라면 노동의 한계생산은 4,000개다. 이 지점에서 1원의 지출이 얻는 노동의 한계생산은 '4,000/20만 = 0.02개'이고 1원의 지출이 얻는 자본의 한계생산은 '1,000/30만 = 0.0033'이므로 자본보다 노동의 한계생산이 대략 6배나 크다. 같은 돈으로 얻는 한계생산이 자본보다 노동이 크다면 기업 A는 자본 고용을 줄이고 노동 고용을 늘려서 생산량을 증대하려 한다. 이 과정은 단위 지출 당 두 생산요소의 한계생산이 같아지는 E에 이를 때까지 계속될 것이다. 비용극소화 이론은 생산자가 두 생산요소의 한계생산 비율을 생산요소의 가격비율과 일치하도록 고용조합을 꾸릴 때, 단위 지출 당 얻는 각 생산요소의 한계생산이 같아지면서 최대의 생산량을 얻는다는 것을 보여준다. S$_3$는 자본 수량보다 노동 수량이 많은 고용 조합이므로 A는 S$_1$과는 정반대의 과정을 거쳐 E의 조합을 택한다.

비용극소화 지점인 E에서 노동과 자본에 지출되는 1원당의 한계 생산은 같다. 노동과 자본의 단위가격은 각각 20만 원, 30만 원이므로 자본가격이 노동가격의 1.5배이다. 따라서 A기업이 E의 투자조합으로 자본 1단위와 노동 1단위를 구매하면 자본에 1.5배 더 지출한 것이므로 자본 1단위의 한계생산은 노동 1단위 한계생산의 1.5배가 된다. 가격이 노동보다 1.5배 더 비싼 자본은 노동보다 1.5배 더 높은 한계생산을 갖도록 고용조합을 구성할 때 비용이 극소화되는 것이다. 이 말을 뒤집어 보면 자본이 노동보다 1.5배 더 높은 한계생산성을 가지므로 가격이 1.5배 더 비싸다는 말과 같다.[159] 즉, 생산요소의 가격은 한계생산성에 비례하여 형성됨을 알 수 있다. 자본의 한계생산성이 노동 한계생산성의 x배라면 자본가격은 노동가격의 x배가 된다. 기업은 고용하는 생산요소가 가격만큼의 한계생산을 내도록 고용조합을 구성할 때 비용극소화를 달성한다. 이를 식으로 나타낸 것이 'MRTS($=MP_L/MP_K$) = w/v'이다.

기업은 원칙적으로 이윤극대화를 추구한다. 기업의 이윤극대화는 비용극소화가 달성된 조건에서 생산량이 'MR = MC'에서 결정될 때 가능하다. MR은 한계수입, MC는 한계비용이다. 기업이 비용극소화의 조건에서 생산한다고 해서 이윤이 극대화되는 것은 아니다. 비용극소화조건을 만족한 상태에서 생산량이 'MR = MC'가 될 때 이윤극대화가 이루어진다. 즉, 이윤극대화는 노동과 자본을 각각의 한계생산의 비율과 각각의 가격 비율이 일치하도록 고용하되, 'MR = MC'의 조건에서 생산량을 결정할 때 달성된다. 여기서 주류경제학

---

159 이를 소비자 선택이론에 적용하면 책 1권의 한계효용이 빵 1개의 한계효용보다 2배 높으므로 시장에서 책이 빵보다 2배 더 비싼 것이 된다. 상품가격은 한계효용에 비례하여 형성되는 것이다. 소비자는 상품가격에 비례하여 한계효용을 얻도록 소비조합을 구성할 때 최대의 만족을 얻는다.

은 노동과 자본의 가격을 다음과 같이 도출한다. 'MRTS(=MP_L/MP_K) = w/v'에서 w를 좌변으로, MP_K를 우변으로 옮기고 분모와 분자를 역전하면 아래의 식을 구할 수 있다.

$$w/MP_L = v/MP_K$$

w/MP_L는 상품 한 단위를 추가로 생산하는 노동비용이고 v/MP_K는 상품 한 단위를 추가로 생산하는 자본비용으로 비용극소화 조건에서 두 비용은 한계비용과 같다. 따라서 아래와 같은 식으로 표현할 수 있다.

$$w/MP_L = v/MP_K = MC$$

여기까지는 어떤 생산량에서든 비용이 극소화되는 조건이다. 이윤율의 극대화를 위해서는 'MR = MC'가 되는 지점까지 생산해야 하는데 완전경쟁시장에서 'P = MR'이므로 'P = MC'가 성립한다. 따라서 기업이 이윤극대화를 실현하는 조건은 다음과 같은 식으로 표현된다.

$$w/MP_L = v/MP_K = MC = MR = P$$

여기서 'w = MP_L × P', 'v = MP_K × P'가 도출된다. 이것은 완전경쟁시장에서 이윤극대화를 추구하는 기업의 노동과 자본의 단위당 가격은 각각의 한계생산량에 상품의 가격을 곱한 것으로, 이는 한

자본론으로 마르크스를 비판하다

계생산물의 가치와 같다. 즉, 각 생산요소의 한계생산물가치가 생산요소의 가격과 일치할 때 기업은 이윤극대화를 달성한다는 의미이다. 노동과 자본에게 생산한 만큼 보수를 줄 때 이윤이 극대화된다는 뜻과 같다. 'MR = MC'의 조건이 주어진다면 〈그림4-3〉에서 E는 자본의 한계생산물가치가 30만 원, 노동의 한계생산물가치가 20만 원이 되는 지점이고 이윤극대화가 되는 지점이다. S_1은 노동의 한계생산물가치가 노동가격 w보다 크고 자본의 한계생산물가치는 자본가격 v보다 적은 지점이다. 기업은 노동의 고용을 늘려 한계생산물가치가 w와 같도록, 그리고 자본의 고용을 줄여 한계생산물가치가 v와 같아지도록 해야 이윤극대화를 달성할 수 있다. S_2에서는 S_1과 반대의 과정을 거쳐야 이윤극대화가 가능하다.

그런데 상품가격 P는 소비자들이 느끼는 한계효용을 표현한 것이므로 'w = MP_L × 한계효용', 'v = MP_K × 한계효용'으로 나타낼 수 있다. w와 v는 노동과 자본이 시장에서 거래되는 가격이므로 노동과 자본의 한계생산인 MP_L과 MP_K는 각각의 노동과 각각의 자본의 생산량이 된다. 한계효용이 동일한 상품의 가격으로 적용되듯이 한계생산이 동일한 노동 혹은 자본의 단위당 생산량으로 적용되는 것이다.[160] 따라서 노동의 한계생산에 노동자 수를 곱하면 노동 전체의 생산량이 되고 자본의 한계생산에 자본량을 곱하면 자본 전체의 생산량이 된다. 전체 노동생산량과 전체 자본생산량에 상품가격, 즉 한계효용을 곱하면 노동이 생산한 가치와 자본이 생산한 가치가 된

---

160 노동과 자본의 마지막 단위의 생산량이 어떻게 전체 노동과 자본의 단위당 생산량으로 적용될 수 있는가에 대해서는 클라크의 설명이 좀 더 필요하나 이 책에서는 생략한다.

다. 이를 식으로 정리하면 다음과 같다.

노동생산량 × 한계효용 = 노동이 생산한 가치 = 노동소득
자본생산량 × 한계효용 = 자본이 생산한 가치 = 자본소득

결론적으로 완전경쟁시장에서 기업이 이윤극대화를 추구할 때 노동과 자본의 소득은 각자의 생산량에 한계효용을 곱한 값이 된다. 노동과 자본은 각자 자신이 생산한 효용만큼의 가치를 시장에서 인정받음으로써 사용가치에 대한 지분을 소득으로 얻는다는 뜻이다. '가치 = 생산량 × 한계효용'의 원리가 생산자 이론에도 적용됨을 알 수 있다. 결국 한계효용학파의 한계효용이론은 '한계'라는 개념을 소비에 적용한 것이고, 클라크의 한계생산력 분배론은 생산에 적용한 것이다. 한계효용이론과 한계생산력분배이론이 접목되면서 자본주의 시장경제에서 각 생산주체는 각자가 생산한 효용, 즉 한계생산가치만큼 분배받는다는 한계생산성분배이론이 정립되었다.

◆ 생산자잉여가 갖는 의미

생산자잉여는 상품이 시장에서 교환되기 때문에 생산자가 누리는 순효용이지만 이윤과 같은 개념은 아니다. 그렇다면 생산자잉여는 과연 무엇인가? 생산자잉여의 성격을 파악하는 것은 시장에서의 상품의 교환이 주는 이점을 이해하도록 한다.

자본론으로 마르크스를 비판하다

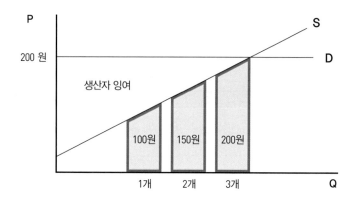

〈그림4-4〉 개별기업의 공급곡선과 변동비

〈그림4-4〉는 완전경쟁시장에서 빵을 생산하는 기업 A가 얻는 생산자잉여를 보여준다. 공급곡선 S 위의 삼각형이 생산자잉여다. A는 빵 1개를 생산할 때 100원의 비용이 들고 2개째는 150원, 3개째는 200원의 비용이 든다. 각각의 빵의 생산비용은 추가되는 한 단위당 비용이므로 한계비용(MC)이다. 빵을 추가로 생산할수록 한계비용이 증가하는 것은 수확체감의 법칙이 작용하기 때문이다. 생산초기에 생산량이 적을 때는 오히려 한계비용이 감소하는 수확체증현상이 일어나지만 여기서는 처음부터 수확체감이 일어나는 것을 가정하였다. A는 3개의 빵을 200원의 가격에 팔아 600원의 수입을 올리는데 비용은 450원이 투입되었으므로 150원의 생산자잉여를 얻는다. 각 빵의 생산비용은 다르지만 소비자는 가장 마지막인 세 번째 빵의 생산비용을 전체 빵의 가격으로 지불한다. 시장에서 소비자가 빵을 구매할 때 빵의 생산순서를 알 수 없으므로 모든 빵을 동

일한 가격으로 사는데, 만약 100원 혹은 150원에 사면 200원의 비용이 든 세 번째 빵은 생산되지 않으므로 살 수 없다. 따라서 소비자는 가장 마지막 빵의 생산비용을 기준으로 전체 빵을 구매하므로 생산자잉여가 발생한다.

수요곡선이 소비자가 생산량의 변동에 따라 지불하고자 하는 상품 가격을 나타내는 것이라면 공급곡선은 생산자가 생산량에 따라 받고자 하는 가격을 나타내는 것이다. A는 빵 3개를 생산할 때 들어간 각각의 비용인 100원, 150원, 200원이 회수되어야 생산할 수 있으므로 각 빵의 가격으로 100원, 150원, 200원은 받으려고 한다. 따라서 이 가격을 연결한 것이 이 기업의 공급곡선이다. 즉, A는 각 빵의 가격으로 한계비용만큼은 받아야 생산할 수 있으므로 완전경쟁시장에서 개별기업의 한계비용곡선은 그 기업의 공급곡선이 된다.

한계비용은 단위 생산물 각각의 생산비용이다. 위 그림에서 각각의 빵 1개의 생산비용이 한계비용이다. 빵 1개를 생산할 때마다 원재료비, 전기세 등의 비용이 추가로 투입된다. 빵 생산량이 증가할수록 원재료비나 전기세도 증가하므로 이 비용은 생산량에 연동하는 변동비다. 즉, 한계비용은 변동비라고 볼 수 있다.

한계비용에는 '암묵적 비용'이라는 비용도 포함되어 있어야 한다. 암묵적 비용은 여러 가지 선택안 중 하나를 택하였을 때 포기되어야 하는 안 중 최선의 안으로 얻는 수입으로 기회비용의 개념이다. 만약 A가 첫 번째 빵 생산비용 100원으로 다른 투자 대안을 검토해 보니 5%의 이윤을 얻을 수 있다면 A는 빵 생산으로 5%보다 못한 이윤을 얻는 경우 빵을 생산할 이유가 없다. 따라서 생산되는 빵의

자본론으로 마르크스를 비판하다

한계비용에는 5%의 이윤이 암묵적 비용으로 포함되어 있어야 한다. 한계비용을 회수하여도 5%의 이윤이 나오지 않으면 A는 빵 생산을 포기하고 5%의 이윤이 나오는 다른 대안에 투자할 것이다.

결국 한계비용은 변동비와 암묵적 비용의 합계임을 알 수 있다. 암묵적 비용도 빵 1개당 들어가는 비용이므로 생산량이 증가할수록 증가하는 변동비이다. 따라서 한계비용 자체가 변동비라고 볼 수 있다. 주류경제학은 암묵적 비용만큼의 이익을 정상이윤이라고 부르고 그 이상의 이익을 경제적 이윤이라 부른다. 경제적 이윤은 정상이윤을 넘어서는 초과이윤을 의미한다.

A는 첫째 빵을 100원에, 둘째 빵을 150원에, 셋째 빵을 200원에 팔 수 있다면 변동비와 정상이윤을 얻을 수 있으므로 빵을 생산한다. 평균비용으로 계산하면 '(100 + 150 + 200)/3 =150원'이므로 빵 가격이 150원 이상이면 생산을 계속할 수 있다. 평균비용 150원은 변동비인 한계비용의 평균이므로 평균가변비용(AVC)이다. 만약 빵 가격이 평균가변비용 150원 밑으로 내려오면 정상이윤을 획득할 수 없으므로 생산은 중지된다. 미시경제학에서 생산중단점이라고 말하는 지점이다.

상품생산에 변동비만 필요한 것은 아니다. 빵을 생산하려면 먼저 토지와 건물을 매입하고 기계를 구매해야 한다. 이 비용은 생산 전에 미리 투입한 비용으로 빵을 몇 개 생산하든 변함이 없는 비용이다. 즉, 생산량과 연동하지 않는 비용이므로 고정비이다. A기업이 생산의 지속을 위해 받아야 하는 한계비용에는 고정비가 포함되어 있지 않다. 빵을 몇 개를 생산하든 한계비용만 받는다면 고정비는 회수되지 않는다. 고정비는 빵을 생산하든 안 하든 이미 지출된 비용이고, 한계비용만으로는 회수할 수 없으므로 매몰비용이다. 만약 빵 가격이 내려가서 정상이윤조차 얻을 수 없거나 다른 사정으로 생산을 중단하면 고정비는 토지, 건물, 기계를 재매각하여 회수하는 비용말고는 포기해야 한다. 그러므로 고정비 전체가 회수를 포기해야 하는 매몰비용은 아니지만, 여기서 중요한 것은 고정비는 한계비용으로는, 즉 공급곡선의 비용으로는 회수할 수 없다는 점이다. 예를 들어 광고비, 임대료, 연구개발비 등은 한 번 지출하면 생산량과 상관없는 비용이므로 고정비임과 동시에 한계비용으로 회수되지 않는 매몰비용이다.

고정비를 한계비용에 포함하여 회수하면 되지 않을까 하는 의문이 들 수 있다. 만약 고정비를 한계비용에 포함하면 첫째 빵에는 고정비용이 모두 들어 있어야 하고 둘째 빵에는 고정비의 반이 들어 있어야 한다. 이렇게 되면 빵 가격이 너무 높아져서 팔 수가 없다. 따라서 고정비는 생산량과 상관없이 투자되는 비용으로 변동비인 한계비용으로는 회수할 수가 없다.

그렇다면 상품생산을 위해 투자한 고정비 중 재매각으로 회수할 수 없는 매몰비용은 어디서 회수하는가의 문제가 남는다. A기업이 생산된 빵 3개를 시장에서 팔 때는 마지막에 생산된 빵의 한계비용인 200원에 전체 빵을 판매하므로 생산자잉여 150원이 남는다. 고정비 중 재매각으로 회수되지 않는 매몰비용은 여기서 회수된다. 시장에서 교환될 때 마지막에 생산된 단위 생산물의 한계비용으로 가격이 결정되는 수요공급의 법칙 덕분에 고정비가 회수되는 것이다.

자본론으로 마르크스를 비판하다

여기서 A기업이 새로운 기술을 개발하여 동일한 비용으로 빵의 생산량을 증가시켰다고 가정해보자. 동일한 비용투입으로 생산량이 증가하면 각 빵의 한계비용은 감소한다. 빵 1개당 정상이윤도 감소하지만 생산량이 그만큼 증가하므로 정상이윤은 확보된다. 생산성 향상으로 한계비용이 감소하면 〈그림4-5〉에서 보듯이 공급곡선이자 한계비용곡선 S는 S'으로 우하향 이동한다.

〈그림4-5〉 생산성 향상으로 인한 생산자잉여의 증가

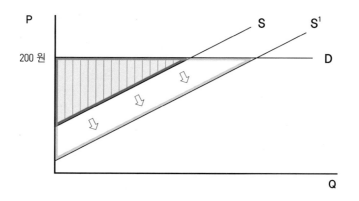

빵 시장은 완전경쟁이므로 A기업의 생산량 변동과 상관없이 빵 가격은 200원으로 변동이 없다. 따라서 생산성 향상으로 각 빵의 한계비용이 감소하면 그만큼 빵 1개당 이윤이 증가하는데 이것이 경제적 이윤이자 초과이윤이다. 〈그림4-5〉에서 보면 생산성 향상 이전에는 생산자잉여가 붉은색 삼각형이었으나 생산성 향상으로 S가 S'로 우하향함에 따라 생산자잉여가 하늘색 삼각형이 된다. 생산성 향상으로 생산자잉여가 증가하였으며 증가분은 초과이윤이다. 회수할 수 없는 고정비는 생산자잉여로 회수되며 기업이 생산성 향상으로 초과이윤을 얻으면 이 또한 생산자잉여로 확보되는 것을 알 수 있다.

생산자잉여가 고정비와 초과이윤으로 구성되는 것은 다음에서도 확인된다. 〈그림4-4〉에서 보듯이 공급곡선인 한계비용곡선의 아랫부분은 한계비용의 누적합계이자 총변동비이다. 따라서 생산자잉여를 다음과 같이 나타낼 수 있다.

생산자잉여 = 매출 − 한계비용의 누적합계
= 매출 − 총변동비

그런데 총비용은 생산활동에 투입되는 모든 비용을 의미하므로 총고정비와 총변동비의 합이다. 따라서 생산성 향상으로 초과이윤을 얻게 될 경우 아래와 같이 나타낼 수 있다. 정상이윤은 암묵적 비용으로 총비용에 포함되어 있다.

초과이윤 = 매출 − 총비용
= 매출 − 총고정비 − 총변동비

여기서 총고정비를 좌변으로 옮기면 아래와 같이 표현할 수 있다.

초과이윤 + 총고정비 = 매출 − 총변동비 = 생산자잉여

자본론으로 마르크스를 비판하다

결국 '생산자잉여 = 초과이윤 + 총고정비'가 된다. 여기서 생산성 향상을 하지 못해 초과이윤이 0이라면 '생산자잉여 = 총고정비'가 되어 〈그림4-4〉과 같은 결과가 된다.

기업은 정상이윤만으로 만족할 수 없다. 모든 기업은 초과이윤 확보를 위해 치열하게 노력한다. 그렇지 않으면 정상이윤조차 확보하지 못하고 시장에서 도태된다. 경쟁자보다 우월한 생산시설과 시스템을 갖추고 초과이윤을 얻기 위해 준비할 때 시장에서의 교환은 초과이윤과 생산시설 및 시스템 비용인 총고정비를 생산자잉여로 실현하게 해준다는 의미가 '생산자잉여 = 초과이윤 + 총고정비' 등식에 담겨있다. 마셜은 지대가 인간의 힘으로 어쩔 수 없는 토지의 자연적인 우위에서 얻는 초과이윤이듯이, '기계와 기타 인공적인 장비'의 우위에서 비롯되는 소득을 준지대라고 불렀다.[161] 단기에는 '기계와 기타 인공적인 장비'에서의 우위가 자연적인 힘처럼 작용하여 경쟁자가 얻을 수 없는 소득을 준다는 뜻이다. 미시경제학에서 준지대를 '이윤 + 총고정비'로 보는 것은 경쟁자보다 우월한 생산조건을 갖추면 시장에서의 교환이 준지대를 생산자잉여로 돌려준다는 의미를 지닌다.

초과이윤이 교환에 의해 발생한다는 사실은 노동가치론의 초과이윤 설명과 유사하다. 노동가치론에 의하면 생산량 증가에 반비례하여 개별상품에 내재된 노동시간은 감소한다. 하지만 시장에서 개별 상품은 사회적 평균가치로 판매되므로, 상품에 내재된 가치와

---

161 알프레드 마셜, 〈경제학원리 1〉, 백영현 역, 한길사, p.124.

사회적 평균가치와의 차이만큼을 특별잉여가치, 즉 초과이윤으로 얻을 수 있다.

생산량이 증가하여도 판매되지 않고 재고상태로 있으면 초과이윤은 실현되지 않는다는 점에서 효용가치론의 초과이윤과 발생 원리가 같다. 그러나 노동가치론의 초과이윤은 허위의 가치로서 타인 가치의 전유이나, 효용가치론의 초과이윤은 증가된 생산량이 창출하는 새로운 가치라는 점에서 두 이론은 완전히 다른 길을 간다.

노동가치론에서 시장이란 존재는 투입된 노동량이 동일하면 생산량과 상관없이 동일한 가치를 생산한다는 제2가치법칙이 사회적 평균가치와 등가교환의 원리인 제4, 5가치법칙에 의해 왜곡되는 현장이므로 소멸시켜야 할 대상이다. 시장의 경쟁과 교환 때문에 같은 시간을 노동하고도 생산량이 많은 자가 적은 자보다 많이 가져갈 수 있으나 그것은 타인 노동에 대한 착취를 용인하는 것이기 때문이다.

그러나 효용가치론에서의 시장은 경쟁자보다 우월한 생산시설과 시스템을 갖추어 생산량을 증가시킨 생산자가 노력의 대가를 보상받을 수 있게 해주는 곳으로 장려되어야 할 대상이 된다.

여기가 노동가치론과 효용가치론이 시장을 바라보는 견해가 완벽하게 갈라지는 지점이다. 소비자잉여도 시장의 교환이 주는 선물이므로 자유로운 교환이 이루어지는 시장은 소비자와 생산자 모두에게 자신이 지불한 가치 이상의 효용, 자신이 생산한 가치 이상의 효용을 준다. 교환하지 않고 배급받는 사회에서는 누릴 수 없는 이점이다.

자본론으로 마르크스를 비판하다

참고문헌

- 카를 마르크스 저, 〈자본론 1권(상)〉, 김수행 옮김, 비봉출판사.
- 카를 마르크스 저, 〈자본론 1권(하)〉, 김수행 옮김, 비봉출판사.
- 카를 마르크스 저, 〈자본론 2권〉, 김수행 옮김, 비봉출판사.
- 카를 마르크스 저, 〈자본론 3권(상)〉, 김수행 옮김, 비봉출판사.
- 카를 마르크스 저, 〈자본론 3권(하)〉, 김수행 옮김, 비봉출판사.
- 카를 마르크스 저, 〈정치경제학 비판요강 Ⅰ〉, 김호균 옮김, 그린비.
- 카를 마르크스 저, 〈정치경제학 비판요강 Ⅱ〉, 김호균 옮김, 그린비.
- 카를 마르크스 저, 〈정치경제학 비판요강 Ⅲ〉, 김호균 옮김, 그린비.
- 카를 마르크스, 프리드리히 엥겔스 저, 〈칼 맑스·프리드리히 엥겔스 저작선집 2〉, 박종철출판사.
- 카를 마르크스, 프리드리히 엥겔스 저, 〈칼 맑스·프리드리히 엥겔스 저작선집4〉, 박종철출판사.
- 카를 마르크스, 프리드리히 엥겔스 저, 〈마르크스·엥겔스 혁명론 1〉, 권명식 옮김, 지평.
- 카를 마르크스 저, 〈경제학·철학초고/자본론/공산당선언/철학의 빈곤〉, 김문현 옮김, 동서문화사.
- 카를 마르크스, 프리드리히 엥겔스 저, 〈독일 이데올로기〉, 김대웅 옮김, 두레.
- 김수행·신정완 편, 〈자본주의 이후의 새로운 사회〉, 서울대학교 출판문화원.
- 프리드리히 A.하이에크 저, 〈노예의 길〉, 김이석 옮김, 자유기업원.
- 밀튼 프리드만, 〈선택할 자유〉, 민병균·서재명·한홍순 옮김, 자유기업원.

- 존 몰리뉴 저, 〈레닌과 21세기〉, 이수현 옮김, 책갈피.
- 이지순 저, 〈국가경제의 흥망성쇠〉, 문우사.
- 조지프 슘페터 저, 〈자본주의 사회주의 민주주의〉, 이종인 옮김, 북길드.
- 루드비히 폰 미제스 저, 〈자유주의〉, 이지순 옮김, 자유기업원.
- 김승욱, 〈제도의 힘〉, 프리이코노미 스쿨.
- 비탈리 비고츠키 저, 〈마르크스의 '자본' 탄생의 역사〉, 강신준 옮김, 도서출판 길.
- 스테드먼 존스 저, 〈칼 마르크스 위대함과 환상 사이〉, 홍기빈 옮김, 아르테.
- 에두아르트 베른슈타인, 〈사회주의란 무엇인가〉, 송병헌 옮김, 책세상.
- 에두아르트 베른슈타인, 〈사회주의의 전제와 사민당의 과제〉, 강신준 옮김, 한길사.
- 박영균 저, 〈노동가치〉, 책세상.
- 고병권 저, 〈거인으로 일하고 난쟁이로 지불받다〉, 천년의 상상.
- 고병권 저, 〈자본의 꿈 기계의 꿈〉, 천년의 상상.
- 이진경 저, 〈자본을 넘어선 자본〉, 그린비.
- 이진경 저, 〈미-래의 맑스주의〉, 그린비.
- 이진경 저, 〈맑스주의와 근대성〉, 그린비.
- 정운영 저, 〈노동가치이론 연구〉, 까치.
- 채만수 저, 〈노동자 교양경제학〉, 노사과연.
- 마리아나 마추카토 저, 〈가치의 모든 것〉, 안진환 옮김, 민음사.
- 로날드 미크 저, 〈노동가치론의 역사〉, 김제민 옮김, 풀빛.
- 윌리암 S. 제번스 저, 〈정치경제학 이론〉, 김진방 옮김, 나남.
- E.K.헌트와 마크 라우첸하이저 저, 〈E.K.헌트의 경제사상사〉, 홍기빈 옮김, 시대의 창.
- 강남훈 저, 〈정보혁명의 정치경제학〉, 문화과학사.
- 토마 피케티, 〈21세기 자본〉, 장경국 옮김, 글항아리.
- 안재욱 외 저, 〈피케티의 21세기 자본 바로 읽기〉, 백년동안.
- 정성진 저, 〈21세기 마르크스경제학〉, 산지니.
- 알프레드 마셜, 〈경제학 원리1〉, 백영현 옮김, 한길사.
- 알프레드 마셜, 〈경제학 원리2〉, 백영현 옮김, 한길사.
- 이준구·이창용 저, 〈경제학 원론〉, 문우사.
- 이준구 저, 〈미시경제학〉, 문우사.

자본론으로 마르크스를 비판하다

- 그레고리 맨큐 저, 〈맨큐의 경제학〉, 김경환·김종석 옮김, 교보문고.
- John Bates Clark, 〈The Distribution of Wealth〉.
- 홍기현 저, 〈이윤 및 이자의 정당성에 관한 이론사적 연구〉.
- 데이비드 리카도 저, 〈정치경제학과 과세의 원리에 대하여〉, 권기철 옮김, 책세상.
- 유시민 저, 〈부자의 경제학 빈민의 경제학〉, 푸른나무.
- 짜골로프 외 저, 〈정치경제학 교과서 Ⅱ-1〉, 윤소영 편 해설, 중원문화.
- 한기원 저, 〈자본주의는 왜 멈추는가〉, 한빛비즈.
- 윤소영 저, 〈현대경제학 비판〉, 공감.
- 윤소영 저, 〈마르크스의 자본〉, 공감.
- 야노쉬 코르나이 저, 〈사회주의 체제의 정치경제학 1〉, 차문석·박순석 옮김, 나남.
- 야노쉬 코르나이 저, 〈사회주의 체제의 정치경제학 2〉, 차문석·박순석 옮김, 나남.
- 토니 클라프 저, 〈소련은 과연 사회주의였는가〉, 책갈피.
- 던컨 폴리, 〈자본의 이해〉, 강경덕 옮김, 유비온.
- 자크비데, 제라르 뒤메닐 저, 〈대안마르크스주의〉, 김덕민 옮김, 그린비.
- Eugen Von Bohm-Bawerk, 〈Karl Marx and the Close of His System〉, CreateSpace.
- 정성진 외 저, 〈대안사회경제모델의 구축〉, 경상대학교사회과학연구원.
- 이정전 저, 〈두 경제학의 이야기〉, 한길사.
- 박노자 저, 〈러시아 혁명사 강의〉, 나무연필.
- 레닌 저, 〈무엇을 할 것인가〉, 최호정 옮김, 박종철출판사.
- 트로츠키 저, 〈배반당한 혁명〉, 김성훈 옮김, 갈무리.
- 데이비드 버스 저, 〈진화심리학〉, 이충호 옮김, 웅진지식하우스.
- 존 리드 저, 〈세계를 뒤흔든 열흘〉, 서찬석 옮김. 책갈피.
- 유발 하라리 저, 〈사피엔스〉, 조현욱 옮김, 김영사.
- 네이선 가델스·니콜라스 베르그루엔 저, 〈민주주의 쇄신〉, 이정화 옮김, 북스힐.
- 앤서니 앳킨슨 저, 〈불평등을 넘어〉, 장경덕 옮김, 글항아리.
- 류동민 저, 〈시간은 어떻게 돈이 되었는가〉, Humanist.
- 스티븐 룩스 저, 〈마르크스주의와 도덕〉, 황경식·강대진 옮김, 서광사.
- 최정규 저, 〈이타적 인간의 출현〉, 뿌리와 이파리.

- 아서 쾨슬러 저, 〈한낮의 어둠〉, 문광훈 옮김, 후마니타스.
- 프랜시스 윈 저, 〈마르크스 평전〉, 정영목 옮김, 푸른숲.
- 수유너머 N 저, 〈진화와 협력〉, 너머학교.
- 마이클 토마셀로 저, 〈이기적 원숭이와 이타적 인간〉, 허준석 옮김, 이음.
- 존 로머 저, 〈새로운 사회주의의 미래〉, 고현욱·강문구 옮김, 한울.
- 리차드 도킨슨 저, 〈이기적 유전자〉, 홍영남·이상임 옮김, 을유문화사.
- 매트 리들리 저, 〈이타적 유전자〉, 신좌섭 옮김, 사이언스 북스.
- 토마스 홉스 저, 〈리바이어던〉, 최공웅·최진원 옮김, 동서문화사.
- 한네스 스캄브락스 엮음, 〈자본론에 관한 서한집〉, 김호균 옮김, 중원문화.
- 레온 트로츠키 저, 〈테러리즘과 공산주의〉, 노승영 옮김, 프레시안 북.
- 레온 트로츠키 저, 〈배반당한 혁명〉, 김성훈 옮김, 갈무리.
- 박노자 외 저, 〈레닌과 미래의 혁명〉, 그린비.
- 조지프 스티글리츠 저, 〈불평등의 대가〉, 이순희 옮김, 열린책들.
- 앤서니 B. 앳킨슨, 〈불평등을 넘어〉, 장경덕 옮김, 글항아리.
- 로버트 달 저, 〈경제민주주의에 관하여〉, 배관표 옮김, 후마니타스.
- 마이클 샌델 저, 〈공정하다는 착각〉, 함규진 옮김, 와이즈베리.
- 마이클 앨버트 저. 〈파레콘〉 김익희 옮김. 북로드.
- 존 케네스 갤브레이스 저, 〈경제학의 역사〉, 장상환 옮김, 책벌레.
- 대런 애쓰모글루, 제임스A 로빈슨 저, 〈국가는 왜 실패하는가〉, 최완규 옮김, 시공사.
- 정병석 저, 〈조선은 왜 무너졌는가〉, 시공사.
- 현이섭 저, 〈중국지 上〉, 인카운터.
- 현이섭 저, 〈중국지 下〉, 인카운터.
- 이언 모리스 저, 〈왜 서양이 지배하는가〉, 최파일 옮김, 글항아리.
- 니콜라이 오스트롭스키 저, 〈강철은 어떻게 단련되었는가〉, 추영현, 동서문화사.
- 경제질서연구회 엮음, 〈한국 경제의 기적과 환상〉, 북코리아.
- 박승호외 저, 〈현실사회주의 붕괴의 원인과 북한사회주의 체제의 전망에 대한 연구〉, 경상대학교.
- 유철수 저, 〈한국의 잉여가치율 추이, 1993 ~ 2010〉, 경상대학교 사회과학연구원.
- 박수헌 저, 〈스탈린 체제와 소련사회/러시아연구 7권〉, 서울대학교 러시아연구소.

자본론으로 마르크스를 비판하다